Kohlhammer

Das Beweisrecht der ZPO

Ein Praxishandbuch
für Richter und Rechtsanwälte

von

Dr. Holger Jäckel
Referent im Bundesministerium der Justiz

Verlag W. Kohlhammer

Alle Rechte vorbehalten
© 2009 Verlag W. Kohlammer GmbH Stuttgart
Gesamtherstellung:
W. Kohlhammer Druckerei GmbH & Co. KG, Stuttgart

ISBN 978-3-17-020793-6

Vorwort

So häufig wie ein Prozess nicht zu vermeiden ist, so sehr ist sein Ausgang in vielen Fällen von einer Beweisaufnahme abhängig.

Das zivilprozessuale Beweisrecht ist keine konsistente Materie. Es setzt sich aus vielen Bauteilen zusammen, von denen manche nicht einmal ausdrücklich gesetzlich geregelt sind. Indessen sind für jeden im Prozess tätigen Juristen hinreichende Kenntnisse im Beweisrecht unverzichtbar. Das vorliegende neu konzipierte Handbuch wendet sich in erster Linie an Berufsanfänger unter Richtern und Rechtsanwälten, ebenso an Referendare. Sie sollen einen Überblick in das oft als komplex empfundene Beweisrecht erhalten, so dass verfahrensrechtliche Fehler nach Möglichkeit vermieden werden. Das dürfte auch für erfahrene Praktiker interessant sein. Insbesondere von Anwälten verlangt man, dass sie anhand der Beweissituation die Prozessaussichten beurteilen und danach die Weichen für das weitere Vorgehen stellen.

Die Darstellung orientiert sich am typischen Prüfungsablauf der Beweisaufnahme. Nach übergreifenden allgemeinen Themen folgen die Bereiche Beweisbedürftigkeit, Beweismittel, Beweiswürdigung und Beweislast. Als Abschluss wird das selbständige Beweisverfahren erläutert. All dies wird mit Beispielen, typischen Fehlerquellen und Formulierungsmustern illustriert. Die Formulierungsmuster erheben keinen Anspruch auf Ausschließlichkeit. Für viele Verfügungen und Beschlüsse halten die Gerichte Formblätter vor. Sie erleichtern die Arbeit, sind aber nicht immer frei von Fehlern.

Die Nachweise in den Fußnoten – von denen ich bewusst zahlreich Gebrauch gemacht habe – beziehen sich zumeist auf höchst- und obergerichtliche Rechtsprechung. Sie ist für die Praxis ausschlaggebend. Den Weg zu näherer Vertiefung weist die Schrifttumsübersicht am Beginn der einzelnen Kapitel oder Abschnitte.

Niemand vermag bei einem neu erstellten Handbuch von Beginn an Perfektion zu liefern. Daher sind Hinweise und konstruktive Kritik jederzeit willkommen.

Abschließend habe ich Herrn Rechtsanwalt Jens Roth vom Verlag W. Kohlhammer für die engagierte Unterstützung bei der Realisierung des Buches zu danken.

Berlin, im März 2009 *Holger Jäckel*

Inhaltsverzeichnis

Vorwort V
Abkürzungsverzeichnis XX
Literaturverzeichnis XXIII

1. Kapitel: Grundlagen und Grundbegriffe

I. Gesetzliche Systematik des Beweisrechts 1
II. Beweisrecht und materielles Recht 2
III. Beibringungsgrundsatz 3
   1. Parteifreiheit 3
   2. Gerichtliche Mitwirkung 3
IV. Behauptungs- und Darlegungslast 4
   1. Vorbemerkung 4
   2. (Abstrakte) Behauptungslast 4
      a) Grundsätzliche Anforderungen 4
      aa) Kläger 4
      bb) Beklagter 5
      b) Umfang des Vortrags 5
      aa) Anforderungen 5
      bb) Erleichterungen 6
   3. Darlegungslast (konkrete Behauptungslast, Substantiierungslast) 6
      a) Wechselspiel des Vortrags 6
      b) Gegnerisches Bestreiten 7
      c) Modifikationen 7
      aa) Anscheinsbeweis und gesetzliche Vermutungen i. S. v. § 292[1] ... 7
      bb) Sekundäre Darlegungslast 7
      cc) Schadenschätzung 8
      d) Gerichtliche Hinweispflicht 8
V. Sachverhaltsaufklärung von Amts wegen 9
   1. Allgemeines 9
      a) Hilfsmittelfunktion 9
      b) Keine Ausforschung 9
      c) Gerichtliches Ermessen 10
   2. Urkundenvorlegung (§ 142) 10
      a) Voraussetzungen 10
      aa) Prozessuale Bedeutung 10
      bb) Urkunden 10
      cc) Adressat 10
      dd) Bezugnahme 11
      ee) Ermessen 11
      b) Inhalt der Anordnung 11
      aa) Frist 11
      bb) Verbleib 11
      cc) Übersetzung 11
      c) Formalien 12
      d) Grenzen der Vorlegungspflicht 12

---

1 Paragraphen ohne Gesetzesangabe sind solche der ZPO.

Inhaltsverzeichnis

		aa) Dritte	12
		bb) Parteien	13
	3.	Augenschein und Sachverständiger (§ 144)	13
		a) Voraussetzungen	13
		b) Vorrangige Hinweispflicht	14
		c) Ausbleiben des Auslagenvorschusses	14
		d) Arzthaftungsprozess und Schadensschätzung	14
		e) Grenzen und Formalien	15
	4.	Parteivernehmung (§ 448)	15
		a) Bedeutung der Vorschrift	15
		b) Subsidiarität	16
		c) Anfangsbeweis	16
		d) Beweisnot und Waffengleichheit	16
		aa) Beweisnot	16
		bb) Waffengleichheit	17
		cc) Verfahren	17
VI.	Beweisantizipation und Beweiserhebung im PKH-Prüfungsverfahren		18
	1.	Ausgangslage	18
		a) Erfolgsaussicht	18
		b) Grundsätzlich keine Beweisantizipation	18
	2.	Ausnahmen	19
	3.	Beweiserhebungen im PKH-Prüfungsverfahren	20
VII.	Unlauteres Parteiverhalten und Beweisrecht		21
	1.	Rechtswidrig erlangte Beweismittel	21
		a) Allgemeines	21
		b) Fallgruppen und Abwägungskriterien	22
		aa) Lauschzeuge	22
		bb) Verbotene Eigenmacht	22
		cc) Entwendung privater Aufzeichnungen	22
		dd) Fremde Verfahrensverstöße	23
		c) Rechtfertigung	23
		d) Rechtsfolgen	23
	2.	Beweisvereitelung	24
		a) Prozessuales Einordnung	24
		b) Fallgruppen und Rechtsfolgen	24
		aa) Zielgerichtet vorsätzliches Verhalten	24
		bb) Fahrlässigkeit	25
		cc) Substanzielle Eingriffe	25
		dd) Beweisrechtlicher Bezugspunkt	26
		c) Feststellung des Verschuldens	26
VIII.	Anwaltliche Prozesstaktik in Beweisfragen		27
	1.	Einleitung	27
	2.	Beschaffung und Ausschaltung von Beweismitteln	28
		a) Abtretung und Prozessstandschaft	28
		aa) Abtretung	28
		bb) Prozessstandschaft	28
		b) Erstreckung einer Klage auf mögliche Zeugen	28
		c) Beweiskraft	29
	3.	Einholung vorgerichtlicher Privatgutachten	29
		a) Bedeutung und Vorteile	29
		b) Kostentragung	29
		aa) Kostenerstattung	29
		bb) Voraussetzungen	30
		cc) Höhe der Kosten	30

4.	Negative Feststellungsklage	30
5.	Zusammenfassende Übersicht	31

IX. Beweisvereinbarungen 32
 1. Rechtliche Einordnung 32
 2. Reichweite und Zulässigkeit 32

2. Kapitel: Beweisgegenstand und Beweisrichtung

I. Gegenstand des Beweises 34
 1. Tatsachen 34
    a) Definition 34
    b) Werturteile 34
 2. Indizien 34
    a) Mittelbare Tatsachen 34
       aa) Hintergrund 34
       bb) Voraussetzungen 35
       cc) Abgrenzung 35
    b) Praktische Bedeutung und Sonderfälle 35
       aa) Hauptfälle 35
       bb) Vorfragen 36
       cc) Sonderfall 36
    c) Inhalt der Beweiswürdigung 37
 3. Erfahrungssätze 37
    a) Anwendungsbereich 37
    b) Verfahren 38
 4. Fremdes Recht (§ 293) 38
    a) Iura novit curia 38
    b) Anwendungsbereich 38
    c) Verfahren 38
       aa) Freibeweis 38
       bb) Mitwirkungspflicht 39
       cc) Erkenntnisquellen 39
 5. Beweiserhebung über Prozessvoraussetzungen 40
    a) Vorrang der Prozessvoraussetzungen 40
    b) Amtsprüfung 40
    c) Prozessfähigkeit 40
    d) Verfahren 41

II. Haupt- und Gegenbeweis (Beweisrichtung) 41
 1. Hauptbeweis 41
 2. Gegenbeweis 41
    a) Beweisführer 41
    b) Reihenfolge 42
 3. Beweis des Gegenteils 42

3. Kapitel: Formelles Beweisrecht

I. Beweisantritt 44
 1. Prozesshandlung 44
 2. Inhalt 44
    a) Tatsachenbezeichnung 44
    b) Hinweispflicht 45
    c) Beibringungsfrist 45
 3. Form 46
 4. Rücknahme 46

Inhaltsverzeichnis

II. Anordnung der Beweisaufnahme	47
1. Verfahrenskonstellationen	47
a) In der mündlichen Verhandlung	47
aa) Verfügung	47
bb) Beschluss	47
b) Vor der mündlichen Verhandlung	48
c) Gesonderter Termin	48
2. Inhalt des Beweisbeschlusses	48
a) Präzision	48
b) Umfang	49
c) Auslagenvorschuss	49
aa) Schuldner	49
bb) Höhe des Vorschusses	49
cc) Zahlungsfrist (§ 224 Abs. 2)	50
dd) Prozesskostenhilfe	50
d) Weitere Anordnungen	50
3. Formalien	51
4. Muster	51
5. Änderungen und Aufhebung	52
a) Voraussetzungen	52
b) Ergänzungsantrag	52
III. Ablehnung der Beweiserhebung	53
1. Einleitung und Aufbauhinweise	53
2. Verspäteter Beweisantritt	53
a) Allgemeines	53
aa) Der Zwiespalt beim Gericht	53
bb) Prozessförderungspflicht	53
b) Zwingende Zurückweisung (§ 296 Abs. 1)	54
aa) Fristsetzung	54
bb) Verzögerung	54
cc) Entschuldigung	55
dd) Kausalität	55
c) Zurückweisung nach Ermessen (§ 296 Abs. 2)	56
aa) Prozessförderung	56
bb) Grobe Nachlässigkeit	56
d) Gerichtliches Procedere	56
3. Ausforschungsbeweis	57
a) Prozessuale Einordnung	57
b) Anforderungen	57
c) Handhabung	58
4. Untaugliches oder unerreichbares Beweismittel	58
a) Untauglichkeit	58
aa) Zurückhaltende Handhabung	58
bb) Verbotene Vorwegnahme	58
cc) Verbleibender Anwendungsbereich	58
b) Unerreichbarkeit	60
5. Erwiesenheit und Wahrunterstellung	60
6. Kraft Gesetzes ausgeschlossene Beweismittel	61
7. Eigene Sachkunde des Gerichts	61
8. Form der Ablehnung	61
IV. Beweistermin (Formalien)	62
1. Verfahrensablauf	62
2. Öffentlichkeit, Parteiöffentlichkeit und Ausnahmen	62
a) Öffentlichkeitsgrundsatz	62
b) Anwesenheitsrecht der Parteien	63

	aa)	Grundsatz	63
	bb)	Ausnahmen	63
	cc)	Zweifelsfälle	64
	dd)	Verstöße	64
	c)	Keine Anwesenheitspflicht und Folgen des Nichterscheinens	64
	aa)	Beweisaufnahme als solche	64
	bb)	Nach Erledigung der Beweisaufnahme	64
	cc)	Unmöglichkeit	65
	dd)	Wiederholung	65
3.	Protokollierung		65
	a)	Umfang und Technik	65
	aa)	Gesetzliche Grundlagen	65
	bb)	Stilfragen	65
	cc)	Informatorische Parteianhörung (§ 141)	66
	dd)	Augenschein	66
	ee)	Protokollmängel	66
	b)	Genehmigung	66
	c)	Protokollierung im Übrigen	67
	d)	Erleichterungen	67
4.	Weiterer Verfahrensablauf und Erörterung des Beweisergebnisses		67
	a)	Fortsetzungstermin	67
	b)	Abschluss der Beweisaufnahme	68
	aa)	Erörterung	68
	bb)	Streitiges Verhandeln	68
	cc)	Vorläufige Einschätzung	68
	dd)	Schriftsatzfrist	69

V. **Unmittelbarkeitsgrundsatz und zulässige Ausnahmen** ... 69
  1. Formelle Unmittelbarkeit ... 69
     a) Inhalt ... 69
     b) Lockerungen ... 70
     c) Beweisrechtliche Bedeutung ... 70
     d) Richterwechsel ... 70
  2. Materielle Unmittelbarkeit ... 71
  3. Gesetzliche Ausnahmen ... 71
     a) Allgemeines ... 71
     b) Beauftragter Richter ... 71
        aa) Voraussetzungen ... 71
        bb) Anordnung ... 72
        cc) Verfahren ... 72
     c) Ersuchter Richter ... 72
        aa) Voraussetzungen ... 72
        bb) Anordnung ... 73
        cc) Bindungswirkung ... 73
        dd) Verfahren ... 73
  4. Verfahrensfehler ... 74

VI. **Strengbeweis und Freibeweis** ... 74
  1. Hauptanwendungsfälle ... 74
     a) Grundsatz ... 74
     b) Freibeweis ... 74
     c) Vereinfachtes Verfahren ... 75
  2. Einverständnis der Parteien (§ 284 Sätze 2–4) ... 75
     a) Praktische Bedeutung ... 75
     b) Denkbare Fälle ... 75

Inhaltsverzeichnis

    3. Verfahrensbesonderheiten 76

4. Kapitel: Beweisbedürftigkeit

I.   Grundsätze 77
    1. Sachvortrag der Parteien 77
    2. Sonderfall: gleichwertiges Vorbringen 77

II. Mangelnde Beweisbedürftigkeit kraft Gesetzes 78
    1. Geständnis und Geständnisfiktion 78
       a) Geständnis (§§ 288 ff.) 78
          aa) Inhalt des Geständnisses 78
          bb) Formale Voraussetzungen 79
          cc) Wirkung und Widerruf 79
       b) Geständnisfiktion infolge Nichtbestreitens (§ 138 Abs. 3) . 80
          aa) Erklärungspflicht 80
          bb) Folge eines Nichtbestreitens 80
          cc) Qualität des Bestreitens 81
          dd) Erklärung mit Nichtwissen 81
    2. Offenkundigkeit 83
       a) Allgemeinkundige Tatsachen 83
       b) Gerichtskundige Tatsachen 83
       c) Verfahrensfragen 84
          aa) Tatsachenvortrag 84
          bb) Gerichtliches Procedere 84
    3. Vermutungen, Fiktionen und Abgrenzungsfälle 85
       a) Gesetzliche Vermutungen (§ 292) 85
          aa) Vermutungsbasis 85
          bb) Beweisrechtliche Folgen 86
       b) Fiktionen 86
       c) Abgrenzungen 87
          aa) Sog. tatsächliche Vermutungen 87
          bb) Sonstige Fälle 87
    4. Bindung durch Interventionswirkung (§ 68) 88

5. Kapitel: Beweismittel

I.   Numerus clausus und Auswahl der Beweismittel 89
    1. Ordnung der Beweismittel 89
    2. Auswahl 89

II. Augenschein 90
    1. Funktion und Definition 90
       a) Wahrnehmbarkeit 90
       b) Kombinationen 90
    2. Beweisantritt 90
    3. Verfahren 91

III. Zeugenbeweis 91
    1. Einleitung 91
       a) Funktion 91
       b) Zeugenpflichten 92
       c) Abgrenzung 92
    2. Zeugenfähigkeit 92
       a) Verstandeskraft 92
       b) Verhältnis zur Parteistellung 92
          aa) Grundsatz 92

	bb) Streitgenosse und Streithelfer	93
	cc) Sonderfälle	93
	dd) Verfahrensfehler	93
	c) Angehörige des öffentlichen Dienstes	93
3.	Verfahren	94
	a) Formalien	94
	aa) Beweisantrag und Beweisbeschluss	94
	bb) Ladung des Zeugen	94
	cc) Hindernisse	94
	dd) Nicht geladene Zeugen	95
	b) Schriftliche Zeugenbefragung (§ 377 Abs. 3)	95
	aa) Voraussetzungen	95
	bb) Anordnung	95
	cc) Schreiben an den Zeugen	96
	dd) Antwort des Zeugen	96
	c) Vorbereitung des Gerichts und der Beteiligten	96
	aa) Strategie	96
	bb) Zeugenbeistand	97
	d) Ablauf der Vernehmung, Zeugnisverweigerungsrechte und Beeidigung	97
	aa) Belehrung	97
	bb) Personalien	97
	cc) Zeugnisverweigerungsrecht	98
	dd) Aussageverweigerungsrecht	99
	ee) Vernehmung zur Sache	100
	ff) Fragen der Parteien	101
	gg) Verdacht der Falschaussage	101
	hh) Beeidigung	102
	ii) Zeugenentschädigung	103
	e) Ordnungsmittel gegen ausbleibende Zeugen	104
	aa) Nichterscheinen	104
	bb) Beschluss	104
	cc) Nachträgliche Entschuldigung	105
	f) Weitere allgemeine Hinweise zum Umgang mit Zeugen	106
	aa) Terminierung	106
	bb) Aufmerksamkeit	106
	cc) Emotionen	106
	dd) Ungebührlichkeiten	106
4.	Bewertung der Aussage	106
	a) Allgemeine Fehlerquellen	107
	aa) Wahrnehmung	107
	bb) Speicherung	107
	cc) Wiedergabe	107
	b) Personenbezogene Fehlerquellen	107
	c) Anerkannte Wahrheits-/Lügenkriterien	108
	aa) Ausgangspunkt	108
	bb) Lügensignale	108
	cc) Positive Kriterien	109
	d) Zusammenfassende Übersicht	110
IV.	Sachverständigenbeweis	110
1.	Funktion	110
2.	Abgrenzung zum Privatgutachten	111
	a) Einordnung	111
	b) Verfahrensrechtliche Konsequenzen	111
	aa) Widersprüche	111

Inhaltsverzeichnis

		bb)	Hinweispflicht	112
		cc)	Unvereinbarkeit	112
	3.	Verfahren		112
		a)	Auswahl des Sachverständigen	112
		aa)	Beweisanordnung	112
		bb)	Konkrete Person des Sachverständigen	113
		b)	Ablehnung des Sachverständigen	114
		aa)	Antrag	114
		bb)	Ablehnungsgründe	115
		cc)	Gerichtliche Entscheidung	116
		c)	Tätigkeit des Sachverständigen und ihre Überwachung	116
		aa)	Beauftragung	116
		bb)	Säumnis	117
		cc)	Gebührenvereinbarung	117
		dd)	Grundlage der Begutachtung	117
		ee)	Hilfskräfte	118
		ff)	Beeidigung	118
		d)	Erstattung des schriftlichen Gutachtens und weiteres Beweisverfahren	119
		aa)	Ermessen	119
		bb)	Formalien	119
		cc)	Verfahren nach Eingang des Gutachtens	119
		dd)	Ladung des Sachverständigen	120
		ee)	Ergänzungsfragen	121
		ff)	Fortsetzungstermin	121
		gg)	Ungenügendes Gutachten	122
		e)	Verwertung verfahrensfremder Gutachten (§ 411a)	122
		aa)	Anwendungsbereich	122
		bb)	Verfahren	123
		cc)	Mögliche Fehler	124
	4.	Bewertungskriterien		124
		a)	Zugrundeliegender Sachverhalt	124
		b)	Vollständigkeit	124
		c)	Inhaltliche Widersprüche und Erkenntnisquellen	124
		aa)	Widerspruchsfreiheit	124
		bb)	Erkenntnisquellen	125
		d)	Persönliche Voraussetzungen des Sachverständigen	125
		aa)	Fachliche Eignung	125
		bb)	Unvoreingenommenheit	125
		e)	Abweichende Beurteilung durch das Gericht	125
		f)	Zusammenfassung	126
V.	Urkundenbeweis			126
	1.	Definition und Funktion		126
		a)	Gedankenerklärungen	126
		b)	Zuverlässigkeit	127
	2.	Beweisantritt und Beweisaufnahme		127
		a)	Besitz des Beweisführers	127
		b)	Besitz des Gegners	127
		aa)	Vorlegungsanordnung	127
		bb)	Beschluss	128
		cc)	Streit über den Besitz	128
		dd)	Nichtvorlage	128
		c)	Besitz eines Dritten	129
		aa)	Materiell-rechtliche Vorlegungsansprüche	129
		bb)	Anordnung nach § 142	129

		d)	Besitz einer Behörde	129
	3.	Beweiskraft der Urkunde		129
		a)	Echtheit der Urkunde	129
		b)	Äußere Mängel der Urkunde	130
		c)	Öffentliche Urkunden	130
			aa) § 415	130
			bb) Sonstige Öffentliche Urkunden	131
		d)	Privaturkunden	131
			aa) Unterschrift	131
			bb) Beweisregel	132
			cc) Vertragsurkunde	132
		e)	Materielle Beweiskraft	132
			aa) Freie Würdigung	132
			bb) Anforderungen	133
VI.	Parteivernehmung			133
	1.	Funktion		133
	2.	Abgrenzung von der Parteianhörung		134
		a)	Formelle Kriterien	134
		b)	Prozessuale Behandlung	134
	3.	Verfahren		134
		a)	Antrag	134
		b)	Vernehmung des Beweisgegners (§ 445)	135
		c)	Vernehmung des Beweisführers (§ 447)	135
			aa) Einverständnis	135
			bb) Ermessen	136
		d)	Beweisbeschluss (§ 450 Abs. 1) und Durchführung der Vernehmung	136
			aa) Beweisbeschluss	136
			bb) Vernehmung	136
			cc) Beeidigung	136
			dd) Kein Aussagezwang	136
		e)	Parteivernehmung zu Schadensschätzung (§ 287 Abs. 1 Satz 3)	137
VII.	Amtliche Auskunft			137
	1.	Voraussetzungen		137
	2.	Verwertung		138
	3.	Behörde		138
	4.	Verfahren		139
		a)	Gerichtliche Anordnung	139
		b)	Behandlung der Auskunft	139
		c)	Ablehnung und Verweigerung	139

6. Kapitel: Beweiswürdigung und Beweismaß

I.	Grundlagen			140
	1.	Sachgemäße Beweiswürdigung		140
	2.	Richterliche Freiheit		141
		a)	Bindungsfreiheit	141
		b)	Grenzen	141
II.	Gerichtliche Verfahrensweise			142
	1.	Grundlage der Beweiswürdigung		142
	2.	Gang der Beweiswürdigung		143
		a)	Beweisbasis (Ergiebigkeit)	143
			aa) Bezug zum Beweisthema	143

Inhaltsverzeichnis

		bb) Zwischenergebnis		143
		b) Würdigung im engeren Sinne		144
		aa) Überzeugungsbildung		144
		bb) Störfaktoren		144
		cc) Würdigung einer Zeugenaussage		144
		dd) Widerspruchsfreiheit		145
		ee) Restzweifel		145
III.	Beweismaß			145
	1. Das Regelbeweismaß			146
		a) Bedeutung		146
		b) Die klassische Formel der Rechtsprechung		146
		aa) Regelbeweismaß		146
		bb) Subjektiver Gehalt		146
		cc) Objektivierung		146
	2. Beweismaßreduktion			147
		a) Einleitung		147
		b) Beweismaßreduktion im Versicherungsrecht ("Entwendungsfälle")		147
		aa) Hintergrund		147
		bb) Beweiserleichterung		147
		cc) Praktische Probleme		148
		c) Ärztliche Aufklärung		149
		aa) Anforderungen		149
		bb) Einordnung		149
	3. Beweismaßsteigerungen?			149
IV.	Anscheinsbeweis			150
	1. Beweisrechtliche Einordnung			150
		a) Unklarheiten		150
		b) Funktionsweise		150
	2. Praktische Handhabung			151
		a) Erfahrungssatz		151
		b) Überzeugungskraft		152
		c) Beweisrechtliche Konsequenzen		152
		aa) Hinweispflicht		152
		bb) Gegenbeweis		153
	3. Anerkannte Fallgruppen und Zweifelsfälle			153
		a) Allgemeine Geschäftsbedingungen		153
		b) Arbeitsrecht		153
		c) Architektenhaftung		153
		d) Arzthaftung		154
		e) Brandschäden		154
		f) ec-Karten-Missbrauch		154
		g) E-Mail		154
		h) Maklervertrag		154
		i) Mietrecht		154
		j) Nachnahmesendung		154
		k) Online-Auktionen		155
		l) Online-Überweisung		155
		m) Telefonrechnungen		155
		aa) Gerichtliche Entscheidungspraxis		155
		bb) § 45i TKG		155
		n) Transportrecht		155
		o) Verkehrssicherungspflicht		156
		p) Verkehrsunfälle		156

Inhaltsverzeichnis

	q) Versicherungsmissbrauch	157
	r) Zugang von Willenserklärungen	157

V. **Schadensschätzung (§ 287)** 158
  1. Praktische Bedeutung 158
  2. Schadensersatzansprüche 158
     a) Nicht erfasste Tatbestandsmerkmale 158
     b) Erfasste Tatbestandsmerkmale 159
     aa) Haftungsausfüllende Kausalität 159
     bb) Höhe des Schadens 159
     c) Mitwirkungspflicht 160
     aa) Ausgangstatsachen 160
     bb) Hinweispflicht 160
  3. Sonstige Forderungen 161
     a) Allgemeine Voraussetzungen 161
     aa) Streitige Forderungshöhe 161
     bb) Unverhältnismäßige Schwierigkeiten 161
     b) Fallbeispiele aus dem Mietrecht 161
     aa) Höhe der Mietminderung 161
     bb) Miterhöhungsverlangen 161
  4. Gerichtliche Verfahrensweise 162
     a) Beweisverzicht und Beweismaßsenkung 162
     aa) Beweiserhebung nach Ermessen 162
     bb) Beweismaß 162
     cc) Beweislast 163
     b) Hilfsmittel 163
     c) Begründung der Entscheidung 164

VI. **Glaubhaftmachung (§ 294)** 164
  1. Überblick 164
  2. Anwendungsfälle 165
  3. Mittel der Glaubhaftmachung, insbesondere eidesstattliche Versicherung 165
     a) Beweismittel 165
     b) Sofortige Verfügbarkeit 165
     c) Eidesstattliche Versicherung 166
     aa) Formalien 166
     bb) Mindestinhalt 166
  4. Beweismaß 167
     a) Wahrscheinlichkeitsgrad 167
     b) Eidesstattliche Versicherung 167
  5. Begründung des Gerichts 167

VII. **Darstellung der Beweiswürdigung in den Urteilsgründen** 168
  1. Zweck und Hauptbestandteile 168
  2. Anforderungen im Allgemeinen 169
     a) Spielräume 169
     b) Fallbezogenheit 169
  3. Standort 169
  4. Einzelne Konstellationen 170
     a) Gelungener Beweis 170
     b) Misslungener Beweis 170
     c) Anscheinsbeweis 170
  5. Sprachstil 170

VIII. **Kontrolle im Berufungsverfahren** 171
  1. Tatsachenbindung und Fehlerkontrolle 171
     a) Ausgangspunkt 171

Inhaltsverzeichnis

	b) Prüfung formeller Vorgaben	171
	c) Inhaltliche Mängel	171
	d) Prognose des Berufungsgerichts	172
2.	Berufungsrügen und Prüfungsumfang	172
3.	Fehlerfolgen	173
	a) Eigene Tatsachenfeststellung	173
	b) Zurückverweisung	174

7. Kapitel: Beweislast

I.	Grundlagen der Beweislast		175
	1.	Beweisführungslast	175
	2.	Feststellungslast	175
		a) Folgen der Beweislosigkeit	175
		b) Entscheidungsnormen	176
	3.	Bedeutung der Beweislast im Übrigen	176
		a) Darlegungslast	176
		b) Sonstige prozessuale Wirkungen	176
		c) Klauselverfahren (§ 726)	177
II.	Verteilung der Beweislast		177
	1.	Normentheorie	177
	2.	Gesetzlich verankerte Beweislastregeln	178
	3.	Richterliche Rechtsfortbildung (Gefahrbereiche)	178
		a) Grundlagen	178
		b) Fallgruppen	179
		aa) Anwaltshaftung	179
		bb) Arzthaftung	179
		cc) Mietrecht	181
		dd) Produzentenhaftung	182
		ee) Sonstige Berufspflichten	182
		ff) (Vor-)vertragliche Aufklärungs- und Beratungspflichten	183
	4.	Negative Feststellungsklage	183
	5.	Abgrenzung	184
III.	Beweislastverträge		184
	1.	Inhalt	184
	2.	Wirksamkeit	185
		a) Grundsatz	185
		b) Allgemeine Geschäftsbedingungen	185

8. Kapitel: Selbständiges Beweisverfahren

I.	Grundlagen		186
	1.	Verfahrenszweck und Charakteristika	186
		a) Streitvermeidungsfunktion	186
		b) Unerhebliche Faktoren	186
		c) Beweismittelbeschränkung	186
		d) Verfahrenszeitpunkt	186
		e) Prozesskostenhilfe	186
	2.	Praktische Bedeutung	187
	3.	Mögliche Verfahrenskonkurrenz	187
II.	Antragsvoraussetzungen		187
	1.	Zustimmung des Gegners (§ 485 Abs. 1)	187
	2.	Verlust- oder Erschwerungsgefahr (§ 485 Abs. 1)	188
	3.	§ 485 Abs. 2	188

		a)	Verfahrenssituation	188

       a) Verfahrenssituation 188
       b) Gegenstand der Begutachtung 188
       aa) Zustandsfeststellung (Nr. 1) 189
       bb) Ursachenfeststellung (Nr. 2) 189
       cc) Aufwandsfeststellung (Nr. 3) 189
       c) Rechtliches Interesse 190
       aa) Praktische Handhabung 190
       bb) Mindestanforderungen 190
III. Antragsschrift (§ 487) 191
   1. Form und Zuständigkeit 191
   2. Inhalt 191
       a) Zwingender Inhalt 191
       aa) Mindestangaben 191
       bb) Beweisthema 191
       cc) Glaubhaftmachung 191
       b) Weitere Angaben 192
       c) Antragsrücknahme 192
   3. Muster (§ 485 Abs. 2) 192
IV. Gerichtliche Entscheidung (§ 490) 193
   1. Verfahren nach Eingang des Antrags 193
   2. Stellungnahme des Gegners 194
   3. Gerichtlicher Beschluss 194
       a) Beweisbeschluss 194
       b) Zurückweisung des Antrags 194
V. Durchführung der Beweisaufnahme 195
   1. Anwendung allgemeiner Vorschriften 195
   2. Mündliche Erörterung 195
   3. Ende des Verfahrens 195
VI. Frist zur Klageerhebung 196
   1. Antrag 196
   2. Anordnender Beschluss 196
   3. Fristwahrung 197
   4. Fehlende Klageerhebung 197
VII. Verwertung im Hauptsacheverfahren 198
   1. Voraussetzungen der Verwertung 198
       a) Durchbrechung des Unmittelbarkeitsgrundsatzes 198
       b) Ladung und Geltendmachung 198
   2. Urteil im Hauptsacheverfahren 198
   3. Weitere Konstellationen 199
VIII. Streitwert und Gebühren 199
   1. Streitwert 199
       a) Grundsatz 199
       b) Erkenntnisquellen 200
   2. Gebühren 200

Stichwortverzeichnis 201

Abkürzungsverzeichnis

a. A.	anderer Ansicht
Abs.	Absatz
Abschr.	Abschrift
AcP	Archiv für die civilistische Praxis
a. E.	am Ende
a. F.	alte Fassung
AGG	Allgemeines Gleichbehandlungsgesetz
Anh.	Anhang
AnwBl.	Anwaltsblatt
AP	Arbeitsrechtliche Praxis
arg. e. c.	argumentum e contrario
Art.	Artikel
AuR	Arbeit und Recht (Zeitschrift)
Az.	Aktenzeichen
BauR	Baurecht (Zeitschrift)
Beschl.	Beschluss
BGB	Bürgerliches Gesetzbuch
BGBl.	Bundesgesetzblatt
BGHR	Systematische Sammlung der Entscheidungen des BGH
BGHZ	Entscheidungen des BGH in Zivilsachen
Bl.	Blatt
BNotO	Bundesnotarordnung
BRAK-Mitt	Mitteilungen der Bundesrechtsanwaltskammer
BRAO	Bundesrechtsanwaltsordnung
bspw.	beispielsweise
BT-Drucks.	Bundestagsdrucksache
BVerfGE	Entscheidungen des Bundesverfassungsgerichts
bzw.	beziehungsweise
CR	Computer und Recht (Zeitschrift)
DAR	Deutsches Autorecht (Zeitschrift)
DB	Der Betrieb (Zeitschrift)
DRiG	Deutsches Richtergesetz
DRiZ	Deutsche Richterzeitung
DS	Der Sachverständige (Zeitschrift)
DStR	Deutsches Steuerrecht (Zeitschrift)
DtZ	Deutsch-Deutsche Rechtszeitschrift
EB	Empfangsbekenntnis
EFZG	Entgeltfortzahlungsgesetz
EMRK	Konvention zum Schutz der Menschrechte und Grundfreiheiten
EuR	Europarecht (Zeitschrift)
f., ff.	folgende(-r)
FamRZ	Zeitschrift für das gesamte Familienrecht
FS	Festschrift
GesR	Gesundheitsrecht (Zeitschrift)
GG	Grundgesetz
GKG	Gerichtskostengesetz
GRUR	Gewerblicher Rechtsschutz und Urheberrecht (Zeitschrift)
GVG	Gerichtsverfassungsgesetz
HGB	Handelsgesetzbuch
h. M.	herrschende Meinung
IBR	Immobilien- und Baurecht (Zeitschrift)
i. d. R.	in der Regel
InsO	Insolvenzordnung

Abkürzungsverzeichnis

InVo	Insolvenz und Vollstreckung (Zeitschrift)
IPrax	Praxis des Internationalen Privat- und Verfahrensrechts (Zeitschrift)
i. S. v.	im Sinne von
JA	Juristische Arbeitsblätter
JVEG	Justizvergütungs- und Entschädigungsgesetz
JR	Juristische Rundschau
JurBüro	Das juristische Büro (Zeitschrift)
JuS	Juristische Schulung
JZ	Juristenzeitung
KGR	Kammergerichts-Report
KritV	Kritische Vierteljahresschrift für Gesetzgebung und Rechtswissenschaft
K & R	Kommunikation & Recht (Zeitschrift)
KSchG	Kündigungsschutzgesetz
KV	Kostenverzeichnis
LAG	Landesarbeitsgericht, Lastenausgleichsgesetz
LAGE	Entscheidungen der Landesarbeitsgerichte
LM	Kommentierte BGH-Rechtsprechung Lindenmaier-Möhring
m.Anm.	mit Anmerkung
MDR	Monatsschrift für Deutsches Recht
MedR	Medizinrecht (Zeitschrift)
MMR	Zeitschrift für Informations-, Telekommunikations- und Medienrecht
m.w.Nachw.	mit weiteren Nachweisen
n. F.	neue Fassung
NJ	Neue Justiz (Zeitschrift)
NJOZ	Neue Juristische Online Zeitschrift
NJW	Neue Juristische Wochenschrift
NJWE-MietR	NJW-Entscheidungsdienst Mietrecht
NJW-RR	NJW Rechtsprechungsreport Zivilrecht
Nr.	Nummer
NStZ	Neue Zeitschrift für Strafrecht
NVersZ	Neue Zeitschrift für Versicherung und Recht
NZA	Neues Zeitschrift für Arbeitsrecht
NZA-RR	NZA Rechtssprechungsreport Arbeitsrecht
NZBau	Neues Zeitschrift für Baurecht und Vergaberecht
NZI	Neue Zeitschrift für das Recht der Insolvenz und Sanierung
NZM	Neue Zeitschrift für Miet- und Wohnungsrecht
NZV	Neue Zeitschrift für Verkehrsrecht
o. Ä.	oder Ähnliches
OLG-NL	OLG-Rechtsprechung Neue Länder
OLGR	OLG-Report
OLGZ	Entscheidungen der Oberlandesgerichte in Zivilsachen
ProdHaftG	Produkthaftungsgesetz
ProzRB	Prozess-Rechts-Berater (Zeitschrift)
PV	Parteivertreter
PZU	Postzustellungsurkunde
RdE	Recht der Energiewirtschaft (Zeitschrift)
RGZ	Entscheidungen des Reichsgerichts in Zivilsachen
Rn.	Randnummer
Rpfleger	Der Deutsche Rechtspfleger (Zeitschrift)
RPflG	Rechtspflegergesetz
r+s	Recht und Schaden (Zeitschrift)
RVG	Rechtsanwaltsvergütungsgesetz
S.	Satz
sog.	sogenannte(-r)

Abkürzungsverzeichnis

StA	Staatsanwaltschaft
StGB	Strafgesetzbuch
StPO	Strafprozessordnung
str.	streitig
st. Rspr.	ständige Rechtsprechung
StVG	Straßenverkehrsgesetz
StVO	Straßenverkehrsordnung
SVR	Straßenverkehrsrecht
TKG	Telekommunikationsgesetz
u.a.	und andere
U.m.A.	Urschriftlich mit Akten
Urt.	Urteil
u.s.w.	und so weiter
u.U.	unter Umständen
UWG	Gesetz gegen den unlauteren Wettbewerb
v.a.	vor allem
VersR	Versicherungsrecht (Zeitschrift)
Vfg.	Verfügung
vgl.	vergleiche
VOB/B	Vergabe- und Vertragsordnung für Bauleistungen / Teil B
v.u.g.	vorgelesen und genehmigt
VV	Vergütungsverzeichnis
VVG	Versicherungsvertragsgesetz
VwVfG	Verwaltungsverfahrensgesetz
WM	Wertpapiermitteilungen (Zeitschrift)
WRP	Wettbewerb in Recht und Praxis (Zeitschrift)
WuM	Wohnungswirtschaft und Mietrecht (Zeitschrift)
WV.	Wiedervorlage
ZAP	Zeitschrift für die Anwaltspraxis
z.B.	zum Beispiel
ZfBR	Zeitschrift für deutsches und internationales Bau- und Vergaberecht
ZfSch	Zeitschrift für Schadensrecht
ZIP	Zeitschrift für Wirtschaftsrecht
ZMGR	Zeitschrift für das gesamte Medizin- und Gesundheitsrecht
ZMR	Zeitschrift für Miet- und Raumrecht
ZPO	Zivilprozessordnung
ZRP	Zeitschrift für Rechtspolitik
ZVI	Zeitschrift für Verbraucher- und Privatinsolvenzrecht
ZZP	Zeitschrift für Zivilprozess

Literaturverzeichnis

Balzer Urteil	Balzer, Christian, Das Urteil im Zivilprozess, 2003
Balzer Beweisaufnahme	Balzer, Christian, Beweisaufnahme und Beweiswürdigung im Zivilprozess, 2. Auflage 2005
Becker/Schoch/ Schneider-Glockzin	Becker, Ute/Schoch, Frank/Schneider-Glockzin, Holger, Die ZPO in Fällen, 2006
BL	Baumbach, Adolf/Lauterbach, Wolfgang, Zivilprozessordnung, 66. Auflage 2007
Förschler	Förschler, Peter, Der Zivilprozess, 6. Auflage 2004
Goebel	Goebel, Frank-Michael, Zivilprozessrecht, 2. Auflage 2006
Hk-ZPO	Saenger, Ingo (Hrsg.), Zivilprozessordnung – Handkommentar, 2. Auflage 2007
Meyke	Meyke, Rolf, Darlegen und Beweisen im Zivilprozess, 1998
MK	Rauscher, Thomas/Wax, Peter/Wenzel, Joachim, Münchener Kommentar zur Zivilprozessordnung, 3. Auflage 2008
MK-BGB	Säcker, Franz Jürgen/Rixecker, Roland, Münchener Kommentar zum Bürgerlichen Gesetzbuch, 5. Auflage 2007
Mus	Musielak, Hans-Joachim (Hrsg.), Zivilprozessordnung, 5. Auflage 2007
Musielak Grundkurs	Musielak, Hans-Joachim, Grundkurs ZPO, 7. Auflage 2004
Palandt	Palandt, Bürgerliches Gesetzbuch, 68. Auflage 2009
Pantle/Kreissl	Pantle, Norbert/Kreissl, Stephan, Die Praxis des Zivilprozesses, 4. Auflage 2007
Rosenberg/Schwab/ Gottwald	Rosenberg, Leo/Schwab, Karl Heinz/Gottwald, Peter, Zivilprozessrecht, 16. Auflage 2004
Schneider/v. d. Hövel	Schneider, Egon/van den Hövel, Markus, Richterliche Arbeitstechnik, 4. Auflage 2007
StJ	Stein/Jonas, Zivilprozessordnung, 22. Auflage 2002 ff.
Tempel/Theimer	Tempel, Otto/Theimer, Clemens, Mustertexte zum Zivilprozess, Band I, 6. Auflage 2006
TP	Thomas, Heinz/Putzo, Hans, Zivilprozessordnung, 29. Auflage 2008
Vorwerk	Vorwerk, Volkert (Hrsg.), Das Prozessformularbuch, 8. Auflage 2005
Zimmermann	Zimmermann, Walter, Zivilprozessordnung, 8. Auflage 2007
Zö	Zöller, Zivilprozessordnung, 27. Auflage 2009

I. Gesetzliche Systematik des Beweisrechts

1. Kapitel: Grundlagen und Grundbegriffe

I. Gesetzliche Systematik des Beweisrechts

Ein Blick auf den Normenbestand der ZPO zeigt, dass der Gesetzgeber die Vorschriften zur Beweisaufnahme weitgehend konzentriert, aber nicht vollständig zusammenhängend platziert hat. Das **2. Buch der ZPO** regelt das Verfahren des ersten Rechtszuges idealtypisch anhand des Prozesses vor einer Kammer des Landgerichts. Da die Beweisaufnahme vor dem Urteilserlass erfolgt, findet sich **im 1. Titel des 1. Abschnitts** eine erste Erwähnung. Sie beschränkt sich auf einen Verweis auf den 5. bis 11. Titel nebst Regelungen zum Freibeweis[1] (§ 284) sowie auf die Notwendigkeit, über das Beweisergebnis zu verhandeln (§ 285).[2] Es folgen die zentrale Norm der Beweiswürdigung (§ 286),[3] die ebenso wichtige wie schwierige freie Schadensermittlung (§ 287)[4] und schließlich Regelungen zur Entbehrlichkeit des Beweises (§§ 288 ff.).[5] 1

Den Vorschriften über die eigentliche **Durchführung der Beweisaufnahme** ist – ganz im Sinne einer Kodifikation – ein allgemeiner Teil vorangestellt (§§ 355–370). Daran schließen sich die Besonderheiten der einzelnen Beweismittel an (§§ 371–484). 2

§ 284 spricht von „besonderen Beweisaufnahmeverfahren", ohne jedoch den 12. Titel zu erwähnen. Das Gesetz meint an dieser Stelle nur die Beweisaufnahme in einem gesonderten Beweisaufnahmetermin (§§ 358, 370 Abs. 1). Indessen stellt auch das selbständige Beweisverfahren (§§ 485 ff.)[6] eine Besonderheit dar, die eines entsprechendes Beschlusses bedarf (§ 490). 3

Weitere wichtige Beweisvorschriften finden sich im allgemeinen Abschnitt über das Verfahren (1. Buch, 3. Abschnitt). Sie betreffen also alle Bücher der ZPO, nicht allein das Erkenntnisverfahren, setzen aber eine mündliche Verhandlung voraus. Gemeint sind die **§§ 142 ff.**,[7] in denen die von Amts wegen erfolgende Anordnung der Urkundenvorlegung, der Einnahme des Augenscheins oder des Sachverständigengutachtens geregelt sind. Hier geht es um die Voraussetzungen der Sachverhaltsermittlung, während hinsichtlich der Durchführung auf die besonderen Vorschriften des 2. Buches verwiesen wird (§ 144 Abs. 3). 4

Was die Beweisaufnahme im **Berufungsverfahren** betrifft, so bestimmt § 529 Abs. 1 Nr. 1 die grundsätzliche Bindung an die Feststellungen der ersten Instanz. Eine nochmalige oder erweiterte Beweisaufnahme kommt also nur in Betracht, wenn konkrete Zweifel an der Vollständigkeit und Richtigkeit der Feststellungen bestehen oder wenn der erstmalige Beweisantritt in der Berufungsinstanz zulässig ist (§§ 529 Abs. 1 Nr. 2, 531 Abs. 2). Für die Durchführung der Beweisaufnahme gilt die Verweisung in § 525. Sie kann gem. § 527 Abs. 2 Satz 2 dem vorbereitenden Einzelrichter übertragen werden. 5

In einem eigenständigen Buch, dem fünften, ist der **Urkunden- und Wechselprozess** geregelt (§§ 592 ff.). Er zeigt insoweit beweisrechtliche Besonderheiten, als für streitige Tatsachen, die für oder gegen den Klageanspruch vorgebracht werden, nur bestimmte Beweismittel zugelassen sind (§§ 592 Satz 1, 595 Abs. 2, 598). 6

---

[1] Vgl. hierzu Rn. 366.
[2] Vgl. hierzu Rn. 334.
[3] Vgl. hierzu Rn. 701.
[4] Vgl. hierzu Rn. 795.
[5] Vgl. hierzu Rn. 381.
[6] Vgl. hierzu Rn. 919.
[7] Vgl. hierzu Rn. 40.

1. Kapitel: Grundlagen und Grundbegriffe

7 Im **Zwangsvollstreckungsverfahren** ist selten förmlicher Beweis zu erheben. Folglich finden sich im 8. Buch der ZPO hierzu kaum Vorschriften. Keine Besonderheiten gelten für die Klagen nach §§ 731, 767 f., 771, denn es handelt sich um Erkenntnisverfahren, die den allgemeinen Regelungen folgen. Gleiches gilt für §§ 887 f., die einen dem Erkenntnisverfahren angenäherten kontradiktorischen Verfahrensteil darstellen. Für das Verfahren zur Erteilung qualifizierter Vollstreckungsklauseln sprechen §§ 726 f. vom Beweis bzw. Nachweis bestimmter Tatsachen und meinen damit die Überzeugung des Klauselorgans i. S. v. § 286 Abs. 1.[8]

8 Außerhalb der ZPO finden sich beweiserhebliche Vorschriften im materiellen Recht, insbesondere im **BGB**. Das betrifft etwa Fragen der Beweislastverteilung (z. B. §§ 345, 355 Abs. 2 Satz 4 BGB) oder der Wirksamkeit von Beweisvereinbarungen in Allgemeinen Geschäftsbedingungen (§ 309 Nr. 12 BGB).[9]

II. Beweisrecht und materielles Recht

9 Der Zivilprozess dient der Feststellung und Durchsetzung – ggf. auch der einstweiligen Sicherung – eines vom Kläger geltend gemachten privaten Rechts (sog. dienende Funktion[10]). Über die Zuordnung und den Inhalt dieses Rechts soll zwischen den Parteien abschließend entschieden und damit Rechtsfrieden herbeigeführt werden. Da den meisten Rechtsstreitigkeiten kein gänzlich unstreitiger Sachverhalt zugrunde liegt und die wenigsten Beklagten völlig passiv bleiben, erfordert die gerichtliche Sachentscheidung vielfach die Durchführung einer Beweisaufnahme. Die Durchsetzung eines materiellen Anspruchs ist also ganz wesentlich von der **Beweisbarkeit** der anspruchsbegründenden Umstände und der Einwendungen des Schuldners abhängig. Daraus ergibt sich eine **Mittel-Zweck-Verknüpfung** zwischen Normanwendung und Beweis. Folglich müssen die Beweisvorschriften derart gehandhabt werden, dass sie eine Durchsetzung materieller Ansprüche nicht verhindern, sondern ermöglichen. Denn es handelt sich um Normen, die auf eine sachliche Entscheidung des Rechtsstreits im Wege eines zweckmäßigen und schnellen Verfahrens gerichtet sind.[11]

10 Daher wird die Beweisaufnahme auch **vom materiellen Recht beeinflusst**. So finden sich dort vor allem Regelungen über die Verteilung der Beweislast, etwa ausdrücklich in §§ 179 Abs. 1, 2336 Abs. 3 BGB, oder Tatsachenvermutungen i. S. v. § 292.[12] Darüber hinaus wird der objektiven Beweislast (Feststellungslast)[13] heute ganz überwiegend eine materiell-rechtliche Natur beigemessen. Sie erscheint gleichsam als Annex des in Streit stehenden materiellen Rechtssatzes. Auch die Wirksamkeit formularmäßiger Vereinbarungen über Beweisfragen ist Gegenstand des materiellen Rechts (v. a. § 309 Nr. 12 BGB). Mitunter finden sich auch Regelungen über das Beweismaß (z. B. § 611a Abs. 1 Satz 3 BGB).

11 Das Beweisrecht entfaltet seine Wirksamkeit zwar im Prozess. Es ist seiner Materie nach jedoch nicht auf die ZPO beschränkt. Vielmehr handelt es sich um einen typischen Bereich der **wechselseitigen Einflüsse und Einwirkungen** von materiellem und formellem Recht.

---

8 Ausführlich zum Beweis im Klauselverfahren *Jäckel*, Beweisvereinbarungen im Zivilrecht (2007), S. 157 ff.; vgl. zur Beweislast ferner Rn. 879.
9 Vgl. hierzu Rn. 916.
10 *Krüger* NJW 1990, 1208.
11 *BGH* NJW-RR 1989, 508, 509.
12 Vgl. hierzu näher Rn. 417.
13 Vgl. hierzu näher Rn. 872.

III. Beibringungsgrundsatz

Schrifttum: *Birk*, Wer führt den Zivilprozess – der Anwalt oder der Richter?, NJW 1985, 1489; *Coester-Waltjen*, Die Parteien als Herren des Verfahrens und der Richter im deutschen Zivilprozess, Jura 1998, 661; *Hahn*, Der sogenannte Verhandlungsgrundsatz im Zivilprozess, JA 1991, 319; *Schmidt*, Partei- und Amtsmaxime im Zivilprozess, DRiZ 1988, 59.

1. Parteifreiheit

Die Beweisführung der Parteien wird beherrscht vom Beibringungsgrundsatz, auch Verhandlungsmaxime[14] genannt. Er ist das prozessuale Gegenstück zur materiell-rechlichen Freiheit der Rechtsausübung und Verfügung[15] und seinerseits Ausdruck des Prinzips der **Parteifreiheit und der Parteiverantwortung** im Zivilprozess.[16]

12

Die Parteien geben dem Gericht das **Tatsachenmaterial** vor, das der gerichtlichen Entscheidung zugrunde gelegt werden darf. Nach Vortrag und Verhalten der Parteien bestimmen sich die Notwendigkeit und der Rahmen einer Beweisaufnahme. Die Einflussnahme der Parteien auf den Streitstoff – durch Behaupten und Bestreiten – beeinflusst zunächst die Beweisbedürftigkeit. An eine übereinstimmend durch beide Parteien vorgetragene Tatsache ist das Gericht gebunden. Wird die Beweisbedürftigkeit hingegen bejaht, so ist Beweis grundsätzlich nur zu erheben, wenn und soweit es die beweispflichtige Partei beantragt hat. Den Parteien obliegt also die **Beschaffung der Beweismittel**. Demnach kann die Veweigerung der Beibringung rechtliche Nachteile mit sich bringen. Die Parteien können unter den vorhandenen Beweismitteln frei wählen. Eine bestimmte Reihenfolge gibt es dabei nicht. Andererseits hat das Gericht alle zu einer entscheidungserheblichen Tatsache angebotenen Beweise auszuschöpfen (§ 286 Abs. 1 Satz 1).

13

Auch bislang nicht bekannte Informationen, die dem Gericht im Rahmen einer Beweisaufnahme mitgeteilt werden, finden nur Berücksichtigung, wenn sie von einer der Parteien aufgegriffen und damit von dieser vorgetragen werden.[17] Anderenfalls scheiden solche Tatsachen für die Urteilsfindung aus.

14

2. Gerichtliche Mitwirkung

Alle Freiheit der Parteien entbindet das Gericht nicht von einer Mitwirkung bei der Sammlung des Streitstoffs. Das zeigen insbesondere die §§ 139, 141, 273.[18] Darüber hinaus unterfallen einzelne Bereiche des Erkenntnis- und des Vollstreckungsverfahrens dem **Untersuchungsgrundsatz**. Hier darf das Gericht auch ohne entsprechenden Parteivortrag und Beweisantritt bestimmte Tatsachen von Amts wegen erforschen und auf ihren Wahrheitsgehalt überprüfen (Amtsermittlung). Das gilt etwa für die Ermittlung von allgemeinen oder fachspezifischen Erfahrungssätzen, die dem Gericht unbekannt sind und aus denen es Hilfstatsachen (Indizien) gewinnen will. Ferner fällt die Ermittlung ausländischen Rechts (§ 293) in den Bereich des Untersuchungsgrundsatzes. Hierher gehören auch das Verfahren in Ehe- und Kindschaftssachen sowie das Aufgebotsverfahren, die zukünftig im FamFG geregelt sind.

15

Keine Amtsermittlung herrscht dagegen bei der Prüfung der Prozessvoraussetzungen und der Zulässigkeit von Rechtsbehelfen. Diese hat zwar auch ohne An-

16

---

14 Vgl. z. B. *OLG Celle* OLGR 2004, 381.
15 TP/*Reichold* Einl. I Rn. 1.
16 Mus/*Musielak* Einl. Rn. 38.
17 *BGH* NJW-RR 1990, 507; *LG Berlin* NJW 1978, 1061.
18 TP/*Reichold* Einl. I Rn. 3.

1. Kapitel: Grundlagen und Grundbegriffe

trag – also von Amts wegen – zu erfolgen, jedoch grundsätzlich auf der Basis des Parteivortrags.[19]

IV. Behauptungs- und Darlegungslast

Schrifttum: *Hansen*, Die Substantiierungslast, JuS 1991, 588; *Kiethe*, Auskunft und sekundäre Behauptungslast – Anspruchsdurchsetzung bei ungeklärten Sachverhalten, MDR 2003, 781; *Nicoli*, Die Erklärung mit Nichtwissen, JuS 2000, 584; *Seidel*, Die Darlegungs- und Behauptungslast im Zivilprozess, DRiZ 2006, 361.

1. Vorbemerkung

17 Es handelt sich um zwei Komponenten des **Beibringungsgrundsatzes**,[20] die ineinander übergehen und gelegentlich auch begrifflich gemeinsam gebraucht werden.[21] Die Terminologie ist ohnehin nicht einheitlich,[22] insbesondere nicht in gerichtlichen Entscheidungen. Wichtiger als inflationär gebrauchte Begrifflichkeiten sind aber die dahinter stehenden Grundsätze.

18 Von einer prozessrechtlichen **Last** spricht man, wenn das Verhalten in das Belieben einer Partei gestellt wird und es ihr überlassen bleibt, ob sie dadurch nachteilige Folgen abwenden kann.[23] Dies entspricht etwa der materiell-rechtlichen Obliegenheit.

2. (Abstrakte) Behauptungslast

19 a) **Grundsätzliche Anforderungen. – aa) Kläger.** Grundsätzlich hat jede Partei die tatsächlichen Voraussetzungen eines ihr günstigen Rechtssatzes in den Prozess einzuführen, sie zu behaupten. Die Verteilung der Behauptungslast deckt sich daher als Vorwirkung zumeist mit der objektiven Beweislast.[24] Es gibt allerdings auch Tatsachen, die eine Partei zwar behaupten, aber im Bestreitensfalle nicht beweisen muss. Das gilt bspw. für die Nichterfüllung als Anspruchsvoraussetzung, bei der dem Schuldner der Erfüllungsbeweis obliegt (§ 362 BGB).

20 Vom Kläger verlangt § 253 Abs. 2 Nr. 2 zu Beginn des Prozesses die Angabe des Grundes des erhobenen Anspruchs (des Klagegrundes). Das meint den konkreten Lebenssachverhalt, aus dem sich der geltend gemachte Anspruch ergibt, und erfordert den **logischen und vollständigen Vortrag** aller klagebegründenden Tatsachen.[25] Das Gericht muss in die Lage versetzt werden, zu prüfen, ob alle Voraussetzungen der in Betracht kommenden Anspruchsgrundlage vorliegen.[26] Dann ist die Klage **schlüssig**.

21 Dabei berücksichtigt das Gericht auch den Vortrag des Klägers, der ihm ungünstig ist (z. B. Mitverschulden nach § 254 BGB).[27] Für die Frage der notwendigen Behauptung ist indessen ohne Bedeutung, wie wahrscheinlich der vorgebrachte Sachverhalt ist.[28] Man darf also nicht dazu übergehen, zur Eingrenzung des Streitstoffs eine Plausibilitätskontrolle durchzuführen. Etwas anderes gilt nur für tatbestandsfremde Tatsachen, aus denen der Schluss auf das Vorliegen

---

19 Vgl. hierzu näher Rn. 191.
20 *Rosenberg/Schwab/Gottwald* § 114 Rn. 39.
21 So bei Mus/*Foerste* § 286 Rn. 33.
22 Teilweise anders als hier bspw. *Hansen* JuS 1991, 588 f.; *Seidel* DRiZ 2006, 361.
23 *Musielak* Grundkurs Rn. 402.
24 Hk-ZPO/*Saenger* § 286 Rn. 84; zur objektiven Beweislast eingehend Rn. 872.
25 *LAG Hamburg* NJW-RR 1986, 743.
26 *OLG Düsseldorf* NJW-RR 1992, 765.
27 *Förschler* Rn. 1374.
28 *BGH* NJW-RR 1998, 712, 713 m.w.Nachw.

IV. Behauptungs- und Darlegungslast

eines gesetzlichen Tatbestandsmerkmals gezogen werden soll (Indizien).[29] Die Äußerung von Rechtsansichten ist für schlüssigen Tatsachenvortrag weder ausreichend[30] noch erforderlich. Ebenso bleibt die Stellungnahme des Gegners außer Betracht.

bb) Beklagter. Vom Beklagten werden hinsichtlich der gegen den Anspruch vorgebrachten Einwendungen die gleichen Anforderungen an seine Behauptungen gestellt. Stehen diese Tatsachen – ihr Vorliegen als wahr unterstellt – dem Klageanspruch entgegen, so gelangt man zur **Erheblichkeit** des Beklagtenvorbringes. 22

b) Umfang des Vortrags. – aa) Anforderungen. Die Anforderungen an die Erfüllung der Behauptungslast dürfen nicht überspannt werden.[31] Dies übersehen die Gerichte häufig und nehmen den vermeintlich kürzesten Weg der Versagung eines Anspruchs oder eines Gegenrechts über das Argument der unzureichenden „Substantiierung".[32] Mit solchen Verfahrensmängeln[33] geht ein Verfassungsbruch einher (Art. 103 Abs. 1 GG).[34] 23

> **Praxistipp:**
> Oft zeigt der Parteivortrag nur scheinbar Lücken, die sich jedoch unschwer schließen lassen. Wer z. B. in einem Verkehrunfallprozess behauptet, für ihn habe die Ampel „grün" gezeigt, der bringt inzident zum Ausdruck, für den Gegner habe sie „rot" gezeigt, so dass diesen ein Verkehrsverstoß treffe.[35]

Nach der nimmermüde wiederholten Formel des *BGH* ist der Sachvortrag einer Partei schon dann erheblich, wenn Tatsachen vorgetragen werden, die in Verbindung mit einem Rechtssatz geeignet und erforderlich sind, das geltend gemachte Recht in der Person des Anspruchstellers zu begründen[36] bzw. – bei Einwendungen – dieses Recht als nicht bestehend erscheinend zu lassen.[37] Ihm wichtig erscheinende Einzelheiten, auch hinsichtlich der Zuverlässigkeit des Beweismittels, mag das Gericht im Rahmen der Beweisaufnahme erfragen. 24

> **Beispiele:**
> - Wenn aus einem **Vertrag** ein Anspruch hergeleitet wird, genügt grundsätzlich die Behauptung des Zustandekommens des Vertrages. Nähere Einzelheiten der Umstände dieses Vertrages – etwa der exakte Zeitpunkt des Vertragsschlusses – sind zumeist nicht erforderlich.[38] Etwas anderes gilt nur, wenn ein Detail für die Rechtsfolgen von Bedeutung ist, bspw. die Vertretungsmacht des Verhandlungsführers bestritten wird.
> - Bei der Geltendmachung von Schadensersatz und Schmerzensgeld nach einem **Verkehrsunfall** muss lediglich vorgetragen werden, die näher zu bezeichnenden Beschwerden seien auf den Unfall zurückzuführen und hätten bestimmte Heilbehandlungsmaßnahmen erfordert. Medizinisch fundierte Ausführungen sind nicht notwendig.[39]

---

29 *Pantle/Kreissl* Rn. 314; vgl. zu Indizien Rn. 164.
30 *BGH* NJW 2003, 3564, 3565.
31 *BGH* NJW 2001, 2632, 2633.
32 *Balzer* Urteil Rn. 16; *Meyke* Rn. 76.
33 Eine Zurückweisung nach § 538 Abs. 2 Nr. 1 kommt aber nur in Betracht, wenn nach einem Hinweis des Gerichts ggf. ergänzender Parteivortrag zu berücksichtigen ist und umfangreich Beweis erhoben werden muss; vgl. *OLG Koblenz* NJOZ 2007, 5856, 5862.
34 *BVerfG* NJW 1992, 1031.
35 *Balzer* Urteil Rn. 18.
36 Vgl. bspw. *BGH* NJW-RR 1998, 712, 713; *BGH* NJW 2000, 3286.
37 Hk-ZPO/*Saenger* § 286 Rn. 85.
38 *BGH* NJW 2000, 3286 m.w.Nachw.
39 *OLG Celle* NJW-RR 2004, 1367.

1. Kapitel: Grundlagen und Grundbegriffe

- Bei einer Einziehungsklage nach **Lohnpfändung** müssen die Art der vom Schuldner ausgeübten beruflichen Tätigkeit dargelegt und die gepfändeten Lohnanteile berechnet werden.[40]
- Im **Bauprozess** muss der Bauherr lediglich das objektive Erscheinungsbild eines behaupteten Mangels und die Zuordnung zu den Leistungen des Unternehmers beschreiben, nicht aber die Gründe der Mangelentstehung.[41] Der konkrete Ausführungs- oder Planungsfehler ist eine Frage der Beweisaufnahme, nicht der Behauptungslast.
- Eine **Amts- oder Notarhaftungsklage** verlangt die Behauptung, dass und warum ein Anspruch gegen einen Dritten nicht in Betracht kommt (§ 839 BGB, § 19 BNotO).[42]

25 bb) Erleichterungen. Der Sachvortrag kann auch durch eine konkrete **Bezugnahme auf andere Schriftstücke** belegt und erläutert werden, solange das Gericht nicht genötigt wird, umfangreiche ungeordnete Anlagenkonvolute von sich aus durchzuarbeiten.[43]

> **Praxistipp:**
> Die moderne Datenverarbeitungstechnik ermöglicht es, Teile andere Dokumente in den Schriftsatz zu integrieren und als Auszug kenntlich zu machen. Für einen Urkundenbeweis bedarf es freilich der Vorlegung (§ 420).

26 Daraus folgt, dass sich der Kläger vielfach zunächst auf recht knappen Vortrag beschränken und die Reaktion des Beklagten abwarten kann. Hier spielen auch Arbeitsökonomie und Taktik eines Rolle.[44] Nicht immer sind weitschweifige Ausführungen von Nöten.

27 Besonderheiten gelten – wie häufig – im **Arzthaftungsprozess**. Der medizinisch nicht versierte Patient genügt seiner Behauptungslast, wenn er im Groben darstellt, welches Fehlverhalten den betroffenen Arzt treffen soll und welche Schäden sich daraus ergeben haben.[45] Er kann sich dabei auf die Verdachtsmomente für einen Behandlungsfehler beschränken.[46]

3. Darlegungslast (konkrete Behauptungslast, Substantiierungslast)

28 a) **Wechselspiel des Vortrags.** Die Darlegungslast entscheidet, wie detailliert der Vortrag des Sachverhalts sein muss, um die Basis der rechtlichen Prüfung zu bilden und ggf. zur Beweisbedürftigkeit zu gelangen (§ 138 Abs. 1). Das richtet sich vor allem nach den Einlassungen des Gegners (§ 138 Abs. 2) und ist von der Beweislastverteilung unabhängig.[47] Es ergibt sich ein **Wechselspiel von Vortrag und Gegenvortrag**.[48] Wenn somit nach qualifizierten gegnerischen Angriffen der Klagevortrag unklar wird und nicht mehr den Schluss auf die Entstehung des geltend gemachten Rechts zulässt, bedarf er der Ergänzung, Präzisierung oder Berichtigung (sog. Ergänzungslast).[49] Dabei ist eine Partei nicht an ihren bisherigen Vortrag gebunden. Nachfolgend wiederum müssen Gegner und Gericht das Erfordernis etwaigen Beweisantritts prüfen können.

---

40 *LAG Hamburg* NJW-RR 1986, 743.
41 St. Rspr.; vgl. bspw. *BGH* NJW-RR 2003, 1239 f.; *BGH* NJW-RR 2002, 743.
42 *BGH* NJW 1993, 933, 934.
43 *BGH* NJW-RR 2004, 639, 640; *OLG Hamm* NJW-RR 2005, 893, 895.
44 *Meyke* Rn. 52.
45 *BGH* NJW 1983, 332; zum Parallelfall der Arzneimittelhaftung vgl. *BGH* MDR 2008, 1156.
46 *Schmid* NJW 1994, 767 f.
47 *Hansen* JuS 1991, 588, 589.
48 *BGH* NJW 1999, 1859, 1860. Hk-ZPO/*Seanger* § 286 Rn. 89 spricht plastisch von einem „Sich-Aufschaukeln", *Meyke* Rn. 79, von einem „Ping-Pong-Spiel".
49 *BGH* NJW 2003, 3564, 3565.

IV. Behauptungs- und Darlegungslast

29 Beschränkt sich der Gegner zulässigerweise auf ein bloßes Bestreiten des Klagevortrags, besteht auch keine Notwendigkeit zur Ergänzung. Dann sind Behauptungs- und Darlegungslast klägerseitig deckungsgleich.

30 **b) Gegnerisches Bestreiten.** Erhebliche Unsicherheit besteht darüber, in welchem Maße eine Partei den Sachvortrag des Gegners bestreiten muss, damit dieser Vortrag nicht mangels ausreichender Erwiderung als zugestanden gilt (§ 138 Abs. 3). Das ist in erster Linie eine Frage der **Zumutbarkeit**, also inwieweit mit konkreten positiven Angaben („substantiiert") erwidert werden kann.

31 Wer den Geschehnissen, auf die sich der Vortrag des Gegners bezieht, erkennbar fern steht und keine Kenntnis von den maßgeblichen Tatsachen hat, der darf sich auf ein einfaches Bestreiten beschränken.[50]

> **Beachte:**
> Davon zu unterscheiden ist die notwendige Bezugnahme des Bestreitens auf eine konkrete Tatsachenbehauptung. Der gelegentlich noch zu findende Satz, es werde „alles bestritten, was nicht ausdrücklich zugestanden ist", genügt nicht.[51]

32 Umgekehrt vermag sich jede Partei über die behaupteten Vorgänge zu erklären, die sich in ihrem Wahrnehmungsbereich abgespielt haben.[52] Aber auch hier kommt es auf den Einzelfall an.

> **Beispiel:**
> Ein nach einem Unfall schwer verletzt abtransportierter Fahrzeugführer wird zumeist keine Feststellungen mehr zu den Zuständen am Unfallort treffen können.[53]

33 Nochmals zum **Arzthaftungsprozess:** Hier darf der Beklagte nicht lediglich einwenden, die Behandlung sei nach den Regeln der ärztlichen Kunst erfolgt. Ihm stehen neben eigener Fachkunde die Behandlungsunterlagen zur Verfügung, so dass er detailliert Stellung nehmen muss.

34 **c) Modifikationen.** Diese Grundregeln der Darlegungslast erfahren zahlreiche weitere Modifikationen, größtenteils durch richterrechtlich entwickelte Institute:

35 **aa) Anscheinsbeweis und gesetzliche Vermutungen** i.S.v. § 292.[54] Hier genügt es zunächst, die Basis des Anscheins oder der Vermutung zu behaupten und ggf. näher darzulegen.

36 **bb) Sekundäre Darlegungslast.** Der Gegner der beweisbelasteten Partei, der über die besseren Kenntnisse des Sachverhalts verfügt oder verfügen muss – also einen Wissensvorsprung hat –, darf sich in der Regel nicht mit einfachem Bestreiten begnügen. Vielmehr muss er detailliert darlegen, warum die von ihm bestrittenen Behauptungen unrichtig sind (sog. sekundäre Darlegungslast).[55] Das folgt aus § 138 Abs. 1 sowie dem Prinzip der redlichen Prozessführung und Prozessförderung (§ 242 BGB).[56] Als Sanktion droht anderenfalls die Geständnisfiktion nach § 138 Abs. 3.[57]

---

50 *BGH* NJW-RR 1986, 60.
51 Mus/*Stadler* § 138 Rn. 10 m.w.Nachw.; a.A. *Balzer* Urteil Rn. 44.
52 *BGH* NJW 1961, 826, 828.
53 *BGH* NJW-RR 2001, 1294, 1295.
54 Vgl. hierzu Rn. 417 und 751.
55 *BGH* NJW, 2005, 2614, 2615 f.; kritisch zu diesem Begriff *Balzer* Urteil Rn. 58.
56 *BGH* NJW 1996, 522, 523.
57 *BGH* NJW 1996, 315, 317.

1. Kapitel: Grundlagen und Grundbegriffe

> **Beispiele:**
> - Bei einem Anspruch aus **ungerechtfertigter Bereicherung** (§ 812 BGB) muss der Beklagte mögliche Rechtsgründe, etwa eine Schenkung, darlegen und darf deren Fehlen nicht nur bestreiten. Diese als „Angriffsflächen" vorgebrachten und die sonst nach den Umständen in Betracht kommenden Rechtsgründe hat der Kläger durch eigenen Nachweis zu widerlegen.[58]
> - Im Rahmen der Arglistanfechtung eines **Lebensversicherungsvertrages** muss der Versicherungsnehmer plausibel darstellen, wie es zu den objektiv falschen Angaben zum Gesundheitszustand gekommen ist.[59]
> - Bei einer auf **§ 632 Abs. 2 BGB** gestützten Werklohnklage hat der Besteller die Vereinbarung eines niedrigeren Festpreises präzise darzulegen.[60]
> - Wird eine Schadensersatzhaftung wegen **unterlassener Aufklärung** über bestimmte Risiken geltend gemacht, muss der Gegner darlegen, welche Hinweise und Belehrungen er erteilt haben will und dies räumlich, zeitlich sowie inhaltlich spezifizieren.[61]

37 In solchen Fällen bleibt der Ausgangspunkt der Behauptungslast ebenso unberührt wie die Verteilung der Beweislast.[62] Das gilt insbesondere auch für negative Tatsachen. Deshalb ist es unzutreffend, wenn gelegentlich von „sekundärer Beweislast" die Rede ist.[63] Eine solche gibt es nicht.

38 cc) **Schadenschätzung.** Als Vorwirkung des reduzierten Beweismaßes nach § 287 besteht im Anwendungsbereich dieser Norm auch eine erleichterte Darlegungslast.[64] Insbesondere wenn es um die konkrete Höhe einer streitigen Forderung geht, genügt der Vortrag einer Schätzgrundlage bzw. solcher Anhaltspunkte, die einen Kausalzusammenhang nahelegen.

39 d) **Gerichtliche Hinweispflicht.** Auf unzureichenden Vortrag muss das Gericht frühzeitig **hinweisen** (§ 139 Abs. 1 Satz 2).[65] Erst wenn dieser Hinweis fruchtlos bleibt, darf und muss der Vortrag des Klägers als unschlüssig bzw. der des Beklagten als unerheblich (§ 138 Abs. 3) gewertet werden und ist nicht zu berücksichtigen.

> **Praxistipps:**
> - Der Hinweis darf sich nicht auf allgemein kryptische Andeutungen („unsubstantiierte Klageerwiderung") beschränken, sondern muss eindeutig zum Ausdruck bringen, zu welcher Frage bislang ausreichender Vortrag fehlt.[66]
> - Wenn der notwendige Hinweis erst in der mündlichen Verhandlung (bzw. Güteverhandlung) erfolgt, muss die betroffene Partei ihren Vortrag grundsätzlich sogleich vervollständigen (§ 137 Abs. 2). Nur wenn die Partei selbst nicht anwesend ist oder sich erst kundig machen muss, ist ihr auf Antrag eine Schriftsatzfrist einzuräumen (§ 139 Abs. 5).

---

58 *BGH* NJW 2003, 1039; *BGH* NJW 1999, 2887, 2888; differenzierend *LG Nürnberg-Fürth* RdE 2007, 138 (Stromentgelt).
59 *BGH* NJW-RR 2008, 343.
60 *BGH* NJW-RR 1992, 848; vgl. auch den Übungsfall bei *Becker/Schoch/Schneider-Glockzin* Rn. 118.
61 *BGH* NJW 2001, 64; *BGH* NJW 1996, 522, 523.
62 *BGH* NJW-RR 1993, 643; MK/*Wagner* § 138 Rn. 22.
63 Z.B. bei *BGH* NJW-RR 2007, 1448, 1451; *OLG Nürnberg* NZBau 2007, 503, 505.
64 *BGH* NJW-RR 1992, 792; *BGH* NJW 2000, 1572, 1573; vgl. zu § 287 im Übrigen Rn. 795.
65 *BGH* NJW 1999, 3716; *OLG Koblenz* NJOZ 2008, 5098.
66 *OLG Oldenburg* OLGR 2005, 405, 406.

V. Sachverhaltsaufklärung von Amts wegen

Schrifttum: *Greger*, Zwischen Mediation und Inquisition – Neue Wege der Informationsbeschaffung im Zivilprozess, DStR 2005, 479; *Schöpflin*, Die Beweiserhebung von Amts wegen im Zivilprozess (1992); *Stackmann*, Richterliche Anordnungen versus Parteiherrschaft im Zivilprozess?, NJW 2007, 3521.

1. Allgemeines

a) Hilfsmittelfunktion. Trotz Beibringungsgrundsatzes ermöglicht es die ZPO dem Gericht, ohne Beweisantritt einer Partei oder über einen solchen hinaus Sachaufklärung zu betreiben und Beweise zu erheben. Dabei ist das Gericht in den Fällen der §§ 142 ff. nicht auf streitige Tatsachen beschränkt, kann sich also auch sonstigen Sachvortrag veranschaulichen[67] oder durch einen Fachmann erläutern lassen.[68] Die Bandbreite reicht demnach von Information über Präzisierung und Aufklärung bis zur Schaffung von Beweismitteln.[69] Dies alles sind zweckmäßige **Hilfsmittel der materiellen Prozessleitung** des Gerichts im Rahmen seiner Entscheidungspflicht. Sie dienen der Verfahrenseffizienz.[70] **40**

Im Einzelnen geht es um die Anordnung der Urkundenvorlegung (§ 142), die Einnahme des Augenscheins und das Sachverständigengutachten (§ 144) sowie um die Parteivernehmung (§ 448). Demnach scheint die Zeugenvernehmung immer eines Beweisantrags zu bedürfen. Indessen erlaubt § 273 Abs. 2 Nr. 2 ohne ausdrücklichen Parteiantrag die Einholung einer amtlichen Auskunft als Ersatz einer Zeugenvernehmung.[71] Die Aktenübermittlung nach § 143 dient nur der Vervollständigung der Gerichtsakten und betrifft solche Dokumente, die ohnehin zur Kenntnis des Gerichts und des Prozessgegners bestimmt sind.[72] **41**

b) Keine Ausforschung. In den genannten Fällen geht es nicht etwa darum, dass das Gericht den Parteien die Beweisführung aus der Hand nimmt. Vielmehr soll entweder die weitere Beweisanordnung vorbereitet oder eine bereits erfolgte Beweiserhebung ergänzt werden. Daher ist es dem Gericht nicht gestattet, anstelle der Parteien und im Sinne einer **Ausforschung** die Tatsachengrundlage für die Beweisaufnahme erst zu schaffen.[73] Ein unsubstantiiertes und nicht hinreichend konkretes Parteivorbringen kann das Gericht nicht veranlassen, selbst nach Hinweisen auf prozessrelevante Tatsachen zu suchen. Insofern gilt nach wie vor der Beibringungsgrundsatz.[74] Er wird lediglich modifiziert, was allzu oft in Vergessenheit gerät. **42**

> **Praxistipps:**
> - Der Kläger kann folglich im Rahmen seiner Darlegungslast nicht damit kalkulieren, dass sich weiterer, die Schlüssigkeit der Klage herbeiführender Tatsachenstoff bei dem Prozessgegner verfügbaren Unterlagen oder Aktenordnern befindet.[75] Davon unberührt bleibt der Ausgleich struktureller Informationsdefizite über das Institut der sekundären Behauptungslast.[76]
> - Gewinnt hingegen der Prozessgegner den Eindruck, das Gericht überschreite in Verkennung dieser Grundsätze seine Befugnisse, muss er sich dem durch Schriftsatz oder Protokollerklärung möglichst frühzeitig wi-

---

67 *OLG Frankfurt* JurBüro 2000, 138; *OLG Frankfurt* JurBüro 1986, 226. Anders ist es bei § 448.
68 *BAG* AP Nr. 90 zu § 22 BAT.
69 Mus/*Stadler* § 142 Rn. 1; MK-ZPO/*Wagner* §§ 142–144 Rn. 1.
70 *Wagner* JZ 2007, 706, 711.
71 Vgl. zur amtlichen Auskunft Rn. 689.
72 Bl/*Hartmann* § 143 Rn. 2 und 6.
73 *BGH* NJW 2000, 3488, 3490; Bl/*Hartmann* § 142 Rn. 5.
74 *BGH* NJW 2007, 2989, 2992.
75 *BGH* NJW-RR 2007, 1393.
76 Vgl. hierzu Rn. 36.

1. Kapitel: Grundlagen und Grundbegriffe

dersetzen.[77] Anderenfalls droht nicht nur eine unliebsame Tatsachenfeststellung sondern die Präklusion des Rügerechts (§ 295 Abs. 1).

43 c) **Gerichtliches Ermessen.** Den genannten Fällen ist ebenfalls gemeinsam, dass die Anordnung im **Ermessen** des Gerichts steht („kann"). Dieses Ermessen muss pflichtgemäß ausgeübt werden und ist nicht völlig frei. Der Richter muss in jeder Lage des Verfahrens prüfen, ob von Amts wegen eine Anordnung zu treffen ist. Das kann bei §§ 142, 144 auch terminsvorbereitend geschehen (§ 273 Abs. 2 Nr. 5) oder in Verbindung mit einem Beweisbeschluss.

44 Liegen die gesetzlichen Voraussetzungen vor, so muss das Gericht eine Anordnung **zumindest erwägen** und dies zum Ausdruck bringen.[78] Insbesondere eine gerichtliche Passivität ist im Urteil zu begründen.[79] Anderenfalls liegt ein Verfahrensfehler vor.[80]

45 In den Fällen der §§ 142, 144, 448 ist aus anwaltlicher Sicht zumindest eine deutliche **Prüfungsanregung** an das Gericht ratsam. Für die beweisbelastete Partei ist darüber hinaus ein förmlicher Beweisantritt nach §§ 371 Abs. 2 Satz 1, 428 möglich.

46 Im Übrigen sind bei den einzelnen Konstellationen unterschiedliche Voraussetzungen zu beachten. Sie werden nachfolgend dargestellt.

2. Urkundenvorlegung (§ 142)

Schrifttum: *Prütting,* Discovery im deutschen Zivilprozess?, AnwBl. 2008, 153; *Schneider,* Die Zumutbarkeit der Urkundenvorlegung durch Dritte, MDR 2004, 1; *Wagner,* Urkundenedition durch Prozessparteien – Auskunftspflicht und Weigerungsrechte, JZ 2007, 706; *Zekoll/Bolt,* Die Pflicht zur Vorlage von Urkunden im Zivilprozess – Amerikanische Verhältnisse in Deutschland?, NJW 2002, 3129.

47 a) **Voraussetzungen. – aa) Prozessuale Bedeutung.** Das Gericht darf sich die seinerseits für erforderlich gehaltenen Urkunden nur nach § 142 beschaffen. Darüber hinaus ist ein Urkundenbeweis ohne Beweisantritt grundsätzlich nicht zulässig.[81] Ausnahmen gelten nach §§ 102, 258 ff. HGB, die eine selbständige prozessuale Vorlegungspflicht begründen.[82] Aus anwaltlicher Sicht eröffnet § 142 die Möglichkeit, auch solche Urkunden prozessual zu nutzen, die sich nicht im Herrschaftsbereich der eigenen Partei befinden.[83] Gleichwohl ist die Akzeptanz dieser Vorschrift in der Praxis nach wie vor gering.[84]

48 bb) **Urkunden.** Sie sind wie bei §§ 415 ff. als schriftlich verkörperte Gedankenerklärungen zu verstehen. Mit „sonstigen Unterlagen" i.S.v. § 142 Abs. 1 Satz 1 sind Medien gemeint, die andere als Gedankenerklärungen verkörpern, insbes. Bild- und Tonträger sowie technische Aufzeichnungen, Pläne und Grundrisse. Elektronische Dokumente gelten hingegen als Augenscheinsobjekte (§ 371 Abs. 1 Satz 2).

49 cc) **Adressat.** Die Anordnung kann gegenüber einer Partei, einem Streithelfer und einem Dritten ergehen. Diese Person muss die Urkunde im Zeitpunkt der Anordnung im **Besitz** haben, also die tatsächliche Sachherrschaft ausüben. Mittelbarer Besitz wird nur dann ausreichen, wenn sich die betroffene Person den Gewahrsam rasch und mühelos wieder verschaffen kann.[85] Bei der Anordnung

---

77 *Stackmann* NJW 2007, 3521, 3526.
78 *BGH* NJW 2007, 2989, 2992.
79 MK-ZPO/*Wagner* §§ 142–144 Rn. 7.
80 *OLG Saarbrücken* MDR 2003, 1250.
81 *BVerfG* NJW 1994, 1210.
82 Mus/*Stadler* § 142 Rn. 1.
83 *Lüpke/Müller* NZI 2002, 588, 589.
84 *Stackmann* NJW 2007, 3521.
85 StJ/*Leipold* § 142 Rn. 16; BL/*Hartmann* § 142 Rn. 8; großzügiger Mus/*Stadler* § 142 Rn. 3.

V. Sachverhaltsaufklärung von Amts wegen

gegenüber einer Partei kommt es nicht auf die Beweislastverteilung an.[86] Denn davon sagt das Gesetz nichts.[87]

dd) Bezugnahme. Eine der Parteien muss sich auf die angeforderte Urkunde bezogen haben. Die Anforderungen hieran dürfen **nicht überspannt** werden. Es muss sich nach dem Parteivortrag aber hinreichend deutlich ergeben, dass diese Urkunde entscheidungserhebliche Informationen enthält.[88]

> **Beispiele:**
> - Bei Schilderung des Inhalts einer Rechnung müssen weder deren Datum oder der Aussteller noch die Umstände des Verbleibs der Urkunde dargelegt werden.[89] Schon gar nicht gelten die Vorgaben des § 424.[90] Es genügt eine ungefähre Beschreibung der Urkunde.[91]
> - Dagegen ist die bloße Behauptung, Urkunden der bezeichneten Art würden üblicherweise erstellt und müssten auch im konkreten Fall existieren, rein spekulativ und nicht ausreichend.[92]

Ob und bei wem die Urkunde vorhanden ist, hat das Gericht einer Plausibilitätskontrolle zu unterziehen.

ee) Ermessen. Bei einem zu erwartenden Aufklärungsbeitrag der Urkunde und nicht entgegenstehenden Interessen des Adressaten wird sich das **Anordnungsermessen** des Gerichts gegen Null verdichten.[93] In der Berufungsinstanz kommt die Nachholung einer in erster Instanz unterlassenen Anordnung nur in Betracht, wenn die Unterlagen unter Berücksichtigung des bisherigen Beweisergebnisses einen zusätzlichen und entscheidungsrelevanten Erkenntniswert erwarten lassen.[94]

b) Inhalt der Anordnung. – aa) Frist. Das Gericht kann die Vorlegungsanordnung mit einer Fristsetzung verbinden (§ 142 Abs. 1 Satz 2). Dies ist schon aus Gründen der Verfahrensbeschleunigung ratsam. Fristversäumnisse einer Partei können aber nur dann nach § 296 Abs. 1 behandelt werden, wenn die Anordnung im Rahmen des § 273 Abs. 2 Nr. 5 ergeht.

bb) Verbleib. Außerdem besteht die Möglichkeit, den Verbleib der Unterlagen **auf der Geschäftsstelle** des Gerichts für die Dauer einer bestimmten Frist anzuordnen. Mithilfe dieser Maßnahme wird gewährleistet, dass jeder Prozessbeteiligte Einsicht in die Unterlagen nehmen kann (§ 134 Abs. 2). Zugleich kann der Gefahr einer Veränderung oder des Verlusts der Urkunde vorgebeugt werden.[95] Von diesen Faktoren hängt die Dauer der Verwahrung auf der Geschäftsstelle ab. Wenn keine triftigen Gründe entgegenstehen, ist es sinnvoll, den Verbleib bei Gericht für die Dauer des Verfahrens anzuordnen. Dagegen ist etwa ein Insolvenzverwalter für die weitere Abwicklung regelmäßig auf die in seinem Besitz befindlichen Unterlagen angewiesen.[96] Durch den Verbleib bei Gericht werden die Unterlagen kein Bestandteil der Gerichtsakten.[97]

cc) Übersetzung. Im Hinblick auf § 184 GVG kann ferner bestimmt werden, dass die Übersetzung einer fremdsprachigen Urkunde beigebracht wird (§ 142

---

[86] *BGH* NJW 2007, 2989, 2991; a. A. *OLG Frankfurt* OLGR 2007, 466.
[87] *Zekoll/Bolt* NJW 2002, 3129, 3130.
[88] *OLG Naumburg* OLGR 2007, 2.
[89] *Greger* NJW 2002, 3049, 3050.
[90] *Konrad* NJW 2004, 710.
[91] *Wagner* JZ 2007, 706, 713.
[92] *Lüpke/Müller* NZI 2002, 588, 589.
[93] *Greger* BRAK-Mitt. 2005, 150, 152.
[94] *OLG München* OLGR 2007, 158.
[95] *BL/Hartmann* § 142 Rn. 12.
[96] *Uhlenbruck* NZI 2002, 589, 590 gegen *LG Ingolstadt* NZI 2002, 390.
[97] *OLG Hamm* GesR 2006, 569.

1. Kapitel: Grundlagen und Grundbegriffe

Abs. 3). Das gilt nicht für Urkunden im Besitz eines Dritten. In der Regel ist die Anordnung einer schriftlichen Übersetzung zweckmäßig. Die Kosten der Übersetzung kann die betroffene Partei als außergerichtliche Prozesskosten geltend machen.[98]

56 c) **Formalien.** In formeller Hinsicht geschieht die Anordnung durch **richterliche Verfügung** oder in mündlicher Verhandlung durch **Beschluss**. Eine kurze Begründung ist zu empfehlen.[99]

> **Beschluss**
>
> Gemäß §§ 273 Abs. 2 Nr. 5, 142 Abs. 1 ZPO wird der Klägerin aufgegeben, binnen einer Frist von zwei Wochen das Original der vollständigen Mietvertragsurkunde vom 4.2.2008 vorzulegen. Die Urkunde hat für die Dauer von drei Wochen nach Eingang auf der Geschäftsstelle des Gerichts zu verbleiben.
>
> Gründe:
>
> Der Beklagte hat geltend gemacht, Bestandteil dieses Vertrages seien Allgemeine Geschäftsbedingungen, in denen u. a. ein Abtretungsverbot geregelt worden sei.

57 Bei Fristsetzung ist die Entscheidung zuzustellen (§ 329 Abs. 2 Satz 2). Sie ist unanfechtbar (arg. § 567 Abs. 1 Nr. 1), so dass nur eine Gegenvorstellung bleibt. Auch gegen die förmliche Ablehnung eines Anordnungsgesuchs findet keine sofortige Beschwerde statt.[100] § 567 Abs. 1 Nr. 2 ist nicht einschlägig, weil es sich um eine Maßnahme der Verfahrensleitung handelt, die nicht vom Antrag einer Partei abhängig ist. Das Problem wird seltener akut werden als zu befürchten, da meist nur eine Anregung zu amtswegiger Tätigkeit vorausgegangen ist.[101]

58 d) **Grenzen der Vorlegungspflicht. – aa) Dritte.** Grenzen normiert das Gesetz nur für Dritte (§ 142 Abs. 2). Sie müssen ausdrücklich geltend gemacht werden,[102] da es sich um Gegenrechte handelt. Dabei besteht kein Anwaltszwang.

59 Zum einen darf eine Vorlegung ablehnen, wer zur **Zeugnisverweigerung** berechtigt ist (§§ 142 Abs. 2, 383 ff.). Hierüber sind die in § 383 Abs. 1 Nr. 1–3 genannten Personen bereits mit der Anordnung zu belehren, in allen anderen Fällen ist eine Belehrung zumindest empfehlenswert.[103] Bei unberechtigter Weigerung können Ordnungsmittel verhängt werden (§ 390), in der Regel nur nach rechtskräftig entschiedenem Zwischenstreit.

60 Darüber hinaus nennt das Gesetz als weitere Grenze das konturlose Merkmal der **Unzumutbarkeit**.[104] Es handelt sich – trotz seiner systematischen Stellung – um einen Auffangtatbestand, denn bereits §§ 383 f. behandeln Fälle der Unzumutbarkeit aus Vertraulichkeitsinteresse.[105] Entsprechend ist eine zurückhaltende Interpretation geboten.[106] Eine körperliche Unzumutbarkeit kommt bei besonders umfangreichen Urkunden (Akten) in Betracht. Wichtiger ist die persönliche Unzumutbarkeit unter dem Gesichtspunkt des legitimen Geheimnisschutzes. Höchstpersönliche Unterlagen, v. a. Tagebücher, müssen daher nicht vorgelegt werden. Das Gleiche gilt für die Handakten eines Rechtsanwalts.[107]

---

98 *LG Freiburg* NJW 1961, 736.
99 Weitergehend (Begründungspflicht) Mus/*Stadler*, § 142 Rn. 13; BL/*Hartmann*, § 142 Rn. 24.
100 *OLG Karlsruhe* OLGR 2005, 484; *OLG Frankfurt* OLGR 2005, 594; a. A. BL/*Hartmann* § 142 Rn. 28.
101 Mus/*Stadler* § 142 Rn. 13.
102 BL/*Hartmann* § 142 Rn. 4.
103 StJ/*Leipold* § 142 Rn. 28.
104 Kritisch bspw. *Ebel* ZRP 2001, 309, 314.
105 *OLG Stuttgart* NJW-RR 2007, 250, 251.
106 *Zekoll/Bolt* NJW 2002, 3129, 3132.
107 *Wagner* JZ 2007, 706, 716.

V. Sachverhaltsaufklärung von Amts wegen

Im Übrigen hat das Gericht sorgfältig zu prüfen, welchen Erkenntniswert die Urkunde erwarten lässt, wie weit die beabsichtigte Sachverhaltsermittlung gehen darf und welche Belastungen für den Dritten sich rechtfertigen. Dass der Dritte einer Partei gegenüber zur Herausgabe der Unterlagen verpflichtet ist, schließt den Einwand der Unzumutbarkeit nicht per se aus.[108] **61**

Soweit dies möglich ist, können die betroffenen Bereiche der Urkunden unkenntlich gemacht werden.[109] **62**

bb) Parteien. Die Anordnung nach § 142 Abs. 1 begründet eine prozessuale Vorlegungspflicht der betroffenen Partei.[110] Das ergibt sich im Umkehrschluss aus dem Wortlaut des § 142 Abs. 2 Satz 1. Über ein Weigerungsrecht sagt das Gesetz indessen nichts. Es gilt hier ebenso die Grenze der **Unzumutbarkeit**.[111] Das folgt auch ohne ausdrückliche gesetzliche Regelung insbesondere aus dem allgemeinen Persönlichkeitsrecht (Art. 2 Abs. 1, 1 Abs. 1 GG). Auch das Gewerbegeheimnis (Art. 14 Abs. 1 GG)[112] kann berührt sein, insbesondere unternehmerisches know-how. Diese Faktoren fließen über das richterliche Ermessen in § 142 Abs. 1 ein.[113] **63**

Eine Partei ist aber in größerem Maße zur Mitwirkung am Verfahrensfortgang verpflichtet als ein Zeuge, weshalb ein Verweis auf § 383 f. nicht in Betracht kommt.[114] **64**

> **Praxistipp:**
> Um nicht den Eindruck der Verschleierungstaktik zu erwecken, sollte eine Partei die Gründe der Nichtvorlage gegenüber dem Gericht ausführlich darlegen.[115]

Davon zu unterscheiden ist die unwiderlegbare Behauptung des Anordnungsadressaten, er verfüge nicht über die Urkunde und es bestehe auch kein Herausgabeanspruch gegen einen unmittelbaren Besitzer. Daraus dürfen keine nachteiligen Schlüsse gezogen werden.[116] **65**

Die **unberechtigte Verweigerung** einer Partei ist unmittelbar sanktionslos und lediglich im Rahmen des § 286 frei zu würdigen.[117] Dabei sollte man § 427 nicht schematisch heranziehen.[118] Ob über das Weigerungsrecht einer Partei analog § 387 durch Zwischenurteil entschieden werden kann und muss,[119] erscheint schon methodisch sehr fragwürdig und entspricht auch nicht dem Zweck dieser Vorschrift.[120] **66**

3. Augenschein und Sachverständiger (§ 144)

a) Voraussetzungen. § 144 ermöglicht es dem Gericht, auch ohne Beweisantrag die Inaugenscheinnahme oder sachverständige Begutachtung anzuordnen. Zu diesem Zweck darf das Gericht bei Parteien und Dritten unter Fristsetzung Ge- **67**

---

108 *Greger* DStR 2005, 479, 483.
109 *BGH* GRUR 2006, 962, 967.
110 *BGH* NJW 2007, 2989, 2991.
111 *BGH* GRUR 2006, 962, 967.
112 Vgl. hierzu ausführlich *Wolf* NJW 1997, 98.
113 *Wagner* JZ 2007, 706, 715.
114 *Zekoll/Bolt* NJW 2002, 3129, 3130; *Wagner* JZ 2007, 706, 715.
115 *Greger* DStR 2005, 479, 484.
116 *Greger* NJW 2002, 3049, 3050.
117 *BGH* NJW 2007, 2989, 2992.
118 *Greger* DStR 2005, 479, 481 f.; nicht eindeutig *Zekoll/Bolt* NJW 2002, 3129, 3130; Mus/*Stadler* § 142 Rn. 7.
119 So *Wagner* JZ 2007, 706, 718, der das Problem der planwidrigen Regelungslücke selbst erkennt.
120 Vgl. hierzu Mus/*Huber* § 387 Rn. 1.

1. Kapitel: Grundlagen und Grundbegriffe

genstände anfordern oder – bei unbeweglichen Gegenständen – die Duldung der Beweiserhebung anordnen. Davon ausgenommen ist der Zutritt zur Wohnung (Art. 13 GG).

68 Besonders die amtswegige Beauftragung eines Sachverständigen ist **mit Zurückhaltung** zu handhaben. Stets ist Voraussetzung, dass die darlegungspflichtige Partei **ausreichenden Tatsachenvortrag** geboten hat.[121] Allenfalls in Ausnahmen kann das Gericht über den Sachvortrag der Parteien hinausgehen.[122] Denn hier gelten in speziellem Maße die Grenzen der Ausforschung. Die Begutachtung muss für die sachgerechte Entscheidung des Rechtsstreits als unentbehrlich erscheinen.[123] Dabei dürfen Kostenaspekte einfließen.[124]

69 Der Schwerpunkt liegt daher auf der bereits beschriebenen Hilfsmittelfunktion durch Veranschaulichung eines für die Entscheidung relevanten Gegenstandes. Wenn bspw. eine nur unter Zeugenbeweis gestellte Tatsache durch den Zeugen nicht ausreichend oder nicht sachkundig erläutert worden ist, kann die eigene Wahrnehmung durch das Gericht oder eine fachliche Einschätzung der Ergänzung dienen.

> **Beispiel:**
> Bei einer in englischer Sprache abgefassten Vertragklausel wird sich das Gericht über deren Auslegung und übliche Bedeutung im internationalen Verkehr regelmäßig sachverständigen Rat einholen dürfen und müssen.[125]

70 b) **Vorrangige Hinweispflicht.** Dagegen hat der erstmaligen Aufklärung einer Tatsache ein **Hinweis auf fehlenden Beweisantritt** vorauszugehen (§ 139 Abs. 1 Satz 2).[126] So mag die darlegungspflichtige Partei angenommen haben, das Gericht verfüge über ausreichend eigene Sachkunde, während dieses einen Gutachter für notwendig hält. Schweigt die Partei weiterhin, besteht für das Gericht in aller Regel kein Grund, dennoch tätig zu werden.[127] Ferner kommt eine Beweiserhebung von Amts wegen nicht in Betracht, wenn ein entsprechender Beweisantrag nach § 296 Abs. 1 abzulehnen wäre.[128] Dieser Zurückweisung darf die Handhabung des § 144 nicht zuwiderlaufen.[129]

71 c) **Ausbleiben des Auslagenvorschusses.** Die Anordnung eines Sachverständigengutachtens muss nicht schon dann von Amts wegen erfolgen, wenn der Beweisführer den Auslagenvorschuss fällig bleibt.[130] Sonst wären §§ 379, 402 überflüssig. Etwas anders kann allenfalls gelten, wenn das Gutachten auch im Interesse der Gegenpartei unentbehrlich erscheint.[131] Wer nicht in der Lage ist, den Vorschuss aufzubringen, mag rechtzeitig Prozesskostenhilfe beantragen. Außerhalb dieses Verfahrens muss die Staatskasse nicht in die Bresche springen. Zu erwägen hat das Gericht eine Anwendung des § 144 in diesen Fällen aber gleichwohl.[132]

72 d) **Arzthaftungsprozess und Schadensschätzung.** Eine besondere Bedeutung hat § 144 im **Arzthaftungsprozess** erlangt. Wegen der ungleichgewichtigen Kenntnislage der Parteien soll das Gericht in erheblichem Maße zur Ermittlung der

---

121 *LG Göttingen* NJW-RR 2001, 64.
122 *BGH* NJW 1995, 665, 667.
123 *OLG Naumburg* FamRZ 2003, 385.
124 *OLG Düsseldorf* VersR 1994, 1322.
125 *BGH* NJW 1987, 591.
126 *OLG Köln* NJW-RR 1998, 1274; *OLG Frankfurt* NJW-RR 1993, 169.
127 Mus/*Stadler* § 144 Rn. 4.
128 Bl/*Hartmann* § 144 Rn. 10; vgl. zu § 296 Rn. 252.
129 Mus/*Stadler* § 144 Rn. 5.
130 *OLG Düsseldorf* MDR 1974, 321.
131 Hk-ZPO/*Wöstmann* § 144 Rn. 2.
132 *BGH* MDR 1976, 396.

V. Sachverhaltsaufklärung von Amts wegen

Tatsachengrundlage berufen sein.[133] So dürfen die Krankenakten beigezogen werden und diese sodann einem Sachverständigen unterbreitet werden.[134] Solche entscheidungsvorbereitenden Maßnahmen erfordern gleichwohl einen ausreichenden und schlüssigen Klägervortrag. Man darf bei aller Sorgfaltspflicht und Herabsetzung der Substantiierungslast den Beibringungsgrundsatz nicht vergessen.

Die Ergänzungsfunktion kommt auch bei der **Schadensschätzung** zum Tragen, bei der das Gericht von Amts wegen ein Sachverständigengutachten einholen darf (§ 287 Abs. 1 Satz 2 ZPO). Der Richter muss hier aufgrund der bisher gewonnenen Erkenntnisse davon überzeugt sein, dass den in Anspruch Genommenen dem Grunde nach eine Schadensersatzpflicht trifft.[135] 73

e) **Grenzen und Formalien.** Grenzen der Vorlegung oder Duldung regelt das Gesetz wiederum nur für Dritte (§ 144 Abs. 2). Es gilt das zu § 142 Abs. 2 Gesagte, einschließlich der Folgen einer unberechtigten Vorlegungsverweigerung der Partei bzw. der Fristversäumnis. 74

Die Anordnung kann prozessleitend durch **Verfügung** erfolgen (§ 273 Abs. 2 Nr. 5), darüber hinaus ist **Beweisbeschluss** (§§ 358, 358a) nötig. Das weitere Verfahren erfolgt nach §§ 144 Abs. 3, 371 ff., 402 ff. Ferner gelten die allgemeinen Vorschriften der §§ 355 ff.[136] 75

4. Parteivernehmung (§ 448)

Schrifttum: *Gehrlein*, Warum kaum Parteibeweis im Zivilprozess?, ZZP 110 (1997), 451; *Lange*, Parteianhörung und Parteivernehmung, NJW 2002, 476; *Reinkenhof*, Parteivernehmung und „Vier-Augen-Gespräche", JuS 2002, 645; *Schöpflin*, Die Parteianhörung als Beweismittel, NJW 1996, 2134.

a) **Bedeutung der Vorschrift.** Die praktisch wichtigste Vorschrift in diesem Kontext ist § 448. Sie bereitet allerdings auch die meisten Schwierigkeiten. Die Partei als Beweismittel in eigener Sache ist vielen Richtern suspekt. Man darf aber nicht verkennen, dass die Partei selbst oft der sachnächste Wissensträger ist.[137] 76

Mögen §§ 142, 144 auch der Veranschaulichung unstreitiger Sachverhalte dienen können, so ist die amtswegige Parteivernehmung **echte Beweisaufnahme**. Denn § 448 spricht von der Überzeugung des Gerichts von der Wahrheit oder Unwahrheit einer Tatsache und knüpft damit an § 286 Abs. 1 an. Die bloße Aufklärung des Sachverhalts ist daher nicht zulässig.[138] Wie bei allen Durchbrechungen des Beibringungsgrundsatzes ist auch hier **zurückhaltende Handhabung** zu empfehlen.[139] Einen Sonderfall bildet § 287 Abs. 1 Satz 3, der unabhängig von § 448 die Vernehmung der beweisbelasteten Partei über den Schadensumfang zulässt. 77

Die Anordnung kann beide Parteien umfassen, was bei unterschiedlichem Vortrag zu eigenen Handlungen oder Wahrnehmungen zumeist geboten ist. Auf die Beweislastverteilung kommt es nicht an.[140] § 448 hat nicht selten für den Gegner des Beweisführers und für die Vervollständigung des Gegenbeweises Bedeutung. 78

---

133 *OLG Stuttgart* VersR 1991, 229.
134 *OLG Düsseldorf* MDR 1984, 1033.
135 *Stackmann* NJW 2007, 3521, 3524.
136 *Mus/Stadler* § 144 Rn. 12.
137 *Zö/Greger* § 448 Rn. 2.
138 *BGH* VersR 1977, 1124, 1125.
139 *OLG München* NJW-RR 1996, 958, 959.
140 *BGH* NJW 1999, 363, 364; *BAG* NJW 2002, 2196, 2198.

1. Kapitel: Grundlagen und Grundbegriffe

79 Im Übrigen muss man zwei Konstellationen trennen:

b) Subsidiarität. Seinem Wortlaut entsprechend hat § 448 eine **Ergänzungsfunktion**. Es handelt sich um ein Mittel zur Gewinnung letzter Klarheit.[141] Nach der bisherigen Verhandlung und Beweisaufnahme darf eine Überzeugung i. S. v. § 286 Abs. 1 noch nicht vorhanden sein. Es ist also eine echte non-liquet-Situation erforderlich.[142] Ferner müssen alle angebotenen und zumutbaren Beweismittel ausgeschöpft sein. Das gilt auch für amtswegige Anordnungen nach §§ 142, 144.[143] Daraus folgt, dass einer Partei, die es unterlässt, einen zur Verfügung stehenden Zeugen zu benennen, § 448 nicht zugute kommt.[144] Insofern gilt der Grundsatz der **Subsidiarität**.[145]

80 **c) Anfangsbeweis.** Das Gericht darf nur dann nach § 448 verfahren, wenn die Vernehmung einer Partei oder beider Parteien einen zusätzlichen Überzeugungswert erwarten lässt.[146] Zudem ist Voraussetzung, dass eine **gewisse Wahrscheinlichkeit** für das Vorliegen der Tatsache besteht (sog. Anfangsbeweis oder „Anbewiesensein").[147] Es reicht also nicht aus, wenn der Vortrag der beweispflichtigen Partei ebenso wahr wie unwahr sein könnte.[148] Diese Anfangswahrscheinlichkeit kann sich aus dem unstreitigen Sachverhalt, der bisherigen Beweisaufnahme sowie aus sonstigen Umständen, wie dem vorprozessualen Parteiverhalten, und sogar der allgemeinen Lebenserfahrung ergeben.

> Beispiele:
> - Die rechtskräftige Verurteilung des Schadensersatzschuldners in einem Strafprozess wird regelmäßig den erforderlichen Anfangsbeweis erbringen.[149]
> - Dieser Anfangsbeweis soll sich ausnahmsweise sogar aus einer informatorischen Anhörung gem. § 141 ergeben können.[150] Dies ist mit größter Vorsicht zu genießen. Denn die Ergänzungsfunktion des § 448 baut auf anderen Erkenntnisquellen als die eventuell zu vernehmende Partei auf.

81 Wenn bislang noch keine Beweisaufnahme stattgefunden hat, ist aber eine besonders gründliche und kritische Würdigung notwendig. Die für oder gegen eine Anfangswahrscheinlichkeit sprechenden Umstände sind in den Entscheidungsgründen des Urteils darzulegen.[151]

> Praxistipp:
> Häufig stellt die beweisbelastete Partei eine behauptete Tatsache einzig und allein unter den Beweis der eigenen Vernehmung. Dies ist in aller Regel unzureichend, wenn nicht ausnahmsweise die Einlassung des Gegners außerhalb jeder Wahrscheinlichkeit liegt.[152]

82 **d) Beweisnot und Waffengleichheit. – aa) Beweisnot.** Besondere Bedeutung hat § 448 im Falle der Beweisnot. Einerseits können sich streitige Behauptungen gänzlich beweislos gegenüberstehen, v. a. weil niemand sonst den Vorgang wahrgenommen hat. Dies zwingt noch nicht dazu, von § 448 Gebrauch zu ma-

---

141 *BGH* NJW 2002, 2247, 2249.
142 *BGH* NJW 2002, 2247, 2249; *LAG Köln* NZA-RR 2004, 578, 580.
143 Zö/*Greger* § 448 Rn. 3.
144 *OLG Koblenz* NVersZ 2001, 363.
145 Mus/*Huber* § 448 Rn. 2; a. A. *Lange* NJW 2002, 476, 482.
146 *LG München I* VersR 2000, 98.
147 *BGH* NZM 1998, 449; *BGH* NJW 1999, 363, 364; *OLG Brandenburg* VersR 2003, 344; a. A. *Kluth/Böckmann* MDR 2002, 616 ff.
148 *OLG Düsseldorf* VersR 2001, 322.
149 *Schneider/v.d.Hövel* S. 148.
150 *OLG München* OLGR 1995, 8; empfohlen bei *Meyke* Rn. 345.
151 *BGH* NJW 1989, 3222; Mus/*Huber* § 448 Rn. 5.
152 Hk-ZPO/*Pukall* § 448 Rn. 4.

V. Sachverhaltsaufklärung von Amts wegen

chen.[153] Denn die Vorschrift will nicht von den Folgen der Beweisfälligkeit befreien.[154] Eine Ausnahme soll in **Arzthaftungssachen** hinsichtlich eines zeugenlosen Gesprächs zwischen klagendem Patient und beklagtem Arzt gelten. Hier wird gefordert, beide Parteien persönlich zu vernehmen.[155]

> **Weiteres Beispiel:**
> Eine zur Anwendung des § 448 führende Beweisnot soll auch dann bestehen, wenn ein Betroffener ohne weitere Zeugen dem „Mobbing" durch einen anderen (Kollegen oder Vorgesetzten) ausgesetzt ist.[156]

bb) **Waffengleichheit.** Andererseits kann der Inhalt eines **Vier-Augen-Gesprächs** streitig sein, für das nur eine Partei einen Repräsentanten als Zeugen benennen kann, während die andere Partei das Gespräch selbst geführt hat. Aus Gründen der Waffengleichheit (Art. 6 Abs. 1 EMRK) wird dann die zeugenlose Partei auch ohne Antrag zu vernehmen sein. Auf diese Weise vermag sie ihre Darstellung des Gesprächs in der Qualität eines Beweismittels in das Verfahrens einzubringen. Aus anwaltlicher Sicht ist hier eine Prüfungsanregung an das Gericht besonders ratsam. Anders als zuvor geschildert, kommt es in dieser Konstellation nicht auf eine Anfangswahrscheinlichkeit dieser Darstellung an.[157] **83**

> **Beispiele:**
> - Die Klagepartei ist **Zessionar** einer abgetretenen Forderung und beruft sich zum Inhalt einer Vereinbarung mit dem Beklagten auf das Zeugnis des Zedenten. Hier ist zu beachten, dass die Abtretung nicht selten prozesstaktischen Zwecken folgt, um einen Zeugen zu gewinnen.
> - Für den **Inhalt eines Aufklärungsgesprächs** steht der klagenden Patientin ihr dabei anwesender Ehemann als Zeuge zur Verfügung, während der beweispflichtige Arzt über keine weiteren Beweismittel verfügt.[158]

Handelt es sich hingegen um ein Gespräch mit einem **außenstehenden Dritten,** so steht ein unabhängiger Zeuge zur Verfügung. Dieses allgemeine Risiko berührt die Waffengleichheit nicht.[159] Ebensowenig muss § 448 angewendet werden, wenn die Überzeugung des Gerichts nicht allein auf die Bekundungen des Gesprächszeugen gestützt wird.[160] **84**

cc) **Verfahren.** Die Gerichte begnügen sich in Fällen der echten Beweisnot oftmals mit einer **informatorischen Anhörung** der benachteiligten Partei (§ 141 Abs. 1 Satz 1, 278 Abs. 3 Satz 3). Das stellt zwar keine Beweisaufnahme dar,[161] ist aber unbedenklich.[162] Denn die im Rahmen einer solchen Anhörung gewonnenen Erkenntnisse haben nicht von vornherein einen minderen Beweiswert und können als Inhalt der Verhandlung (§ 286 Abs. 1 Satz 1) in die Beweiswürdigung einfließen. Das Gericht sollte daher klarstellen, dass der Zeuge und die gegnerische Partei möglichst unbefangen von der Aussage des anderen vernommen werden. **85**

---

153 *BGH* VersR 1969, 220; TP/*Reichold* § 448 Rn. 2; a. A. *BAG* NJW 2007, 2427 für ein Gespräch zwischen den Parteien ohne Zeugen; dagegen mit Recht *Noethen* NJW 2008, 334.
154 Zö/*Greger* § 448 Rn. 2.
155 *OLG Koblenz* NJW-RR 2008, 342.
156 *LAG Thüringen* NZA-RR 2001, 347, 357 f.
157 *BGH* NJW-RR 2006, 61, 63; unentschlossen TP/*Reichold* § 448 Rn. 2.
158 *BGH* NJW-RR 2001, 1431, 1432.
159 *BGH* NJW 2002, 2247, 2249.
160 *BGH* NJW 2003, 3636; *BGH* NJW-RR 2003, 1003.
161 *BGH* NJW-RR 1988, 394.
162 *BGH* NJW 1999, 363, 364; *LAG Sachsen* NZA-RR 2000, 497; kritisch BL/*Hartmann* § 448 Rn. 1.

1. Kapitel: Grundlagen und Grundbegriffe

86 Trotz Vier-Augen-Situation ist selbst die Anhörung nach § 141 **entbehrlich**, wenn die Partei bei der Anhörung des vom Gegner benannten Zeugen oder in einem nachfolgenden Termin anwesend war und ihre Darstellung des Gesprächsverlaufs nach § 137 Abs. 4 persönlich vortragen konnte.[163]

87 Die Anordnung der förmlichen Parteivernehmung erfolgt durch **Beweisbeschluss** (§ 450). Dieser sollte deutlich machen, dass das Gericht nach § 448 verfährt.[164]

VI. Beweisantizipation und Beweiserhebung im PKH-Prüfungsverfahren

Schrifttum: Schneider, Beweisantizipation bei der Erfolgsprüfung im PKH-Verfahren, MDR 1987, 22.

1. Ausgangslage

88 a) **Erfolgsaussicht.** Die Bewilligung von Prozesskostenhilfe (PKH) setzt voraus, dass die beabsichtigte Rechtsverfolgung oder Rechtsverteidigung zumindest teilweise hinreichende **Aussicht auf Erfolg** bietet (§ 114). Erfahrungsgemäß werden die Bewilligungsanträge in einem frühen Verfahrensstadium gestellt, seitens des Klägers vielfach vor der eigentlichen Klageerhebung.

89 Im PKH-Bewilligungsverfahren darf die **Hauptsache nicht vorweggenommen** werden. Anderenfalls würde die Rechtsverfolgung in ein Nebenverfahren verlagert.[165] Es findet nur eine summarische Prüfung der Erfolgsaussichten in rechtlicher und tatsächlicher Hinsicht statt.[166] Dabei zeigt sich häufig, dass die den Klageanspruch begründenden oder ihm entgegenstehenden Tatsachen nicht unstreitig sind und des Beweises bedürfen. Über den Klageantrag kann dann nur nach Durchführung einer Beweisaufnahme entschieden werden.

90 b) **Grundsätzliche keine Beweisantizipation.** Eine sonach erforderliche Beweisaufnahme darf aber **grundsätzlich nicht antizipiert**, d.h. es darf keine vorausschauende Beweiswürdigung durchgeführt werden. Vielmehr hat das Gericht eine wohlwollende Prognose anzustellen. Dabei dürfen nicht aus falsch verstandener Rücksicht auf die Staatskasse überspannte Anforderungen gestellt werden. Wenn keine nachvollziehbaren und konkreten Anhaltspunkte dafür vorliegen, dass die Beweisaufnahme mit großer Wahrscheinlichkeit zum Nachteil der die PKH beantragenden Partei ausgehen wird, dann ist bei Vorliegen der übrigen Voraussetzungen PKH zu bewilligen.[167] Die Wahrscheinlichkeit des Beweises der betreffenden Behauptung ist dabei durchaus ein Kriterium.[168] Denn der Begriff der hinreichenden Erfolgsaussicht ist enger zu verstehen als das Gebot zur Beweiserhebung.[169] Allerdings ist keine überwiegende Wahrscheinlichkeit erforderlich.[170]

91 **Es verbietet sich** insbesondere, einem Zeugen vorab seine Glaubwürdigkeit bzw. Glaubhaftigkeit abzusprechen und spekulativ die Beweisfälligkeit der betroffenen Partei zu unterstellen.[171] Ebenso muss man sich vor dem bequemen Mittel hüten, die Erfolgsaussichten durch allzu schnelle Annahme eines Ausfor-

---

163 *BVerfG* NJW 2008, 2170; *BGH* Beschl. v. 30.9.2004 – III ZR 369/03.
164 Vgl. hierzu Rn. 234.
165 *BVerfG* NJW 1991, 413 f.
166 *OLG Stuttgart* VersR 2005, 524.
167 St. Rspr.; vgl. *BVerfG* NJW-RR 2002, 1069; *BVerfG* NJW-RR 2005, 140 f.
168 A.A. *OLG Köln* NJW-RR 1997, 636 f.
169 *BGH* NJW 1994, 1160 f.; *OLG Hamm* NJW-RR 2000, 1669 f.
170 *LAG Düsseldorf* LAGE § 114 ZPO Nr. 36.
171 *BVerfG* NJW-RR 2002, 1069 f.

VI. Beweisantizipation u. -erhebung im PKH-Prüfungsverfahren

schungsbeweises zu verneinen.[172] Dies würde die Rechtsschutzgleichheit der weniger bemittelten Partei verletzen (Art. 3 Abs. 1, 20 Abs. 3 GG).

Beispiel:
Wenn sich aus einer beigezogenen polizeilichen Ermittlungsakte nur sehr vage Angaben eines zum Beweis benannten Unfallzeugen finden, ist es Aufgabe des Gerichts, die näheren Umstände im Rahmen der Beweisaufnahme zu erfragen.[173] Es darf die PKH nicht einfach mit der Begründung ablehnen, der Unfallhergang lasse sich nicht beweisen. Das Ergebnis der erstmaligen gerichtliche Vernehmung eines Zeugen lässt sich typischerweise nicht vorhersagen.[174]

Gegenbeispiel:
Aus der Ermittlungsakte ergibt sich unzweifelhaft, dass der Zeuge zum Beweisthema überhaupt keine Angaben machen kann. Dann muss der Antragsteller darlegen, weshalb der Zeuge gleichwohl eine beweiserhebliche Aussage liefern wird. Anderenfalls darf davon ausgegangen werden, dass der Beweis nicht gelingt.[175]

Problematisch sind auch Fälle, bei denen ein diffuses Meinungsbild zur Verteilung der Beweislast besteht, also letztlich eine **streitige Rechtsfrage** zu entscheiden ist. Hier darf der Rechtsweg nicht durch Verlagerung dieser Problematik in das PKH-Bewilligungsverfahren abgeschnitten werden.[176] 92

2. Ausnahmen

In sehr engen Grenzen ist eine Beweisantizipation jedoch zulässig. Denn es gelten nicht die gleichen Schranken wie im Erkenntnisverfahren.[177] Das Gericht muss nicht unbesehen jeden formell korrekten Beweisantritt hinnehmen und uneingeschränkte Großzügigkeit walten lassen.[178] 93

So ist PKH zu versagen, wenn keinerlei Anhaltspunkte dafür vorliegen, dass das Beweismittel im Sinne des Antragstellers ergiebig sein kann. Das betrifft den **Beweiswert**. Es gelten dabei ähnliche Maßstäbe wie sie bei der Untauglichkeit des Beweismittels noch genauer erörtert werden.[179] Hierher gehört das zuvor genannte Gegenbeispiel. 94

Ferner sind Fälle denkbar, bei denen eine Beweisführung im Sinne des Antragstellers unter Berücksichtigung aller bereits feststehenden Umstände und Indizien als **sehr unwahrscheinlich** erscheint.[180] 95

Weitere Beispiele:
- Ein Zeuge, der in erster Instanz die Aussage verweigert hat, wird in zweiter Instanz erneut benannt. Das ist so lange unbeachtlich, wie nicht eine schriftliche Erklärung des Zeugen beigebracht wird, dass er nunmehr aussagebereit sei.[181]
- Die Erwiderung des Beklagten in einem Schadensersatzprozess widerspricht diametral seiner Einlassung als Angeklagter im Strafverfahren, das mit einer rechtskräftigen Verurteilung geendet hat.[182]

---

172 *BVerfG* NJW 2003, 2976f.; vgl. zum Ausforschungsbeweis Rn. 268.
173 *BVerfG* NJW-RR 2003, 1216f.; *LG Hannover* MDR 1993, 913.
174 *BGH* NJW 1988, 266f.
175 *OLG München* JurBüro 1986, 606; *LG Kaiserslautern* NJOZ 2006, 2712, 2714.
176 *BVerfG* NJW 2003, 1857f.
177 *OLG Köln* NJW-RR 2001, 791f.
178 *OLG Köln* NJW-RR 1997, 636f.
179 Vgl. hierzu Rn. 273.
180 *OLG Bamberg* NJOZ 2006, 1649f.; *OLG Jena* OLG-NL 2006, 64f.
181 *OLG Köln* FamRZ 1993, 215.
182 *OLG Köln* NJW-RR 2001, 791f.; *OLG Nürnberg* JurBüro 1986, 286.

1. Kapitel: Grundlagen und Grundbegriffe

- Der beweisbelastete Antragsteller tritt Beweis durch Vernehmung des Gegners an (§ 445). Aus der vorgerichtlichen Korrespondenz und in der Einlassung des Gegners ist jedoch zu entnehmen, dass er nicht im Sinne des Antragstellers aussagen wird.[183] Etwas anderes kann gelten, wenn diese Korrespondenz durch die Haftpflichtversicherung des Gegners geführt worden ist und konkrete Umstände erwarten lassen, die Partei selbst sage abweichend aus.[184]
- Das erstinstanzliche Urteil kann zwar wegen eines Verfahrensfehlers keinen Bestand haben. Die bislang durchgeführte Beweisaufnahme lässt aber nicht erwarten, dass über das Begehren des Antragstellers materiell anders entschieden wird.[185] Es ist also auf das voraussichtliche Ergebnis des Rechtsmittelverfahrens abzustellen.

96 Bei der Beweisprognose sind auch vorgelegte vorgerichtlich erstattete **Privat- und Schlichtungsgutachten** zu berücksichtigen, insbesondere soweit keine konkreten Einwände gegen den sachlichen Gehalt des Gutachtens erhoben worden sind.[186] Erst recht können mit Blick auf § 411a Gutachten aus vorangegangenen Ermittlungs- und Strafverfahren herangezogen werden.[187]

3. Beweiserhebungen im PKH-Prüfungsverfahren

97 Im PKH-Prüfungsverfahren gestattet die ZPO eine Beweiserhebung nur in Grenzen. Denn es geht lediglich um die – vorläufige – Klärung der Erfolgsaussichten, nicht um den Erfolg selbst. § 118 Abs. 2 Satz 2 erlaubt dem Gericht insbesondere, die Vorlage von Urkunden anzuordnen und Auskünfte einzuholen, nicht nur von öffentlichen Behörden. Ferner können Akten jeglicher Art beigezogen werden.[188] Bei alledem ist zu beachten, dass **keine Amtsermittlung** erfolgen darf.[189]

98 **Zeugen und Sachverständige** sind grundsätzlich nicht zu vernehmen, es sei denn, sie bilden die einzige Erkenntnisquelle für die Beurteilung der Erfolgsaussichten (§ 118 Abs. 2 Satz 3). Keinesfalls darf dies in einer umfangreichen Beweisaufnahme enden.[190] Damit würde der Zeitpunkt der Entscheidung über das PKH-Gesuch verfahrensfehlerhaft hinausgeschoben. Insbesondere darf der zögernde Richter eine möglicherweise gebotene Beweisantizipation nicht dadurch umgehen, dass er die dem Erkenntnisverfahren vorbehaltene Beweisaufnahme in das PKH-Verfahren vorverlagert.[191]

99 Zu denken ist aber insbesondere an Fälle, bei denen die Erfolgsaussicht bereits zweifelhaft ist und wegen eines hohen Streitwertes eine nicht unerhebliche Belastung für die Staatskasse bestünde.[192] Aber auch in diesen Fällen muss die Klärung mit geringem Aufwand herbeizuführen sein.[193]

---

183 *OLG Koblenz* JurBüro 2002, 376; *OLG Köln* NJW-RR 1997, 636 f.
184 Mus/*Fischer* § 114 Rn. 23.
185 *BGH* NJW 1994, 1160 f.
186 *OLG Oldenburg* OLGR 1998, 122; vgl. auch *OLG Bamberg* Beschl. v. 8.8.2007 – 4 W 42/07 (zu § 411a).
187 *OLG Bamberg* OLGR 2008, 110.
188 Mus/*Fischer* § 118 Rn. 9.
189 *OLG Hamm* FamRZ 1986, 80 f.
190 BL/*Hartmann* § 118 Rn. 31.
191 *Schneider* MDR 1987, 22 f.
192 *OLG München* OLGR 1997, 34.
193 Sehr zweifelhaft daher *OLG Celle* OLGR 2007, 271 f. (verkehrsanalytisches Gutachten ohne vorgreifliche Zeugenvernehmung).

VII. Unlauteres Parteiverhalten und Beweisrecht

Liegt eine **eidesstattliche Versicherung** über anspruchsbegründende Tatsachen vor, so bedarf es in der Regel keiner Beweiserhebung.[194] Eine solche Glaubhaftmachung genügt. **100**

Gänzlich unzulässig ist es, im PKH-Verfahren Beweis über Tatsachen zu erheben, für die der Gegner des Antragstellers die Beweislast trägt.[195] Dergleichen ist von § 118 Abs. 2 nicht gedeckt. Eventuell gewonnene Erkenntnisse dürfen daher bei der Entscheidung über das PKH-Gesuch nicht berücksichtigt werden.[196] **101**

Eine im PKH-Prüfungsverfahren getroffene **Beweisanordnung ist nicht** mit der sofortigen Beschwerde **anfechtbar**.[197] Man wird auch nicht in jeder Überschreitung der Grenzen des § 118 Abs. 2 Satz 3 eine konkludente – und damit anfechtbare – PKH-Versagung sehen können.[198] **102**

VII. Unlauteres Parteiverhalten und Beweisrecht

Die gegensätzlichen Interessen der Parteien begründen mitunter eine **missbräuchliche Einflussnahme** auf eine zu erwartenden Beweisaufnahme. Das betrifft vor allem die Schaffung oder Unterdrückung von Beweismitteln. Je nach Konstellation kann sich solches Verhalten auf die Zulässigkeit eines Beweisangebotes, auf die Beweislast oder die Beweiswürdigung auswirken. Zum besseren Verständnis soll aber eine Darstellung innerhalb dieses Grundlagen-Kapitels erfolgen, zumal die Grenzen der möglichen Rechtsfolgen fließend sind. **103**

1. Rechtswidrig erlangte Beweismittel

Schrifttum: *Balthasar*, Beweisverwertungsverbote im Zivilprozess, JuS 2008, 35; *Foerste*, Lauschzeugen im Zivilprozess, NJW 2004, 262; *Kiethe*, Verwertung rechtswidrig erlangter Beweismittel im Zivilprozess, MDR 2005, 965; *Störmer*, Beweiserhebung, Ablehnung von Beweisanträgen und Beweisverwertungsverbote im Zivilprozess, JuS 1994, 334; *Werner*, Die Verwertung rechtswidrig erlangter Beweismittel, NJW 1988, 993.

a) **Allgemeines.** In diesem Bereich ist manches streitig, insbesondere was die Reichweite eines Verwertungsverbotes angeht. Das gilt auch, weil die stets geforderte Interessen- und Güterabwägung „nach den Umständen des Einzelfalls"[199] als Schlagwort allein noch nicht weiterhilft. Man braucht weitere scharfe Kriterien,[200] wird sich dabei aber – wie so oft – an judikativen Fallgruppen orientieren können und müssen. **104**

Besondere Bedeutung haben die Grundrechte,[201] hier vor allem das **allgemeine Persönlichkeitsrecht** (Art. 2 Abs. 1, 1 Abs. 1 GG) und die Unverletzlichkeit der Wohnung (Art. 13 GG). Die gerichtliche Verwertung eines Beweismittels, das unter Verletzung dieser Rechte erlangt worden ist, stellt einen Grundrechtseingriff dar.[202] Über dessen Rechtfertigung – Ausnahme und nicht Regel[203] – entscheidet die genannte **Abwägung**. Für den Beweisführer streitet dabei das Recht, sich ein Beweismittel für seinen zivilrechtlichen Anspruch zu sichern.[204] **105**

---

[194] *OLG Brandenburg* MDR 2003, 111.
[195] *OLG Brandenburg* MDR 2003, 111.
[196] *OLG Köln* FamRZ 1988, 1077f.
[197] *OLG Zweibrücken* FamRZ 1984, 74f.; *OLG Köln* MDR 1990, 728.
[198] So aber *OLG Nürnberg* FamRZ 2003, 1020; ähnlich (bei erheblicher Verzögerung) auch *OLG Celle* MDR 1985, 591; wie hier Mus/*Fischer* § 118 Rn. 15.
[199] Vgl. bspw. *BGH* NJW 1994, 2289, 2292.
[200] Zutreffend BL/*Hartmann* vor § 371 Rn. 13.
[201] Relativierend Mus/*Foerste* § 286 Rn. 6.
[202] *BGH* NJW 2003, 1727, 1728.
[203] Abweichend *Balthasar* JuS 2008, 35, 39.
[204] Mus/*Foerste* § 286 Rn. 8 spricht von einem „Grundrecht auf Beweis". Aber Art. 103 Abs. 1 GG gewährt kein Recht auf ein bestimmtes Beweismittel; vgl. *BVerfG* NJW 1998, 1938, 1939.

1. Kapitel: Grundlagen und Grundbegriffe

Dieses Recht wiegt eine Verletzung des Persönlichkeitsrechts aber in aller Regel nicht auf (sog. schlichtes Beweisinteresse).[205] Noch viel weniger vermag dies ein öffentliches Interesse an funktionsfähiger Zivilrechtspflege.[206] Als weiteres Abwägungskriterium ist der Frage nachzugehen, ob es der Beweisführer versäumt hat, die Beweisbarkeit einer Tatsache in anderer Weise sicherzustellen.[207]

106 b) **Fallgruppen und Abwägungskriterien.** – aa) **Lauschzeuge.** Grundsätzlich **nicht verwertbar** sind Beweismittel, die unter planmäßiger Verdeckung ihrer Sicherung, also heimlich zustande kamen. Das gilt für nicht offenbarte Ton- oder Videoaufnahmen ebenso wie für **geheime Mithörzeugen** (Lauschzeugen), insbesondere bei Telefonaten. Der Betroffene muss also zuvor in die Aufzeichnung oder das Mithören eingewilligt haben, wenn hieraus ein Beweismittel gewonnen werden soll. Dafür kann das Fehlen eines Widerspruchs nach ausdrücklichem Hinweis des Gesprächspartners genügen.[208] Im Übrigen sind an die Annahme eines stillschweigenden Einverständnisses aber strenge Anforderungen zu stellen.[209] Dass Mithöreinrichtungen an Telefonen heute durchaus üblich sind, ist allein nicht ausschlaggebend.[210] Auch im geschäftlichen Verkehr muss nicht allgemein mit einem Mithörer gerechnet werden.[211] Entgegen weit verbreiteter Ansicht kann es dabei nicht darauf ankommen, welchen Stellenwert die ausgetauschte Information hat.[212] Denn Art. 2 Abs. 1, 1 Abs. 1 GG schützen auch das Recht, selbst zu bestimmen, ob der Gesprächsinhalt einzig dem Gegenüber, einem bestimmten Personenkreis oder der Allgemeinheit zugänglich sein soll.[213] Daher kann es in Zweifelsfällen einen Anhaltspunkt darstellen, welche Atmosphäre der Abgeschlossenheit und Intimität der Gesprächsraum vermittelt oder ob es sich bspw. um eine öffentliche Gastwirtschaft handelt.[214]

107 bb) **Verbotene Eigenmacht.** Ein Beweismittel soll nicht schon dann unverwertbar sein, wenn der Beweisführer durch ein als solches rechtswidriges Verhalten in seinen Besitz gelangt ist. Vielmehr wird überwiegend auf den **Schutzweck der verletzten Norm** abgestellt.[215] Der Eigentumsschutz bezwecke aber nicht, vor einer Verwertung der Sache als Beweismittel bewahrt zu werden. Das zeigten – allerdings nur bei Urkunden – § 810 BGB und §§ 422 ff.[216] Bei aller Trennung zwischen materiell rechtswidrigem Erlangungsakt und prozessualer Verwertung widerspricht diese Einschätzung der hinter der exceptio doli praeteriti stehenden Wertung[217] und bei deliktischen Handlungen (z. B. §§ 242, 246 StGB) auch dem Gedanken der Einheitlichkeit der Rechtsordnung.[218] Verbotene Eigenmacht scheidet eben nicht schon deshalb aus, weil ein Verschaffungsanspruch bestand.

108 cc) **Entwendung privater Aufzeichnungen.** Unverwertbarkeit folgt zweifellos aus der Missachtung der Intimsphäre, etwa bei der Entwendung von Tagebuchaufzeichnungen oder Liebesbriefen. Das gleiche wird in Zeiten moderner Kommunikation für rein private E-Mails gelten, die auf einem Rechner gespeichert sind und „ausgespäht" werden.

---

205 *BGH* NJW 2003, 1727, 1728.
206 *BVerfG* NJW 2002, 3619, 3624.
207 *BVerfG* NJW 2002, 3619, 3624; *BGH* NJW 2003, 1727, 1728.
208 *BVerfG* NJW 2003, 2375.
209 *BVerfG* NJW 2002, 3619, 3623; a.A. *OLG Jena* MDR 2006, 533.
210 *BAG* NZA 1998, 307, 309; a.A. *OLG Braunschweig* NJW-RR 2002, 1127, 1129.
211 So aber *BGH* NJW 1982, 1397, 1398; *OLG Düsseldorf* NJW 2000, 1578.
212 Hk-ZPO/*Saenger* § 286 Rn. 25.
213 *BGH* NJW 2003, 1727, 1728 m.w. Nachw.
214 *BGH* NJW 1994, 2289, 2293.
215 *BGH* NJW 2003, 1123, 1124; ablehnend *Werner* NJW 1988, 993, 998; *Dauster/Braun* NJW 2000, 313, 318.
216 *BAG* NZA 2003, 432.
217 In diesem Sinne auch *BAG* NZA 1998, 307, 309; *LG Frankfurt/M.* NJW 1982, 1056.
218 A.A. *Schlewig* NZA 2004, 1071, 1073.

VII. Unlauteres Parteiverhalten und Beweisrecht

dd) Fremde Verfahrensverstöße. Ebenso liegen die Dinge schließlich, wenn Aussagen in anderen Verfahren ohne Belehrung über ein Zeugnisverweigerungsrecht oder unter Verstoß gegen § 136 Abs. 1 Satz 2 StPO gewonnen worden sind. Solche Fehler schließen die Verwertung der Vernehmungsniederschrift aus.[219] Etwas anderes soll gelten, wenn der Beschuldigte freigesprochen worden ist und nunmehr Partei im Zivilprozess ist.[220]

109

c) Rechtfertigung. Gerechtfertigte Eingriffe sind bei „schwerwiegender Beweisnot" oder einer „notwehrähnlichen Lage" des Beweisführers angenommen worden. Das überraschende Bestreiten einer Anspruchsvoraussetzung durch den Gegner stellt naturgemäß noch keine solche Notlage dar.[221] Denn daraus folgt nicht ohne weiteres ein drohender Prozessbetrug.[222] Anders ist es bei nicht anders abwendbaren kriminellen Angriffen auf die berufliche Existenz oder die Ehre.

110

> **Beispiele:**
> Die Feststellung telefonisch geäußerter erpresserischer Drohungen[223] oder Verleumdungen[224] rechtfertigt die heimliche Aufzeichnung.

Bei Klärung der Frage, ob der Gegner Veranlassung zur Beschaffung des Beweismittels in rechtswidriger Weise gegeben hat, darf aber nicht vorausgesetzt werden, was erst noch zu beweisen ist.[225]

111

Im Bereich des **Arbeitsrechts** sind heimliche Videoaufnahmen eines Arbeitnehmers dann zulässig und verwertbar, wenn der konkrete Verdacht strafbaren Verhaltens (z.B. eines Diebstahls am Arbeitsplatz) besteht und andere ebenso geeignete Mittel der Aufklärung nicht zur Verfügung stehen.[226]

112

> **Praxistipp:**
> Der Gegner des Beweisführers sollte der Verwertung rechtswidrig erlangter Beweismittel alsbald widersprechen.[227] Denn bei unterlassener Rüge der Nichtverwertbarkeit droht eine Heilung des Mangels nach § 295 Abs. 1.[228] Die Weigerung, der Verwertung zuzustimmen, darf nicht zum Nachteil der betroffenen Partei gewertet werden.[229]

d) Rechtsfolgen. Beweisangebote, die auf ein rechtswidrig erlangtes Beweismittel hinauslaufen, sind nach den unter Rn. 251 dargestellten Grundsätzen abzulehnen, ohne dass Art. 6 EMRK berührt ist. Besteht Streit über die Umstände der Erlangung des Beweismittels, so hat das Gericht erst diese **Vorfrage** zu klären, ehe es über die Zulässigkeit des Beweisangebotes entscheiden darf. Dies kann im Freibeweisverfahren geschehen.[230] Bleiben Zweifel, etwa an der Duldung einer Tonbandaufnahme, so wirken diese zu Lasten des Beweisführers.

113

Ein **bestehendes Verwertungsverbot** darf nicht dadurch umgangen werden, dass bspw. ein Zeuge über den Inhalt einer heimlichen Tonbandaufnahme vernom-

114

---

219 *BGH* NJW 1985, 1470, 1471; a.A. *OLG Nürnberg* NJW-RR 2005, 466, 467.
220 *BGH* NJW 2003, 1123; mit Recht kritisch *Leipold* JZ 2003, 632, 633 ff.
221 *BGH* NJW 2003, 1727, 1728.
222 Vgl. hierzu näher *Foerste* NJW 2004, 262.
223 *BGH* NJW 1958, 1344.
224 *BGH* NJW 1982, 277.
225 *BGH* NJW 2003, 1727, 1728; kritisch *Balthasar* JuS 2008, 35, 36.
226 *BAG* NJW 2003, 3436 f.
227 *Balthasar* JuS 2008, 35, 39.
228 *BGH* NJW 1985, 1158.
229 TP/*Reichold* vor § 371 Rn. 6; Bl/*Hartmann* vor § 371 Rn. 13.
230 *BGH* NJW 2003, 1123, 1124; a.A. *Katzenmeier* ZZP 116 (2003), 375.

1. Kapitel: Grundlagen und Grundbegriffe

men wird.[231] Das hat mit Fragen des Unmittelbarkeitsgrundsatzes nichts zu tun.

2. Beweisvereitelung

Schrifttum: *Krautstrunk*, Beweisvereitelung (2004); *Laumen*, Voraussetzungen und Rechtsfolgen der Beweisvereitelung, MDR 2009, 177; *Schatz*, Die Beweisvereitelung in der Zivilprozessordnung (1992).

115 a) **Prozessuales Einordnung.** Der gesetzlich nicht umfassend geregelte Tatbestand der Beweisvereitelung ist erfüllt, wenn eine Partei dem beweispflichtigen Gegner die Beweisführung in vorwerfbarer Weise unmöglich macht oder erschwert.[232] Damit wird der hinter §§ 427, 441 Abs. 3 Satz 3, 444, 446, 453 Abs. 2, 454 Abs. 1 stehende Gedanke verallgemeinert. Denkbar ist auch die Vereitelung der Möglichkeit, einen Anscheinsbeweis zu erschüttern.[233]

116 Hierzu gehören die Vernichtung eines Beweismittels oder die Verhinderung seiner Verwertung im Prozess, etwa durch Vorenthaltung. Ferner kommt die Verhinderung der Schaffung eines notwendigen Beweismittels in Betracht. Es kann sich um ein gezieltes oder fahrlässiges Verhalten vor oder während des Prozesses handeln.

117 Objektiver Anknüpfungspunkt ist ein Verstoß gegen den Grundsatz von **Treu und Glauben** (§ 242 BGB), der auch innerhalb eines Prozessrechtsverhältnisses gilt.[234] Daraus entspringt der Rechtsgedanke, dass derjenige, der entgegen einer ihm obliegenden Rechtspflicht dem Gegner die Benutzung von zur Beweisführung benötigten Mitteln schuldhaft unmöglich macht, im Rechtsstreit aus diesem Verhalten keine beweisrechtlichen Vorteile ziehen darf. Einen solchen Verstoß hat das Gericht **von Amts wegen zu beachten**, ohne dass es der Einrede einer Partei bedarf.[235] Eine ausdrückliche Geltendmachung ist gleichwohl zu empfehlen.

118 b) **Fallgruppen und Rechtsfolgen.** Die **Folgen einer Beweisvereitelung** lassen sich aber **nicht schematisch** zuordnen. Es gibt keine einheitliche Sanktion, schon gar keine klare dogmatische Linie in der Rechtsprechung. Betroffen ist in erster Linie die richterliche Beweiswürdigung in Gestalt von Beweiserleichterungen,[236] indessen gelangt man mitunter auch zur Beweislastumkehr[237] und erweckt damit den Eindruck eines kontinuierlichen Gefüges. Eine Kombination beider Effekte ist aber ausgeschlossen, da sie zwei voneinander zu trennende Bereiche miteinander vermengen würde.[238] Das wird allzu oft missachtet.

119 Am zweckmäßigsten erscheint eine Eingrenzung von den beiden Extrempositionen her:

120 aa) **Zielgerichtet vorsätzliches Verhalten.** Verhalten, das sich nach dem Bewusstsein des Handelnden auch auf die Beseitigung der Beweisfunktion erstreckt, führt in der Regel zur Umkehr der Beweislast.[239] Es geht hier um Fälle, in denen die Beweislage des Gegners in einem gegenwärtigen oder zukünftigen Prozess **bewusst nachteilig beeinträchtigt** wird. Dann sollen die Folgen einer möglichen Nichterweisbarkeit der streitigen Tatsache die sich vorsätzlich verhaltende Partei treffen. Es ist also nun Sache des vereitelnden Gegners, die Be-

---

231 *OLG Karlsruhe* NJW 2002, 2799.
232 *BGH* NJW 2004, 222.
233 *BGH* NJW 1998, 79; vgl. hierzu auch *OLG Düsseldorf* MDR 2003, 215.
234 *BGH* NJW 1986, 59.
235 BL/*Hartmann* Anh. § 286 Rn. 27.
236 *BGH* NJW, 1960, 821.
237 *BGH* NJW-RR 2005, 1051, *OLG Köln* VersR 1992, 355.
238 Zutreffend *Laumen* NJW 2002, 3739 ff.
239 *BGH* NJW 1975, 2275; *OLG Bremen* MDR 2008, 1061.

VII. Unlauteres Parteiverhalten und Beweisrecht

hauptung der (eigentlich beweisbelasteten) Partei durch Gegenbeweis zu widerlegen.

> **Beispiel:**
> Eine Partei gestaltet ihre Unterschriften bewusst in einer großen Vielfalt und Variationsbreite, um die Möglichkeit zu haben, sich in einem Prozess jederzeit auf die angebliche Unechtheit ihrer Unterschrift berufen zu können. Der Fälschungseinwand kann daher mit Hilfe eines Schriftsachverständigengutachtens nicht widerlegt werden und ist als durch die treuwidrige Partei nicht bewiesen zu behandeln.[240]

bb) Fahrlässigkeit. Eine Beweisvereitelung kann aber auch in einem lediglich **121** fahrlässigen Verhalten liegen.[241] Das betrifft etwa das Unterlassen einer Aufklärung bei bereits eingetretenem Schadensereignis, wenn damit die Schaffung von Beweismitteln verhindert wird, obwohl die spätere Notwendigkeit einer Beweisführung bereits erkennbar sein musste. Dieses Unterlassen einer gebotenen **Sicherung von Befunden** wirkt sich regelmäßig im Rahmen der Beweiswürdigung zu Lasten des Anspruchsgegners aus. Denn dem eigentlich Beweispflichtigen kann der volle Beweis billigerweise nicht (mehr) zugemutet werden.

> **Beispiele:**
> - Ein Unfallzusatzversicherer verzichtet nach einem behaupteten Unfalltod des Versicherten einerseits vorgerichtlich auf eine zum Nachweis angebotene Autopsie der Leiche, bestreitet aber im Prozess das Vorliegen eines Unfalltodes.[242] Dann ist vom Versicherer konkreter und plausibler Vortrag zum Ausschluss eines Versicherungsfalles zu verlangen.[243]
> - Das Original eines Versicherungsantrags ist beim Versicherer verblieben und bei diesem nach Mikroverfilmung vernichtet worden. Dem Versicherungsnehmer ist daher der Beweis für seine Behauptung abgeschnitten, der Antrag sei nachträglich durch einen Mitarbeiter des Versicherers abgeändert worden. Hier soll der Versicherungsnehmer so zu stellen sein, als sei ihm der Beweis gelungen.[244]

cc) Substanzielle Eingriffe. Bei Fällen, die zwischen diesen beiden Konstellationen angesiedelt sind, neigt die Rechtsprechung vor allem dann zu einer Beweislastumkehr, wenn es um die schuldhafte **Veränderung des beweiserheblichen Zustands** – also einen substanziellen Eingriff – geht.[245] Hierunter fällt auch die Preisgabe des Beweismittels durch die beweisbelastete Partei selbst, weil ihr der Gegner vorprozessual suggeriert, die Sache sei entbehrlich.[246] Wenn hingegen das Schadensereignis als solches zur Unaufklärbarkeit wesentlicher Fragen der Haftung führt, liegt keine Beweisvereitelung vor.[247] **122**

Man muss aber nicht immer bis zur Beweislastumkehr gehen, das illustriert folgendes **123**

> **Beispiel:**
> Der Käufer eines Gebrauchtwagens lässt ein angeblich mangelhaftes Teil durch eine Werkstatt austauschen, welche das betreffende Teil nicht aufbe-

---

240 *BGH* NJW 2004, 222.
241 Ablehnend Mus/*Foerste* § 286 Rn. 63.
242 Nach *LG Bautzen* VersR 1996, 366.
243 Der Nachweis des Unfalls und seiner Folgen obliegt dem Versicherungsnehmer bzw. dessen Rechtsnachfolger.
244 *BGH* NJW-RR 2008, 696.
245 *OLG München* VersR 1989, 489; *LG Oldenburg* VersR 1982, 1176; *LG Hamburg* ZMR 1977, 210.
246 *OLG Celle* NJW-RR 1997, 568, 570.
247 *OLG Bamberg* VersR 1971, 769.

1. Kapitel: Grundlagen und Grundbegriffe

wahrt. Im Mangelhaftungsprozess gegen den Verkäufer steht es als Beweismittel nicht zur Verfügung. Im Anwendungsbereich des § 476 BGB ist dann der wahrscheinlichste Geschehensablauf (z. B. Defekt durch gewöhnlichen Verschleiß) als bewiesen anzusehen.[248]

124 dd) **Beweisrechtlicher Bezugspunkt.** Es zeigt sich, dass eine wirkliche Umkehr der objektiven Beweislast selten notwendig ist. Eine richterrechtliche Beweislastumkehr ist im Übrigen unzulässig, wenn schon sonstige Beweiserleichterungen helfen.[249]

125 Da die Beweislast materiell-rechtlicher Natur ist, ließe sich eine solche Umkehr aus der Verletzung prozessualer Nebenpflichten auch nicht ohne weiteres begründen, selbst wenn es sich um eine „grob verschuldete Unaufklärbarkeit"[250] oder sonstige Billigkeitserwägungen handelt.[251] Es lässt sich auch nicht immer die Verletzung einer solchen materiell-rechtlichen Pflicht konstatieren, die zugleich beweis- und damit prozessbezogen ist.

126 Das mag bei der Verletzung von **Dokumentationsobliegenheiten** anders sein.[252] Beweisrechtliche Konsequenzen sind hier aber nur bei Ärzten angenommen worden, nicht dagegen bei Rechtsanwälten[253] und Steuerberatern[254] oder bei der Anlageberatung durch Kreditinstitute.[255]

127 Im Allgemeinen erscheint es sinnvoller, je nach Verschulden des Gegners und nach dem Grad der Gefährdung des Beweises das **Beweismaß** zu reduzieren[256] bzw. die Anforderungen an einen Entlastungsbeweis zu verschärfen.[257] Das betrifft letztlich auch die (subjektive) Beweisführungslast.[258] Bei all diesen Fällen muss der zugrunde gelegte Sachverhalt infolge weiterer Indizien **als plausibel erscheinen** und darf nicht zur reinen Fiktion verkommen.[259] Das bloße Bedürfnis, Arglist hart zu ahnden, ersetzt dieses Kriterium nicht.[260]

> **Praxistipp:**
> Die benachteiligte Partei hat nach wie vor die aus ihrem Wahrnehmungs- und Einwirkungsbereich herrührenden Tatsachen vorzutragen und so weit wie möglich unter Beweis zu stellen.[261] Der Beweisführer darf nicht besser stehen als bei einem ungehinderten Beweisantritt. Und dem Tatrichter muss eine umfassende Würdigung aller Umstände – einschließlich einer Beweisvereitelung – möglich sein.

128 c) **Feststellung des Verschuldens.** Stets hat das Gericht die Umstände, aus denen ein **eigenständiges Fehlverhalten** – und damit die Beweisvereitelung – folgt, selbst festzustellen. Das Verschulden muss sich in allen Fällen sowohl auf die Beeinträchtigung des Beweisobjekts selbst als auch auf seine Beweisfunktion im Prozess beziehen.[262] Je näher die Vereitelungshandlung an der Beweisaufnahme

---

248 *BGH* NJW 2006, 434, 436.
249 Mus/*Foerste* § 286 Rn. 37.
250 So *BGH* NJW 1987, 1482, 1483.
251 Zö/*Greger* vor § 284 Rn. 17.
252 Vgl. hierzu *Matthies* JZ 1986, 959, 961.
253 *BGH* NJW 1988, 200, 203.
254 *BGH* NJW 1992, 1695, 1696.
255 *BGHZ* 166, 56, 61.
256 Hk-ZPO/*Saenger* § 286 Rn. 96.
257 So bei *OLG Saarbrücken* NJW-RR 1988, 611 f.
258 So ist wohl auch *BGH* NJW 1996, 779, 780 zu verstehen.
259 *LAG Nürnberg* LAGE § 2 NachwG Nr. 12; *LAG Köln* MDR 1999, 1074.
260 In diese Richtung aber BL/*Hartmann* § 444 Rn. 5.
261 *BGH* NJW 2002, 825, 827.
262 *BGH* NJW 1994, 1594 f.; *BGH* NJW 2004, 222.

liegt, desto eher kann man ein Verschulden annehmen.²⁶³ Eine Verschuldenszurechnung analog § 278 Satz 1 BGB²⁶⁴ kommt schon deshalb nicht in Betracht, weil sich eine Partei selten einer Hilfsperson zur Erfüllung prozessualer Treuepflichten bedienen wird. Solch weitgehende Zurechnungen kennt die ZPO im Übrigen nicht,²⁶⁵ schon gar nicht im Wege der Analogie. Anwendbar sind allein §§ 51 Abs. 2, 85 Abs. 2. Zu prüfen ist ferner ein Mitverschulden der beweisbelasteten Partei, das eine Beweiserleichterung regelmäßig entfallen lässt.²⁶⁶

VIII. Anwaltliche Prozesstaktik in Beweisfragen

Schrifttum: *Buß/Honert*, Die prozesstaktische Zession, JZ 1997, 694; *Geipel/Geisler/Nill*, Präklusion versus Prozesstaktik, ZAP Fach 13, 1407; *Luckey*, Zeugenbeweis und Prozesstaktik, ProzRB 2003, 19; *Müther*, Prozesstaktik im Zivilprozess, MDR 1998, 1335.

1. Einleitung

Aus anwaltlicher Sicht besteht immer ein großes Bedürfnis, die Beweislage der eigenen Partei zu verbessern oder die des Gegners (im Rahmen des zulässigen) zu beeinflussen. Dabei sind Sorgfalt und Gründlichkeit sowie das **Abwägen** mehrerer Verfahrensalternativen geboten. Zumindest beim Kläger muss die Beweislage erstmals ausführlich geprüft werden, bevor überhaupt Klage erhoben wird. Es kann aber ebenso erforderlich werden, auf konkrete Prozesssituationen zu reagieren. Mögliche Maßnahmen können prozessrechtlicher oder materiell-rechtlicher Art sein.

129

Vorab ein Wort zu **unseriösem bzw. unsinnigem Taktieren:** Mancher möchte den Gegner durch permanenten Verweis auf dessen Beweislast zermürben und knüpft an allen erdenklichen Stellen an:
- So wird die Bescheinigung einer Bank bestritten, wenn mehr als der gesetzliche Zinssatz geltend gemacht wird.
- Bei einer unverdächtigen Privaturkunde wird pro forma die Echtheit der Unterschrift bestritten.

130

Es wirkt eher unbeholfen, seine Energie auf solche Nebenpunkte zu verschwenden.²⁶⁷ Schlimmstenfalls muss die eigene Partei die hierdurch verursachten Mehrkosten tragen.

131

Ebenso wenig hat es etwas mit anwaltlicher Kunst zu tun, in einem Beweistermin die von der Gegenseite benannten Zeugen dadurch zu verunsichern, dass man sie forsch und lautstark angeht.²⁶⁸

132

Ebenfalls nur kurz erwähnt seien die Gestaltungsmöglichkeiten in der anwaltlichen Beratung bei **Vertragsverhandlungen und -abschlüssen.** Hier kann und muss Vorsorge für Konfliktfälle bei der Vertragsabwicklung getroffen werden, auch die Beweislage betreffend.²⁶⁹

133

> **Beispiel:**
> Es lassen sich vertragliche Auskunftsansprüche regeln, die hernach der Begründung des Leistungsanspruchs dienen, ggf. durch Stufenklage (§ 254).²⁷⁰

---

263 Mus/*Huber* § 444 Rn. 2; vgl. auch *OLG Bremen* MDR 2008, 1061.
264 So Mus/*Foerste* § 286 Rn. 65.
265 *BAG* NJW 1990, 2707.
266 Mus/*Foerste* § 286 Rn. 63.
267 *Schneider* MDR 1987, 725, 726.
268 *Schneider* MDR 1987, 725, 726.
269 Vgl. zu Beweisvereinbarungen Rn. 149.
270 *Goebel* § 10 Rn. 48.

1. Kapitel: Grundlagen und Grundbegriffe

134 Das alles betrifft den Bereich der Kautlarjurisprudenz; s. dazu die einschlägige Literatur.

2. Beschaffung und Ausschaltung von Beweismitteln

135 a) **Abtretung und Prozessstandschaft. – aa) Abtretung.** Der Beweisführer bedarf eines Beweismittels, so dass es naheliegt, hier tätig zu werden. Das gilt einerseits für die formelle Eignung als Beweismittel, insbesondere als Zeuge. Bekannt und aus Sicht der Rechtsprechung ohne weiteres zulässig ist die Schaffung eines Zeugen durch Abtretung der einzuklagenden Forderung (§ 398 BGB).[271] Auch die vormalige Inhaberschaft der Forderung und die Abtretung aus erkennbar taktischen Gründen hindert die **Zeugenfähigkeit des Zedenten** nicht. Schon gar nicht ist die Abtretung bemakelt, etwa wegen Verstoßes gegen § 138 BGB.[272] Empfehlenswert ist eine von beiden Seiten unterzeichnete Abtretungserklärung.[273]

> **Praxistipps:**
> - Da der Dritte Inhaber des Anspruchs wird, muss die Rückführung des durchgesetzten Anspruchs gesichert sein. Das geschieht am sinnvollsten mit einem Treuhandvertrag als Kausalgeschäft. Außerdem ist zu beachten, dass Gläubiger des Zessionars auf die Forderung zugreifen können, d. h. sie pfänden können (§§ 829, 835).
> - Der Gegner eines solchen Abtretungsmanövers könnte erwägen, es mit einer negativen Feststellungswiderklage (§ 256 Abs. 2) gegen den Zedenten zu durchkreuzen. Das wäre eine isolierte Drittwiderklage, die ohnehin nur ausnahmsweise zulässig ist. Ihr dürfte jedenfalls das Feststellungsinteresse fehlen.[274] Auch einer Drittwiderklage gegen den Zeugen auf Unterlassung seiner Behauptungen fehlt das Rechtsschutzbedürfnis.[275]

136 bb) **Prozessstandschaft.** Ebenso ist es nicht von vornherein als rechtsmissbräuchlich zu beanstanden, wenn eine Ermächtigung zur Prozessstandschaft mit dem Ziel erfolgt, dem Rechtsinhaber die Vernehmung als Zeuge zu ermöglichen.[276] In diesem Fällen muss aber zusätzlich ein eigenes schutzwürdiges Interesse des Prozessführungsbefugten gegeben sein. Es lässt sich durch ein Beweismanöver nicht ohne weiteres begründen.[277]

137 b) **Erstreckung einer Klage auf mögliche Zeugen.** Umgekehrt kann es erforderlich sein, einen Anspruch **gegen alle Gesamtschuldner** geltend zu machen, obwohl von Beginn an klar ist, dass nur bei einem von ihnen erfolgreich vollstreckt werden kann. Das ist noch immer üblich bei der Inanspruchnahme des Fahrers nach einem Verkehrsunfall (§ 18 StVG), obwohl sich das wirtschaftliche Interesse auf den Haftpflichtversicherer konzentriert – häufig auch als Widerklage.[278]

138 Ebenso ist zu erwägen (und vollstreckungsrechtlich sinnvoll), neben der primär haftenden GbR/OHG auch deren Gesellschafter aus § 128 HGB zu verklagen.

> **Praxistipp:**
> Wenn potentielle Zeugen mitverklagt werden, kann der Beklagtenvertreter in geeigneten Fällen seinerseits anregen, die Prozesse zu trennen (§ 145) oder

---

271 Ausführlich hierzu *Buß/Honert* JZ 1997, 694; *Kluth/Böckmann* MDR 2002, 616.
272 BGH WM 1976, 424; OLG Frankfurt VersR 1982, 1079.
273 *Goebel* § 10 Rn. 102.
274 Ähnlich BL/*Hartmann* § 256 Rn. 30.
275 BGH NJW 1987, 3138, 3139.
276 BGH NJW-RR 1988, 126, 127.
277 *Luckey* ProzRB 2003, 19, 20.
278 Vgl. hierzu ausführlich *Uhlmannsiek* MDR 1996, 114.

VIII. Anwaltliche Prozesstaktik in Beweisfragen

vorab ein Teilurteil zu erlassen. Das Gericht ist im Übrigen gehalten, erkennbare Schieflagen durch mögliche Teilurteile zu korrigieren, um ausgeschiedene Parteien als Zeugen vernehmen zu können.[279]

c) **Beweiskraft.** Bei alledem ist zu berücksichtigen, dass ein eigenes (wirtschaftliches) Interesse am Ausgang des Prozesses die Beweiskraft des Zeugen schmälert und im Rahmen von **§ 286 Abs. 1** gewertet werden muss.[280] Die von dem Abtretungsmanöver betroffene Gegenpartei sollte dies in etwaigen Stellungnahmen deutlich machen und das Gericht entsprechend sensibilisieren.[281] **139**

Im Übrigen kann sich aus Gründen der **Waffengleichheit** die Vernehmung des Gegners als Partei rechtfertigen (§ 448).[282] All das muss man in Kauf nehmen, wenn anderenfalls die völlige Beweislosigkeit droht. **140**

3. Einholung vorgerichtlicher Privatgutachten

a) **Bedeutung und Vorteile.** Bei komplexen Sachverhalten, die weder die Partei noch der Anwalt sicher zu beurteilen vermögen, kann ein auf eigene Initiative einzuholendes Sachverständigengutachten schon deshalb erforderlich werden, um überhaupt substantiierten Sachvortrag bieten zu können und der Darlegungslast zu genügen. Der Verweis auf ein solches Privatgutachten ersetzt zwar keinen Parteivortrag, untermauert ihn aber und kann im Wege des **Urkundenbeweises** in den Prozess eingeführt werden.[283] Dabei kann man aus Sicht der Partei **fünf wichtige Punkte** hervorheben: **141**

- Die Begutachtung erfolgt sehr zeitnah, ohne aufwendiges gerichtliches Procedere. Wenn die Verjährung droht, ist allerdings ein **selbständiges Beweisverfahren** vorzugswürdig (§ 204 Abs. 1 Nr. 7 BGB).[284] Es hat außerdem einen tendenziell höheren Beweiswert (§ 493 Abs. 1).
- Das Gutachten bietet der beweisbelasteten Partei eine relativ zuverlässige Möglichkeit, die **Prozessrisiken** zu beurteilen. Vielleicht muss vom Prozess überhaupt bzw. teilweise Abstand genommen werden oder es wird in außergerichtliche Vergleichsverhandlungen eingetreten.
- Ferner wird der Richter ein ihm vorgelegtes Privatgutachten sorgfältig studieren und hierauf – zumindest zum Teil und insbesondere für die Güteverhandlung – seine vorläufige **Einschätzung des Falles** stützen.
- Für den Fall gerichtlicher Beweiserhebung hat die Partei einen von Anfang an mit der Sache vertrauten **Helfer** zur Seite, der ihr nützliche Informationen liefern kann.[285]
- Der Gegner wird zu substantiierten **Einwendungen** gegen ein vorgelegtes Gutachten gezwungen; andernfalls besteht für ihn die Gefahr, dass eine gerichtliche Beweisaufnahme gar nicht erst stattfindet.[286]

b) **Kostentragung.**[287] – aa) **Kostenerstattung.** Bei privater Beauftragung kann die Partei den Gutachter selbst auswählen. Auch das ist von Vorteil. Indessen muss sie finanziell in Vorlage treten. Daher ist oft Überzeugungsarbeit gegenüber dem Mandanten notwendig. Diese Kosten können regelmäßig nur im Rahmen eines materiellen Kostenerstattungsanspruchs liquidiert werden, insbesondere als zweckentsprechende Rechtsverfolgungskosten innerhalb eines Scha- **142**

---

279 *OLG Karlsruhe* BB 1992, 97.
280 *BGH* NJW 1980, 991; *OLG Frankfurt* VersR 1982, 1079.
281 *Luckey* ProzRB 2003, 19, 21.
282 Vgl. hierzu Rn. 83.
283 Vgl. hierzu Rn. 557.
284 Vgl. im Übrigen Rn. 919; zur Schadensminderungspflicht ferner *OLG Düsseldorf* NJW-RR 2008, 1711.
285 *Leupertz* BauR 2007, 1790, 1796.
286 Vgl. hierzu Rn. 560.
287 Ausführlich hierzu *Pauly* MDR 2008, 777.

1. Kapitel: Grundlagen und Grundbegriffe

densersatzanspruchs (§§ 280 Abs. 1, 281 Abs. 1, 249 Abs. 2 Satz 1 BGB).[288] Ein **prozessualer Kostenerstattungsanspruch** (§ 91 Abs. 1) besteht nur ausnahmsweise.[289] Ein solcher Fall liegt bei deutlichen Unterschieden in der fachlichen Qualifikation vor, also wenn eine Partei ihrer Pflicht zu sachlich fundiertem Tatsachenvortrag – oder zur Erwiderung (§ 138 Abs. 2) – nur mit gutachterlicher Hilfe genügen kann.[290]

> **Beispiele:**
> - Geltendmachung von Baumängeln durch den fachunkundigen Bauherrn.[291]
> - Prozess des Patienten gegen den Krankenhausträger wegen Behandlungsfehlern.
> - Nachweis des versuchten Versicherungsbetruges durch den Versicherer bei hinreichenden Anhaltspunkten, nicht aber allgemein routinemäßig.[292]

143 bb) **Voraussetzungen.** Es ist aber auch in solchen Konstellationen erforderlich, dass sich ein **Rechtsstreit bereits konkret abgezeichnet** hatte und dass das Gutachten im anschließenden Prozess selbst vorgelegt wird, also nicht nur mittelbar im Parteivortrag enthalten ist.[293] Ob sich das Gutachten prozessfördernd ausgewirkt hat, ist hingegen nicht entscheidend.[294]

144 cc) **Höhe der Kosten.** Nach alledem wird ein Privatgutachten meist nur in Betracht zu ziehen sein, wenn eine Kostenerstattung wahrscheinlich ist oder ein Rechtsschutzversicherer eintritt. Dabei ist darauf zu achten, dass sich die Kosten **in angemessenen Grenzen** halten. Das lässt sich anhand der Stundensätze des JVEG abschätzen, wenngleich diese nicht die Höchstgrenze darstellen.[295]

> **Praxistipp:**
> Es kann sich empfehlen, den Gegner über die Einholung eines vorgerichtlichen Privatgutachtens zu informieren, um diesem das Kostenrisiko einer möglichen Prozessführung klar zu machen.

4. Negative Feststellungsklage

145 Wenn der Gegner einen Anspruch behauptet, dem die eigene Partei entgegentritt, kann eine negative Feststellungsklage zu erwägen sein. Denn die objektive **Beweislast** ist unabhängig von den Parteirollen verteilt. Der vermeintliche Gläubiger – also der Beklagte – muss seinen Anspruch beweisen und unterliegt im Falle der Unaufklärbarkeit („non liquet").[296] Dann erwächst das Nichtbestehen des Anspruchs in Rechtskraft (§ 322 Abs. 1), was der Abweisung einer entsprechenden Leistungsklage gleichkommt.

> **Praxistipp:**
> Wegen dieser Beweissituation ist die negative Feststellungsklage ein durchaus probates Mittel, um einen Gegner, der unvorsichtigerweise eine Forderung behauptet, in eine ungünstige Prozesslage zu bringen – in einen Prozess, den er selbst möglicherweise gar nicht geführt hätte.[297] Natürlich ist immer eine Beweisprognose angezeigt.

---

288 *BGH* NJW 2002, 141; *OLG München* BauR 2006, 1356.
289 *BGH* NJW 2003, 1398, 1399; *OLG Hamm* NJW-RR 1996, 830.
290 *BGH* NJW 2003, 1398, 1399; *OLG Düsseldorf* NJW-RR 1996, 572; *OLG Stuttgart* NJW-RR 1996, 255.
291 *OLG Brandenburg* NJOZ 2008, 2325.
292 *BGH* NJW 2008, 1597, 1598.
293 *OLG München* NJW-RR 1995, 1470; *OLG Saarbrücken* JurBüro 1990, 623.
294 *OLG Bamberg* JurBüro 1987, 602; *OLG Bremen* VersR 1979, 1127.
295 *BGH* NJW 2007, 1532; einschränkend *LG Leipzig* DS 2005, 234, 236.
296 Vgl. hierzu Rn. 910.
297 *Vossler* ProzRB 2003, 307.

VIII. Anwaltliche Prozesstaktik in Beweisfragen

Prozessual ist ein **besonderes Feststellungsinteresse** notwendig (§ 256 Abs. 1). Der Gegner muss sich eines bestimmten Anspruchs gegen die eigene Partei berühmen (sog. Bestandsbehauptung).[298]   **146**

> **Beispiel:**
> Der Gegner hat die eigene Partei aufgefordert, sie möge sich zu Zahlung bereit erklären oder diese herbeiführen.[299]

Die Gegenpartei könnte mit der Erhebung einer **Leistungsklage** kontern. Dann entfällt das besondere Interesse einer bereits anhängigen negativen Feststellungsklage. Es empfiehlt sich, diese in der Hauptsache für erledigt zu erklären, allerdings erst nach streitiger Verhandlung zur Leistungsklage, so dass der Gegner sie nicht mehr einseitig zurücknehmen kann (§ 269 Abs. 1).[300]   **147**

5. Zusammenfassende Übersicht

Die genannten Überlegungen werden in der nachfolgenden Tabelle zusammengefasst: **148**

Taktische Maßnahme	Vorteile	Nachteile	Rn.
Abtretung; Zedent als Kläger	Zessionar kann Zeuge sein	• Anspruch beim Zedenten pfändbar • Beweiswert eher gering	135
Prozessstandschaft eines Einziehungsberechtigten	• Rechtsinhaber kann Zeuge sein • Pfändung beim Prozessstandschafter kann verhindert werden	• eigenes schutzwürdiges Interesse des Klägers nötig	136
Klage gegen alle Gesamtschuldner bzw. akzessorisch haftenden Schuldner	• Ausschaltung möglicher Zeugen	• höheres Kostenrisiko im Unterliegensfalle • eventl. ermöglicht Teilurteil dennoch Zeugenvernehmung	137
vorgerichtliches Privatgutachten	• Beurteilung der Prozessrisiken • qualifizierter Sachvortrag möglich • sachkundiger Helfer	• geringerer Beweiswert als gerichtlicher Gutachter • Kostenerstattungsanspruch nur in Ausnahmefällen	141
negative Feststellungsklage	• Beweislast für das Bestehen des Anspruchs beim Gegner • Obsiegen wirkt wie abgewiesene Leistungsklage	• Gerichtskosten vorzuschießen • Unterliegen wirkt wie Grundurteil zum Bestehen des Anspruchs	145

---

[298] *BGH* NJW 1995, 2032, 2033.
[299] *BGH* NJW 1992, 436.
[300] *Vossler* ProzRB 2003, 307, 308.

1. Kapitel: Grundlagen und Grundbegriffe

IX. Beweisvereinbarungen

Schrifttum: *Eickmann*, Beweisverträge im Zivilprozess (1987); *Jäckel*, Beweisvereinbarungen im Zivilrecht (2007); *Wagner*, Prozessverträge (1998).

1. Rechtliche Einordnung

149 Gerade im Rahmen langfristiger Vertragsbeziehungen ist es nachvollziehbar, dass die Parteien **einvernehmlich Absprachen** für einen möglichen zukünftigen Prozess treffen. Die ZPO kennt in dieser Hinsicht die Gerichtsstandsvereinbarung (§ 38) und die Schiedsvereinbarung (§ 1029). Es können aber auch andere prozessuale Befugnisse der Parteien vertraglich begründet oder ausgeschlossen werden. Das gilt auch für Absprachen, die die Beweisführung und die Beweisaufnahme innerhalb eines möglichen Zivilprozesses betreffen. Man kann sie als Beweisvereinbarungen bezeichnen.[301] Deren grundsätzliche Zulässigkeit steht heute außer Frage.

> **Praxistipp:**
> Die Vorbeugung für einen möglichen zukünftigen Rechtsstreit ist ein Kernelement der Kautelarpraxis. Es geht darum, einen Teil der Unsicherheiten über den Prozessausgang zu vermeiden sowie den Zeit- und Kostenaufwand zu minimieren.

150 Ihrer Rechtsnatur nach handelt es sich um einen Fall des **Prozessvertrags**. Diesen wiederum kennzeichnet eine **Doppelnatur** als materiell-rechtliche Geschäfte über prozessuale Beziehungen.[302] Der Abschlusstatbestand und die generelle Wirksamkeit beurteilt sich nach materiellem Vertragsrecht, insbesondere den §§ 104 ff., 119 ff., 145 ff., 242 BGB. Nach dem Willen der Parteien soll sich die Wirkung der Vereinbarung hingegen im Prozessrecht zeigen.[303]

151 Nach überwiegendem Verständnis müssen diese Wirkungen durch **Einrede** geltend gemacht werden, um vor Gericht Beachtung zu finden.[304] Daraus folgt, dass im Streitfalle zunächst dem Abschluss und der Wirksamkeit der Beweisvereinbarung nachgegangen werden muss.

152 Eine Sonderstellung nehmen Parteivereinbarungen über die Verteilung der **Beweislast** ein. Sie betreffen nicht die Beweisaufnahme als solche, sondern treffen eine Regelung über die Rechtsanwendung aufgrund eines festgestellten oder ungeklärten Sachverhalts. Die Beweislast wird als Annex eines materiellen Rechtssatzes ebenfalls dem Sachrecht zugeordnet.[305] Verträge über die Verlagerung der gesetzlich oder gewohnheitsrechtlich bestimmten Beweislast haben keine unmittelbare Verfahrenswirkung und gehören vollständig dem materiellen Recht an.[306]

2. Reichweite und Zulässigkeit

153 Je nach Anknüpfungspunkt lassen sich verschiedene Arten von Beweisvereinbarungen unterscheiden. Ihre Zulässigkeit ist vor allen dann problematisch, wenn sie sich in **Allgemeinen Geschäftsbedingungen** (AGB) finden.

154 Es lässt sich bereits an die **Beweisbedürftigkeit** anknüpfen. Dies kann insbesondere durch sog. Geständnis- und Vermutungsverträge geschehen, wonach einzelne Tatbestandsmerkmale außerprozessual zugestanden bzw. bei Vorliegen anderer Hilfstatsachen widerlegbar oder unwiderlegbar vermutet werden sol-

---

301 *Jäckel*, Beweisvereinbarungen im Zivilrecht (2007), S. 4 f.
302 *RGZ* 144, 96, 98; *RGZ* 156, 101, 104.
303 *Jäckel*, Beweisvereinbarungen im Zivilrecht (2007), S. 14.
304 *BGHZ* 28, 45, 52; *OLG Frankfurt* OLGR 1995, 274; *Zö/Greger* vor § 128 Rn. 33.
305 *BGHZ* 147, 203.
306 *Zö/Greger* vor § 284 Rn. 23.

IX. Beweisvereinbarungen

len. Solche Vereinbarungen sind grundsätzlich wirksam und für das Gericht beachtlich.[307] Tatsachenbestätigungen und -vermutungen in AGB unterliegen jedoch ebenso einer strengen Wirksamkeitskontrolle wie bestimmte Fiktionen (§§ 308 Nr. 5 und 6, 309 Nr. 12 b BGB).

Man kann auch die erlaubten **Beweismittel** beschränken bzw. ausschließen.[308] Das verwehrt dem Gericht aber nicht, von §§ 142 ff., 448 Gebrauch zu machen, wenn anderenfalls eine erhebliche Verzögerung des Prozesses oder eine übermäßige Beanspruchung der Justizressourcen zu befürchten ist.

155

Dagegen sind die **Beweiswürdigung** des Gerichts und das erforderliche Beweismaß einer Vereinbarung der Parteien entzogen.[309] Die Frage, ob ein Beweis gelungen ist oder nicht, entscheidet das Gericht nach seiner eigenen Überzeugung (§ 286 Abs. 1 Satz 1), ohne unmittelbaren Einfluss der Parteiautonomie.

156

Soweit das in Betracht kommende Tatbestandsmerkmal nach materiellem Recht der Disposition der Parteien unterliegt, vermögen sie grundsätzlich auch über die Verteilung der **Beweislast** Absprachen zu treffen.[310] Hier hat der Gesetzgeber für vorformulierte Klauseln allerdings eine wichtige Grenze gezogen (§ 309 Nr. 12 a BGB).

157

---

307 *Jäckel*, Beweisvereinbarungen im Zivilrecht (2007), S. 73 ff.
308 *RGZ* 96, 57, 59; *BGHZ* 38, 254, 258; StJ/*Leipold* § 286 Rn. 133.
309 *BGHZ* 121, 378, 379; MK/*Prütting* § 286 Rn. 160.
310 *BGHZ* 41, 151, 153 f., BGH NJW 1998, 2967; vgl. hierzu näher Rn. 913.

2. Kapitel: Beweisgegenstand und Beweisrichtung

I. Gegenstand des Beweises

1. Tatsachen

158 a) **Definition.** Gegenstand des Beweises sind in erster Linie Tatsachen (vgl. §§ 138, 288). Das sind alle der äußeren Wahrnehmung zugänglichen **Geschehnisse oder Zustände**. Dies kann auch solche Ereignisse betreffen, die voraussichtlich in Zukunft geschehen werden oder wären, z. B. im Rahmen des entgangenen Gewinns (§ 252 BGB).[1]

159 Neben Geschehnissen und Zuständen der Außenwelt sind auch solche des menschlichen Seelenlebens erfasst, insbesondere die Willensrichtung,[2] der Kenntnisstand[3] oder das Schmerzempfinden einer Person.[4] Man spricht hier von **inneren Tatsachen**.

160 Ebenso kann Beweis über das Nichtvorliegen einer Tatsache zu erheben sein, wenn dies Voraussetzung der Anwendung eines materiellen Rechtssatzes ist (sog. **negative Tatsache**). Zu nennen sind insbesondere der fehlende Rechtsgrund bei § 812 BGB oder die unterlassene Mangelrüge bei § 377 HGB.

161 Im Bereich der Darlegung von Tatsachen (§ 138) wird aus prozessökonomischen Gründen eine Ausnahme gemacht, wenn es sich um einen Rechtsbegriff handelt, der auch im alltäglichen Leben gebraucht wird und jedermann geläufig ist (**Rechtstatsache**).[5]

> **Beispiele:**
> Kauf, Schenkung, Kündigung

162 Aber auch dann wird der Beweis nicht über einen Rechtsbegriff erhoben, sondern über die streitigen Tatsachen, die in diesen Begriff eingekleidet sind.[6]

163 b) **Werturteile.** Von den Tatsachen, über die eine Auskunftsperson berichtet, sind **Wert- und Tatsachenurteile** zu unterscheiden. Sie sind eines Beweises nicht zugänglich, denn sie fallen nicht unter die Kategorie der Wahrheit (§ 286 Abs. 1 Satz 1), sondern unter die der Richtigkeit.[7] Ob z. B. eine Person Eigentümer oder Erbe ist oder ob sie bösgläubig gewesen ist, unterliegt der rechtlichen Bewertung des Gerichts auf der Basis der festgestellten Tatsachen. Ebenso ist die Auslegung einer Willenserklärung keine Tatsachen-, sondern eine Rechtsfrage.[8]

2. Indizien

Schrifttum: Hansen, Der Indizienbeweis, JuS 1992, 327, 417; *Nack,* Indizienbeweisführung und Denkgesetze, NJW 1983, 1035; *ders.,* Der Indizienbeweis, MDR 1986, 366.

164 a) **Mittelbare Tatsachen. – aa) Hintergrund.** Weiter ist zwischen der Beweiserhebung über **unmittelbare und mittelbare Tatsachen** zu unterscheiden. Entscheidungserheblich und beweisbedürftig sind grundsätzlich nur die Tatsachen, die einen direkten (unmittelbaren) Bezug zum streitgegenständlichen Anspruch haben. Hierfür steht aber nicht immer ein Beweismittel zur Verfügung. Dann kann es zulässig sein, Beweis auch über solche tatbestandsfremden Tatsachen

---

1 Hk-ZPO/*Saenger* § 284 Rn. 10.
2 *BGH* NJW 1981, 1562 f.
3 *BGH* NJW-RR 2004, 247 f.
4 *BGH* VersR 1986, 183, 184.
5 *OLG Köln* NJW-RR 1993, 571, 572.
6 Missverständlich Hk-ZPO/*Saenger* § 284 Rn. 11.
7 *BGH* NJW 1978, 751.
8 BL/*Hartmann* vor § 284 Rn. 19.

I. Gegenstand des Beweises

zu erheben, die einen logischen Rückschluss auf den unmittelbaren Beweisgegenstand erlauben und ihn bestärken oder entkräften können. Es muss jedoch ein Sachzusammenhang mit dem Gegenstand der Urteilsfindung bestehen.[9] Man spricht von Hilfstatsachen oder **Indizien**.

> **Praxistipp:**
> Insbesondere für eine Partei, die zur unmittelbaren Beweisführung lediglich Zeugenbeweis anbieten kann, ist es immer empfehlenswert, Hilfstatsachen zu sammeln und auch diese unter Beweis zu stellen.

bb) Voraussetzungen. Zunächst hat das Gericht zu prüfen, ob die gesamten vorgetragenen Indizien – ihre Richtigkeit unterstellt – es von der Wahrheit der Haupttatsache überzeugen würden.[10] Dies ist lediglich eine Prognose, keine Beweisantizipation. Demnach muss einer Indiztatsache nicht nachgegangen werden, wenn sie nur mögliche, aber nicht zwingende Schlüsse zulässt, also an der Überzeugungsbildung nichts ändern würde.[11] Man darf daher insgesamt die Brauchbarkeit von Hilfstatsachen nicht überbewerten. Sie erweisen sich nicht selten als ambivalent und für das Beweisthema nicht aussagekräftig. **165**

cc) Abgrenzung. Der Indizienbeweis darf nicht mit dem **Anscheinsbeweis** verwechselt werden.[12] Dennoch verschwimmen beide Institute häufig,[13] zumal es sich jeweils um eine mittelbare Beweisführung handelt. Der Indizienbeweis betrifft einen individuellen Einzelfall und soll den Vollbeweis herbeiführen. Der Anscheinsbeweis will in einem typisierten Fall die konkrete Würdigung entbehrlich machen. **166**

> **Negativbeispiel:**
> Symptomatisch für diese Vermengung ist, wenn der BGH im Rahmen von § 906 Abs. 1 Satz 2 BGB der Einhaltung gesetzlicher Grenz- und Richtwerte „Indizwirkung" für eine nur unwesentliche Beeinträchtigung beimisst, die der Beeinträchtigte zu erschüttern habe.[14] Indessen handelt es sich nach dem Willen des Gesetzgebers um eine Umkehr der Beweislast zu Ungunsten des Nachbarn mit prozessualen Folgen, die denen des § 292 gleichen.[15]

Soweit ein Anscheinsbeweis wegen der besonderen Gestaltung nicht in Betracht kommt, kann der zugrunde liegende Erfahrungssatz natürlich gleichwohl im Rahmen der Beweiswürdigung neben anderen Gründen berücksichtigt werden.[16] **167**

b) Praktische Bedeutung und Sonderfälle. – aa) Hauptfälle. Eine wesentliche Bedeutung der Indizien liegt darin, dort **unbillige Härten zu vermeiden**, wo einer Partei der Vollbeweis eines Geschehens obliegt, das sich typischerweise außerhalb ihres Einflussbereichs abgespielt hat.[17] **168**

> **Beispiele:**
> - Im Versicherungsprozess können hinsichtlich der Frage, ob ein Gebäudebrand auf Eigenbrandstiftung beruht, auch die wirtschaftlichen Verhältnisse des Versicherungsnehmers von Bedeutung sein. Das Gleiche gilt für

---

9 *BGH* NJW 1993, 1391.
10 *BGH* NJW 1982, 2447 f.; *BGH* NJW 1989, 2947.
11 *BGH* NJW 1993, 1391; *BGH* NJW-RR 1993, 443, 444.
12 Vgl. zum Anscheinsbeweis Rn. 751.
13 Mus/*Foerste* § 286 Rn. 25.
14 *BGH* NJW 2004, 1317, 1318 f.; *BGH* NZM 2004, 957, 958; ebenso schon *Baur*, JZ 1974, 657, 660.
15 BT-Drucks. 12/7425, S. 88.
16 *BGH* NJW 1961, 777, 779.
17 *BGH* NJW-RR 2005, 1051, 1051 (vorsätzliche Herbeiführung eines Versicherungsfalls).

2. Kapitel: Beweisgegenstand und Beweisrichtung

den Umstand, dass der Ehegatte des Versicherungsnehmers schon einmal einen vergleichbaren Brandschaden erlitten hat.[18]
- Besonders umfangreich ist die Rechtsprechung zu **gestellten Verkehrsunfällen**. Als Indizien können hier z. B. eine entlegene Örtlichkeit, fehlende Zeugen, Bekanntschaft von Schädiger und Geschädigtem, nahezu wertloses Schädigerfahrzeug, die fehlende Benachrichtigung der Polizei oder der Erwerb des Fahrzeugs kurz vor dem Unfall herangezogen werden.[19]

169 Ähnlich ist es in Fällen, bei denen eine **Zukunftsprognose** zum Tatbestand gehört.

Beispiel:
Bei der personenbedingten Kündigung eines Arbeitsvertrages geht von den Krankheitszeiten in der Vergangenheit eine Indizwirkung für die erforderliche Negativprognose aus.[20]

170 Darüber hinaus sind Indizien bei der Feststellung **innerer Tatsachen** wichtig. In das Gehirn eines Menschen vermag der Richter nicht hineinzuschauen. Er kann – und muss – aber Umstände feststellen, die nach der Lebenserfahrung den Rückschluss auf Kenntnisstand und Willensrichtung einer Person erlauben.[21]

Beispiel:
Zur Feststellung der ernsthaften Selbstnutzungsabsicht eines Vermieters (§ 573 Abs. 2 Nr. 2 BGB) kommt eine Parteivernehmung nach § 447 mangels Einverständnis des Mieters meist nicht in Betracht. Es können aber Dritte zu vernehmen sein, denen gegenüber der Vermieter seinen Wunsch geäußert hat, die Wohnung künftig selbst zu nutzen.[22]
Im Schadensersatzprozess des Mieters wegen unberechtigter Kündigung kann ferner indiziell zu berücksichtigen sein, welcher Zeitraum nach der Renovierung der Wohnung vergangen ist.[23]

171 Regelmäßig problematisch sind ferner spontane **Erklärungen von Beteiligten eines Verkehrsunfalls**. Im Zweifel ist hier von der geringstmöglichen Wirkung auszugehen.

Beispiel:
Erklärungen eines Unfallbeteiligten wie „Ich erkenne die Schuld an" oder „Meine Versicherung wird den Schaden sofort ausgleichen" sind in der Regel nicht als deklaratorisches Schuldanerkenntnis zu werten. Sie können aber als Indiz für eine mögliche Mitverursachung herangezogen werden.

172 bb) **Vorfragen**. Eine besondere Erscheinungsform bilden **Hilfstatsachen (Vorfragen)** des Beweises. Sie können einerseits die Zulässigkeit des Beweises betreffen (Beweiseinreden). Zum anderen gehört die Zuverlässigkeit eines Beweismittels hierher, etwa die Glaubwürdigkeit eines Zeugen (vgl. § 395 Abs. 2 Satz 2) oder die Echtheit einer Urkunde (§§ 439 ff.).

173 cc) **Sonderfall**. Schließlich ist der eigentümliche **§ 22 AGG** zu erwähnen. Dort ist der Indizenbeweis nicht nur ausdrücklich erwähnt, er geht auch mit einem

---

18 *BGH* NJW-RR 2007, 312, 314; vgl. ferner *OLG Koblenz* NJOZ 2003, 3453 und ausführlich *Günther* r+s 2006, 221.
19 *Schneider/v.d.Hövel* S. 86 f.
20 *BAG* AP KSchG 1969 § 1 Krankheit Nr. 40.
21 *BVerfG* NJW 1993, 2165 f.
22 *BVerfG* NJW 1993, 2165 f.
23 *BVerfG* ZMR 2002, 181; zur Darlegungs- und Beweislast in diesem Fall vgl. *BGH* NJW 2005, 2395, 2396 f.; zum möglichen Anscheinsbeweis vgl. Rn. 775.

I. Gegenstand des Beweises

reduzierten Beweismaß – überwiegender Wahrscheinlichkeit – einher.[24] Gelingt dieser erleichterte Beweis, tritt eine Beweislastumkehr ein und der Hauptbeweis ist auf einen mangelnden Verstoß gegen den Benachteiligungsschutz gerichtet.

Beispiel:
Wenn alle Führungspositionen eines Unternehmens mit Männern besetzt sind, obwohl Frauen $^2/_3$ der Belegschaft stellen, soll ein ausreichendes Indiz nach § 22 AGG vorliegen.[25]

c) **Inhalt der Beweiswürdigung.** Die Beweiswürdigung selbst muss eine **Gesamtschau** aller Indiztatsachen hinreichend erkennen lassen.[26] Dabei steht dem Gericht frei, welche Überzeugungskraft es den einzelnen Indizien beimisst.[27]

174

Beispiel:
In einem Versicherungsprozess sprechen die Feststellungen, dass das als gestohlen behauptete Fahrzeug im Internet zum Verkauf angeboten wurde, einen hohen Kaufpreis hat und der Sohn des Klägers in schlechten Verhältnissen lebt, für sich allein noch nicht für die Vortäuschung eines Versicherungsfalls.[28]

Der **Beweiswert** einer einzelnen Indiztatsache ist in der Regel gering.[29] Jedoch hat die Gesamtschau nicht selten zur Folge, dass für sich allein unscheinbare oder ungenügende Beweisanzeichen zur einer hinreichend sicheren Schlussfolgerung zusammenwachsen.[30]

175

3. Erfahrungssätze

Schrifttum: Bornkamm, Die Feststellung der Verkehrsauffassung im Wettbewerbsprozess, WRP 2000, 830; *Konzen*, Normtatsachen und Erfahrungssätze bei der Rechtsanwendung im Zivilprozess, FS-Gaul (1997), S. 335; *Oestmann*, Die Ermittlung von Verkehrssitten und Handelsbräuchen im Zivilprozess, JZ 2003, 285.

a) **Anwendungsbereich.** Gegenstand des Beweises können schließlich auch Regeln der allgemeinen Lebenserfahrung sowie solche Regeln aus Kunst, Wissenschaft, Handwerk und Gewerbe, Handel und Verkehr sein, für die ein **besonderes Fachwissen** nötig ist. Dies alles sind keine Tatsachen, sie dienen vielmehr der juristischen Beurteilung und Auslegung von Tatsachen (Subsumtionshilfe), u. U. auch als Grundlage eines Anscheinsbeweises. Daher ist § 291 nicht anwendbar.[31] Ebenso wenig gibt es eine Beweislast.[32]

176

Die wichtigsten Fälle betreffen Handelsbräuche, etwa die Lagerung bestimmter Waren,[33] und v. a. Verkehrssitten und Verkehrsauffassungen.

177

Beispiele:
- Typischer Vertragsumfang beim Verkauf landwirtschaftlicher Nutzflächen.[34]
- Verständnis des durch eine Werbung angesprochenen Verkehrskreises.[35]

---

24 *BAG* NZA 2004, 540; *LAG Berlin* LAGE § 611a BGB Nr. 2 (jeweils zu § 611a BGB a. F.); vgl. zum Beweismaß im Übrigen Rn. 732.
25 *LAG Berlin-Brandenburg* NZA 2009, 43; mit Recht ablehnend *Heyn* NZA 2009, 20.
26 *BGH* NJW-RR 1996, 665.
27 *BGH* NJW 1991, 1894, 1895; vgl. zur Beweiswürdigung ausführlich Rn. 701.
28 *BGH* NJOZ 2008, 2022.
29 *BGH* NJW 1984, 2039, 2040.
30 *KG* MDR 2008, 971.
31 *BGH* NJW 2004, 1163, 1164.
32 Bl/*Hartmann* vor § 284 Rn. 22.
33 *BGH* NJW-RR 1989, 991 f.
34 *BGH* NJW 1990, 1723, 1724.
35 *BGH* NJW 2004, 1163.

2. Kapitel: Beweisgegenstand und Beweisrichtung

178 **b) Verfahren.** Das Gericht hat bei der Ermittlung von Erfahrungssätzen einigen Spielraum. So kann es sich unter Wahrung rechtlichen Gehörs ggf. auf eigenen Sachverstand berufen, insbesondere in Fällen des § 114 GVG. Dies führt zu einem Verzicht auf die Beweisaufnahme. Im Übrigen kommt dem **Freibeweis** Bedeutung zu, etwa durch Einholung von Auskünften bei der Industrie- und Handelskammer.[36] Soll hingegen ein Sachverständigengutachten in Auftrag gegeben werden, so muss dies in einem förmlichen Verfahren geschehen (Strengbeweis).[37]

4. Fremdes Recht (§ 293)

Schrifttum: Hetger, Die Ermittlung ausländischen Rechts, DRiZ 1995, 267; *Krause*, Ausländisches Recht und deutscher Zivilprozess (1990); *Sommerlad/Schrey*, Die Ermittlung ausländischen Rechts im Zivilprozess und die Folgen der Nichtermittlung, NJW 1991, 1377.

179 **a) Iura novit curia.** Von jedem Richter wird bedingungslos verlangt, dass er das gesamte **in Deutschland geltende Recht** kennt und von Amts wegen anwendet („iura novit curia"). Das gilt auch für die Anwendung des deutschen Internationalen Privatrechts sowie die Frage, ob und inwieweit ausländisches Recht als lex causae in Betracht kommt.[38] Ferner muss das Gericht die allgemeinen Regeln des Völkerrechts (Art. 25 GG) und das europäische Gemeinschaftsrecht[39] kennen, ebenso das Recht der ehemaligen DDR.[40] Das alles darf von einem Volljuristen erwartet werden, mag auch ein Mangel an Fachdisziplin – etwa im Steuerrecht – zu verzeichnen sein. Ein Gutachten zu solchen Fragen ist daher unzulässig.[41] Das erscheint v. a. im Haftpflichtprozess als besonders misslich.

> **Praxistipp:**
> Das Gericht kann aber bei nicht hinreichend sicher überschaubaren steuerrechtlichen Fragen eine amtliche Auskunft nach § 273 Abs. 2 Nr. 2 einholen.[42]

180 **b) Anwendungsbereich.** Das in Deutschland nicht geltende Recht eines anderen Staates, einschließlich des Richterrechts, muss das Gericht nicht kennen. Das Gleiche gilt für das durch ständige Übung in Deutschland angewandte ungeschriebene Recht (Gewohnheitsrecht) und die förmlichen Rechtssätze in- und ausländischer autonomer Verbänder (Statuten).

> **Beispiele:**
> Örtliche Streupflichten; Anstaltsordnungen; Satzungen von Sozialversicherungsträgern; Tarifverträge.

181 **c) Verfahren. – aa) Freibeweis.** Der Richter kann hierüber in der ihm geeignet erscheinenden Weise Beweis erheben (Freibeweis, § 293 Satz 2), sofern die Rechtsfolge nach fremdem Recht beurteilt werden muss.[43] Das gilt auch für ausländisches Richterrecht und die dortige Auslegungspraxis.[44]

182 Auf die Beweislast und etwaige Anträge der Parteien kommt es nicht an.[45] Denn die Bezugnahme auf die Methoden des Tatsachenbeweises erfolgt lediglich aus

---

36 Zweifeld Mus/Foerste § 284 Rn. 4; vgl. zum Freibeweis Rn. 366.
37 Hk-ZPO/*Saenger* § 286 Rn. 14.
38 *BGH* NJW 1998, 1321; *BGH* NJW 1993, 2305, 2306.
39 Abweichend *OLG München* EuR 1988, 409.
40 StJ/*Leipold* § 293 Rn. 4a; Hk-ZPO/*Saenger* § 293 Rn. 3.
41 *OLG Koblenz* FamRZ 1998, 756.
42 *OLG Stuttgart* MDR 1989, 1111; *LG Hamburg* MDR 1984, 413; vgl. zur amtlichen Auskunft Rn. 689.
43 *Sommerlad/Schrey* NJW 1991, 1377.
44 *BGH* NJW-RR 2002, 1359. 1360.
45 *BGH* NJW-RR 2005, 1071, 1072; TP/*Reichold* § 293 Rn. 4.

I. Gegenstand des Beweises

praktischen Gründen. Einer weiteren Ermittlung bedarf es aber in aller Regel nicht, wenn beide Parteien übereinstimmend zum Inhalt des anzuwendenden Rechts vortragen.[46]

bb) Mitwirkungspflicht. Zu beachten ist zunächst eine Mitwirkungspflicht der Parteien im Rahmen des Zumutbaren.[47] Man darf also verlangen, dass sie eigene Erkenntnisse und Erkenntnisquellen zum fremden Recht beisteuern oder konkretisieren.[48] Das geschieht am zweckmäßigsten durch Auflagenbeschluss oder Verfügung gem. § 273 Abs. 2 Nr. 1[49] – s. hierzu folgendes Beispiel:

183

> Dem Kläger wird aufgegeben, seine Erkenntnisse darüber darzulegen, ob die rechtsgeschäftliche Veräußerung des Gesellschaftsanteils nach bolivianischem Recht einer bestimmten Form bedarf. Die entsprechenden Vorschriften sollen mitgeteilt werden.

Es gibt allerdings keine Pflicht, ein Privatgutachten einzuholen. Eine mittelbare Mitwirkungsobliegenheit folgt auch aus der anwaltlichen Pflicht, das Gericht von der für den Mandanten günstigen Rechtsansicht zu überzeugen.[50]

184

cc) Erkenntnisquellen. Welchen Weg das Gericht zur weiteren Aufklärung wählt, unterliegt seinem **Ermessen**. Die Erwägungen sind in den Entscheidungsgründen zumindest kurz wiederzugeben.

185

Unter Umständen genügen schon die **gerichtsinternen Erkenntnisse** aus verfügbarer Literatur, Gesetzestexten und anderen Quellen.

186

Sodann darf das Gericht **Auskünfte bei Behörden** im In- und Ausland einholen (§ 273 Abs. 2 Nr. 2).[51]

187

> **Praxistipp:**
> In Zeiten moderner Kommunikationsmittel kann sich das Gericht bei knapp zu beantwortenden Fragen. z. B. per E-Mail an die deutsche **Botschaft** in dem betroffenen Staat oder ein Konsulat wenden und um Hilfe bitten.[52] Die formlose Erforschung kann sich etwa auf jüngst ergangene Gerichtsentscheidungen aus dem anwendbaren Rechtsgebiet beziehen.[53]

Das grenzüberschreitende **förmliche Auskunftsersuchen innerhalb Europas** gestaltet sich nach dem Londoner Übereinkommen[54] und dem hierzu ergangenen deutschen Ausführungsgesetz.[55] Wegen der notwendigen Übersetzung in die Sprache des ersuchten Staates und der Vermittlung durch das Bundesjustizministerium ist hiermit ein gewisser Aufwand verbunden.

188

Daneben kommen **Rechtsgutachten** von wissenschaftlichen Instituten oder privat tätigen Sachverständigen in Betracht (§ 144).[56] Das betrifft auch den Urkundenprozess.[57] Dabei gelten die Vorschriften der §§ 402 ff. sowie das Erfor-

189

---

46 BAG NJW 1975, 2160; OLG Düsseldorf OLGR 1994, 115.
47 BGH NJW 1976, 1581, 1583; einschränkend MK/*Prütting* § 293 Rn. 6.
48 Zö/*Geimer* § 293 Rn. 16.
49 Vgl. hierzu ausführlich *Huzel* IPrax 1990, 77.
50 OLG Düsseldorf BRAK-Mitt 2005, 231.
51 Vgl. zur amtlichen Auskunft näher Rn. 689.
52 StJ/*Leipold* § 293 Rn. 41; MK/*Prütting* § 293 Rn. 26.
53 *Huzel* IPrax 1990, 77, 79.
54 BGBl. II 1974, S. 937; abgedruckt bei MK/*Prütting* § 293 Rn. 33 und Bl/*Hartmann* § 293 Rn. 14. Vgl. hierzu auch *Jastrow* IPrax 2004, 402; *Wolf* NJW 1975, 1583.
55 BGBl. I 1974, S. 1433; abgedruckt bei MK/*Prütting* § 293 Rn. 34 und BL/*Hartmann* § 293 Rn. 15.
56 Eine (vermutlich nicht mehr aktuelle) Auswahl von Sachverständigen findet sich bei *Hetger* DNotZ 1994, 88.
57 BGH NJW-RR 1997, 879.

2. Kapitel: Beweisgegenstand und Beweisrichtung

dernis eines Beweisbeschlusses (§ 358).[58] Indessen darf wegen der Amtsermittlung kein Kostenvorschuss verlangt werden.[59]

> **Praxistipp:**
> Es ist immer empfehlenswert, zuvor bei dem in Betracht kommenden Gutachter nachzufragen, ob die klärungsbedürftigen Rechtsfragen in seinen Tätigkeitsbereich fallen. Denn in vielen Fällen sind nicht nur theoretische Kenntnisse, sondern auch solche der Rechtspraxis notwendig.[60]

190 Wenn und soweit sich trotz sorgfältiger Ermittlungen **keine hinreichenden Informationen** über das ausländische Recht erlangen lassen, darf das Gericht deutsches Recht anwenden (lex fori)[61] oder – wenn dies unbillig erscheint – das nächstverwandte ausländische Recht.[62]

5. Beweiserhebung über Prozessvoraussetzungen

Schrifttum: *Balzer*, Die Darlegung der Prozessführungsbefugnis und anderer anspruchsbezogener Sachurteilsvoraussetzungen im Zivilprozess, NJW 1992, 2721; *Engelmann-Pilger*, Parteifähigkeit und Amtsprüfung, NJW 2005, 716.

191 a) **Vorrang der Prozessvoraussetzungen.** Das Vorliegen aller Prozessvoraussetzungen (oder Sachurteilsvoraussetzungen) hat das Gericht **vorrangig zu prüfen**, ehe es sich der Begründetheit einer Klage widmet.[63] Das gilt auch für sog. Prozessfortsetzungsbedingungen, wie die Zulässigkeit eines Rechtsbehelfs.[64] Wenn die Prozessvoraussetzungen mit anspruchsbegründenden Tatsachen identisch sind (sog. doppelrelevante Tatsachen, z. B. eine unerlaubte Handlung bei § 32), so genügt zunächst die schlüssige Darlegung, während eine eventuelle Beweiserhebung die Begründetheit der Klage betrifft.

192 b) **Amtsprüfung.** Die Prozessvoraussetzung ist gemäß bzw. analog § 56 **von Amts wegen** zu prüfen. Das ist nicht gleichbedeutend mit einer Amtsermittlung.[65] Denn die Prüfung erfolgt **auf der Grundlage des Parteivortrags**. Grundsätzlich haben die Parteien die Prozessvoraussetzungen selbst darzutun und die erforderlichen Nachweise zu beschaffen.[66] Die Prüfung ist jedoch nicht von einem Antrag oder einer Rüge abhängig. Daher besteht zwar eine Darlegungslast, aber keine subjektive Beweislast (Beweisführungslast) der Partei, die aufgrund der fraglichen Prozessvoraussetzung einen Vorteil für sich herleitet.[67]

193 Als Ausnahmen gelten der Einwand der fehlenden Prozesskostensicherheit (§§ 110 ff.) und der fehlenden Kostenerstattung im Vorprozess (§ 269 Abs. 6) sowie die Berufung auf eine Schiedsvereinbarung (§ 1032). Hier findet eine Prüfung nur auf Rüge hin statt, weil diese Prozessvoraussetzungen nicht primär im öffentlichen, sondern im privaten Interesse liegen. Es gilt im Übrigen § 296 Abs. 3. Auch für die Vollmacht eines Rechtsanwalts (§ 88) ist dies der Regelfall.

194 c) **Prozessfähigkeit.** Über die Prozessfähigkeit (§ 51) darf das Gericht nach Auffassung des BGH auch dann Beweis erheben, wenn zwischen den Parteien hierüber kein Streit besteht, das Gericht aber aufgrund anderer Erkenntnisse Zwei-

---

58 BGH NJW 1975, 2142, 2143; BGH NJW 1994, 2959, 2960 m. Anm. *Otto* IPRax 1995, 299.
59 Mus/*Huber* § 293 Rn. 6.
60 BGH NJW 1991, 1418, 1419; BGH NJW-RR 1991, 1211.
61 Die Einzelheiten sind sehr str.; vgl. hierzu Zö/*Geimer* § 293 Rn. 27 m.w.Nachw.
62 BGH NJW 1981, 1215; KG FamRZ 2002, 166.
63 Zur Ausnahme bei sog. unvollkommenen Prozessvoraussetzungen vgl. *Pantle/Kreissl* Rn. 262.
64 BGH NJW 1981, 1673, 1674.
65 BGH NJW 1989, 2064, 2065; BL/*Hartmann* Grdz § 128 Rn. 39.
66 BGH NJW-RR 2000, 1156 f.
67 BGH NJW 1996, 1059, 1060; OLG München OLGR 2002, 75; missverständlich StJ/*Brehm* vor § 1 Rn. 257.

fel hat.[68] Insoweit besteht eine **Ausnahme vom Beibringungsgrundsatz.** Auf eventuelle Hindernisse hat das Gericht zuvor hinzuweisen (§ 139 Abs. 2).[69]

d) **Verfahren.** Die Ermittlungen zu einzelnen Prozessvoraussetzungen können nach ständiger Rechtsprechung im **Freibeweisverfahren** durchgeführt werden.[70] Es besteht also keine Bindung an die förmlichen Beweismittel der ZPO. Das Gericht kann die „ihm geeignet erscheinende Art" wählen (vgl. auch § 284 Satz 2).[71] Ein Beweisbeschluss ist nicht notwendig; Kostenvorschüsse dürfen nicht angefordert werden.[72]

195

> **Beispiele:**
> So können telefonische oder über § 377 hinaus schriftliche Auskünfte eingeholt werden, etwa von Behörden. Ebenso mag eine eidesstattliche Versicherung ausreichen.[73] Ferner ist die Verwertung von Beweismitteln aus anderen Verfahren möglich.

Verbleiben nach Erschöpfung aller zumutbaren Erkenntnisquellen noch Zweifel, so wirkt sich dies zu Lasten der Partei aus, für die die fragliche Prozessvoraussetzung streitet.[74] Das ist regelmäßig der Kläger, bei der Zulässigkeit des Einspruchs aber auch der Beklagte.[75] Demnach kommt durchaus eine objektive Beweislast (Feststellungslast) zum Tragen.

196

> **Beispiel:**
> Bei nicht auszuräumenden Anhaltspunkten für eine Prozessunfähigkeit des Klägers ist die Klage als unzulässig abzuweisen.

II. Haupt- und Gegenbeweis (Beweisrichtung)

Schrifttum: *v. Olshausen*, Gegenbeweis und Beweis des Gegenteils, JuS 1995, 664.

Aus der Sicht des Beweisführers lassen sich **unterschiedliche Beweisarten** unterscheiden:

197

1. Hauptbeweis

Die Tatbestandsmerkmales des Rechtssatzes, auf den sich der Beweisführer beruft, bilden den **Hauptbeweis**. Sein Ziel ist die Überzeugung des Gerichts von der Wahrheit einer behaupteten Tatsache (§ 286 Abs. 1 Satz 1). Dies kann auch eine negative Tatsache sein, dann spricht man vom Negativbeweis.[76] Den Hauptbeweis können Kläger oder Beklagter führen. Das hängt von der Verteilung der subjektiven Beweislast (Beweisführungslast) ab.[77]

198

2. Gegenbeweis

a) **Beweisführer.** Zu Behauptungen der beweisbelasteten Partei vermag die gegnerische Partei den Gegenbeweis anzutreten (vgl. § 130 Nr. 5: „Widerlegung tatsächlicher Behauptungen"). Er bezieht sich auf die identische Tatsache, nur die Perspektive wechselt. Gegenbeweis obliegt also der **nicht beweisbelasteten Partei**. Das Ziel besteht in der Regel darin, Zweifel an der behaupteten Tatsache

199

---

68 *BGH* NJW 2000, 289, 290 ebenso *BAG* NZA 2000, 613.
69 *BGH* NJW 1989, 2064, 2065.
70 *BGH* NJW 2000, 289, 290; a. A. StJ/*Leipold* vor § 128 Rn. 174; Zö/*Greger* vor § 284 Rn. 7.
71 Vgl. zum Freibeweis näher Rn. 366.
72 *OLG München* OLGR 2002, 75.
73 *BGH* NJW 1992, 627.
74 *BGH* NJW 1983, 996, 997; *BGH* NJW 2000, 289, 290.
75 *BGH* VersR 1977, 967, 968.
76 BL/*Hartmann* vor § 284 Rn. 13.
77 Mus/*Foerste* § 284 Rn. 6; vgl. zu diesem Begriff näher Rn. 870.

2. Kapitel: Beweisgegenstand und Beweisrichtung

zu erzeugen und eine volle Überzeugung des Gerichts i. S. v. § 286 Abs. 1 Satz 1 zu verhindern.[78] Denn grundsätzlich genügt schon dies, um in einer „non-liquet"-Situation zum Nachteil der beweisbelasteten Partei – und damit zum Vorteil des Gegenbeweisführers – zu entscheiden. Für den Gegenbeweis können daher in besonderem Maße Indiztatsachen genügen. Ihr Vorliegen rechtfertigt aber nicht, den Hauptbeweisantrag abzulehnen.[79]

> **Beispiele:**
> - Dem verklagten Schuldner obliegt der Beweis der Erfüllung (§ 362 Abs. 1 BGB). Er kann sich hierzu einer Quittung bedienen. Für diese gilt § 416. Die Beweiskraft der Quittung kann der Gläubiger durch Gegenbeweis entkräften. Wenn ihm dies gelingt und der Schuldner keine weiteren Beweismittel aufbietet, steht die Erfüllung nicht fest.
> - Für den Anspruch auf Übereignung der Kaufsache ist das Zustandekommen eines gültigen Kaufvertrages durch den Kläger als Hauptbeweis zu belegen. Wenn der Beklagte den Vertragsschluss in Abrede stellt, zielt hierauf sein Gegenbeweis.

200 Der Gegenbeweis kann nicht durch Antrag auf Vernehmung der beweisbelasteten Partei geführt werden (§ 445 Abs. 2), denn keiner Partei ist zumutbar, das ihr günstige Beweisergebnis durch eine eigene Aussage in Frage zu stellen.[80]

201 b) *Reihenfolge.* Oft betont wird der Grundsatz: kein Gegenbeweis ohne Hauptbeweis.[81] Das gilt in dieser Strenge aber nur für den Beweisantritt und die Beweisbedürftigkeit. Denn häufig ist es so, dass Haupt- und Gegenbeweiszeugen aus Gründen der Zweckmäßigkeit in einem Termin vernommen werden.[82] Dann wird Gegenbeweis erhoben, obwohl nicht sicher feststeht, ob der Hauptbeweis überhaupt erbracht ist. Dies prüft das Gericht erst anschließend durch Würdigung und Gegenüberstellung aller Aussagen.

202 Eine abweichende Gewichtung besteht auch beim Anscheinsbeweis.[83] Hier mag ein typischer Geschehensablauf unstreitig sein und als solcher keines Beweises bedürfen. Dann liegt das Schwergewicht auf dem Gegenbeweis, der die ernsthafte Möglichkeit einer anderen Ursache oder Folge zum Gegenstand hat.

3. Beweis des Gegenteils

203 Von alledem zu unterscheiden ist der Beweis des Gegenteils. Er bezieht sich auf eine gesetzliche Vermutung i. S. v. § 292 oder die Beweiskraft einer Urkunde (§§ 415 ff.) und kann je nach Verteilung der Beweislast Haupt- oder Gegenbeweis sein.[84]

> **Beispiele:**
> - Eine streitige Tatsache kann gem. § 418 Abs. 1 mittels öffentlicher Urkunden bewiesen werden (Hauptbeweis). Der Gegenbeweis bedarf hier der vollen Überzeugung von der Unrichtigkeit der beurkundeten Tatsachen (§ 418 Abs. 2). Jede Möglichkeit der Richtigkeit muss ausgeschlossen sein.[85]

---

[78] *BGH* MDR 1978, 914; *BGH* VersR 1983, 560; zu Unrecht kritisiert bei BL/*Hartmann* vor § 284 Rn. 12.
[79] *BGH* NJW-RR 2002, 1372, 1373.
[80] *OLG Düsseldorf* MDR 1995, 959; Hk-ZPO/*Pukall* § 445 Rn. 5.
[81] *Pantle/Kreissl* Rn. 322; missverständlich TP/*Reichold* vor § 284 Rn. 8 (Reihenfolge nicht erheblich).
[82] *Förschler* Rn. 892.
[83] Vgl. zum Anscheinsbeweis Rn. 751.
[84] BL/*Hartmann* vor § 284 Rn. 12; anders *Laumen* NJW 2002, 3739, 3741; *v. Olshausen* JuS 1995, 664 (immer Unterfall des Hauptbeweises).
[85] *BGH* NJW 1990, 2125 f.

II. Haupt- und Gegenbeweis (Beweisrichtung)

- Die Urkunde über die Zustellung eines Versäumnisurteils gilt als öffentliche Urkunde (§ 182 Abs. 1 Satz 2). Sie erbringt daher den vollen Beweis für den Zeitpunkt der Zustellung. Im Rahmen der Prüfung der Einspruchsfrist (§ 339 Abs. 1) steht dem Beklagten jedoch der Nachweis der Unrichtigkeit des Zustelldatums offen (§ 418 Abs. 2). Das ist dann der Hauptbeweis.[86]

204 Wenn eine **gesetzliche Vermutung** für das Vorliegen einer bestimmten Tatsache spricht, ist zur Widerlegung dieser Vermutung die volle Überzeugung des Gerichts von der Unwahrheit der Tatsache erforderlich.[87] Denn es sind die gleichen Anforderungen zu stellen wie an den Beweis sonstiger Tatsachen.[88] Bloße Zweifel genügen nicht. Bei gesetzlichen Vermutungen ist abweichend von § 445 Abs. 2 der Antrag auf Vernehmung des Gegners zulässig (§ 292 Satz 2).[89]

205 Die **Terminologie** von Gegenbeweis und Beweis des Gegenteils wird in der Praxis mitunter durcheinandergebracht.[90] Das ist nur so lange zu verschmerzen, wie das Beweismaß präzise gehandhabt wird.

> **Beispiel:**
> Bei formularmäßiger Schadenspauschalierung obliegt der Beweis eines geringeren Schadens dem Kunden (vgl. § 309 Nr. 5 b BGB).[91] Es handelt sich also um den Hauptbeweis des Gegenteils.[92] Demgegenüber spricht etwa der BGH in diesem Zusammenhang von der „*Gegenbeweismöglichkeit*".[93]

---

86 Der *BGH* (NJW 1987, 1335) spricht jedoch unzutreffend vom „Gegenbeweis"; ebenso *BGH* NJW 1990, 2125, 2126 (Empfangsbekenntnis).
87 Vgl. zu Vermutungen Rn. 417.
88 *BGH* MDR 1959, 114.
89 Vgl. hierzu auch *BGH* NJW 1988, 2741.
90 Siehe schon oben Fn. 85; missverständlich auch *Schneider/v.d.Hövel* S. 82.
91 Pal/*Heinrichs* § 309 Rn. 31; MK-BGB/*Kieninger* § 309 Nr. 5 Rn. 23.
92 *v. Olshausen* JuS 1995, 664.
93 *BGH* NJW 1985, 632.

3. Kapitel: Formelles Beweisrecht

I. Beweisantritt

Schrifttum: *Gottschalk*, Der Zeuge N.N., NJW 2004, 2939; *Kiethe*, Zulässigkeit von Beweisantritten bei Behauptungen auf Grundlage einer zivilrechtlichen Vermutungsbasis, MDR 2003, 1325; *Schneider*, Zum Umgang mit Beweisanträgen, MDR 2000, 1395.

1. Prozesshandlung

206 Eine Partei tritt Beweis an, indem sie gleichzeitig mit der Behauptung einer Tatsache oder später **ein bestimmtes Beweismittel benennt**. Ein ausdrücklich formulierter Antrag ist nicht notwendig. Der Begriff Beweisantrag steht synonym für den Beweisantritt.[1]

207 Er ist Prozesshandlung,[2] so dass die hierfür erforderlichen Voraussetzungen gegeben sein müssen. Selbstverständlich kann nicht nur die beweisbelastete Partei einen Beweisantrag stellen. Ein klarstellender Hinweis, dass der Beweisantritt „unter Verwahrung gegen die Beweislast" erfolge, ist daher nicht notwendig. Davon zu unterscheiden ist die notwendige Angabe, dass das Beweismittel zur Widerlegung tatsächlicher Behauptungen des Gegners dienen soll (§ 138 Abs. 2), es sich also um einen Gegenbeweisantrag handelt. Ebenso darf der Nebenintervenient in den Grenzen des § 67 Beweismittel benennen.

2. Inhalt

208 a) **Tatsachenbezeichnung.** Notwendiger Inhalt des Beweisantritts ist die **spezifizierte Bezeichnung der Tatsachen**, welche bewiesen werden sollen, also des Beweisthemas (vgl. §§ 371 Abs. 1 Satz 1, 403). Deshalb ist die pauschale Benennung zum „Beweis für alles Vorstehende" o. Ä. unzureichend. Die Angabe „Beweis: wie vor" kann genügen, wenn sie sich zweifelsfrei einem zuvor ausformulierten Beweisantritt zuordnen lässt.[3]

209 Das Gericht muss insbesondere bei einem **Zeugen** erkennen können, welche eigenen Wahrnehmungen er bekunden soll (§ 373).

> **Beispiel:**
> Ein Vermieter stützt die außerordentliche Kündigung des Vertrages auf Lärmbelästigungen durch den Mieter. Beim Beweis durch Zeugen muss deutlich werden, welcher Zeuge welche konkrete Störung bekunden kann.[4]
>
> **Gegenbeispiel:**
> Bei den für einen behaupteten Unfallhergang benannten Zeugen muss nicht angegeben werden, ob es sich um Fußgänger oder Fahrzeugführer gehandelt hat und an welcher Position sich diese aufgehalten haben.[5]

210 Im Übrigen ist die Wiedergabe der näheren Umstände der Zeugenwahrnehmung grundsätzlich nicht erforderlich.[6] Sie sind eine Frage der Beweiswürdigung. Denn häufig muss eine Partei auch Tatsachen behaupten, über die sie eine genaue Kenntnis nicht haben kann, die sie aber nach Lage der Dinge für wahrscheinlich hält. Auch hierüber kann sie eine Beweisaufnahme erwirken.[7] Dem-

---

1 Hk-ZPO/*Saenger* § 284 Rn. 39.
2 TP/*Reichold* Einl. III Rn. 4.
3 OLG Celle NJW-RR 1992, 703; *Schneider* ZIP 1992, 1959.
4 AG Hamburg-Altona NJW-RR 2003, 154.
5 KG MDR 2008, 588.
6 BGH NJW-RR 1988, 1087; a. A. *Pantle/Kreissl* Rn. 325.
7 BGH ZMR 1996, 122.

I. Beweisantritt

nach ist die Plausibilität des Beweisantrags nicht zu prüfen.[8] Eine **Ausnahme** gilt für die Behauptung innerer Tatsachen. Hier sind Angaben darüber erforderlich, wie der Zeuge seine Kenntnis erlangt hat.[9]

Typische Fehler:
- Die sehr oft zu findende Benennung des ominösen **„Zeugen N.N."** oder des Zeugen, dessen ladungsfähige Anschrift „erforderlichenfalls nachgereicht" wird, entspricht nicht den Erfordernissen der ZPO.[10] Es handelt sich allenfalls um die Absichtserklärung, demnächst ordnungsgemäß Beweis antreten zu wollen.[11] Das Gericht muss hier nur dann nach § 356 verfahren und eine Beibringungsfrist setzen, wenn die zu vernehmende Person zuvor hinreichend individualisiert worden ist, z. B. als Mitarbeiter einer bestimmten Abteilung einer Behörde, und trotz sorgfältiger Recherche nicht namentlich benannt werden kann.[12] In allen anderen Fällen liegt kein „Hindernis", sondern bloße Nachlässigkeit einer Partei vor.[13] Hierauf muss das Gericht jedenfalls im Anwaltsprozess nicht gesondert hinweisen.[14]
- Ebenso häufig wird angegeben, der Zeuge sei **über eine andere Person** – nicht selten eine Partei oder seinen Arbeitgeber – **zu laden**. Dies ermöglicht in vielen Fällen tatsächlich die Ladung, verhindert aber eine förmliche Zustellung nach § 178 und deren Nachweis.[15] Auch die Angabe einer Postfachadresse ist nicht ausreichend.[16]
- Beim Verweis auf behördliche **Akten**, z. B. aus Straf- oder Bußgeldverfahren, ist die pauschale Bezugnahme nicht ausreichend.[17] Es entspricht nicht dem Beibringungsgrundsatz, dem Gericht zu überlassen, aus der Akte die für den Beweisführer günstigen Tatsachen herauszufiltern.[18] Vielmehr muss der Akteninhalt im eigenen Vortrag des Beweisführers geordnet dargestellt und verwertet werden.[19]

b) Hinweispflicht. Auf eine unzureichende Konkretisierung des Beweisantritts muss das Gericht hinweisen (§ 139 Abs. 1 Satz 2). Das gilt in besonderem Maße, wenn einem Laien das fachliche Wissen zur näheren Konkretisierung fehlt.[20] Zweckmäßigerweise ist eine Frist zur „Nachbesserung" zu setzen. Verbleiben danach Ungenauigkeiten, so ist der Beweisantrag abzulehnen.[21]

c) Beibringungsfrist. Bei vorübergehenden Hindernissen, die in der Sphäre des Beweisführers liegen, hat das Gericht von Amts wegen gem. § 356 eine Frist zur Behebung zu setzen und auf die Folgen der Versäumnis hinzuweisen. Die wichtigsten Fälle betreffen die Beibringung der Anschrift eines Zeugen oder die Entbindung von der Schweigepflicht.

---

8 Mus/*Foerste* § 284 Rn 15; insoweit unzutreffend *AG Hamburg-Altona* NJW-RR 2003, 154, 155.
9 *BGH* NJW 1983, 2034 f.
10 *OLG Düsseldorf* VersR 1993, 1167; ausführlich *Gottschalk* NJW 2004, 2939.
11 *Schneider* MDR 1987, 725, 726.
12 *BGH* NJW 1998, 2368, 2369.
13 BL/*Hartmann* § 356 Rn. 4.
14 *BGH* NJW 1987, 3077, 3080; Mus/*Stadler* § 139 Rn 14; a. A. *Gottschalk* NJW 2004, 2939.
15 *LG Hagen* MDR 1984, 1034.
16 *BVerwG* NJW 1999, 2608.
17 *LG Köln* VersR 1981, 245.
18 BL/*Hartmann* vor § 284 Rn. 24.
19 *OLG Schleswig* MDR 1976, 50.
20 *LG München I* NVersZ 2000, 568.
21 Mus/*Foerste* § 284 Rn. 15.

3. Kapitel: Formelles Beweisrecht

213 Beispiel für einen solchen Beschluss:

> **Beschluss**
> 1. Dem Kläger/Beklagten wird eine Frist von ... Wochen nach Zustellung dieses Beschlusses gesetzt, innerhalb der er dem Gericht die ladungsfähige Anschrift des Zeugen ... mitzuteilen hat.
>
> 2. Der Kläger/Beklagte wird darauf hingewiesen, dass er nach fruchtlosem Ablauf dieser Frist mit dem Beweismittel ausgeschlossen sein kann, wenn durch die Verwertung eine Verzögerung des Verfahrens eintreten würde.

214 Der Beschluss ist dem Beweisführer zuzustellen (§ 329 Abs. 2 Satz 2). Auf Antrag kann die Frist verlängert werden (§ 224 Abs. 2). Nach fruchtlosem Ablauf der Frist unterbleibt die konkrete Beweiserhebung (§ 230). Wenn das Hindernis später noch behoben wird, richtet sich ein möglicher Ausschluss des Beweismittels nach § 296 Abs. 2.[22]

3. Form

215 Der Beweisantritt ist im Anwaltsprozess grundsätzlich **durch vorbereitenden Schriftsatz anzukündigen** (§ 130 Nr. 5), in der Regel – um einer Verspätungspräklusion (§§ 282, 296 Abs. 3) vorzubeugen – bereits innerhalb der Klageschrift oder der Klageerwiderung. Typischerweise wird das Beweismittel abgesetzt in einer gesonderten Zeile unterhalb der Tatsachenbehauptung hervorgehoben („Beweis: Zeugnis des Herrn ...").

> Praxistipp:
> Bei mehreren Tatsachenbehauptungen genügt es nicht, am Ende eines Abschnitts zahlreiche Beweismittel anzuführen.[23] Vielmehr sind die Beweismittel der jeweiligen Einzelbehauptung zuzuordnen.

216 Auf diese Schriftsätze kann innerhalb der mündlichen Verhandlung Bezug genommen werden (§ 137 Abs. 3). Ferner kann das Beweismittel auch erst in mündlicher Verhandlung benannt werden. Für die Protokollierung eines solchen Antrags gilt § 160 Abs. 2.[24] Beim Urkundenbeweis stellt nicht die Ankündigung, sondern erst die Vorlegung selbst den Beweisantritt dar (§ 420).

217 Im **Berufungsverfahren** darf sich der Berufungskläger mit dem bloßen Verweis auf alle erstinstanzlichen Beweisantritte begnügen.[25] Etwas anderes gilt nur, wenn gerügt wird, das Erstgericht habe ein konkretes unter Beweis gestelltes Vorbringen fehlerhaft für nicht beweisbedürftig gehalten.[26]

218 Wiederum kann die richterliche **Hinweispflicht** (§ 139) eingreifen, wenn sich aus dem Vortrag einer Partei ergibt, dass eine Behauptung unter Beweis gestellt werden soll, aber ein förmlicher Beweisantritt bislang unterlassen wurde.[27] Jedenfalls hat das Gericht im Zweifelsfalle nachzufragen, ehe es einen Antrag als nicht gestellt behandelt.[28]

4. Rücknahme

219 Der Beweisantrag kann bis zur Durchführung der Beweisaufnahme **zurückgenommen** werden. Es handelt sich um eine widerrufliche Prozesshandlung. Eine dahingehende mündliche Erklärung sollte wiederum in das Sitzungsprotokoll

---

22 Vgl. hierzu Rn. 264.
23 *Förschler* Rn. 871.
24 *OLG Köln* NJW-RR 1999, 288.
25 *BGH* NJW 1994, 1481.
26 Mus/*Ball* § 520 Rn. 29.
27 *OLG München* VersR 1992, 375.
28 *BGH* NJW 1998, 155.

II. Anordnung der Beweisaufnahme

aufgenommen werden (§ 160 Abs. 2). Bei Zeugen, Sachverständigen und Urkunden kann der Gegner aber gleichwohl die Durchführung bzw. Fortsetzung der Beweisaufnahme verlangen (§§ 399, 402, 436). Insoweit ist das Dispositionsrecht des Beweisführers eingeschränkt.

> **Praxistipp:**
> Muss der Parteivertreter den Eindruck haben, das Gericht betrachte eine anberaumte Beweisaufnahme als abschließend, so sind noch nicht abgehandelte eigene Beweisanträge zu wiederholen. Anderenfalls könnte das Verhalten als stillschweigende Antragsrücknahme gewertet werden.[29]

II. Anordnung der Beweisaufnahme

Schrifttum: *Heistermann*, Vorschussanordnung vor der Beweisaufnahme – Folgen der fehlerhaften Zahlung, MDR 2001, 1085; *Mertens*, Förmlicher Beweisbeschluss – Abänderbarkeit ohne erneute mündliche Verhandlung, MDR 2001, 666; *Moll*, Formulierung bauakustischer Sachverhalte in Beweisbeschlüssen, BauR 2005, 470; *Reinecke*, Die Information des Zeugen über das Beweisthema, MDR 1990, 1061; *Schneider*, Fehlerhafte Beweisbeschlüsse, ZAP, Fach 13, S. 1255; *Siegburg*, Zum Beweisthema des Beweisbeschlusses beim Sachverständigenbeweis über Baumängel, BauR 2001, 875.

1. Verfahrenskonstellationen

Gelangt das Gericht zur Beweisbedürftigkeit einer bestimmten Tatsache und ist hinreichend tauglicher Beweis angetreten worden, so muss ihn das Gericht grundsätzlich erheben. Dabei können hinsichtlich der Anordnung der Beweisaufnahme drei Konstellationen unterschieden werden: **220**

a) In der mündlichen Verhandlung. – aa) Verfügung. Aus der mündlichen Verhandlung heraus, also insbesondere bei der Vernehmung terminsvorbereitend geladener (§ 273 Abs. 2 Nr. 4) oder sistierter Zeugen, ist eine förmliche Anordnung durch Beschluss grundsätzlich nicht notwendig,[30] aber auch nicht falsch.[31] Es genügt eine einfache prozessleitende Verfügung wie folgt: **221**

„Der Zeuge Braun ist zu vernehmen". **222**

Das gilt auch für Verfahren, bei denen nur präsente Beweismittel zugelassen sind (§ 294).[32] Die Tatsache, *dass* eine Beweisaufnahme stattgefunden hat, ergibt sich sodann aus dem Sitzungsprotokoll (§ 160 Abs. 3 Nr. 4 und 5). In der Verfügung nach § 273 Abs. 2 Nr. 4 sollte das Beweisthema zumindest stichwortartig angegeben werden.[33] **223**

bb) Beschluss. Aber auch in diesen Fällen der sofortigen Beweiserhebung bedürfen die Urkundenvorlegung durch den Gegner und die Parteivernehmung immer eines Beweisbeschlusses (§§ 425, 450 Abs. 1). Er ist in das Protokoll aufzunehmen (§§ 160 Abs. 3 Nr. 7, 329 Abs. 1 Satz 1). Für die Einholung einer amtlichen Auskunft ist hingegen kein Beschluss notwendig (§ 273 Abs. 2 Nr. 2). **224**

> **Praxistipp:**
> § 273 Abs. 2 dient dem Beschleunigungsgrundsatz. Am deutlichsten liegt seine Anwendung auf der Hand, wenn die Entscheidung der Sache von der Aussage eines oder weniger Zeugen abhängt und diese(r) im Falle des Scheiterns der Güteverhandlung anschließend vernommen werden können.

---

29 BGH NJW-RR 1997, 342; vgl. aber auch OLG Oldenburg NJW-RR 1990, 125 zur richterlichen Hinweispflicht.
30 OLG Frankfurt AnwBl. 1978, 69.
31 BL/*Hartmann* § 358 Rn. 2.
32 Mus/*Stadler* § 358 Rn. 2
33 *Pantle/Kreissl* Rn. 256.

3. Kapitel: Formelles Beweisrecht

225 **b) Vor der mündlichen Verhandlung.** Soll bereits vor der mündlichen Verhandlung eine Beweiserhebung angeordnet werden, so ist stets ein **Beweisbeschluss** erforderlich (§ 358a Satz 1). Seine Ausführung kann in den in § 358a Satz 2 abschließend genannten Fällen bereits vorterminlich erfolgen. Dabei gilt selbstredend die Parteiöffentlichkeit (§ 357). Das Verfahren nach § 358a kommt namentlich für die Begutachtung durch einen Sachverständigen in Betracht, etwa in Verkehrsunfall- oder Arzthaftungssachen. Es gilt die Erledigung des Rechtsstreits in einem Termin zu ermöglichen (§§ 272 Abs. 1, 279 Abs. 2). Aus anwaltlicher Sicht sollte eine derartige Verfahrensweise in geeigneten Fällen angeregt werden.

226 Das Gericht wird gleichwohl zu prüfen haben, ob nicht erst – losgelöst von etwaigen Beweisergebnissen – eine Güteverhandlung stattzufinden hat und eine einvernehmliche Lösung ohne zeit- und kostenintensive Beweisaufnahme möglich erscheint. Dabei kann ein Beweisbeschluss bereits vorbereitet sein und nach eventuellem Scheitern der Güteverhandlung sogleich verkündet werden (§ 329 Abs. 1 Satz 1). Insgesamt steht die Anwendung des § 358a im Ermessen des Gerichts, wobei es durchaus auch auf seine aktuelle Geschäftsbelastung Rücksicht nehmen darf.[34] Ohne Frage muss das Gericht den Rechtsstreit **rechtlich geprüft** und gewürdigt haben. Es darf nicht unbesehen zunächst einmal Beweis erheben und beträchtliche Kosten verursachen.[35]

227 **c) Gesonderter Termin.** Ein **Beweisbeschluss** ist schließlich notwendig, wenn die Beweisaufnahme in einem gesonderten Termin stattfinden soll (§§ 284, 358).[36] Das ist der Regelfall, insbesondere bei umfangreicher Zeugenvernehmung,[37] der Einnahme des Augenscheins außerhalb des Gerichtsgebäudes und der schriftlichen Begutachtung durch Sachverständige.

228 Bei der Vorbereitung der Güteverhandlung wird für den Richter erkennbar, welche Tatsachen beweisbedürftig sind und ob hierzu tauglicher Beweis angetreten worden ist. Er sollte daher einen Beweisbeschluss bereits im Konzept vorbereiten, um diesen nach Scheitern der Güteverhandlung unmittelbar verkünden zu können (§ 329 Abs. 1 Satz 1). Im Vergleich zu einem eigens anberaumten Verkündungstermin (§§ 310 Abs. 1 Satz 1, 329 Abs. 1 Satz 2) spart dies Zeit und macht ein nochmaliges Durcharbeiten der Akte vor dem näher rückenden Verkündungstermin entbehrlich.

2. Inhalt des Beweisbeschlusses

229 **a) Präzision.** Für den Inhalt eines von Gesetzes wegen notwendigen Beweisbeschlusses gilt § 359. Seine Vorgaben sollten streng gehandhabt werden. Insbesondere sind das **Beweisthema** und der **Beweisführer möglichst präzise** zu bezeichnen. Denn daran können die Parteien erkennen, welche **Tatsachen** das Gericht für beweisbedürftig hält und wie es die Beweislastverteilung beurteilt, auch wenn hieran keine Bindung besteht.[38] Das ist zweifellos nützlicher als die pauschale Beweiserhebung über „den Verkehrsunfall vom ...".[39]

> **Praxistipp:**
> Das Beweisthema kann neben beweisbedürftigen Tatsachen auch Rechtstatsachen wie Kauf, Miete, Darlehen umfassen. Das gilt jedoch nicht für recht-

---

34 *OLG Koblenz* NJW 1979, 374.
35 *Förschler* Rn. 892.
36 A.A. *Zö/Greger* § 358 Rn. 2.
37 *OLG Koblenz* NJW 1979, 374.
38 *Zö/Greger* § 359 Rn. 3.
39 Bei einfachen Sachverhalten ist eine solche Umschreibung aber nicht unzulässig; vgl. *OLG Frankfurt* NJW-RR 1995, 637; *OLG Oldenburg* NJW-RR 1992, 64.

II. Anordnung der Beweisaufnahme

liche Schlussfolgerungen, die gerade erst geklärt werden sollen, z. B. eine arglistige Täuschung oder Verschulden.[40]

Davon zu unterscheiden ist die Umschreibung des Beweisthemas bei der Ladung eines Zeugen. Er muss erkennen können, ob und wie er sich auf die Vernehmung vorzubereiten hat, sonst ist er für Gericht und Parteien unbrauchbar.[41] Andererseits dürfen dem Zeugen durch eine zu konkrete Fassung nicht bereits die Antworten oder rechtliche Wertungen suggeriert werden.[42] Von einer Differenzierung zwischen Beweisbeschluss und Zeugenladung macht die Praxis leider zu selten Gebrauch. Zulässig ist sie allemal (§ 377 Abs. 2 Nr. 2).[43] 230

Desgleichen darf ein **ersuchter Richter** nicht dazu genötigt werden, sich die Beweisfragen erst aus der Akte zusammenzusuchen.[44] 231

b) **Umfang.** In die Beweianordnung sind zugleich die vom Gegner benannten **Gegenbeweise** einzubeziehen und als solche kenntlich zu machen. Überhaupt sind in einem umfassenden Beschluss alle gegenwärtig notwendigen Beweismittel aufzunehmen. 232

> **Praxistipp:**
> Eine ganz andere Frage ist, ob der Beweisbeschluss stets bis zum Ende ausgeführt werden muss. Dies ist nicht der Fall, wenn vorab Entscheidungsreife eintritt (§ 300 Abs. 1), weil bereits die Hauptbeweismittel nicht tragfähig sind oder weil bereits ein Teil dieser Beweismittel die nötige Überzeugung verschafft hat und Gegenbeweis nicht angetreten war.

Bei streitigen oder aus den Gerichtsakten nicht ausreichend erkennbaren **Anknüpfungstatsachen** muss der Beweisbeschluss die Grundlage eines Sachverständigengutachtens benennen (§ 404a Abs. 3). Das können auch Tatsachen sein, die das Gericht zuvor beweismäßig festgestellt hat. Dann muss vorab die hierzu erfolgte Beweiswürdigung bekannt gegeben werden.[45] 233

Die Angabe des **Beweisführers** (§ 359 Nr. 3) ist unabhängig von der Verteilung der Beweislast. Bei einer Benennung des Beweismittels durch beide Parteien sollte klargestellt werden, wer den Haupt- und den Gegenbeweis führt.[46] Ebenso muss deutlich werden, dass eine Beweiserhebung von Amts wegen erfolgt (§§ 144, 448). 234

c) **Auslagenvorschuss. – aa) Schuldner.** Zu den in § 359 genannten Punkten kommen Angaben zu Höhe und Frist eines etwaigen Auslagenvorschusses sowie zu dessen Schuldner (§§ 379, 402). Von einer solchen Anordnung sollte das Gericht im Regelfall Gebrauch machen.[47] Auslagenschuldner ist der Beweisführer, bei einer Benennung durch den Streithelfer ist es die unterstützte Hauptpartei.[48] Haben beide Parteien das Beweismittel benannt, so ist derjenige zum Vorschuss verpflichtet, der die Beweislast trägt.[49] 235

bb) **Höhe des Vorschusses.** Sie richtet sich nach dem voraussichtlich gemäß JVEG zu erstattenden Betrag. Diesen hat das Gericht großzügig **zu schätzen**. Ob die Kosten im Verhältnis zum Streitgegenstand unwirtschaftlich erscheinen, ist 236

---

40 *Schneider* ZAP Fach 13, 1255.
41 *OLG Celle* OLGR 1994, 286.
42 Mus/*Stadler* § 359 Rn. 3 m. w. Nachw.
43 *Reinecke* MDR 1990, 1061 f.
44 *BGH* BGHR ZPO § 359 Nr. 1 – Rechtshilfe 1.
45 Zö/*Greger* § 404a Rn. 3.
46 Hk-ZPO/*Saenger* § 284 Rn. 29.
47 *Förschler* Rn. 889.
48 Zö/*Greger* § 379 Rn. 4.
49 *BGH* NJW 1999, 2823; *OLG Stuttgart* NJW-RR 2002, 143; a. A. *OLG Koblenz* MDR 1988, 684.

3. Kapitel: Formelles Beweisrecht

in diesem Zusammenhang selbstverständlich kein Kriterium.[50] Ein Vorschuss, der sich – wie gelegentlich beim Sachverständigengutachten – als nicht ausreichend erweist, kann durch nachträglichen Beschluss erhöht werden.[51]

237 cc) **Zahlungsfrist** (§ 224 Abs. 2). Es wird in der Regel ein Zeitraum von mindestens drei Wochen zu bestimmen sein.[52] Auf die Möglichkeit des Auslagenverzichts durch Zeugen sollte hingewiesen werden.

> **Praxistipp:**
> Ein Rechtsanwalt, der zugunsten seiner Partei für den ihr auferlegten Auslagenvorschuss die persönliche Haftung übernimmt, wird gegenüber der Staatskasse zum weiteren Kostenschuldner (§ 29 Nr. 2 GKG).[53] Für die Partei entfällt dann die Vorschusspflicht,[54] das Gericht kann sogleich laden. Eine gesetzliche Grundlage für dieses Procedere existiert nicht. Es entspricht aber gerichtlicher Übung.

238 dd) **Prozesskostenhilfe.** Bei Bewilligung von Prozesskostenhilfe entfällt naturgemäß die Anforderung eines Auslagenvorschusses (§ 122 Abs. 1 Nr. 1 a). Wenn sie dem Kläger gewährt wurde, ist auch der Beklagte befreit (§ 122 Abs. 2),[55] es sei denn, die Beweiserhebung betrifft nur seine Widerklage.

239 § 122 Abs. 1 Nr. 1 a soll einschränkend ausgelegt werden, wenn die beantragte Beweiserhebung – etwa durch einen Sachverständigen – keine hinreichende Erfolgsaussicht bietet und daher mutwillig erscheint oder wenn aus Sicht des Gerichts keine weitere Aufklärung veranlasst ist.[56] Aber in derartigen Fällen besteht entweder schon keine Beweisbedürftigkeit oder das Beweisangebot ist untauglich und daher abzulehnen.

> **Praxistipp:**
> Eine Partei, der Prozesskostenhilfe bewilligt worden ist und die sich mit einer bestimmten Entschädigung für den Sachverständigen einverstanden erklärt (§ 13 JVEG), ist zum Auslagenvorschuss verpflichtet.[57]

240 Die Vorschusspflicht entfällt ferner bei der Beweiserhebung von Amts wegen (§ 144).[58]

241 d) **Weitere Anordnungen.** Unter Umständen ist die Zuziehung eines Dolmetschers anzuordnen (§ 185 GVG). Dessen Entschädigung ist in den Auslagenvorschuss einzukalkulieren.[59]

242 Bei der Vernehmung von Zeugen oder Parteien sowie bei der Einnahme des Augenscheins ist ein **Beweistermin** zu bestimmen (§ 216). Er kann sich über mehrere Tage erstrecken. Der Termin dient zugleich der Fortsetzung der mündlichen Verhandlung (§ 370 Abs. 1). Zum Beweistermin müssen die Parteien und ihre Bevollmächtigten nicht gesondert geladen werden (§ 218). Etwas anderes gilt, wenn das **persönliche Erscheinen der Parteien** angeordnet wird (§ 141 Abs. 2). Letzteres ist immer zu empfehlen.[60]

---

50 Hk-ZPO/*Eichele* § 379 Rn. 4.
51 *OLG München* MDR 1978, 412; Zö/*Greger* § 379 Rn. 5.
52 *OLG Frankfurt* NJW 1986, 731.
53 *OLG Düsseldorf* MDR 1991, 161.
54 Mus/*Huber* § 379 Rn. 3.
55 Vgl. auch *OLG Hamm* MDR 1999, 502.
56 *OLG Hamm* FamRZ 1992, 455.
57 *OLG Koblenz* OLGR 2004, 23.
58 *OLG Hamburg* FamRZ 1986, 195.
59 Mus/*Huber* § 379 Rn. 6.
60 *Schneider*/v.d.*Hövel* S. 45.

II. Anordnung der Beweisaufnahme

> **Praxistipp:**
> Es sollte so terminiert werden, dass die Zeugen trotz geringfügig verspäteter Zahlung des Auslagenvorschusses noch geladen werden können.[61]

243 Mit dem Beweisbeschluss können schließlich Anordnungen nach §§ 142 ff. und sonstige **Auflagen und Hinweise** verbunden werden.

3. Formalien

244 Der Beweisbeschluss muss in Kammersachen durch alle Richter **unterzeichnet** werden, nicht allein durch den Vorsitzenden. Darin liegt der Unterschied zu Verfügungen nach § 273 Abs. 2. Etwas anderes gilt bei der Kammer für Handelssachen (§ 349). Dahingehende Fehler fallen unter § 295 Abs. 1.[62]

245 Beweisbeschlüsse zum Sachverständigenbeweis (wegen der Frist des § 406 Abs. 2 Satz 1) sowie solche, die einen Termin bestimmen oder mit einer Fristsetzung verbunden sind, müssen **zugestellt** werden (§ 329 Abs. 2 Satz 2). Im Übrigen genügt formlose Mitteilung (§ 329 Abs. 2 Satz 1) bzw. Aufnahme in das Sitzungsprotokoll (§ 160 Abs. 3 Nr. 7).

246 Der Beweisbeschluss ist als solcher **unanfechtbar** (§ 355 Abs. 2). Das gilt auch hinsichtlich der Vorschussanforderung.[63] Es bedarf daher auch keiner Begründung des Beschlusses. Eine Überprüfung findet nur im Rahmen der Anfechtung des Endurteils statt.[64] Das hindert den Anwalt aber nicht, Berichtigungen und Ergänzungen des Beschlusses zu beantragen (§ 360 Satz 2).

4. Muster

Amts-/Landgericht ...
Az. ...

Beweisbeschluss

In dem Rechtsstreit

...

I.
Es ist Beweis zu erheben über

1.
die Behauptung des Klägers, ...

durch

a)
Vernehmung des Zeugen ...

sowie

b)
gegenbeweislich durch Vernehmung der Beklagten als Partei (§ 448 ZPO);

2.
die Behauptung des Klägers, ...

durch Einholung eines schriftlichen Sachverständigengutachtens.

---

61 TP/*Reichold* § 379 Rn. 1.
62 Mus/*Stadler* § 358a Rn. 5.
63 *OLG Düsseldorf* OLGR 2005, 356; *OLG Frankfurt* MDR 2004, 1255.
64 *OLG Brandenburg* FamRZ 2001, 294.

3. Kapitel: Formelles Beweisrecht

> Mit der Erstattung des Gutachtens wird beauftragt: ...
>
> Der Sachverständige soll insbesondere zu der Frage Stellung nehmen,[65] ...
>
> **II.**
> Termin zur Beweisaufnahme und zur Fortsetzung der mündlichen Verhandlung wird bestimmt auf
>
> ..., ... Uhr ... Sitzungssaal ...
>
> Zu diesem Termin wird das persönliche Erscheinen der Parteien angeordnet (§ 141 ZPO). Der Zeuge ... ist unter Angabe des Beweisthemas ... zu laden.
>
> Zur Beweisaufnahme ist ein Dolmetscher für die ... Sprache zuzuziehen.
>
> **III.**
> Die Ladung des Zeugen wird davon abhängig gemacht, dass der Kläger bis zum ... einen Auslagenvorschuss in Höhe von ... € bei Gericht einzahlt oder eine Auslagenverzichtserklärung vorlegt.
> Die Beauftragung des Sachverständigen wird davon abhängig gemacht, dass der Kläger binnen der gleichen Frist einen weiteren Auslagenvorschuss in Höhe von ... € bei Gericht einzahlt.
>
> *Richter(in) am AG/LG*

5. Änderungen und Aufhebung

247 **a) Voraussetzungen.** Das Gericht kann seinen Beweisbeschluss jederzeit von Amts wegen **aufheben**, wenn und soweit es keine Beweisbedürftigkeit mehr sieht. Die **Änderung** des Beweisbeschlusses, also die Beweiserhebung auf andere Weise, richtet sich hingegen nach § 360. Hier ist in zeitlicher Hinsicht **zu differenzieren**: Nach einem erneuten Verhandlungstermin ist eine unbeschränkte Änderung möglich, ohne dass es eines Antrags bedarf. Vor einem solchen solchen Termin kann eine Änderung nur in den Grenzen des § 360 Satz 2 erfolgen. Das Gericht muss also ggf. entscheiden, ob über den Änderungsantrag einer Partei zunächst mündlich verhandelt werden soll.

248 Einer der häufigsten Anwendungsfälle ist die Benennung eines anderen Sachverständigen, wenn der ursprünglich vorgesehene nicht zur Verfügung steht oder erfolgreich abgelehnt worden ist (§ 406a).[66] Die Änderung erfordert einen neuen Beschluss, der insoweit nicht begründet werden muss.[67]

249 **b) Ergänzungsantrag.** Wenn ein Parteivertreter eine **Ergänzung des Beweisbeschlusses** für notwendig hält, sollte er dies alsbald bei Gericht beantragen:

> An das
> Amts-/Landgericht ...
>
> In Sachen ...
> Az. ...
>
> beantrage ich, den Beweisbeschluss vom ... dahingehend zu ergänzen, dass der Sachverständige ... in seinem Gutachten auch zu der Frage Stellung nimmt, ob ...
>
> **Begründung:**
>
> *[Beweisbedarf hinsichtlich der ergänzenden Frage]*
>
> *[Unterschrift Rechtsanwalt]*

---

65 § 404a Abs. 1.
66 Vgl. hierzu Rn. 579.
67 BL/*Hartmann* § 360 Rn. 13.

III. Ablehnung der Beweiserhebung

Schrifttum: *Gamp*, Die Ablehnung von Beweisanträgen im Zivilprozess (1980); *Geisler*, Zurückweisung von Angriffs- und Verteidigungsmitteln, AnwBl. 2006, 524, 609; *Schneider*, Beweisrechtsverstöße in der Praxis, MDR 1998, 997; *Söllner*, Zur Bedeutung der Erfahrungssätze bei der Ablehnung von Beweisanträgen, MDR 1988, 363; *Störmer*, Beweiserhebung, Ablehnung von Beweisanträgen und Beweisverwertungsverbote im Zivilprozess, JuS 1994, 238; *Vietze*, Zurückweisung verspäteten Vorbringens im Zivilprozess nach § 296 ZPO, JA 2003, 235.

1. Einleitung und Aufbauhinweise

Beweisangebote dürfen nur in bestimmten Ausnahmefällen übergangen oder zurückgewiesen werden. Außerhalb dieser Fälle liegt eine Verletzung des rechtlichen Gehörs (Art. 103 Abs. 1 GG) und damit ein Verfahrensfehler vor, der Zweifel an der Vollständigkeit der Tatsachenfeststellung begründet (§ 529 Abs. 1 Nr. 1)[68] und zur Zurückverweisung führen kann (§ 538 Abs. 2 Nr. 1).[69]   **250**

Die **Beweisbedürftigkeit** bzw. deren Fehlen wird später in Kapitel 4 erörtert.[70] Zu den **Verwertungsverboten**, die sich aus der rechtswidrigen Erlangung des Beweismittels ergeben, sei auf das Grundlagenkapitel verwiesen.[71] Schließlich kann sich das Gericht in bestimmten Fällen nach eigenem Ermessen auf eine **Schadensschätzung** beschränken und auf weitere Beweiserhebung verzichten (§ 287).[72] Diese gesonderten Darstellungen erfolgen mit Rücksicht auf den jeweiligen prozessualen Zusammenhang, wenngleich auch dort trotz formell ordnungsgemäßen Beweisantritts eine Beweishebung abzulehnen sein kann. Die übrigen Konstellationen sollen nachfolgend aufgezeigt werden.   **251**

2. Verspäteter Beweisantritt

a) Allgemeines. – aa) Der Zwiespalt beim Gericht. Die Zurückweisung verspäteten Vorbringens (§§ 296, 530 f.) ist keine Besonderheit des Beweisrechts. Allerdings bedarf die Beweisaufnahme immer eines mehr oder weniger umfangreichen Zeitraums, so dass man versucht ist, recht rasch eine Verzögerung des Rechtsstreits anzunehmen. Das darf nicht zu „übermäßiger Beschleunigung" und zur Verletzung wesentlicher Parteirechte führen. Schon gar nicht handelt es sich um ein Instrument der Arbeitsentlastung der Gerichte. Indessen kann sich eine gerichtliche Pflicht zur Zurückweisung ergeben, die ein zögerlich-bequemes Ausweichen auf § 283 nicht zulässt.[73] Es wird einerseits „strenge Handhabung" verlangt[74] und andererseits tiefgreifende verfassungsrechtliche Kontrolle reklamiert.[75]   **252**

§ 296 ist daher Quell der Verunsicherung und – wie §§ 139, 286 – eine Vorschrift von häufiger Revisionsprüfung. Das liegt v. a. an den **widerstreitenden Verfahrensgrundsätzen**, die nach einem „Ausgleich" verlangen und an den Leerformeln, die die höchstrichterliche Rechtsprechung parat hält.   **253**

bb) Prozessförderungspflicht. Der Beweisantritt ist ein Angriffs- oder Verteidigungsmittel (§ 282 Abs. 1). Die Parteien trifft eine Prozessförderungspflicht, so dass sie zur Vermeidung von Nachteilen **möglichst frühzeitig** Beweis anzutreten haben. Daraus folgt jedoch nicht, dass von Anfang an und erschöpfend alles unter Beweis gestellt werden muss. Vielmehr gelten auch hier der Beibringungs-   **254**

---

68 *Stackmann* JuS 2004, 878, 880.
69 *OLG München* OLGR 1992, 221.
70 Vgl. hierzu Rn. 376.
71 Vgl. hierzu Rn. 103.
72 Vgl. hierzu Rn. 795.
73 Bl/*Hartmann* § 296 Rn. 8.
74 *BGH* NJW 1983, 575, 576.
75 *BVerfG* NJW-RR 1999, 1079.

3. Kapitel: Formelles Beweisrecht

grundsatz und das Wechselspiel der Darlegungslast. Eine gewisse Prozesstaktik ist nicht ausgeschlossen, solange sie nicht der Verschleppung dient.[76] Ohnehin ist beim Taktieren Vorsicht geboten.

> **Beispiel:**
> Zu einem zentralen Punkt des Rechtsstreits darf man ein Beweismittel nicht deshalb bewusst zurückhalten, um erst einmal das Ergebnis der Erhebung der bisher angebotenen Beweise abzuwarten.[77]

255 b) **Zwingende Zurückweisung** (§ 296 Abs. 1). – aa) Fristsetzung. Bei Überschreitung der in § 296 Abs. 1 abschließend aufgezählten richterlichen Fristen ist die Zurückweisung zwingend, wenn die Zulassung des Beweisantritts zu einer Verzögerung des Rechtsstreits führen würde. Das ist der Hauptanwendungsfall der Verspätungspräklusion.

256 Voraussetzung ist zunächst eine **formell wirksame Fristsetzung**. Sie muss inhaltlich klar verständlich sein und über die Folgen der Fristversäumung belehren (§ 277 Abs. 2 und 4). Die Dauer der Frist muss ausreichend bemessen sein, insbesondere dem Schwierigkeitsgrad des Verfahrens entsprechen.[78] Schließlich ist die Verfügung der betroffenen Partei in beglaubigter Abschrift zuzustellen (§ 329 Abs. 2 Satz 2).

> **Praxistipp:**
> Wenn ein klagebegründender Umstand nicht mehr unstreitig ist, sollte der Kläger hierfür Beweis antreten, im schriftlichen Vorverfahren in der Regel mit dem Replikschriftsatz. Der Beklagte mag sich darauf beschränken können, die Klage für unschlüssig zu halten oder die Anspruchsvoraussetzungen pauschal zu bestreiten (Klageleugnen). Hinsichtlich der qualifizierten Einwendungen gegen den Anspruch sind entsprechende Beweismittel aber bereits in der Klageerwiderung zu benennen (§ 277 Abs. 1 Satz 1),[79] auch wenn die hierfür bestimmte Frist der Vorbereitung eines frühen ersten Termins dient.[80]

257 bb) **Verzögerung.** Die Rechtsprechung des BGH folgt dem sog. **absoluten Verzögerungsbegriff**.[81] Demnach kommt es (nur) darauf an, ob der gesamte Rechtsstreit durch die Zulassung des verspäteten Beweisantritts länger dauern würde als bei einer Zurückweisung. Ohne Bedeutung soll sein, ob der Rechtsstreit bei rechtzeitigem Vorbringen ebenso lang gedauert hätte (hypothetischer Verfahrensablauf, relativer Verzögerungsbegriff).[82] Ebenso wenig kommt es darauf an ob die Dauer der Verzögerung im Einzelfall nur geringfügig oder unerheblich erscheint.[83]

258 Eine längere Dauer in diesem Sinne ist bei einer zu streitigen Tatsachen durchzuführenden Beweisaufnahme aber nicht schon deshalb anzunehmen, weil diese Beweisaufnahme immer eine gewisse Zeit in Anspruch nimmt. So mag etwa ein Zeuge zu dem ohnehin anberaumten Termin noch rechtzeitig – also ohne übertriebene Eile – geladen werden können (§ 273 Abs. 2 Nr. 4).

---

76 *BVerfGE* 54, 117.
77 *BGH* VersR 2007, 373.
78 *BGH* NJW 1994, 736, 737.
79 *AG Meldorf* NJW-RR 2003, 275.
80 *BGH* NJW 1983, 575, 576 f.
81 St. Rspr.; vgl. *BGH* NJW 1979, 1988; *BGH* NJW 1983, 575, 576 jeweils m.w.Nachw.
82 So aber z. B. *OLG München* NJW 1975, 2023; *OLG Frankfurt* NJW 1979, 375; differenzierend *OLG Frankfurt* OLGR 1994, 176.
83 *OLG Stuttgart* NJW 1984, 2538, 2539.

III. Ablehnung der Beweiserhebung

Beispiel:
Wenn über eine Widerklageforderung auf jeden Fall Beweis erhoben werden muss, verzögert sich der Rechtsstreit durch Zulassung von Beweismitteln zur Klageforderung nicht.[84] Das eröffnet für einen Beklagten also die Möglichkeit, sich durch Einführung eines neuen prozessualen Anspruchs der drohenden Präklusion zu entziehen.[85]

Anders ist es, wenn die Beweisaufnahme einen gesonderten Termin oder gar die Versendung der Akten an einen Sachverständigen erfordern würde, während ohne die Beweisaufnahme wegen Entscheidungsreife ein Verkündungstermin anstünde und der Prozess gem. § 272 Abs. 1 in einem Termin zu erledigen ist. **Man muss also jeweils den Zeitpunkt der Entscheidungsreife prognostizieren und miteinander vergleichen.**[86] Dabei ist zu berücksichtigen, dass eine eventuell zuzulassende Beweisaufnahme, wenn sie für die jeweilige Partei günstig verläuft, weitere Beweismittel (z. B. zur Höhe des Anspruchs oder zu einem Ausschlusstatbestand) und Termine nach sich ziehen kann (sog. zweistufige Beweisaufnahme).[87]

cc) Entschuldigung. Zu prüfen ist stets, ob die Partei die Verspätung entschuldigen, sich also entlasten kann. Denn § 296 Abs. 1 dient nur der Abwehr pflichtwidriger Verfahrensverzögerungen. Das Verschulden des Prozessbevollmächtigten wird der Partei zugerechnet (§ 85 Abs. 2).[88] Von einem schuldhaften Verhalten ist insbesondere auszugehen, wenn die Partei unschwer in der Lage gewesen wäre, sich durch Erkundigungen über eine für die Entscheidung des Rechtsstreits wesentliche Frage Gewissheit zu verschaffen oder mögliche Beweismittel – insbesondere Zeugen und deren Anschrift – zu erfahren.[89]

Danach scheidet **prozesstaktisches Verhalten** nicht von vornherein als Entschuldigungsgrund aus. Es können vernünftige Gründe dafür sprechen, ein Beweisangebot zunächst zurückzuhalten, wenn aufgrund konkreter Umstände anzunehmen ist, dass der Gegner auf das Beweisangebot hin seinen Sachvortrag auswechselt.[90]

dd) Kausalität. Eine Zurückweisung wegen Präklusion scheidet aus, wenn sich das Verfahren aus anderen Gründen verzögert, die Verspätung also nicht kausal war.[91] Dabei ist vor allem eigenes Fehlverhalten des Gerichts von Bedeutung.[92]

Beachte:
Wenn das Gericht nicht rechtzeitig auf fehlenden oder unzureichenden Beweisantritt hingewiesen hat (§ 139 Abs. 1), ist ihm der Weg über § 296 Abs. 1 verwehrt. Ist gleichwohl eine Zurückweisung erfolgt, muss das Berufungsgericht diesen Fehler durch entsprechende Verfahrensgestaltung ausgleichen (§ 531 Abs. 1).

Denn das Gericht ist gehalten, etwaige Verzögerungen durch zumutbare **prozessleitende Maßnahmen** aufzufangen.[93] Damit wird die Härte des absoluten

---

84 *BGH* NJW 1981, 1217.
85 Kritisch hierzu *Pantle/Kreissl* Rn. 283; zur Frage des Rechtsmissbrauchs vgl. *BGH* NJW 1995, 1223.
86 *BGH* NJW-RR 1999, 787.
87 *OLG Koblenz* NVersZ 2001, 363 f.; Mus/*Huber* § 296 Rn. 22.
88 *OLG Karlsruhe* NJW 1984, 618, 619.
89 *BGH* NJW 1988, 60, 62.
90 *Geipel/Geisler/Nill* ZAP Fach 13, S. 1407, 1409.
91 *BVerfG* NJW 1987, 2733, 2735.
92 *BGH* NJW 1989, 717, 718.
93 *BGH* NJW 1983, 575, 576.

3. Kapitel: Formelles Beweisrecht

Verzögerungsbegriffs ein Stück weit kompensiert.[94] Der insgesamt wünschenswerten Verfahrensstraffung ist es daher abträglich, wenn Hinweise zum Beweisantritt erst in der mündlichen Verhandlung erfolgen. Vielmehr ist hiervon spätestens mit der Terminsladung Gebrauch zu machen (vgl. § 139 Abs. 4 Satz 1). Anschließend eingehende Schriftsätze muss der Richter darauf überprüfen, ob zum Termin nunmehr noch Zeugen geladen werden können und müssen. Die Frage der Zumutbarkeit der Maßnahme ist objektiv zu beurteilen, nicht nach der Geschäftsbelastung des einzelnen Richters.[95]

> **Praxistipps:**
> - Nicht selten versucht sich der Beklagte der Verspätungspräklusion durch „**Flucht in die Säumnis**" zu entziehen.[96] Das ist jedenfalls dann wenig erfolgversprechend, wenn aufgrund des Vortrags ein Sachverständigengutachten nötig werden würde, wer auch immer die Beweislast trägt.[97] Denn das Gericht ist nicht gehalten, den Termin zur Verhandlung über den Einspruch (§ 341a) so weit hinauszuzögern, dass gem. § 358a Nr. 4 Sachverständigenbeweis erhoben werden kann.[98] Es darf kurzfristig terminieren, so dass Verzögerung i. S. v. § 296 Abs. 1 eintreten würde.[99]
> - Wenn sich eine mögliche Präklusionsgefahr aus der Benennung **zahlreicher Zeugen** ergibt, sollte sich der Beweisführer zunächst auf die wichtigsten – maximal drei – beschränken. Allerdings kann sich in solchen Fällen eine Verspätung immer noch daraus ergeben, dass der Gegner alsbald mit der Benennung mehrerer Gegenbeweismittel kontert.

264 c) Zurückweisung nach Ermessen (§ 296 Abs. 2). – aa) Prozessförderung. § 296 Abs. 2 betrifft den Verstoß gegen die allgemeine Prozessförderungspflicht und stellt die Zurückweisung in das Ermessen des Gerichts. In diesem Zusammenhang ist vor allem § 282 Abs. 2 zu beachten.

265 Allgemein gilt, dass Beweis anzutreten ist, sobald die beweisbelastete Partei erkennen muss, dass Beweisbedarf besteht. Das Abwarten über mehrere Wochen oder gar Monate hin wird in aller Regel als Verspätung gelten können. Man darf – trotz der zuvor geschilderten Prozessleitungspflicht – auch nicht untätig bleiben und darauf vertrauen, das Gericht werde auf notwendigen Beweisantritt schon hinweisen.

266 bb) Grobe Nachlässigkeit. Neben der Verzögerung des Rechtsstreits muss positiv festgestellt und im Urteil begründet werden, dass die Verspätung auf grober Nachlässigkeit beruht. Es geht um eine **ungewöhnlich starke Missachtung** der prozessualen Sorgfalt und darum was jeder Partei nach dem Stand des Verfahrens hätte einleuchten müssen.[100] Dabei muss die betroffene Partei die sie entlastenden Umstände vortragen und auf Verlangen glaubhaft machen (§ 296 Abs. 4).

267 d) Gerichtliches Procedere. Auf die Absicht, von § 296 Gebrauch zu machen, hat das Gericht **hinzuweisen**. Es hat zugleich **den Gegner zu befragen**, wie er sich auf dieses (verspätete) Vorbringen einlässt.[101] Dadurch entfällt eventuell

---

94 *Pantle/Kreissl* Rn. 288.
95 *BVerfG* NJW-RR 1999, 1079 f.
96 Zu den anwaltlichen Pflichten in diesem Zusammenhang vgl. *OLG Saarbrücken* OLGR 2003, 221.
97 *Mus/Stadler* § 340 Rn. 6.
98 *OLG Zweibrücken* NJOZ 2002, 1707.
99 *Pantle/Kreissl* Rn. 290; a. A. *OLG Brandenburg* BauR 2007, 1582 (ausgehend vom „relativen Verzögerungsbegriff").
100 *BGH* NJW 1997, 2244, 2245.
101 *OLG Bamberg* NJW-RR 1998, 1607; *OLG Frankfurt* OLGR 1994, 176.

III. Ablehnung der Beweiserhebung

der Beweisbedarf – und Unstreitiges verzögert nicht.[102] Wenn der Gegner hierzu eines Schriftsatznachlasses (§ 283) bedarf, stellt dieser Umstand allein noch keine Verzögerung im oben beschriebenen Sinn dar.[103] Der Hinweis an die beweisbelastete Partei gibt dieser außerdem die Gelegenheit, den Klageantrag in der Weise zu ändern, dass ein vollständiger Verlust vermieden werden kann.[104]

3. Ausforschungsbeweis

Schrifttum: *Gamp*, Die Bedeutung des Ausforschungsbeweises im Zivilprozess, DRiZ 1982, 165; *Kiethe*, Zulässigkeit von Beweisantritten bei Behauptungen auf Grundlage einer zivilrechtlichen Vermutungsbasis, MDR 2003, 1325; *Meyke*, Plausibilitätskontrolle und Beweis, NJW 2000, 2236.

a) **Prozessuale Einordnung.** Diese Konstellation – in Parallele zum Strafprozess auch als Beweisermittlungsantrag bezeichnet[105] – bereitet in der Praxis durchaus Schwierigkeiten.[106] Insbesondere die Gerichte stützen sich zur Ablehnung eines Beweisantrags mitunter vorschnell auf das schillernde Schlagwort vom Ausforschungsbeweis.[107] Das gilt namentlich für das beantragte Sachverständigengutachten. Es geht um unzureichenden Tatsachenvortrag des Beweisführers und damit um ein Problem der **Darlegungslast**.[108] Man kann zwei Hauptfälle ausmachen, deren Grenzen fließend sind:[109]

- Entweder werden die Tatsachen nicht näher konkretisiert, so dass ihre Erheblichkeit nicht beurteilt werden und der Gegner nicht Stellung nehmen kann.
- Oder die Partei bietet ohne jeden Anhaltspunkt Vortrag „ins Blaue hinein", der nur scheinbar eine Behauptung darstellt aber erkennbar aus der Luft gegriffen ist.[110] Die Informationen für eine ausreichende Tatsachengrundlage oder für die Benennung weiterer Beweismittel sollen durch die beantragte Beweisaufnahme erst beschafft werden.

Beispiele:
- Die unter Zeugenbeweis gestellte Behauptung von Feuchtigkeitseintritt in Mieträume genügt nicht. Für einen Mangel (§ 536 BGB) sind Angaben zum räumlichen Umfang und zur Intensität nötig, um die Gebrauchsbeeinträchtigung beurteilen zu können.[111]
- Der Beklagte wendet ein, die Klägerin sei wegen des Schadensfalles bereits von ihrem Versicherer schadlos gestellt worden. Er bietet hierfür Beweis durch Parteivernehmung der Klägerin an. Das ist unzureichend, solange der Beklagte nicht darlegt, aufgrund welcher Umstände er davon ausgehen darf, dass die Klägerin bereits entschädigt sei.[112]

b) **Anforderungen.** Die Abgrenzung zwischen unzureichendem Tatsachenvortrag und tauglichem Beweisantritt ist nicht einfach. Bei der Annahme eines unzulässigen Ausforschungsbeweises ist jedenfalls **Zurückhaltung geboten**.[113] Oftmals verfügt eine Partei bei komplexen Vorgängen nicht über die nötige Sachkunde. Dann kann sie gar nicht anders, als sich zunächst auf naheliegende

---

102 *OLG Karlsruhe* NJOZ 2004, 298.
103 *BGH* NJW 1985, 1556, 1558; *BAG* NJW 1989, 2213, 2214; a. A. BL/*Hartmann* § 296 Rn. 44 unter fehlerhafter Bezugnahme auf *OLG Brandenburg* NJW-RR 1998, 498.
104 *Geipel/Geisler/Nill* ZAP Fach 13, S. 1407, 1417.
105 So z. B. bei *BGH* NJW-RR 2002, 1433, 1435.
106 Nach *Balzer* Urteil Rn. 26 gibt es den Ausforschungsbeweis „*eigentlich gar nicht*".
107 Das zeigen die vielen erfolgreichen Revisionen beim *BGH*.
108 *Balzer* Beweisaufnahme Rn. 47; vgl. hierzu im Übrigen Rn. 17.
109 Ähnlich *Pantle/Kreissl* Rn. 323 f.
110 St. Rspr.; vgl. z. B. *BGH* NJW 1992, 1967, 1968 m.w.Nachw.
111 *KG* KGR 2007, 256.
112 *OLG Düsseldorf* VersR 2005, 1321.
113 St. Rspr.; vgl. z. B. *BGH* NJW 1992, 1967, 1968 m.w.Nachw.

3. Kapitel: Formelles Beweisrecht

Vermutungen zu stützen. Das ist zulässig, solange die Partei Indizien vorträgt, die ihre Vermutung stützen.[114]

> **Beispiel:**
> Die Verhandlungen über den Inhalt eines vom Gemeinschuldner geschlossenen Vertrages sind dem Insolvenzverwalter in der Regel nicht im Detail bekannt.[115]

270 Auch mag sich eine Partei an ein tatsächliches Geschehen selbst nicht mehr genau zu erinnern, während sie weiß, dass ein Dritter den Vorgang wahrgenommen hat. Dann ist Zeugenbeweis zulässig.[116] Allerdings muss hier beim Beweisantritt ausnahmsweise geschildert werden, unter welchen Umständen der Zeuge das erforderliche Wissen erlangt hat.[117]

271 c) **Handhabung.** Auf etwaige Bedenken ist der Beweisführer **hinzuweisen** (§ 139 Abs. 1 Satz 2).[118] Ggf. ist er aufzufordern, seine Erkenntnisquelle darzulegen.[119] Zweifel an der Seriosität solcher Angaben, berühren das Beweisangebot nicht.[120]

272 Wenn der Vortrag gleichwohl nicht ausreicht, muss die Unzulässigkeit des Ausforschungsbeweises nicht aus rechtsmissbräuchlicher Willkür hergeleitet werden.[121] Sie folgt unmittelbar aus **§ 138 Abs. 1**.

4. Untaugliches oder unerreichbares Beweismittel

273 a) **Untauglichkeit.** – aa) **Zurückhaltende Handhabung.** Selten wird ein Beweismittel **analog § 244 Abs. 3 Satz 2 StPO** völlig ungeeignet sein, die behauptete Tatsache zu belegen. Den Parteien steht frei, auch weniger geeignete Beweismittel zu benennen. Das darf das Gericht nicht unter dem Schleier der Prozessökonomie durch Vorwegnahme der Beweiswürdigung missachten. Es ist größte Zurückhaltung geboten.[122]

274 bb) **Verbotene Vorwegnahme.** Ob eine streitige Tatsache wahrscheinlich ist,[123] der zu beweisende Sachverhalt sehr lange zurückliegt, ein Zeuge mutmaßlich glaubhaft oder die Beweisaufnahme mit erheblichen Kosten verbunden ist,[124] gehört nicht zur Frage der Eignung eines Beweismittels. Denn inwieweit ein Beweis „unergiebig" ist, lässt sich im Allgemeinen erst beurteilen, wenn er erhoben ist.[125]

> **Praxistipp:**
> Gleichwohl dürfen – und sollten – im Rahmen einer Güteverhandlung die mit einer möglichen Beweisaufnahme verbundenen Prozessrisiken besprochen werden, um die Einigungschancen auszuloten.[126]

275 cc) **Verbleibender Anwendungsbereich.** Der völlige Unwert eines angebotenen Beweismittels kann sich nur daraus ergeben, dass nach sicherer **Prognose jede Möglichkeit ausgeschlossen** ist, über die Beweisfrage sachdienliche Erkennt-

---

114 Zö/*Greger* vor § 284 Rn. 5.
115 *BGH* NJW-RR 2002, 1419, 1420.
116 *BGH* NJW 2004, 337, 338.
117 *OLG München* OLGR 2003, 295.
118 TP/*Reichold* § 139 Rn. 7.
119 *BGH* NJW-RR 2002, 1419, 1420; Zö/*Greger* Vor § 284 Rn. 5.
120 Mus/*Foerste* § 284 Rn. 18.
121 So die st. Rspr.; vgl. bspw. *BGH* NJW 1992, 1967, 1968 m.w.Nachw.
122 *BGH* NJW 2000, 3718, 3720; *BGH* NJW 1998, 2673, 2674.
123 *BVerfG* NJW-RR 2001, 1006, 1007.
124 *BVerfG* NJW 1979, 413.
125 *BGH* VersR 1986, 545, 546.
126 Mus/*Foerste* § 278 Rn. 12.

III. Ablehnung der Beweiserhebung

nisse zu erlangen.[127] Dann wäre die Verwertung des Beweismittels reine Förmlichkeit.

Beispiele:
- Der Einsatz eines sog. Lügendetektors (Polygraphen) ist nicht allgemein als zuverlässige Methode anerkannt und hat daher keinen Beweiswert.[128]
- Die Zeugenaussage über den allgemeinen Charakter einer Person erbringt keinen Beweis für ihr Verhalten in einer konkreten Situation.[129]
- Wenn es um optische oder akustische Wahrnehmungen geht, scheiden blinde bzw. taube Zeugen aus.
- Ebenso wenig kommt ein Zeuge in Betracht, von dem bereits bekannt ist, dass er sich auf sein Zeugnisverweigerungsrecht beruft (§ 386 Abs. 3). Allerdings kann einem Beweisangebot nachzugehen sein, wenn sich der Zeuge später doch zur Aussage bereit erklärt.[130]

Kritisch zu bewerten ist die teils inflationäre – und vielfach aussichtslose – Berufung auf das **Sachverständigengutachten** zum Beweis konkreter Vorgänge.[131] Daraus mag Oberflächlichkeit oder der Mangel an anderen Beweismitteln sprechen. Der Sachverständige wird einen tatsächlichen Geschehensablauf, den er selbst nicht beobachtet hat, nicht bestätigen können und scheidet daher als Beweismittel aus.[132] Er vermag allenfalls solche Rückschlüsse zu ziehen und Bewertungen abzugeben, die fachliches Spezialwissen erfordern. Das betrifft meist Fragen der Kausalität. **276**

Beispiele:
- Ob in einer Wohnung Schimmel aufgetreten ist und dieser den Gebrauch der Mietsache beeinträchtigt hat, ist im Streitfalle durch Zeugenbeweis oder ggf. Parteivernehmung zu ermitteln. Steht Schimmelbefall fest, so kann ein Bausachverständiger dessen Ursachen klären.
- Ohne Anknüpfungstatsachen kann ein Sachverständiger in aller Regel nicht feststellen, ob eine seitliche Berührung zweier Fahrzeuge darauf zurückzuführen ist, dass das eine Fahrzeug nach links oder das andere Fahrzeug nach rechts gelenkt wurde.[133]

Gegenbeispiel:
- Für den Geisteszustand des Erblassers im Zeitpunkt der Testamentserrichtung ist ein Arzt als sachverständiger Zeuge benannt worden. Seine Einvernahme darf nicht mit der Begründung abgelehnt werden, der Arzt habe den Erblasser zur fraglichen Zeit nicht behandelt, wenn es sich um eine chronische Erkrankung gehandelt hat und Rückschlüsse auf den Zeitpunkt der Testamentserrichtung zu erwarten sind.[134]

In allen anderen Fällen ist die Ablehnung eines Sachverständigengutachtens mit der Begründung, dass es es eine weitere Aufklärung nicht erwarten lasse, allerdings nur möglich, wenn das Gericht über eigene fachspezifische Sachkunde verfügt und diese darlegt.[135] **277**

---

127 *BVerfG* NJW 1993, 254, 255.
128 *BGH* NJW 2003, 2527.
129 *BGH* NJW 1994, 1341, 1344.
130 *OLG Köln* NJW 1975, 2074.
131 Ebenso *Schneider* MDR 1987 22, 23.
132 *OLG Düsseldorf* VersR 1993, 1167.
133 *KG* NZV 2008, 357.
134 *BGH* NJW 1951, 481.
135 *BGH* NJW-RR 2008, 696.

3. Kapitel: Formelles Beweisrecht

278 Problematisch kann die **Vernehmungsfähigkeit** einer Person sein. Sie scheidet bei Kleinkindern nicht automatisch aus.[136] Das Gericht wird sich hierüber ein eigenes Bild machen bzw. bei krankhafter Geistesschwäche ärztliche Stellungnahmen einholen müssen.[137]

279 Eine **Urkunde** ist als Beweismittel nicht schon deshalb ungeeignet, weil sie nicht in deutscher Sprache gefasst ist.[138] Das Gericht kann hier von § 142 Abs. 3 Gebrauch machen.[139]

280 b) **Unerreichbarkeit.** Indessen taugt ein **dauerhaft unerreichbares** Beweismittel nicht zur Beweiserhebung (arg. § 244 Abs. 2 Satz 2 StPO).[140] Wenn ein Zeuge nicht ausfindig gemacht werden kann, muss gem. § 356 eine **Frist** gesetzt werden.[141] Ist diese fruchtlos verstrichen, kann seine Vernehmung abgelehnt werden. Ein Zeuge ist nicht schon dann unerreichbar, wenn er sich im Ausland aufhält und mit seiner Rückkehr in unabsehbarer Zeit nicht zu rechnen ist. Das Gericht hat in solchen Fällen eine – im Regelfall gebotene – Vernehmung im Wege der Rechtshilfe (§ 363) zu erwägen und die Parteien darauf hinzuweisen, wenn es sich hiervon keine ausreichende Erkenntnis verspricht.[142] Die jeweilige Partei kann sich dann selbst um die Gestellung des Zeugen bemühen. Gelingt dies nicht und kann nur die Anhörung vor dem erkennenden Gericht zur Wahrheitsfindung beitragen – was das Gericht begründen muss –, so gilt der Zeuge als unerreichbar.[143]

5. Erwiesenheit und Wahrunterstellung

281 Keines (weiteren) Hauptbeweises bedarf es, wenn das Gericht bereits vom Vorliegen einer Tatsache überzeugt ist, also keine vernünftigen Zweifel mehr bestehen. Das setzt eine endgültige Beweiswürdigung voraus. In diesem Fall muss aber den von der anderen Partei benannten **Gegenbeweismitteln** nachgegangen werden, sofern sie noch nicht ausgeschöpft sind. Sonst läge eine vorweggenommene Beweiswürdigung und damit ein Verstoß gegen § 286 Abs. 1 Satz 1 vor.[144] Denn schon ein einziger Zeuge oder ein einziges sonstiges Beweismittel können eine gewonnene Überzeugung völlig erschüttern.

282 Bedeutung hat die Ablehnung wegen bereits eingetretener Erwiesenheit bei der Parteivernehmung. Insbesondere § 448 scheidet dann aus.

283 Darüber hinaus kommt das Gericht ohne Beweiserhebung aus, wenn eine streitige Tatsachenbehauptung **als wahr unterstellt** werden kann, ohne dass dies zum Nachteil der Gegenpartei gewertet wird (analog § 244 Abs. 3 Satz 2 StPO).[145]

> **Beispiele:**
> - In einem Unfallversicherungsprozess ist das Gericht von alkoholbedingter Verursachung überzeugt. Der Vortrag des Fahrers, er sei vom Gegenverkehr geblendet worden, kann als wahr unterstellt werden, da ein nüchterner Fahrer die Blendsituation mit erheblicher Wahrscheinlichkeit gemeistert hätte.[146]

---

136 Ausführlich hierzu *Findeisen,* Der minderjährige Zeuge im Zivilprozess (1991).
137 *BGH* NJW 1966, 2466; vgl. ferner *BGH* NStZ 2003, 562.
138 *BVerwG* NJW 1996, 1553.
139 Vgl. hierzu Rn. 55.
140 *BGH* NJW-RR 1989, 707, 708.
141 *OLG Köln* NJW-RR 1998, 1143.
142 *BGH* NJW 1992, 1768, 1769 m. Anm. *Leipold* ZZP 105 (1992), 507.
143 *OLG Saarbrücken* NJW-RR 1998, 1685.
144 *BGH* NJW 1970, 946, 950; *BGH* NJW-RR 2002, 1072, 1073.
145 *BGH* NJW 1970, 946, 950.
146 *OLG Koblenz* NVersZ 2001, 554.

III. Ablehnung der Beweiserhebung

- Streitige rechtsbegründende Tatsachen können als wahr unterstellt werden, wenn feststeht, dass die Klage wegen Minderjährigkeit des Vertragspartners abzuweisen ist.[147]

In Wirklichkeit handelt es sich hier um nichts anderes als eine **fehlende Erheblichkeit** der betreffenden Tatsache, so dass schon aus diesem Grund kein Beweisbedarf besteht.[148]

284

6. Kraft Gesetzes ausgeschlossene Beweismittel

Im **Urkundenprozess** ist die Beweisführung von Gesetzes wegen auf Urkunden und ggf. die Parteivernehmung beschränkt (§§ 592 Satz 1, 595 Abs. 2). Andere Beweismittel sind demnach nicht zulässig. Anderenfalls hat als Sanktion die Abweisung als unstatthaft zu erfolgen (§ 597 Abs. 2). Darüber hinaus gibt es Fälle, in denen die **Parteivernehmung** von vornherein nicht erlaubt ist (§§ 118 Abs. 2, 445 Abs. 2).

285

7. Eigene Sachkunde des Gerichts

Ganz ausnahmsweise kann von der Einholung eines Sachverständigengutachtens abgesehen werden, wenn das Gericht über ausreichende eigene Sachkunde verfügt. Bei allem Drang nach vereinfachter Verfahrenserledigung ist auch hier Vorsicht geboten. Stets hat das Gericht die Parteien **hinzuweisen** und in den Urteilsgründen darzulegen, woher es seine Sachkunde bezieht.[149] Der allgemeine Verweis auf langjährige Erfahrungen mit einer Vielzahl von ähnlich gelagerten Verfahren genügt nicht.[150]

286

Die Würdigung **medizinischer Umstände** erfordert regelmäßig die Zuziehung eines Sachverständigen. Dessen spezielle Sachkunde kann nicht durch allgemeine Erfahrungssätze des Gerichts ersetzt werden.[151]

287

Anders ist es insbesondere mit Sachverhalten, zu deren Beurteilung eine **kaufmännische Begutachtung** genügt oder bei denen es um Handelsbräuche geht. Hierüber kann die Kammer für Handelssachen (KfH) aus eigener Kompetenz entscheiden (§ 114 GVG).

288

8. Form der Ablehnung

Im Gegensatz zum Strafverfahren (§ 244 Abs. 6 StPO) ist im Zivilprozess keine gesonderte Entscheidung über den Beweisantrag vorgesehen. Dies geschieht regelmäßig **in den Entscheidungsgründen des Urteils**, erforderlichenfalls auch schon zuvor in einem richterlichen Hinweis, auf den später Bezug genommen werden kann. Ein dennoch ergehender Beschluss ist nicht selbständig anfechtbar.[152]

289

Wie ausführlich die Begründung ausfallen muss, hängt vom einzelnen Ablehnungsgrund ab. Soweit ein Ermessensspielraum besteht, sind die Erwägungen des Gerichts darzustellen. Im Zusammenhang mit **§ 296** muss deutlich welchen, welchen Absatz der Vorschrift das Gericht anwendet und wie bei rechtzeitigem Vorbringen verfahren worden wäre. Bloße Floskeln genügen nicht. Hierzu ein

290

---

147 StJ/*Leipold* vor § 284 Rn. 79.
148 *Schneider* MDR 1969, 268; *Bauer* MDR 1994, 953, 955 m.w.Nachw.
149 *BGH* NJW 1996, 584, 586.
150 *BGH* NJW-RR 1997, 1108.
151 *BGH* NJW 2000, 1946, 1947, *BGH* VersR 1971, 129, 130.
152 Hk-ZPO/*Saenger* § 284 Rn. 44.

3. Kapitel: Formelles Beweisrecht

291 Formulierungsbeispiel:

> Dem erstmalig mit Schriftsatz vom ... gestellten Antrag auf Vernehmung des Zeugen ... ist nicht nachzukommen. Dieser Beweisantritt ist als verspätet zurückzuweisen (§ 296 Abs. 1 ZPO). Bereits mit der Klageerwiderung hätte der beweisbelastete Beklagte die behauptete Mangelhaftigkeit unter Beweis stellen müssen (§ 277 Abs. 1 S. 1 ZPO). Das hierzu angebotene Sachverständigengutachten ist ungeeignet, worauf das Gericht bereits mit der Terminsladung hingewiesen hatte. Die Benennung des Zeugen ... erfolgte – trotz ausreichender Frist – erst drei Tage vor dem anberaumten Termin. Eine Ladung des Zeugen war nicht mehr möglich; seine Vernehmung würde also einen gesonderten Termin erfordern. Dies hätte zu einer Verzögerung des Rechtsstreits geführt, denn das Verfahren war ohne die Zulassung des Beweismittels zur Entscheidung reif. Der Beklagte hat den verspäteten Beweisantritt nicht genügend entschuldigt. ...

292 In anderen Fällen – wie der bereits bestehenden Erwiesenheit einer Tatsache – ergibt sich die Begründung zwanglos aus der übrigen Beweiswürdigung.

293 Wenn zwischen den Parteien Streit über die Zulässigkeit eines Beweisantrags besteht und das Gericht diese bejaht, kann ein **Zwischenurteil** ergehen (§ 303).[153] Dies ist aber nicht sonderlich praktikabel, da ein solches Urteil nicht selbständig anfechtbar ist[154] und den Parteien somit keinen Vorteil bringt.

IV. Beweistermin (Formalien)

Schrifttum: Kürschner, Parteiöffentlichkeit vor Geheimnisschutz im Zivilprozess, NJW 1992, 1804; *Prütting/Weth,* Geheimnisschutz im Prozessrecht, NJW 1993, 576; *Schulz/ Sticken,* Die Erörterung der richterlichen Beweiswürdigung mit den Parteien, MDR 2005, 1; *Siegburg,* Zur neuen Erörterungs- und Hinweispflicht des Gerichts nach § 279 Abs. 3 ZPO n. F., BauR 2003, 968.

1. Verfahrensablauf

294 Nach der gesetzlichen Konzeption soll sich die Beweisaufnahme der streitigen mündlichen Verhandlung im Haupttermin unmittelbar anschließen (§ 279 Abs. 2). Dies ist nur möglich, wenn alle benötigten Beweismittel mit der Vorbereitung zum Termin herbeigeschafft worden sind, notfalls durch die Parteien selbst. Häufig, v. a. bei der Einvernahme mehrerer Zeugen, wird aber ein **gesonderter Beweistermin** zu bestimmen sein. Dieser Termin dient zugleich der Fortsetzung der mündlichen Verhandlung (§ 370 Abs. 1). Das sollte aus der Terminsbestimmung deutlich hervorgehen.[155]

295 Bei der Terminierung muss das Gericht die Verhandlungen seiner sonstigen Verfahren koordinieren sowie sicherstellen, dass die Beweisaufnahme pünktlich beginnen kann und **ausreichend Zeit zur Verfügung** steht.

2. Öffentlichkeit, Parteiöffentlichkeit und Ausnahmen

296 a) **Öffentlichkeitsgrundsatz.** Die Beweisaufnahme findet grundsätzlich öffentlich statt (§ 169 GVG). Ein Verstoß ist absoluter Revisionsgrund (§ 547 Nr. 5). Es muss für jedermann möglich sein, sich über den Beweistermin Kenntnis zu verschaffen und ihm im Rahmen der örtlichen Möglichkeiten beizuwohnen. Das gilt auch für Beweistermine außerhalb des Gerichtsgebäudes (Ortstermine, z. B. Augenscheinseinnahme).

---

153 StJ/*Leipold* vor § 284 Rn. 85.
154 *BGH* NJW 1988, 1733.
155 Vgl. das Beispiel bei Rn. 246.

IV. Beweistermin (Formalien)

Praxistipp:
Bei kurzfristigem Wechsel des Sitzungssaales muss an beiden Sälen durch Aushang deutlich werden, wann und wo die Beweisaufnahme stattfindet.

Von diesem Verfahrensgrundsatz umfasst ist ferner eine **Medienöffentlichkeit**, also die Teilnahme von Pressevertretern. Sie dürfen jedoch keine Ton- und Filmaufnahmen anfertigen. Dies ist auf die Zeit vor und nach der Verhandlung beschränkt. Bei großem öffentlichen Interesse muss das Gericht im Rahmen des § 176 GVG die nötige Sensibilität zeigen.[156] 297

Etwas anderes gilt für die Beweisaufnahme vor dem beauftragten oder ersuchten Richter (§§ 361 f.).[157] Dieser gilt nicht als das „erkennende Gericht", so dass die Sitzung nicht öffentlich stattfindet.[158] 298

Der **Ausschluss der Öffentlichkeit** zum Schutze der Parteien oder von Zeugen ist auf Ausnahmen beschränkt und in den §§ 170 ff. GVG geregelt. 299

b) Anwesenheitsrecht der Parteien. – aa) Grundsatz. Dagegen haben die Parteien stets das Recht, bei der Beweiserhebung anwesend zu sein (§ 357 Abs. 1, Parteiöffentlichkeit). Dieser Grundsatz ist wesentliches Element des Beweisrechts. Er hat Verfassungsrang (§ 103 Abs. 1 GG).[159] 300

Dies bedingt, dass Parteien und ihre Prozessbevollmächtigten über jede Beweiserhebung **informiert** werden, in aller Regel durch Beweisbeschluss (§ 329 Abs. 2 Satz 2) oder prozessleitende Verfügung (§ 273 Abs. 4 Satz 1). Bei entsprechender Begründung muss der Termin auf Antrag einer Partei verlegt werden (§ 227). Die Parteien dürfen zum Beweistermin einen **fachkundigen Berater**, etwa einen Privatgutachter, beiziehen.[160] 301

Auch an den **Terminen des Sachverständigen** zur Besichtigung eines Gegenstandes dürfen die Parteien teilnehmen.[161] Man kann aus § 411a nicht das Gegenteil folgern. Vielmehr ist § 357 Abs. 1 analog anzuwenden.[162] 302

bb) Ausnahmen. Etwas anderes gilt für die **körperliche Untersuchung** einer Person, wo das allgemeine Persönlichkeitsrecht Vorrang genießt.[163] Hier kann die zu untersuchende Partei aber die Anwesenheit ihres eigenen Anwalts gestatten.[164] 303

Ausnahmsweise darf eine Partei **analog § 247 StPO** auch dann ausgeschlossen werden, wenn die ernsthafte Gefahr besteht, dass ein Zeuge in Gegenwart der Parteien keine wahrheitsgemäße Aussage machen wird.[165] Dann ist eine anschließende Unterrichtung über den Inhalt der Aussage geboten.[166] 304

Praxistipp:
Eine zu Beweiszwecken zu vernehmende Partei (§§ 445 ff.) darf also auch an der Vernehmung des Zeugen der Gegenpartei teilnehmen. Es trifft – zumindest bei anwaltlicher Vertretung – meist auf Kooperation, wenn das Gericht

---

156 Vgl. hierzu auch *BVerfG* NJW 2008, 977.
157 Vgl. hierzu Rn. 351 ff.
158 Hk-ZPO/*Eichele* § 361 Rn. 3.
159 *VerfGH Berlin* ZMR 2004, 896.
160 *OLG München* NJW-RR 1988, 1534, 1535.
161 *BAG* DB 1963, 804; *OLG München* NJW 1984, 807; a. A. *OLG Dresden* NJW-RR 1997, 1354.
162 *OLG Düsseldorf* MDR 1979, 409; Mus/*Stadler* § 357 Rn. 2.
163 *OLG München* NJW-RR 1991, 896; *OLG Zweibrücken* NJW-RR 2001, 1149.
164 *LSG Rheinland-Pfalz* NJW 2006, 1547.
165 *OLG Frankfurt* OLGR 2003, 130; *Musielak* Grundkurs, Rn. 424; a. A. BL/*Hartmann* § 357 Rn. 2.
166 Zö/*Greger* § 357 Rn. 5.

3. Kapitel: Formelles Beweisrecht

die Partei bittet, aus Gründen der Unbefangenheit während der Zeugenvernehmung den Saal zu verlassen.

305 **cc) Zweifelsfälle.** Sehr kontrovers wird die Frage diskutiert, ob ein Ausschluss der Parteiöffentlichkeit – etwa beim Zutritt zu Räumlichkeiten – zur Wahrung von **Geschäfts- und Betriebsgeheimnissen** einer Partei in Betracht kommt.[167] Insbesondere die beweisbelastete Partei kann vor der schwierigen Wahl zwischen einem Prozessverlust und der Preisgabe von Geheimnissen stehen.

306 Ein „Geheimverfahren" kennt das geltende Prozessrecht jedoch nicht.[168] Die Verwertung von Erkenntnissen, die unter Ausschluss einer Partei gewonnen worden sind, würde zu einem Verstoß gegen Art. 103 Abs. 1 GG führen.[169] Die Wahrnehmung des Termins durch einen zur Verschwiegenheit verpflichteten Vertreter der Partei genügt nicht. Wenn darüber hinaus Teile der Ermittlungen eines Sachverständigen vor dem Gericht geheim gehalten werden, missachtet dies auch §§ 285, 286.[170]

307 Die Praxis verlangt in diesem Punkt nach klarer Handhabung. Es ist daher wenig aussichtsreich, eine frei schwebende *„Abwägung zwischen verfahrensförmiger Wahrheitsermittlung unter Wahrung rechtlichen Gehörs einerseits und dem Geheimnisschutz andererseits"* zu verlangen.[171]

308 **dd) Verstöße.** Verletzungen des Grundsatzes der Parteiöffentlichkeit haben die **Unwirksamkeit** und **Unverwertbarkeit** der Beweisaufnahme zur Folge, sofern nicht der Mangel gem. § 295 Abs. 1 geheilt worden ist. Eine Wiederholung der Beweisaufnahme ist möglich.

309 **c) Keine Anwesenheitspflicht und Folgen des Nichterscheinens. – aa) Beweisaufnahme als solche.** Da die Beweisaufnahme kein Teil der mündlichen Verhandlung ist, besteht keine Anwesenheitspflicht und damit **zunächst keine Säumnisfolge**. Wenn eine der Parteien oder beide nicht erscheinen, ist die Beweisaufnahme im Rahmen des möglichen gleichwohl durchzuführen (§ 367 Abs. 1). Ein anwesender Zeuge kann also vernommen werden.

> **Praxistipp:**
> Wenn in einem Anwaltsprozess einer der Prozessbevollmächtigten nicht zur Zeugenvernehmung erscheint, sollte der Richter zunächst die Gründe hierfür erfragen, ggf. durch Anruf in der Anwaltskanzlei. Ist mit einem raschen Eintreffen zu rechnen, so wird man bis zu 15 Minuten warten können. Anderenfalls soll und muss die Beweisaufnahme beginnen und der Anwalt ist auf § 367 Abs. 2 angewiesen. Dabei hat er die wesentliche Unvollständigkeit der Beweisaufnahme glaubhaft zu machen.[172] Seine Partei kann gem. § 397 Abs. 2 eigene Fragen an den Zeugen stellen.[173]

310 **bb) Nach Erledigung der Beweisaufnahme.** Hier kann gegen die nicht erschienene bzw. nicht wirksam vertretene Partei ein **Versäumnisurteil** erlassen werden, wenn der Termin zugleich zur Fortsetzung der mündlichen Verhandlung bestimmt war (§ 370 Abs. 1). Dazu muss zunächst förmlich in die mündliche Verhandlung eingetreten werden. Im Falle der Säumnis des Beklagten ist nicht das Beweisergebnis, sondern nur der klägerische Vortrag zugrunde zu legen (§ 331 Abs. 1 Satz 1), anders bei Entscheidung nach Lage der Akten (§ 331a), die insoweit von taktischem Vorteil sein kann. Nach fristgerechtem Einspruch

---

167 Vgl. die Nachweise bei Mus/*Stadler* § 357 Rn. 4.
168 *OLG Köln* NJW-RR 1996, 1297.
169 *BGH* NJW 1992, 1817, 1819.
170 *Prütting/Weth* NJW 1993, 576, 577.
171 So Mus/*Stadler* § 357 Rn. 4; noch unklarer BL/*Hartmann* § 357 Rn. 6 („Gesamtabwägung").
172 Zö/*Greger* § 367 Rn. 2.
173 Vgl. hierzu Rn. 500.

IV. Beweistermin (Formalien)

gegen das Versäumnisurteil muss die Beweisaufnahme nicht wiederholt werden, es sei denn die Voraussetzungen des § 367 Abs. 2 liegen vor.

cc) Unmöglichkeit. Die Beweisaufnahme kann infolge des Nichterscheinens einer Partei aber auch unmöglich sein, insbesondere wenn ein Augenscheinsobjekt vorzulegen war oder diese Partei förmlich vernommen werden sollte. Ist die säumige Partei der Beweisführer, so kann sein Beweis u. U. ganz gescheitert sein. Wenn es sich um den Gegner des Beweisführers handelt, finden die Grundsätze der Beweisvereitelung Anwendung (vgl. § 454).[174] **311**

dd) Wiederholung. Neben den in § 367 Abs. 2 genannten Voraussetzungen hat eine Wiederholung oder Ergänzung der Beweisaufnahme auch dann zu erfolgen, wenn der Gegner einwilligt.[175] Da die erstrebte Verfahrensbeschleunigung primär im Interesse der Parteien liegt, vermögen sie auch hierauf zu verzichten. Bei Stattgabe des Antrags ergeht ein erneuter Beweisbeschluss (vgl. § 398 Abs. 1), anderenfalls erfolgt die Ablehnung durch Zwischenurteil (§ 303) oder in der Begründung des Endurteils.[176] **312**

3. Protokollierung

a) Umfang und Technik. – aa) Gesetzliche Grundlagen. Das Erscheinen von Zeugen und Sachverständigen ist im Protokoll zu vermerken, auch wenn keine Vernehmung erfolgt (§ 160 Abs. 1 Nr. 4). **313**

Gem. **§ 160 Abs. 3 Nrn. 4 und 5** sind sodann die Aussagen von vernommenen Zeugen, Sachverständigen und Parteien sowie das Ergebnis des Augenscheins im Protokoll festzuhalten. Bei der Vernehmung von Beweispersonen ist zunächst die Belehrung aufzunehmen (§ 395 Abs. 1). Es folgen die Aussagen zu Person (§ 395 Abs. 2) sowie zur Sache (§ 386). Dabei empfiehlt sich wie folgt zu protokollieren: **314**

> Der Zeuge Schuster wird in den Sitzungssaal gebeten.
>
> Er wird zur wahrheitsgemäßen Aussage ermahnt, über die Möglichkeit und Bedeutung der Beeidigung belehrt sowie auf die Strafbarkeit einer Falschaussage hingewiesen.
>
> Zur Person: Karl Schuster, 58 Jahre, Malermeister, wohnhaft Rotdornweg 27, 99098 Erfurt, mit den Parteien nicht verwandt oder verschwägert.
> Zur Sache: [...]

bb) Stilfragen. Nicht immer einfach ist der Umfang der Protokollierung. Dabei muss das Gericht einen gewissen Spagat wagen. Es gilt: so viel wie nötig und so knapp wie möglich. Indessen sollten Bitten um detaillierte Protokollierung großzügig erfüllt werden.[177] **315**

Die Aussagen der Beweispersonen müssen in ihren Kernsätzen **möglichst präzise** wiedergegeben werden, in der Regel in direkter Rede („Ich-Form"). Bei wichtigen und streitigen Passagen sind Wortlautzitate unerlässlich. Wenn ein Zeuge sehr lebhaft spricht, muss sich dies im Protokoll widerspiegeln. Im Übrigen sind auch nonverbale Signale, wie Kopfnicken oder Kopfschütteln, aufzunehmen, wenn sie von Bedeutung sind. **316**

Praxistipps:
- Unerfahrene Zeugen haben Hemmungen, dem Gericht zu widersprechen. Wenn man ihre Aussage verknappt oder sinngemäß wiedergibt, muss reflektiert werden, ob der Zeuge mit dem Inhalt wirklich einverstanden ist.

---

[174] Vgl. hierzu Rn. 115.
[175] A.A. Mus/*Stadler* § 367 Rn. 6.
[176] Hk-ZPO/*Eichele* § 367 Rn. 6; BL/*Hartmann* § 367 Rn. 5.
[177] BL/*Hartmann* § 160 Rn. 7.

3. Kapitel: Formelles Beweisrecht

- Vor dem Protokollieren sollte der Zeuge gebeten werden, aufmerksam zuzuhören und mögliche Fehler sofort zu korrigieren.

317 Als **praktikabelster Weg** erscheint es, dass der Vorsitzende zunächst abschnittsweise die Aussagen der Beweisperson sammelt und sodann en bloc auf das Tonband spricht bzw. dem Protokollbeamten diktiert („gefilterte direkte Rede"[178]).

318 Aus dem Protokoll sollte deutlich werden, ob die Beweisperson auf eine Frage einer Partei oder eines Parteivertreters geantwortet hat. Die Frage selbst muss nicht wiedergegeben werden, es sei denn, sie wird nicht zugelassen (§§ 397 Abs. 3, 160 Abs. 2).[179]

319 Diese Grundsätze gelten in gleichem Maße für die **mündliche Erläuterung** eines schriftlichen Sachverständigengutachtens.[180]

320 cc) **Informatorische Parteianhörung** (§ 141). Hier gilt § 160 Abs. 3 Nr. 4 nicht unmittelbar.[181] Gleichwohl ist eine Wiedergabe jedenfalls dann zu empfehlen, wenn die Äußerung für die rechtliche Beurteilung des Falles oder die spätere Beweiswürdigung von Bedeutung ist.[182] Denn anderenfalls käme eine Verwertung nur in Betracht, wenn sich der wesentliche Inhalt der Äußerung im Tatbestand des Urteils wiederfindet.[183]

321 dd) **Augenschein.** Bei der Einnahme des Augenscheins muss das Gericht seinen subjektiven Eindruck, einschließlich vorgenommener Messungen, protokollieren. Etwaige Schlussfolgerungen sind weder erforderlich noch ausreichend.

> **Beispiel:**
> Es genügt nicht, festzustellen, das Gesicht einer Person sei durch eine Narbe „*erheblich entstellt*". Vielmehr müssen die Verletzungsfolgen nach Lage und Ausmaß sowie dem Grad ihrer Auffälligkeit beschrieben werden.[184]

322 ee) **Protokollmängel.** Verstöße der genannten Art stellen Verfahrensfehler dar, die nicht zur Disposition der Parteien stehen und daher nicht nach § 295 Abs. 1 geheilt werden können.[185] Das Gericht kann dem Einwand der unzureichenden Entscheidungsgrundlage aber dadurch begegnen, dass es den Inhalt der Beweisaufnahme **im Urteilstatbestand** oder – jedoch nicht zweckmäßig – deutlich abgegrenzt von der Beweiswürdigung in den Entscheidungsgründen wiedergibt.[186]

> **Praxistipp:**
> Ein solches Vorgehen setzt allerdings voraus, dass das Urteil sehr zeitnah nach der Beweisaufnahme abgesetzt wird und dass der Richter noch über frische Erinnerungen verfügt.[187]

323 Verbleibt es hingegen beim Verfahrensfehler, so hat das Berufungsgericht die Sache auf Antrag zurück zu verweisen (§ 538 Abs. 2 Nr. 1).[188]

324 b) **Genehmigung.** Der vernommenen Beweisperson ist die zu Protokoll genommene Aussage grundsätzlich noch in der Sitzung **vorzulesen** bzw. die Tonband-

---

178 BL/*Hartmann* § 160 Rn. 11; Mus/*Huber* § 397 Rn. 2.
179 BL/*Hartmann* § 397 Rn. 7.
180 *BGH* NJW-RR 1993, 10,34, 1035; *OLG Schleswig* MDR 2001, 711.
181 *BGH* FamRZ 1989, 157, 158.
182 Mus/*Stadler* § 141 Rn. 11.
183 *BGH* WuM 2004, 411; vgl. auch *BGH* NJW 1969, 428, 429.
184 *OLG Hamm* NZV 2003, 427.
185 *BGH* NJW-RR 1993, 1034, 1035.
186 *BGH* NJW 1987, 1200, 1201.
187 *Balzer* Beweisaufnahme Rn. 79.
188 *OLG Schleswig* MDR 2001, 711.

IV. Beweistermin (Formalien)

aufzeichnung **vorzuspielen** (§ 162 Abs. 1 Satz 1 und 2). Jedoch erfolgen die Diktatanweisung des Vorsitzenden an den Protokollbeamten bzw. das Sprechen auf Tonband in der Regel (aber nicht notwendig, § 367 Abs. 1) in Gegenwart aller Beteiligten, insbesondere des Zeugen oder Sachverständigen selbst. Dann ist ein nochmaliges Vorlesen bzw. Vorspielen entbehrlich, wenn alle Beteiligten hierauf verzichten (§ 162 Abs. 2 Satz 2). Zumindest bei anwaltlich vertretenen Parteien ist im fehlenden Antrag ein stillschweigender Verzicht zu sehen.[189] Im Protokoll sind die **Genehmigung der Aussage**, etwaige Einwendungen und der Verzicht auf das Vorlesen/Vorspielen zu vermerken (§ 162 Abs. 1 Satz 3, Abs. 2 Satz 2 a.E.):

> Laut diktiert und genehmigt. Auf nochmaliges Vorspielen wird allseits verzichtet.

Bei Verweigerung ist die Genehmigung der Aussage nicht erzwingbar. Dieser Umstand ist in das Protokoll aufzunehmen und frei zu würdigen.[190]

c) **Protokollierung im Übrigen.** Auch mündlich gestellte Anträge und Prozesshandlungen der Parteien zur Beweisaufnahme sollten zu Protokoll genommen werden (§ 160 Abs. 2). Das gilt insbesondere für weitere (Gegen-)Beweisanträge, die Entbindung von der Schweigepflicht (§ 385 Abs. 2), Beeidigungsantrag und Beeidigungsverzicht (§ 391) sowie den Verzicht auf die Beweisperson (§ 399).

Ebenso ist zu protokollieren, dass eine **Urkunde** zu Beweiszwecken vorgelegt wird (§ 420).[191] Deren Inhalt ergibt sich aus der zur Gerichtsakte gelangten Ablichtung oder dem bei Gericht verbleibenden Original (§ 142 Abs. 1 Satz 2). Gleiches gilt für den Umstand, dass **Beiakten** zum Gegenstand der Verhandlung gemacht werden.[192]

d) **Erleichterungen.** Bei eindeutig unanfechtbaren Urteilen, insbesondere nicht berufungsfähigen (§ 511 Abs. 2), sowie bei Verfahrensbeendigung durch Klagerücknahme, Anerkenntnis, Verzicht und Vergleich, kann das Gericht **auf die Protokollierung des Inhalts der Beweisaufnahme verzichten** (§ 161 Abs. 1). Entsprechendes gilt für die überstimmende Erledigungserklärung, soweit der Kostenbeschluss wegen § 91a Abs. 2 Satz 2 unanfechtbar ist,[193] sowie für die Einspruchs- und Berufungsrücknahme (§§ 346, 516). Das dient der Prozesswirtschaftlichkeit und der Vermeidung von Formalismen.

In diesen Fällen genügt die Feststellung, dass eine Vernehmung oder eine Inaugenscheinnahme stattgefunden hat (§ 161 Abs. 2) und ggf. dass eine Beeidigung erfolgt ist (verkürztes Protokoll):

> Der Zeuge ... wird zur Person und zur Sache vernommen. Von der Protokollierung wird gem. § 161 Abs. 1 ZPO abgesehen. Der Zeuge bleibt unbeeidigt. Er wird um 10.20 Uhr entlassen.

4. Weiterer Verfahrensablauf und Erörterung des Beweisergebnisses

a) **Fortsetzungstermin.** Wenn sich die Beweisaufnahme über **mehrere Termine** erstreckt und sich dies noch nicht aus dem Beweisbeschluss ergeben hatte, dann muss förmlich ein neuer Termin festgesetzt (§ 386) und die Entscheidung verkündet werden (§ 329 Abs. 1 Satz 1, 218). Das gilt insbesondere, wenn ein geladener Zeuge nicht erschienen ist.

---

189 BL/*Hartmann* § 162 Rn. 8.
190 *BVerwG* NJW 1986, 3154, 3157.
191 A.A. Mus/*Stadler* § 160 Rn. 3 (weil gebührenrechtlich nicht mehr erheblich).
192 *BGH* Urt. vom 2.12.2004 – IX ZR 56/04.
193 *OLG Hamm* OLGR 1997, 23 (bei analoger Anwendung des § 91a nach Vergleichsschluss); ohne Einschränkungen zustimmend BL/*Hartmann* § 161 Rn. 5; ablehnend hingegen Hk-ZPO/*Wöstmann* § 161 Rn. 4.

3. Kapitel: Formelles Beweisrecht

331 Formulierungsbeispiel:

> **Beschluss**
> Termin zur Fortsetzung der Beweisaufnahme und der mündlichen Verhandlung wird bestimmt auf ...

332 War dagegen von vornherein – etwa bei zahlreichen Zeugen – eine durchgehende Beweisaufnahme über mehrere Termine anberaumt, so ist lediglich die Unterbrechung zu verfügen:

> Die Beweisaufnahme wird am ... um ... mit der Einvernahme der Zeugen ... fortgesetzt.

333 b) *Abschluss der Beweisaufnahme.* – aa) *Erörterung.* Nach vollständigem **Abschluss** der Beweisaufnahme wird grundsätzlich sogleich die mündliche Verhandlung fortgesetzt (§ 370 Abs. 1). Das gilt auch bei einem außerhalb des Gerichtsgebäudes stattfindenden Ortstermin, sofern die Öffentlichkeit gewahrt wird.[194] Dabei ist erneut der **Sach- und Streitstand zu erörtern** und soweit als möglich das Ergebnis der Beweisaufnahme zu berücksichtigen (§ 279 Abs. 3). Dies bedingt, dass den Parteien Gelegenheit gegeben wird, zur Beweisaufnahme Stellung zu nehmen (Art. 103 Abs. 1 GG). Ein Verstoß gegen diese Vorschriften zwingt zur Wiedereröffnung der mündlichen Verhandlung (§ 156).[195]

> **Praxistipp:**
> Diese Erörterung und die Gelegenheit zur Stellungnahme muss gem. § 160 Abs. 2 **protokolliert** werden.[196] Eine nähere Wiedergabe des Inhalts dieser Erörterung ist nicht notwendig.[197] Damit wird der ordnungsgemäße Gang des Verfahrens bewiesen (§ 165).

334 bb) *Streitiges Verhandeln.* Insbesondere haben die Parteien streitig zu verhandeln (§ 285 Abs. 1), was sinnvollerweise – aber nicht notwendig[198] – das Wiederholen der eingangs gestellten Sachanträge einschließt. Ferner müssen Beweiseinreden geltend gemacht und neue (Gegen-)Beweisanträge gestellt werden, um nicht gem. § 296 Abs. 2 zu präkludieren.[199]

> **Praxistipp:**
> Dies hindert weder das Gericht noch die Parteien daran, unter dem frischen Eindruck der Beweisaufnahme (erneut) über einen Vergleich oder eine andere Verfahrenserledigung nachzudenken. Unter Umständen ist zum Zwecke außergerichtlicher Gespräche zu vertagen. Auch kann bislang Streitiges nunmehr unstreitig gestellt werden.

335 cc) *Vorläufige Einschätzung.* Zumindest der Einzelrichter kann und soll seine vorläufige Einschätzung der Beweisaufnahme nicht verbergen und zur Diskussion stellen, auch wenn in vielen Fällen keine ausführliche Abhandlung verlangt werden kann und er zu diesem Zwecke auch keine Verhandlungspause einlegen muss.[200] Ein Anspruch auf Mitteilung der voraussichtlichen Würdigung besteht nicht.[201] Es sollte jedenfalls stets deutlich werden, dass eine abschließende richterliche Beurteilung noch aussteht. Man kann etwa formulieren:

---

[194] BL/*Hartmann* § 370 Rn. 4.
[195] *OLG Celle* OLGR 2003, 338.
[196] *BGH* NJW 1990, 121, 122; *BGH* NVersZ 2001, 175, 176; weniger streng BL/*Hartmann* § 285 Rn. 4 („ratsam"); differenzierend Hk-ZPO/*Saenger* § 285 Rn. 3 (nur Gelegenheit).
[197] *OLG Frankfurt* NJW-RR 2007, 1142.
[198] *BGH* NJW 1974, 2321; *BGH* NJW 2004, 2019; 2021; a. A. *Schneider* MDR 1992, 827.
[199] Vgl. hierzu Rn. 264.
[200] Etwas strenger Mus/*Foerste* § 279 Rn. 7; *Greger* NJW 2002, 3049, 3050.
[201] *BGH* GRUR 2009, 91.

V. Unmittelbarkeitsgrundsatz u. zulässige Ausnahmen

„Nach meinem ersten Eindruck haben die beiden Zeugen das Beweisthema durchaus bestätigen können ..."

dd) Schriftsatzfrist. Aus dem engen Zusammenhang von Beweisaufnahme und fortgesetzter mündlicher Verhandlung folgt, dass den Parteien **nicht ohne weiteres** das Recht eingeräumt werden muss, sich durch Schriftsatz zum Beweisergebnis zu äußern.[202] Allerdings ist dies im Einzelfall zu gestatten (Art. 103 Abs. 1 GG). Es kommt auf die Schwierigkeit der Beweisthematik und die Zumutbarkeit einer sofortigen Äußerung an.[203]

336

> **Beispiele:**
> - Bei komplexen medizinischen Fragen ist es der nicht fachkundigen Partei erlaubt, nach Vorlage des Vernehmungsprotokolls nochmals Stellung zu nehmen.[204]
> - Nach einer langwierigen Vernehmung mehrerer Zeugen haben sich widersprechende Aussagen ergeben, die es zu würdigen gilt.
> - Die Beweisaufnahme hat ein unvorhersehbares Ergebnis gebracht, zu dem der allein erschienene Anwalt mit seiner Partei Rücksprache nehmen muss.[205]

In solchen Fällen ist der betroffenen Partei **analog § 283** eine Schriftsatzfrist zu gewähren. Es ist nicht zwingend notwendig, in das schriftliche Verfahren überzuleiten (§ 128 Abs. 2).[206]

337

Einen Schriftsatz, der ohne Fristgewährung nach Schluss der mündlichen Verhandlung eingeht, hat das Gericht zur Kenntnis und zur Akte zu nehmen. In der Regel darf er nicht mehr verwertet werden (§ 296a Satz 1), ist aber dem Gegner zu übersenden.

338

V. Unmittelbarkeitsgrundsatz und zulässige Ausnahmen

Schrifttum: *Tropf*, Die erweiterte Tatsachenfeststellung durch den Sachverständigen im Zivilprozess, DRiZ 1985, 87; *Völzmann-Stickelbrock*, Unmittelbarkeit der Beweisaufnahme und Parteiöffentlichkeit, ZZP 118 (2005), 359; *Weth*, Der Grundsatz der Unmittelbarkeit der Beweisaufnahme, JuS 1991, 34.

Man kann den beweisrechtlichen Unmittelbarkeitsgrundsatz in **zwei Richtungen** verstehen:

339

1. Formelle Unmittelbarkeit

a) Inhalt. Dem in § 355 Abs. 1 niedergelegten formellen Grundsatz zufolge hat der erkennende Richter bzw. der Spruchkörper die Beweisaufnahme selbst durchzuführen, ohne Dazwischentreten einer Mittelsperson (**persönliche Unmittelbarkeit**). Diesem Richter obliegt die Urteilsfindung (§ 309). Soweit es auf die eigene Wahrnehmung des Gerichts ankommt – bei Zeugen- und Parteivernehmung, bei Urkunden und Augenschein –, ist grundsätzlich die gleichzeitige Anwesenheit von Richter und Beweismittel, also ein **unmittelbarer Eindruck** erforderlich. Denn regelmäßig vermag nur derjenige über den Wert und den Erfolg eines Beweises ausreichend zu urteilen, der bei der Beweiserhebung anwe-

340

---

[202] *BGH* NJW 1991, 1547, 1548.
[203] *OLG Hamm* NJW-RR 2004, 598, 599.
[204] *BGH* NJW 1982, 1335; *BGH* NJW 1984, 1823.
[205] *OLG Koblenz* NJW-RR 1991, 1087.
[206] So aber offenbar *BGH* NJW 2004, 2019, 2021; wie hier Mus/*Foerste* § 285 Rn. 2; Hk-ZPO/*Saenger* § 285 Rn. 2.

3. Kapitel: Formelles Beweisrecht

send ist, die zu vernehmende Person hören und fragen sowie das Augenscheinsobjekt bewerten kann.[207]

341 **b) Lockerungen.** Beim **Sachverständigenbeweis** ist der zu begutachtende Sachverhalt vom Prozessgericht selbst zu ermitteln (sog. Anschluss-/Anknüpfungstatsachen), wenn nicht bereits hierfür eine besondere Sachkunde vorausgesetzt wird (sog. Befundtatsachen; vgl. auch § 404a Abs. 4).[208] Ferner erlaubt das Einverständnis der Parteien eine weiträumige Tatsachenermittlung durch den Gutachter, namentlich in Gestalt einer Zeugenvernehmung.[209] Es liegt im Belieben der Parteien, ob sie es zulassen wollen, dass sich das Gericht den Tatsachenstoff auf diese Weise beschafft.[210]

342 **c) Beweisrechtliche Bedeutung.** Man darf die formelle Unmittelbarkeit nicht zu gering schätzen und unter dem Deckmantel vermeintlicher Verfahrensbeschleunigung **nicht leichtfertig preisgeben**.[211] Der formelle Unmittelbarkeitsgrundsatz korrespondiert eng mit § 286 und der freien Beweiswürdigung.[212] Er mag keinen Verfassungsrang haben,[213] sichert aber die Möglichkeit persönlicher Beurteilung durch das erkennende Gericht aufgrund eigener Anschauung der Beweismittel und damit die **zuverlässige Sachverhaltsrekonstruktion** und Wahrheitsfindung.[214] Ein Auseinanderreißen von mündlicher Verhandlung, Beweiserhebung und Verhandlung über das Beweisergebnis birgt die Gefahr von Missverständnissen und zusätzlichen Fehlerquellen. Im Regelfall ist die unmittelbare Beweisaufnahme gegenüber einer bloß mittelbaren deutlich überlegen.[215]

343 **d) Richterwechsel.** Ein Richterwechsel gebietet die **Wiederholung der Beweisaufnahme**, wenn es auf die persönliche Wahrnehmung aller erkennenden Richter ankommt, insbesondere auf die Glaubwürdigkeit. Zeugen und Parteien sind daher in der Regel nochmals zu vernehmen (§§ 398, 451).[216] Nur ausnahmsweise kann es ausreichen, dass der persönliche Eindruck in einem früheren Vernehmungsprotokoll wiedergegeben wurde und die Parteien hierauf zurückgreifen können.[217]

Praxistipp:
Solch detaillierte Protokolle sind selten. Der das Verfahren neu übernehmende Richter sollte in geeigneten Fällen die Parteien nach ihrem Einverständnis fragen. In Zweifelsfällen führt nichts an einer Wiederholung vorbei, sofern der neue Richter die Beweisbedürftigkeit ebenso beurteilt. Bei absehbarem Referatswechsel gilt es solcherlei Aufwand durch entsprechende Terminkoordinierung zu vermeiden.

344 **Weniger problematisch** sind das aktenkundige Ergebnis eines Augenscheins (§ 160 Abs. 3 Nr. 5) und ein Sachverständigengutachten. Sie können auch durch den neuen Richter bzw. die abweichend besetzte Kammer verwertet werden.[218] Für die Einführung in den Prozess gilt § 285 Abs. 2 entsprechend.[219]

---

207 MK/*Musielak* § 355 Rn. 1; *Weth* JuS 1991, 34.
208 *BGHZ* 37, 389, 393 ff.; *BGH* NJW 1974, 1710; ausführlich *Tropf* DRiZ 1985, 87.
209 *BGHZ* 23, 207, 214; a. A. Mus/*Stadler* § 355 Rn. 7.
210 *BGH* VersR 1977, 1124, 1125.
211 Vgl. auch *BGHZ* 40, 179, 184 (Ausnahmen nur vorsichtig anwenden).
212 StJ/*Berger* § 355 Rn. 32; Zö/*Greger* § 355 Rn. 1.
213 *BVerfG* NJW 2008, 2243.
214 Mus/*Stadler* § 355 Rn. 2 ff.
215 MK/*Musielak* § 355 Rn. 1.
216 *OLG Hamm* MDR 2007, 1153; *OLG Naumburg* OLGR 2001, 249.
217 *BGH* NJW 1997, 1586; *OLG Koblenz* NVersZ 1998, 123.
218 *BGH* MDR 1992, 777.
219 Mus/*Foerste* § 285 Rn. 4; Hk-ZPO/*Saenger* § 285 Rn. 6.

V. Unmittelbarkeitsgrundsatz u. zulässige Ausnahmen

2. Materielle Unmittelbarkeit

Demgegenüber ist der Grundsatz, dass immer das sachnähere und vermeintlich zuverlässigste Beweismittel heranzuziehen sei, **dem Zivilprozessrecht** ganz überwiegender Ansicht nach **fremd**.[220] Gegenteilige Auffassungen haben sich mit Recht nicht durchsetzen können. **345**

Im Zivilprozess fehlt es einerseits schon an einer Vorschrift wie § 250 StPO. Da es darüber hinaus **den Parteien überlassen** ist, die notwendigen Beweismittel zu benennen (Verhandlungsgrundsatz), können sie auch auf das tatsachennähere Beweismittel verzichten.[221] Es ist daher auch möglich, dass die Beweisergebnisse anderer Verfahren – insbesondere Zeugenaussagen – mit dem Einverständnis der Parteien in den Prozess mittels Urkundenbeweises eingeführt werden.[222] Für das Sachverständigengutachten gilt überdies § 411a. Ferner ist den Parteien erlaubt, einen „Zeugen vom Hörensagen" anstelle des ebenfalls verfügbaren Tatzeugen zu benennen. Der zumeist geringere Beweiswert ist dann eine Frage der Beweiswürdigung. **346**

3. Gesetzliche Ausnahmen

a) Allgemeines. Der Grundsatz der formellen Unmittelbarkeit darf unter bestimmten Voraussetzungen aus prozessökonomischen Gründen durchbrochen werden. Diese Ausnahmen liegen sämtlich im Ermessen des Gerichts, können also nicht erzwungen werden. Insbesondere kann das Prozessgericht einen Zeugen schriftlich vernehmen (§ 377 Abs. 3). Außerdem ist mit Einverständnis der Parteien die audiovisuelle Vernehmung eines Zeugen, einer Partei oder eines Sachverständigen möglich (§ 128a Abs. 2). **347**

> **Praxistipp:**
> Sowohl das Gericht als auch die Parteivertreter werden in diesen Fällen sorgfältig zu prüfen haben, in welchem Maße es auf einen „hautnahen" Eindruck von der Beweisperson ankommt. Bei § 377 Abs. 3 ist einem Antrag der Parteien auf Ladung des Zeugen zu entsprechen.[223]

Die Anordnung ergeht innerhalb des **Beweisbeschlusses** (vgl. auch § 358a Satz 2 Nr. 3): **348**

> Gemäß § 377 Abs. 3 ZPO wird angeordnet, dass der Zeuge ... folgende Fragen schriftlich zu beantworten hat:
> [...]
> Eine Ladung des Zeugen zur ergänzenden Vernehmung bleibt vorbehalten.

Besondere Bedeutung hat die Beweisaufnahme durch den beauftragten oder ersuchten Richter (§§ 355 Abs. 1 Satz 2, 361 f.). Auch sie dient der Beschleunigung des Verfahrens und der Kostenersparnis. Daher seien im Folgenden die Grundsätze dargestellt: **349**

b) Beauftragter Richter. – aa) Voraussetzungen. Zum einen kann ein Mitglied des Spruchkörpers die Beweisaufnahme oder einen Teil hiervon übernehmen (§ 361). Dies dient der Zweckmäßigkeit. Für die einzelnen Beweismittel gelten ergänzend §§ 372 Abs. 2, 375, 434, 451. Danach ist insbesondere für den Zeugenbeweis entscheidend, dass eine sachgemäße Würdigung durch das gesamte Gericht auch ohne persönlichen Eindruck erfolgen kann. Folglich scheidet eine **350**

---

[220] MK/*Musielak* § 355 Rn. 1; Zö/*Greger* § 355 Rn. 1.
[221] StJ/*Berger* § 355 Rn. 31.
[222] *BGHZ* 7, 116, 121; *BGH* VersR 1970, 322, 323.
[223] *LG Berlin* NJW-RR 1997, 1289; vgl. hierzu näher Rn. 470 ff.

3. Kapitel: Formelles Beweisrecht

Übertragung an den beauftragten Richter aus, wenn von vornherein mit sich widersprechenden Zeugenaussagen gerechnet werden muss.[224]

351 bb) **Anordnung.** Sie erfolgt innerhalb des **Beweisbeschlusses** (§ 370 Abs. 2 Satz 1). Der beauftragte Richter wird bei der Verkündung durch den Vorsitzenden benannt. Es handelt sich i. d. R. um den kammerinternen Berichterstatter. Er muss nicht namentlich bezeichnet werden, wenn den Parteien bekannt ist wer sich hinter dem „Berichterstatter" verbirgt. Wenn dieser verhindert ist, rückt der nach der Geschäftsverteilung zuständige Vertreter automatisch nach.[225] Die Bezeichnung des beauftragten Richters kann auch im Beweisbeschluss selbst erfolgen. Das ist zweckmäßig; der Wortlaut des § 361 Abs. 1 steht nicht entgegen.[226] Hierzu ein Formulierungsvorschlag:

> [...]
> Mit der Durchführung der Beweisaufnahme wird der Berichterstatter, RiLG Dr. Baumann, beauftragt (§§ 361, 375 ZPO).
> [...]
> Termin zur Beweisaufnahme wird bestimmt auf ...
> Termin zur Fortsetzung der mündlichen Verhandlung wird bestimmt auf ...

352 cc) **Verfahren.** Der beauftragte Richter ist nicht das Prozessgericht. Daher kann der Auslagenvorschuss (§ 379) nur durch den gesamten Spruchköper festgesetzt werden.[227] Ferner gilt weder der Öffentlichkeitsgrundsatz (§ 169 GVG) noch Anwaltszwang (§ 78 Abs. 5). Im Rahmen der Prozessleitung nimmt der beauftragte Richter allerdings die Befugnisse des Vorsitzenden wahr (§§ 229, 400).

353 Die sich an die Beweisaufnahme **anschließende mündliche Verhandlung** muss vor vollständig besetztem Spruchkörper stattfinden (§ 370 Abs. 2). Dort wird das Ergebnis der Beweisaufnahme erörtert (§ 285 Abs. 2).

354 c) **Ersuchter Richter. – aa) Voraussetzungen.** Die Beweisaufnahme **vor einem völlig anderen Gericht** (§ 362) hat in der Praxis v. a. bei der Zeugenvernehmung große Bedeutung. Indessen gelten hier die Voraussetzungen des § 375 Abs. 1. Wichtigster Fall ist der entfernt wohnende Zeuge. Die vorrangige audiovisuelle Vernehmung (§ 128a Abs. 2) wird gegenwärtig noch an der fehlenden technischen Ausstattung vieler Gerichte scheitern.

> **Praxistipps:**
> - Meist werden zugleich die Voraussetzungen des § 377 Abs. 3 erfüllt sein. Dann ist seitens des Gerichts zu bedenken, dass eine schriftliche Befragung meist schneller vonstatten geht. Die Parteivertreter sollten ggf. darauf hinweisen und eine Änderung gem. § 360 anregen.[228]
> - Wenn es um Reisemängel oder Unfälle in Feriengebieten geht, sind etwaige Zeugen häufig über ganz Deutschland verteilt. Das Gericht wird sorgfältig abzuwägen haben, ob es die Gerichtsakte über Monate hin an mehrere Amtsgerichte „auf die Reise schickt" oder trotz langer Anreisewege zügig selbst Beweis erhebt.
> - Im Übrigen sind die Gerichte nicht selten von Umfang und Qualität der Vernehmungsprotokolle enttäuscht, die die nicht mit der Sache vertrauten ersuchten Kollegen aufgenommen haben.

---

224 *BGH NJW* 2000, 2024, 2025; *OLG Köln* NJW-RR 1998, 1143.
225 StJ/*Berger* § 361 Rn. 3.
226 MK/*Heinrich* § 361 Rn. 4.
227 Mus/*Stadler* § 361 Rn. 1; widersprüchlich Bl/*Hartmann* § 361 Rn. 4 und 5.
228 *Goebel* § 10 Rn. 278, 283.

V. Unmittelbarkeitsgrundsatz u. zulässige Ausnahmen

bb) Anordnung. Es handelt sich um ein **Rechtshilfeersuchen** (§§ 156 ff. GVG). **355**
Adressat ist das Amtsgericht, in dessen Bezirk die Beweisaufnahme durchzuführen ist (§ 157 Abs. 1 GVG), meist also am Wohnort des Zeugen.

Auch hier ist eine Anordnung durch **Beweisbeschluss** notwendig (§ 370 Abs. 2 **356**
Satz 1).[229] Es ist auf eine möglichst präzise Formulierung des Beweisthemas zu achten (§ 359 Nr. 1). Umstände, auf die das ersuchende Gericht besonderen Wert legt, sollten entsprechend vorgegeben werden. Eine mögliche Fassung lautet:

> [...]
> Um die Durchführung Beweisaufnahme wird das Amtsgericht ... ersucht (§ 362 ZPO, §§ 156 ff. GVG).
> [...]
> Einen Termin zur Beweisaufnahme bestimmt das Amtsgericht ... von Amts wegen.
> Termin zur Fortsetzung der mündlichen Verhandlung wird bestimmt auf ...

Nach Erlass des Beweisbeschlusses und ggf. nach Eingang des Auslagenvorschusses werden die **Akten** oder ein Teil hiervon mit einem **Begleitverfügung** versandt: **357**

> **Vfg.:**
> 1. U.m.A. an das Amtsgericht ... mit dem Ersuchen, zur Erledigung des Beweisbeschlusses vom ... (Bl. ...) den Zeugen ... zu vernehmen. Der Zeuge ist insbesondere zu befragen, ...
> 2. WV.: ...

cc) Bindungswirkung. Das Ersuchenn ist bindend und darf **grundsätzlich nicht** **358**
abgelehnt werden, es sei denn, es ist schlechthin unzulässig (§ 158 GVG). Hierunter fällt auch ein willkürlicher und offensichtlich rechtsmissbräuchlicher Beschluss.[230] Ob das Verfahren zweckmäßig ist, spielt hingegen keine Rolle.[231] Der ersuchte Richter hat als „verlängerter Arm" des Prozessgerichts dessen Ersuchen auszuführen.[232] Das Ablehnungsrecht im Falle eines offensichtlichen Ausforschungsbeweises ist hingegen sehr streitig.[233] Die praktische Bedeutung dieser Frage ist gering. Denn der ersuchte Richter wird einen zweifelsfreien Fall des Ausforschungsbeweises selten ausmachen können.[234] Wenn ein solcher aber einmal vorliegt, ist die Beweisaufnahme allgemein unzulässig.

dd) Verfahren. Für die Beweisaufnahme gilt wiederum der Öffentlichkeitsgrundsatz nicht. Das Anwesenheitsrecht der Parteien bleibt unberührt. Sie sind vom ersuchten Richter über den Termin zu unterrichten (§ 357 Abs. 2). **359**

> **Praxistipp:**
> Ein Anwalt, der den Termin vor dem beauftragten Richter nicht selbst wahrnimmt, sollte dem ggf. bestellten Unterbevollmächtigten oder der anreisenden eigenen Partei einen konkret formulierten Fragenkatalog an die Hand geben.[235]

---

229 Liberaler BL/*Hartmann* § 362 Rn. 4 (Verfügung genügt).
230 *OLG Koblenz* MDR 2008, 819 (streitentscheidender Zeuge, auf dessen Glaubwürdigkeit es ankommt).
231 *OLG Frankfurt* Rpfleger 1979, 426; *OLG Koblenz* FamRZ 1989, 213.
232 *OLG Köln* NJW 1975, 1036.
233 Bejahend *OLG München* NJW 1966, 2125, 2126; Zö/*Lückemann* § 158 GVG Rn. 4; verneinend *BAG* MDR 2000, 791; *OLG Frankfurt* MDR 1970, 597; Mus/*Stadler* § 362 Rn. 2; offengelassen bei *BGH* LM § 158 GVG Nr. 2.
234 MK/*Heinrich* § 362 Rn. 5.
235 Goebel § 10 Rn. 288.

3. Kapitel: Formelles Beweisrecht

360 Das Original des – möglichst sorgfältig erstellten – **Vernehmungsprotokolls** ist in die Gerichtsakte zu heften und diese dem Prozessgericht zurückzusenden (§ 362 Abs. 2). Von dort wird die Protokollabschrift an die Parteien geleitet. Im Übrigen gelten wie oben erwähnt §§ 370 Abs. 2, 285 Abs. 2.

4. Verfahrensfehler

361 Wenn ein Parteivertreter außerhalb der zuvor dargestellten Ausnahmen einen Verstoß gegen den Unmittelbarkeitsgrundsatz realisiert, muss er dies ausdrücklich **rügen**, bevor die nach der Beweisaufnahme folgende mündliche Verhandlung geschlossen wird. Denn nach überwiegender Ansicht gilt **§ 295 Abs. 1**.[236] Es soll sich um einen verzichtbaren Verfahrensgrundsatz handeln, so dass Rügepräklusion möglich ist.

362 Überzeugender erscheint die Gegenansicht, nach der § 295 Abs. 2 anzuwenden ist.[237] Auf welche Weise das Gericht anhand des vorgebrachten Prozessstoffes und der angebotenen Beweismittel zu den notwendigen Feststellungen und zu seiner Überzeugung gelangt, ist kein Aspekt der Mitgestaltung des Verfahrens und hat mit Parteiendisposition nichts zu tun.

363 Eine **Rügepräklusion** ist im Übrigen auch dann ausgeschlossen, wenn der Verstoß gegen den Unmittelbarkeitsgrundsatz erst durch das Urteil selbst offengelegt wird.[238]

364 Bleibt es bei einem Verstoß, so führt dies zur Unverwertbarkeit des betroffenen Beweisergebnisses.[239] Im Übrigen handelt es sich in der Regel um einen wesentlichen Verfahrenmangel i. S. v. § 538 Abs. 2 Satz 1 Nr. 1.[240]

VI. Strengbeweis und Freibeweis

Schrifttum: *Koch/Steinmetz*, Möglichkeiten und Grenzen des Freibeweises im Zivilprozess, MDR 1980, 901; *Oberheim*, Beweiserleichterungen im Zivilprozess, JuS 1996, 1111; *Peters*, Beweisarten im Zivilprozess, JA 1981, 65.

1. Hauptanwendungsfälle

365 a) **Grundsatz.** Beweiserhebung im Zivilprozess meint grundsätzlich das **Strengbeweisverfahren**. Es hat sich nach den §§ 355 ff. zu vollziehen und ist auf die gesetzlich geregelten förmlichen Beweismittelarten beschränkt. Dieser gesetzliche Katalog der Strengbeweismittel ist nach Anzahl und konstitutiven Voraussetzungen abschließend und als solcher der Erweiterung nicht zugänglich.

366 b) **Freibeweis.** Das in der Rechtsprechung[241] entwickelte Institut des Freibeweises hat der Gesetzgeber durch § 284 Sätze 2–4 legitimiert. Unabhängig von dem dort verlangten Einverständnis der Parteien darf das Gericht nach wie vor über die Prozessvoraussetzungen und die Zulässigkeit von Rechtsbehelfen von Amts wegen im Freibeweisverfahren entscheiden. Daneben ist der Freibeweis zulässig im PKH-Prüfungsverfahren (§ 118 Abs. 2 Satz 2),[242] zur Ermittlung von Erfahrungssätzen – wie Regeln der allgemeinen Lebenserfahrung, Handelsbräuche und Verkehrssitten – sowie von fremdem Recht (§ 293 Satz 2).[243]

---

236 St. Rspr.; vgl. *BGHZ* 40, 179, 183; *OLG Köln* NJW 1976, 2218; ferner MK/*Musielak* § 355 Rn. 17 m.w.Nachw.
237 *OLG Düsseldorf* NJW 1976, 1103, 1105; MK/*Prütting* § 295 Rn. 19; ausführlich *Jäckel* Beweisvereinbarungen im Zivilrecht (2007), S. 41 ff.
238 *BGH* MDR 1992, 777; *OLG Schleswig* MDR 1999, 761.
239 *BGH* NJW 2000, 2024, 2025; Mus/*Stadler* § 355 Rn. 11.
240 *OLG Düsseldorf* NJW 1992, 187; *OLG Köln* VersR 1993, 1366.
241 Vgl. bspw. *BGH* NJW 1987, 2875 mit abl. Anm. *Peters* ZZP 101 (1988), 296.
242 TP/*Reichold* vor § 284 Rn. 6.
243 Vgl. hierzu Rn. 179.

VI. Strengbeweis und Freibeweis

c) Vereinfachtes Verfahren. Die freibeweisliche Feststellung von Tatsachen im Rahmen der Begründetheitsprüfung ist einerseits in **Kleinverfahren** (§ 495a) möglich. Hier wird es z. B. als zulässig angesehen, dass der Amtsrichter einen Sachverständigen konsultiert und die ihm erteilte Auskunft den Parteien mit Gelegenheit zur Stellungnahme mitteilt. Ob hier im Übrigen der Unmittelbarkeitsgrundsatz (§ 355) gilt,[244] erscheint zweifelhaft. Das Gericht wird vielmehr je nach Einzelfall entscheiden können, ob ein direkter Eindruck vom Beweismittel erforderlich und angemessen erscheint (Grundsatz des fairen Verfahrens). 367

> **Praxistipp:**
> Die telefonische Zeugenvernehmung ist mit einigem Aufwand verbunden.[245] So muss die Telefonnummer ermittelt und der Zeuge telefonisch erreicht werden. Über die Vernehmung ist ein Vermerk zu fertigen, der den Parteien zuzuleiten ist. Eventuell haben diese ergänzende Fragen. Zeugen vernimmt man daher besser stets im Strengbeweis, ggf. nach § 377 Abs. 3.

Es bedarf in den genannten Fällen **keines Beweisbeschlusses**. Das entbindet jedoch nicht davon, den Parteien mitzuteilen, dass und worüber der Freibeweis erhoben werden soll (§ 273 Abs. 4 Satz 1 analog).[246] 368

2. Einverständnis der Parteien (§ 284 Sätze 2–4)

a) Praktische Bedeutung. Nach § 284 Sätze 2–4 darf das Gericht über streitige materielle Tatsachen in einer ihm geeignet erscheinenden Art Beweis erheben, wenn beide Parteien zustimmen. Dies soll der Beschleunigung des Verfahrens und der Stärkung der Parteienherrschaft dienen.[247] Die **praktische Bedeutung der Vorschriften ist gering** und wird es wohl bleiben wird.[248] Das folgt insbesondere aus der Begrenzung für den Widerruf des Einverständnisses (§ 284 Satz 4), die für die Parteien ein hohes **Prozessrisiko** birgt.[249] Die sich aus dem Freibeweisverfahren ergebenden Unsicherheiten stellen gewiss nicht den „sichersten Weg" dar. Schon aus Haftungsgründen wird vermutlich kein Rechtsanwalt seine Partei dem Verfahren nach § 284 Satz 2 aussetzen und daher auf Förmlichkeit beharren.[250] 369

b) Denkbare Fälle. Man kann diesen Vorschriften aber dennoch zu einer bescheidenen Berechtigung verhelfen. Allerdings entbinden sie den Richter nicht davon, zu prüfen, ob die freie Beweiserhebung im Einzelfall **zur Überzeugungsbildung ausreicht**. Denn § 286 Abs. 1 ist nicht modifiziert worden. Auch der übereinstimmende Antrag der Parteien bindet das Gericht also nicht. Es prüft nach eigenem Ermessen, ob die in Betracht kommende vereinfachte Verfahrensweise sachgerecht erscheint. Auf etwaige Bedenken ist hinzuweisen. 370

Danach ist bei Randfragen und bei absolut zuverlässigen Auskunftspersonen vorstellbar, dass das Gericht **ergänzende Auskünfte** per Telefon oder E-Mail einholt, wenn sich deren Notwendigkeit erst nach Entlassung der Beweisperson herausstellt.[251] 371

Auf der anderen Seite muss man sich über eine weitere **Einschränkung** im Klaren sein: Auch im Rahmen des § 284 Satz 2 kann sich das Einverständnis der 372

---

244 So Hk-ZPO/*Pukall* § 495a Rn. 12.
245 *Städig* NJW 1996, 691, 694.
246 Hk-ZPO/*Saenger* § 284 Rn. 21.
247 BT-Drucks. 15/1508, S. 18; kritisch hierzu *Schneider* AnwBl. 2003, 547.
248 So schon *Knauer/Wolf* NJW 2004, 2857, 2862.
249 *Jungbauer* JurBüro 2005, 564, 566.
250 *Schneider* AnwBl 2003, 547, 549; *Huber* ZRP 2003, 268, 269.
251 *Mus/Foerste* § 284 Rn. 26.

3. Kapitel: Formelles Beweisrecht

Parteien nur auf diejenigen Vorschriften des Strengbeweises beziehen, auf deren Befolgung sie wirksam verzichten können.[252]

3. Verfahrensbesonderheiten

373 In allen Fällen ist kennzeichnend, dass **keine Beschränkung auf die gesetzlichen Beweismittel und deren Verfahrensbesonderheiten** besteht.[253] Insbesondere kann über die gesetzlich geregelten Fälle hinaus die eidesstattliche Versicherung zum Einsatz kommen.[254] Dabei ist indessen zu berücksichtigen, dass ihr Beweiswert regelmäßig nur auf eine Glaubhaftmachung angelegt ist.[255] Ferner kommen Auskünfte via Telefon, E-Mail o. Ä. in Betracht,[256] desgleichen dienstliche Erklärungen von Organen der Rechtspflege oder anderen staatlichen Bediensteten.[257] Letztlich sind dem Grunde nach **alle erschließbaren Erkenntnisquellen** denkbar, wobei stets ihre Tauglichkeit zählt. Denn der Freibeweis erlaubt keine geringeren Anforderungen an die Überzeugungsbildung des Gerichts.[258] Es ist **voller Beweis** notwendig. Um diesen herbeizuführen, ist u. U. die Rückkehr zum Strengbeweis veranlasst.[259]

> **Beachte:**
> Es ist weiterhin erforderlich, dass der beweiserhebliche Sachverhalt durch die Parteien in den Prozess eingeführt wird (Beibringungsgrundsatz).[260] Man darf den Freibeweis im streitigen Zivilverfahren nicht mit der Amtsermittlung verwechseln.

374 Der Grundsatz des **rechtlichen Gehörs** erfordert es, den Parteien das Ergebnis des Freibeweises zur Kenntnis zu geben und ihnen Gelegenheit zur Stellungnahme einzuräumen. In Fällen des § 284 Sätze 2–4 ist über die telefonische Befragung von Zeugen ein Protokoll zu fertigen (§ 160 Abs. 3 Nr. 4), den Parteien zur Stellungnahme zuzuleiten und ggf. sind weitere Nachfragen zuzulassen.[261]

---

252 *Fölsch* MDR 2004, 1029 f.
253 *BGH* NJW 1987, 2875.
254 *BGH* NJW 1992, 627, 628; *KG* MDR 1986, 1032.
255 *BGH* VersR 2006, 568; *BGH* NJW 2000, 814.
256 Mus/*Foerste* § 284 Rn. 26.
257 *BGH* BGHR 2004, 979, 981.
258 *BGH* VersR 1991, 896; missverständlich BL/*Hartmann* vor § 284 Rn. 6 ff.
259 *Förschler* Rn. 861.
260 *Oberheim* JuS 1996, 1111, 1113.
261 *Huber* ZRP 2003, 268, 269 f.

4. Kapitel: Beweisbedürftigkeit

I. Grundsätze

1. Sachvortrag der Parteien

Ob über eine Tatsache Beweis erhoben werden muss, ergibt sich in erster Linie aus dem Sachvortrag und dem Verhalten der Parteien (**Beibringungsgrundsatz**). Es muss sich zunächst um erheblichen Vortrag handeln, d. h. solchen, der den geltend gemachten materiell-rechtlichen Anspruch begründen oder ihm entgegen stehen kann. Wie präzise dieser Vortrag ausfallen, also behauptet oder bestritten werden muss, ist eine Frage der Darlegungslast.[1] Die danach verbleibenden streitigen Tatsachen sind grundsätzlich beweisbedürftig. Für sie muss rechtzeitig tauglicher Beweis angetreten werden. Fehlt eine dieser Voraussetzungen oder ist die Beweisaufnahme aus den nachfolgend erörterten Gründen entbehrlich, so ist die Beweiserhebung abzulehnen. Andernfalls muss sie angeordnet werden.

375

Aus Sicht des Gerichts erfolgt also eine **zweistufige Prüfung**. Zunächst ist nach der Entscheidungserheblichkeit einer Behauptung zu fragen und sodann nach der Beweisbedürftigkeit. Im Übrigen gilt der **Vorrang des Hauptbeweises**. Solange dieser nicht erbracht ist, muss kein Gegenbeweis erhoben werden. Dies schließt die gleichzeitige Abarbeitung in einem Beweistermin aber nicht aus.

376

2. Sonderfall: gleichwertiges Vorbringen

Einen besonderen Fall der fehlenden Beweisbedürftigkeit einer streitigen Tatsache stellt das sog. gleichwertige (äquipollente) Vorbringen dar. Hier ist aufgrund unterschiedlicher Sachverhaltsschilderungen der Parteien zwar streitig, wie sich ein entscheidungserheblicher Vorgang zugetragen hat. Die rechtliche Bewertung des jeweiligen Parteivortrags führt aber **zum gleichen Ergebnis**. Dann kann die abschließende Feststellung der Tatsachen offen bleiben, wenn sich der Anspruchsteller den Vortrag des Gegners **zumindest hilfsweise zu Eigen gemacht** hat und seinen Anspruch auch hierauf stützt.[2]

377

> **Beispiele:**
> - Der Beklagte bestreitet eine deliktische Schädigung und damit einen Anspruch aus § 823 Abs. 1 BGB, schildert die Dinge aber so, dass ein Ersatzanspruch auf § 904 Satz 2 BGB gestützt werden kann.
> - Der Kläger nimmt die Beklagte als unmittelbare Vertragspartnerin in Anspruch. Nach deren Einlassung ergibt sich eine Mithaftung nach § 1357 Abs. 1 BGB.

In diesen Fällen ist der Streitgegenstand identisch, nur die Anspruchsgrundlage variiert. Es handelt sich daher nicht um Hilfsanträge.

378

An die hilfsweise Übernahme des gegnerischen Vortrags sind keine sonderlich großen Anforderungen zu stellen. Denn eine vernünftige Partei wird sich nicht dagegen wehren, dass das Gericht seine Entscheidung auf einen abweichenden Sachverhalt stützt, der aber letztlich den gewünschten Erfolg bringt. Etwas anderes gilt daher nur, wenn der Anspruchsteller ausdrücklich Gegenteiliges erklärt.[3] In Zweifelsfällen muss das Gericht ihn zur Stellungnahme auffordern (§ 139).[4]

379

---

1 Vgl. hierzu Rn. 28.
2 *BGH* NJW 1989, 2756; *BGH* NJW-RR 1994, 1505 f.
3 Mus/*Musielak* Einl. Rn. 42.
4 *Schneider* MDR 2000, 189, 194.

4. Kapitel: Beweisbedürftigkeit

II. Mangelnde Beweisbedürftigkeit kraft Gesetzes

1. Geständnis und Geständnisfiktion

Schrifttum: *Lange*, Bestreiten mit Nichtwissen, NJW 1990, 3233; *Nicoli*, Die Erklärung mit Nichtwissen, JuS 2000, 584; *Orfanides*, Probleme des gerichtlichen Geständnisses, NJW 1990, 3174; *Panetta*, Die Entwicklung des Grundsatzes der Mündlichkeit im Rahmen des gerichtlichen Geständnisses, NJOZ 2008, 2166; *Pawlowski*, Keine Bindung an „Geständnisse" im Zivilprozess?, MDR 1997, 7; *Schneider*, Das Geständnis im Zivilprozess, MDR 1991, 297.

380 Kein Beweisbedarf besteht in erster Linie, wenn der Gegner eine vorgetragene Tatsache nicht bzw. nicht ausreichend bestreitet (§ 138 Abs. 3) oder wenn er sie sogar ausdrücklich zugesteht (§ 288). Die Unterscheidung zwischen beiden Vorschriften ist wichtig. Denn während ein unterlassenes Bestreiten (vorbehaltlich einer Verspätungspräklusion) nachgeholt werden kann, ist eine gestehende Partei grundsätzlich an ihr Wort gebunden (§ 290). Die Missachtung dieses Unterschieds kann einen Verfassungsverstoß bedeuten (Art. 103 Abs. 1 GG).[5] Daher ist diesbezüglich Sorgfalt geboten.

381 a) **Geständnis (§§ 288 ff.).** – aa) **Inhalt des Geständnisses.** Eine Partei vermag selbstverständlich zu erklären, dass eine ihr ungünstige Tatsachenbehauptung der Gegenseite wahr ist. Ein solches Geständnis ist nicht davon abhängig, ob der Erklärende diese Tatsache auch selbst wahrgenommen hat oder wahrnehmen konnte.[6] Auch ist seine Überzeugung irrelevant. Das Wort „zugestehen" o. Ä. ist nicht zwingend erforderlich.[7] Es muss lediglich deutlich werden, dass **vorbehaltloses Einverständnis** besteht, die behauptete Tatsache ungeprüft zur Grundlage des Urteils zu machen.

> **Beispiele:**
> - Der Ausdruck, ein Sachverhalt werde „**unstreitig gestellt**" oder „**außer Streit gestellt**" kann nur dann als Geständnis i. S. v. § 288 gelten, wenn zuvor umfangreichere Diskussionen der Parteien stattgefunden haben oder sonstige besondere Umstände und Äußerungen hinzukommen. Anderenfalls ist lediglich ein Verzicht auf weiteres Bestreiten anzunehmen.[8] In Zweifelsfällen muss das Gericht nachfragen (§ 139).
> - Wenn der Beklagte primär die **Passivlegitimation des Klägers bestreitet** und „vorsorglich" zur Schadenshöhe Stellung nimmt, kann nicht von einem Geständnis der übrigen Tatbestandsmerkmale ausgegangen werden.[9]
> - Dagegen beinhaltet die **bloße Hauptaufrechnung gegen eine schlüssige Klageforderung** regelmäßig ein Geständnis der anspruchsbegründenden Behauptungen des Klägers (vgl. auch § 289 Abs. 1).[10]
> - Wenn der Beklagte **gegen eine Darlehensklage einwendet**, er habe das Geld zwar erhalten, aber als Geschenk, so ist jedenfalls die Auszahlung zugestanden und nicht beweisbedürftig (vgl. auch § 289 Abs. 2).[11]

382 Neben reinen Tatsachen sind auch sog. **Rechtstatsachen** (z. B. Kauf, Schenkung, Miete)[12] geständnisfähig.[13] Das gleiche gilt für vorgreifliche (präjudizielle)

---

[5] *BVerfG* NJW 2001, 1565.
[6] *BGH* NJW 1994, 3109; a. A. *Orfanides* NJW 1990, 3174, 3177 f.
[7] *BGH* NJW 1987, 1947, 1948.
[8] *BGH* NJW 1983, 1496, 1497.
[9] *BGH* NJW-RR 2005, 1297, 1298.
[10] *BGH* NJW-RR 1996, 699 f.; a. A. *OLG Celle* OLGR 1999, 111; StJ/*Leipold* § 288 Rn. 10.
[11] *Rosenberg/Schwab/Gottwald* § 111 Rn. 12.
[12] Vgl. hierzu Rn. 161.
[13] *BGH* NJW 1992, 906; *OLG Frankfurt* NJW-RR 1994, 530, 531.

II. Mangelnde Beweisbedürftigkeit kraft Gesetzes

Rechtsverhältnisse, sofern sie nicht eine rechtliche Würdigung enthalten, die dem Richter vorbehalten ist.[14]

> **Beispiele:**
> Rechtsnachfolge (arg. § 239 Abs. 4); Zustandekommen eines Vertrages.[15]
> **Gegenbeispiele:**
> Auslegung einer Willenserklärung,[16] Unwirksamkeit eines Vertrages wegen Formmangels[17] oder Sittenwidrigkeit.

Einem **außergerichtlichen Geständnis** (z. B. aus einem Strafverfahren) kommt nur dann die Wirkung des § 288 zu, wenn es durch den Gestehenden – nicht den Gegner – in den Prozess eingeführt worden ist und sodann vom Gegner als eigene Behauptung übernommen wird.[18] In allen anderen Fällen ist es im Rahmen des § 286 Abs. 1 als Indiz zu würdigen.[19]

bb) Formale Voraussetzungen. Ein Geständnis kann in jeder Lage des Verfahrens und losgelöst vom sachlichen Zusammenhang erfolgen.[20] Das gilt allerdings nicht für Aussagen im Rahmen einer Parteivernehmung (§§ 445 ff.) oder -anhörung (§ 141).[21]

Die Erklärung ist Prozesshandlung, für die am Landgericht und höheren Instanzen Anwaltszwang besteht (§ 78 Abs. 1).[22] Formell geschieht sie durch **mündliche Erklärung** in der Verhandlung oder durch **Bezugnahme** auf einen vorbereitenden Schriftsatz, in dem das Geständnis enthalten ist (§ 137 Abs. 3). Diese Bezugnahme kann auch stillschweigend erfolgen. Im Falle der mündlichen Abgabe des Geständnisses hat eine **Protokollierung** nebst Genehmigung und Genehmigungsvermerk zu erfolgen (§§ 160 Abs. 3 Nr. 3, 162 Abs. 1), bspw. wie folgt:

> Der Beklagtenvertreter erklärt:
> Es wird eingeräumt, dass die Parteien am 29.5.2008 eine Vereinbarung über die hälftige Teilung der Kosten getroffen haben.
>
> v.u.g.

Diese Protokollierung gehört aber nur bei Erklärungen vor dem beauftragten oder ersuchten Richter sowie gem. § 54 Abs. 2 Satz 2 ArbGG zu den Wirksamkeitsvoraussetzungen.[23] Ein rein schriftsätzliches Geständnis genügt nur beim Verzicht auf eine mündliche Verhandlung (§ 128 Abs. 2–4).

cc) Wirkung und Widerruf. Das Geständnis **bindet den Richter** – und zwar auch in den nachfolgenden Instanzen (§ 535)[24] –, es sei denn, das Gegenteil ist offenkundig (§ 291). Er hat die zugestandene Tatsache **ungeprüft** zu berücksichtigen. Diese Bindungswirkung geht grundsätzlich auch von einem bewusst unwahren Geständnis aus.[25] Das ergibt sich aus § 290, wonach nur ein solches Geständnis seine Wirkung verliert, das unbewusst unwahr – also irrtümlich – abgegeben

---

14 *Rosenberg/Schwab/Gottwald* § 111 Rn. 5.
15 *BGH* NJW-RR 2003, 1578, 1579; *BGH* NJW-RR 2006, 281, 282.
16 TP/*Reichold* § 288 Rn. 1; anders aber *BGH* NJW-RR 2007, 1563 für die Bedeutung einer Vertragsklausel.
17 *BGH* NJW-RR 2004, 284, 285.
18 *BGH* NJW-RR 2005, 1297, 1298; *OLG Hamm* NJW-RR 1997, 405.
19 *BGH* NJW-RR 2004, 1001; *OLG Bamberg* NJW-RR 2003, 1223.
20 *BGH* VersR 1996, 583.
21 *BGH* NJW 1995, 1432; *BGH* NJW-RR 2006, 672, 673; a. A. BL/*Hartmann* § 288 Rn. 4.
22 *BGH* NJW-RR 2006, 672, 673; Zö/*Greger* § 288 Rn. 3c; a. A. *Rosenberg/Schwab/Gottwald* § 111 Rn. 8.
23 *BGH* NJW-RR 2003, 1578, 1579.
24 *OLG Düsseldorf* MDR 2000, 1211.
25 *BGH* NJW 1962, 1395; *OLG Schleswig* NJW-RR 2000, 356.

4. Kapitel: Beweisbedürftigkeit

worden ist. Dies muss der Widerrufende beweisen, wobei ihm alle Beweismittel zur Verfügung stehen.

> **Praxistipp:**
> Bei aller Unvoreingenommenheit muss man erkennen, dass der doppelte Nachweis von Unwahrheit und kausalem Irrtum in der Praxis kaum gelingen wird. Das macht die besondere Gefahr des Geständnisses aus.

388 Auf ein Verschulden hinsichtlich des Irrtums kommt es nicht an.[26] Ob auch bloße Motivirrtümer erfasst sind, ist streitig,[27] da der Wortlaut der Norm keine Beschränkung enthält, aber zu bejahen.[28]

389 Ein im Termin durch den Rechtsanwalt abgegebenes Geständnis kann die miterschienene Partei allerdings sofort und ohne weitere Begründung widerrufen oder berichtigen (§ 85 Abs. 1 Satz 2).

390 **b) Geständnisfiktion infolge Nichtbestreitens (§ 138 Abs. 3).** In der Praxis ungleich häufiger sind das Nichtbestreiten einer behaupteten Tatsache und das daraus folgende Entfallen der Beweisbedürftigkeit. Allerdings sind die Gerichte mit dieser Schlussfolgerung mitunter schnell bei der Hand, wenn sie dem Gegner der beweisbelasteten Partei vorwerfen, er habe den deren Vortrag „*nicht hinreichend substantiiert bestritten*". Darin kann ein Verstoß gegen § 286 Abs. 1 liegen.[29]

391 **aa) Erklärungspflicht.** Ausgangspunkt ist bei Verfahren mit Verhandlungsmaxime die Erklärungspflicht jeder Partei (§ 138 Abs. 2). Sie muss zu allen tatsächlichen Behauptungen des Gegners Stellung nehmen. Wegen der anderenfalls eintretenden nachteiligen Folgen handelt es sich um eine **prozessuale Last**. In Verfahrenskonstellationen, bei denen trotz Möglichkeit der Anhörung keine Erklärungspflicht besteht, kommt die Geständnisfunktion demnach nicht zur Anwendung. Das gilt namentlich für §§ 726 ff.[30]

392 Je nach Reaktion des Gegners sind zunächst drei Grundrichtungen denkbar:
- die Behauptung wird zugestanden (§ 288, s. oben),
- sie wird als unwahr bezeichnet, also bestritten, oder
- mit keiner Äußerung bedacht.

393 Den letzteren Fall regelt § 138 Abs. 3. Im Schnittfeld dieser Konstellationen liegen sodann das prozessual unzureichende Bestreiten und die Erklärung mit Nichtwissen (§ 138 Abs. 4).

394 **bb) Folge eines Nichtbestreitens.** Sie ist die gleiche wie in § 288. Denn es wird ein Geständnis fingiert. Der Richter hat die Behauptung ungeprüft zu übernehmen. Er ist gebunden. Allerdings kann das Bestreiten bis zum Schluss der mündlichen Verhandlung **nachgeholt** werden.[31] Dann ist aber zu prüfen, ob nicht eine Zurückweisung wegen Verspätung zu erfolgen hat (§§ 296 Abs. 1 und 2, 530, 531).[32]

395 Vor Anwendung des § 138 Abs. 3 ist stets zu prüfen, ob sich ein Bestreiten nicht aus den Umständen ergibt, also **stillschweigend** erfolgt ist. Zu diesem Zweck muss man die gesamten Erklärungen der Partei berücksichtigen. Ein Bestreiten

---

26 *BGH* MDR 2005, 834, 835.
27 Zustimmend: *OLG Düsseldorf* OLGR 2001, 49; Mus/*Huber* § 290 Rn. 2; andeutungsweise auch *BGH* NJW 1981, 2193, 2194. Ablehnend: *BGH* NJW 1962, 1395, 1396; Hk-ZPO/*Saenger* § 290 Rn. 8.
28 So schon *RGZ* 11, 405, 408.
29 *BGH* NJW-RR 1989, 898, 899.
30 *BGH* MDR 2005, 52.
31 *BGH* NJW 1982, 183, 184; unzutreffend daher *OLG München* MDR 1984, 321 (es gelte § 290).
32 Vgl. hierzu Rn. 252 ff.

II. Mangelnde Beweisbedürftigkeit kraft Gesetzes

ist in aller Regel gegeben, wenn der Beklagte einen Sachverhalt schildert, der mit dem des Klägers unvereinbar ist.[33] Das gilt auch, wenn dieser konträre Vortrag vor dem der beweisbelasteten Partei erfolgt ist.[34] In allen anderen unklaren Fällen hat das Gericht der betroffenen Partei Gelegenheit zu geben, ihre eventuelle Absicht zum Bestreiten zu erläutern (§ 139). Ein Klageabweisungsantrag bedeutet für sich genommen noch kein konkludentes Bestreiten.[35]

cc) **Qualität des Bestreitens.** Ob das pauschale Bestreiten des Gegners ausreicht, um zur Beweisbedürftigkeit zu gelangen, ist bereits oben im Rahmen der **Darlegungslast** erläutert worden.[36] Es sei an dieser Stelle nur nochmals erwähnt, dass es auf die Möglichkeiten der Partei ankommt, mithin auf die Zumutbarkeit näherer Angaben.[37] Präzise Einwände können nur bei eigener Tatsachenkenntnis und Sachkunde verlangt werden.[38] In der Mehrzahl der Fälle genügt einfaches Bestreiten, insbesondere gegenüber oberflächlichem Vortrag der beweisbelasteten Partei.[39] Auch der Umstand, dass die Darlegung im Einzelfall der beweisbelasteten Partei wesentlich schwerer fällt als ihrem Gegner, genügt allein nicht, um diesem eine erweiterte Obliegenheit zum Bestreiten aufzuerlegen.[40] Das wird allzu oft verkannt.

396

> **Beispiel:**
> Den Vortrag des Klägers über Zeitpunkt, Höhe und teilweise Rückzahlung eines Darlehens kann der Beklagte mit dem pauschalen Einwand bestreiten, niemals Geld erlangt zu haben.[41]
>
> **Gegenbeispiel:**
> Bei einer Punkteklage aus mehreren aufgeschlüsselten Rechnungsposten (z.B. Betriebskostenabrechnung) genügt das bloße „vollumfängliche" Bestreiten nicht. Der Gegner muss darlegen, welche der Positionen er bestreitet und warum, ggf. eine eigene Berechnung aufmachen.[42]
>
> **Typischer Fehler:**
> Die Verwendung der altbekannten Floskel, es werde alles bestritten, was nicht ausdrücklich zustanden sei. Diese ist inhaltsleer und bedeutungslos.[43] Das liegt so offen, dass das Gericht hierauf nicht noch hinweisen muss.[44]

dd) **Erklärung mit Nichtwissen.** Im Grundsatz kann man von jeder Partei ein klares „ja" oder „nein" verlangen. Nur über Behauptungen der darlegungspflichtigen Partei, von deren Wahrheit oder Unwahrheit der Gegner keine Kenntnis hat, darf dieser sich mit Nichtwissen erklären (§ 138 Abs. 4). Dann entsprechen die Wirkungen einem Bestreiten, obwohl es sich eigentlich um kein solches handelt.[45] Daher ist die häufig gelesene Bezeichnung „Bestreiten mit Nichtwissen" unpräzise und zu vermeiden.[46]

397

Umstände, die eine Partei vergessen hat und aus diesem Grund **nicht mehr weiß** („Nichtmehrwissen"), fallen grundsätzlich nicht unter § 138 Abs. 4. Die Partei muss vielmehr triftige Gründe glaubhaft machen, aus denen heraus der Erinne-

398

---

33 *BGH* MDR 2001, 1058.
34 *BGH* NJW-RR 2001, 1294.
35 MK/*Wagner* § 138 Rn. 25; TP/*Reichold* § 138 Rn. 17; a.A. OLG Frankfurt MDR 1969, 579.
36 Vgl. hierzu Rn. 28.
37 *BGH* NJW 1999, 2887 f.
38 *BGH* NJW-RR 1986, 60.
39 *BGH* NJW 1999, 1404, 1405 f.
40 *BGH* NJW 1997, 128, 129.
41 *BGH* NJW 1999, 579, 580.
42 *OLG Köln* MDR 1975, 848.
43 MK/*Wagner* § 138 Rn. 19; a.A. *Balzer* Beweisaufnahme Rn. 6.
44 Zutreffend BL/*Hartmann* § 138 Rn. 33; a.A. *Doms* MDR 1991, 498, 499.
45 A.A. *BGH* NJW 1989, 161, 162 (Sonderfall des Bestreitens).
46 *Balzer* Urteil Rn. 34.

4. Kapitel: Beweisbedürftigkeit

rungsverlust lebensnah erscheint.[47] Das betrifft am ehesten lang zurückliegende Alltagsvorgänge. Dabei muss ferner dargelegt werden, dass im Rahmen des Zumutbaren versucht wurde, sich die verlorene Kenntnis wieder zu verschaffen.

399 Im Übrigen muss das Wissen eines **gesetzlichen Vertreters** von diesem beschafft werden und steht daher de facto eigenem Wissen gleich. Dabei kommt es auf die Vertretereigenschaft im Zeitpunkt der prozessualen Erklärungspflicht an.[48] Ob für die Kenntnis eines rechtsgeschäftlichen Vertreters Ähnliches gilt (analog § 166 BGB), ist streitig, aber zu verneinen.[49]

400 Bei juristischen Personen und Personengesellschaften müssen Erkundigungen über vorhandenes Wissen der Mitarbeiter eingezogen werden.[50] Diese **Informationslast** darf nicht zu streng gehandhabt werden, denn sie befindet sich ohnehin schon an der Grenze dessen, was der Wortlaut des § 138 Abs. 4 hergibt.[51] Bei außerhalb eines Unternehmens stehenden Personen muss eine Partei nur dann Informationen zu beschaffen versuchen, wenn sie bezogen auf den Streitfall unter Anleitung und Aufsicht der Partei tätig geworden sind (z. B. der örtliche Reiseleiter für den Reiseveranstalter[52]). Die bloße Geschäftspartnerschaft genügt nicht.[53]

> **Weitere Sonderfälle:**
> - Der in Anspruch genommene **Haftpflichtversicherer** darf sich über die Unfallschilderung des Geschädigten grundsätzlich nicht mit Nichtwissen erklären.[54] Etwas anderes gilt nur, wenn der – näher darzulegende – Verdacht der Unfallmanipulation durch die beteiligten Fahrer besteht.[55]
> - Im Falle der **Abtretung** oder der **gewillkürten Prozessstandschaft** muss sich der Kläger die Kenntnisse des Zedenten bzw. Rechtsinhabers über die vom Beklagten vorgebrachten Einwendungstatsachen zurechnen lassen.[56]
> - Ob das auch für Fälle der gesetzlichen Vertragsübernahme – z. B. nach § 566 BGB und bei Mängeleinwänden des Mieters[57] – gilt, erscheint zweifelhaft. Man muss sich davor hüten, § 138 Abs. 4 durch uferlose Ausdehnung des „Verantwortungsbereichs" einer Partei zu entwerten. Die Norm gebietet eine teleologische Reduktion nur dann, wenn die Erklärungslast durch arbeitsteilige Organisation oder prozesstaktische Manöver allzu leicht abzustreifen wäre.

401 Soweit sich nach alledem eine unzulässige Erklärung mit Nichtwissen ergibt, ist dies wie ein Nichtbestreiten zu werten (§ 138 Abs. 3). Es bedarf also keines Beweises.

> **Praxistipp:**
> Wenn der Gegner im Termin neuen Vortrag bringt, zu dem die eigene Partei keine spontanen Informationen präsent hat, darf der Anwalt sich nicht einfach mit einer Erklärung mit Nichtwissen behelfen. Vielmehr hat er eine Schriftsatzfrist (§ 283) zu beantragen, um zwischenzeitlich prüfen zu können,

---

47 *BGH* NJW 1995, 130, 131; Bedenken bei *Balzer* Beweisaufnahme Rn. 10.
48 *BGH* NJW-RR 2002, 612, 613.
49 *LG Berlin* VersR 2001, 1226; Hk-ZPO/*Wöstmann* § 138 Rn. 8; a. A. Mus/*Stadler* § 138 Rn. 17.
50 *BGH* NJW 1995, 130, 131.
51 *BGH* NJW 1990, 453, 454.
52 *LG Frankfurt* NJW-RR 1991, 378.
53 *BGH* NJW 1999, 53, 54.
54 *OLG Frankfurt* VersR 1974, 585 (19. Senat); a. A. *OLG Frankfurt* NZV 2006, 285 (13. Senat); MK/*Wagner* § 138 Rn. 29.
55 *OLG Karlsruhe* r+s 1997, 107, 108 f.
56 *OLG Köln* NJW-RR 1995, 1407 f.; *OLG Düsseldorf* MDR 2002, 1148.
57 Bejahend *AG Hamburg* NZM 2007, 802.

II. Mangelnde Beweisbedürftigkeit kraft Gesetzes

welches Wissen vorhanden ist oder ggf. beschafft werden muss. Notfalls hat das Gericht einen solchen Antrag anzuregen (§ 139).[58]

2. Offenkundigkeit

Schrifttum: *Pantle*, Beweiserhebung über offenkundige Tatsachen?, MDR 1993, 1166.

Gemäß § 291 bedürfen bei Gericht offenkundige Tatsachen keines Beweises. Auf Bestreiten oder Zugestehen solcher Tatsachen kommt es nicht an. Das gilt auch, wenn ein Urkundenprozess geführt wird und die offenkundige Tatsache nicht durch Urkunden zu beweisen gewesen wäre.[59]   **402**

Man unterscheidet zumeist zwischen allgemeinkundigen und gerichtskundigen Tatsachen. Dagegen sind Erfahrungssätze nicht von § 291 erfasst.[60]   **403**

a) **Allgemeinkundige Tatsachen.** Hierunter fallen solche Umstände, die eine beliebig große Anzahl verständiger Menschen ohne besondere Fachkunde aus allgemein zugänglichen Quellen zuverlässig wahrnehmen kann.[61]   **404**

> **Beispiele:**
> Historische Ereignisse und deren anerkannte Ursachen, geografische Gegebenheiten und Entfernungen, regionale Gebräuche, Angaben in statistischen Jahrbüchern, der regelmäßig veröffentlichte Lebenshaltungskostenindex, Börsenkurse, die überaus große Bekanntheit einer Marke.[62]

Informationsquellen in diesem Sinne sind insbesondere wissenschaftliche Nachschlagewerke, Zeitungen und Zeitschriften, aber auch Datenbanken im Internet.[63]   **405**

Nicht allgemeinkundig sind Faktoren, die zwar als solche bekannt sind, deren Wirkung aber vom Einzelfall abhängt (z. B. Lärmbelästigung[64]). Das schließt es nicht aus, in solchen Fällen aus der Lebenserfahrung heraus beweisrechtliche Konsequenzen zu ziehen.   **406**

> **Beispiel:**
> Dass ein Heizungsausfall im Winter den Betrieb einer Anwaltskanzlei erheblich beeinträchtigt, ist zwar nicht offenkundig,[65] entspricht aber einer typischen Mangelfolge. In Mietrechtsstreit kann hierfür ein Anscheinsbeweis sprechen.

b) **Gerichtskundige Tatsachen.** Das Gericht kann solche Tatsachen ohne Beweis zugrunde legen, die ihm **in amtlicher Eigenschaft** – insbesondere in anderen Verfahren, gleich welcher Art – bekannt geworden sind und an die es sich mit voller Überzeugung erinnern kann.   **407**

> **Beispiele:**
> Wissenschaftliche Erkenntnisse aufgrund von Gutachten in anderen Prozessen;[66] dienstliche Mitteilungen, etwa über die Eröffnung eines Insolvenzverfahrens; Existenz eines Testamentes.

---

58 *BGH* NJW 1985, 1539, 1543.
59 *BGHZ* 62, 286; *BGH* WM 1985, 738.
60 *BGH* NJW 2004, 1163, 1164; vgl. im Übrigen Rn. 176.
61 *BSG* NJW 1979, 1063.
62 *OLG München* OLGR 2002, 50.
63 *ArbG Siegen* MMR 2006, 836.
64 *OLG Schleswig* NJW-RR 1991, 715; a. A. *OLG München* MDR 2004, 531.
65 So aber *OLG Dresden* NJW-RR 2002, 1163.
66 *BGH* NJW 1998, 3498, 3499.

4. Kapitel: Beweisbedürftigkeit

> **Zweifelsfall:**
> Zurückhaltung ist geboten bei der Feststellung ambivalenter Begriffe, etwa einer „schwierigen Wohnmarktsituation" in einer bestimmten Stadt.[67] Diese kann man allenfalls als Indiz verwerten.

408 Demnach scheiden solche Tatsachen aus, die der Richter auf private Weise ermittelt hat.[68] Anderenfalls wäre er zugleich Zeuge, was die Verfahrensordnung nicht zulässt (§ 41 Nr. 5).

409 Bei einem Kollegialgericht muss es sich um unmittelbare Kenntnis der Mehrheit, also mindestens zweier Richter handeln (§ 196 Abs. 1 GVG).[69]

410 Ob auch solche Tatsachen erfasst sind, die der Richter zwar nicht präsent hat, aber **aus Akten desselben Gerichts** beschaffen könnte, ist streitig.[70] Diese Frage ist zu verneinen, denn anderenfalls würde die Trennlinie zum Urkundenbeweis und dessen besonderen Regeln verwischt.[71] In Zweifelsfällen muss das Gericht den Weg über eine Beweisaufnahme wählen, statt vorschnell von § 291 Gebrauch zu machen.

411 c) **Verfahrensfragen. – aa) Tatsachenvortrag.** Sehr streitig ist, ob offenkundige Tatsachen in Verfahren mit Verhandlungsmaxime überhaupt durch die Parteien eingeführt werden müssen[72] oder ob sie das Gericht von Amts wegen zu berücksichtigen hat.[73] Hierzu muss man sich den Zweck und die systematische Stellung des § 291 vor Augen halten. Er will eine Beweisaufnahme vermeiden, wo sie überflüssige Förmelei wäre. Vom Wegfall der Dispositionsmaxime und des Beibringungsgrundsatzes wird nicht gesprochen. Es bleibt daher bei der **Notwendigkeit entsprechenden Parteivortrags**.

> **Praxistipp:**
> Für die Verfahrenswirklichkeit ist die Bedeutung dieser Streitfrage gering.[74] Denn der besonnene Anwalt wird auch solche Tatsachen vortragen, von denen er mutmaßt, sie bedürften wegen Offenkundigkeit keiner Beweisaufnahme.

412 Aus der hier vertretenen Lösung folgt allerdings, dass ein **Versäumnisurteil** (§ 331) gegen den Beklagten auch dann ergehen kann, wenn sich aus einer offenkundigen Tatsache eine rechtsvernichtende oder -hemmende Einwendung gegen den Klageanspruch ergäbe.

413 Etwas anderes gilt nur, wenn der Klageanspruch selbst auf offenkundig unzutreffende Tatsachen gestützt wird.[75]

414 bb) **Gerichtliches Procedere.** Das Gericht hat die Parteien darauf **hinzuweisen**, dass es infolge Offenkundigkeit einer Tatsache keinen Beweis zu erheben beabsichtigt (§ 139).[76] Den Parteien ist die Gelegenheit zur Stellungnahme einzuräumen (Art. 103 Abs. 1 GG). Nur dann ist eine Verwertung im Urteil möglich. In dessen Entscheidungsgründen kann es dann heißen:

---

67 So aber *LG Dresden* WuM 1994, 377.
68 *BGH* NJW 1987, 1021. Anders ist es bei der Ermittlung allgemeinkundiger Tatsachen; vgl. *BGH* NJW 2007, 3211.
69 *BGH* VersR 1960, 511.
70 Bejahend TP/*Reichold* § 291 Rn. 2; verneinend *OLG Jena* InVo 2002, 422; BL/*Hartmann* § 291 Rn. 5.
71 Hk-ZPO/*Saenger* § 291 Rn. 6; Mus/*Huber* § 291 Rn. 2.
72 So *BAG* NJW 1977, 695; BL/*Hartmann* § 291 Rn. 7; offengelassen bei *BVerfG* NJW 1994, 1274.
73 So *AG Dortmund* WuM 2004, 720; Hk-ZPO/*Saenger* § 291 Rn. 10; Zö/*Greger* § 291 Rn. 2.
74 Ebenso Mus/*Huber* § 291 Rn. 4.
75 *BGH* NJW 1979, 2089.
76 *BGH* NJW-RR 1993, 1122, 1123.

II. Mangelnde Beweisbedürftigkeit kraft Gesetzes

> ... Hierüber musste das Gericht trotz Bestreitens des Beklagten keinen Beweis erheben. Denn dieser Umstand ist allgemein bekannt und daher offenkundig (§ 291 ZPO). ...

Die Möglichkeit, **Gegenbeweis** anzutreten, besteht stets.[77] Er ist auf die Unrichtigkeit der als allgemein- oder gerichtskundig behandelten Tatsache gerichtet. **415**

3. Vermutungen, Fiktionen und Abgrenzungsfälle

Schrifttum: *Baumgärtel*, Die Bedeutung der sog. „tatsächlichen Vermutung" im Zivilprozess, FS-Schwab (1990), S. 43; *Medicus*, Ist Schweigen Gold? – Zur Widerlegung der Rechtsvermutungen aus §§ 891, 1006 BGB, FS-Baur (1981), S. 63.

a) Gesetzliche Vermutungen (§ 292). – aa) Vermutungsbasis. Das Gesetz **416** schreibt dem Richter an verschiedenen Stellen bindend vor, dass er von einer tatbestandsfremden Tatsache (Vermutungsbasis) auf das Vorliegen eines gesetzlichen Tatbestandsmerkmals zu schließen habe. Dabei kann es sich auch um ein negatives Tatbestandsmerkmal handeln.

Beispiele:
- § 440 Abs. 2: Echtheit der Unterschrift → Echtheit der Urkunde
- § 476 BGB: Mangel bei Gefahrübergang
- § 558d Abs. 3 BGB: qualifizierter Mietspiegel → ortsübliche Vergleichsmiete
- § 938 BGB: dauerhafter Eigenbesitz
- § 1117 Abs. 3 BGB: Besitz des Hypothekenbriefes → Übergabe
- § 1253 Abs. 2 Satz 1 BGB: Besitz → Rückgabe der Pfandsache
- § 2009 BGB: vollständiges Nachlassinventar
- § 409 Abs. 2 HGB: unterzeichneter Frachtbrief → ordnungsgemäße Übergabe
- § 17 Abs. 2 Satz 2 InsO: Zahlungseinstellung → Zahlungsunfähigkeit
- § 1 Abs. 5 Satz 1 KSchG: Namensliste im Interessenausgleich → dringendes betriebliches Erfordernis
- § 39a WpÜG: mindestens 90 % Grundkapital → Angemessenheit der Abfindung

In einigen Fällen wird auf eine Basistatsache ganz verzichtet und ein Tatbestandsmerkmal voraussetzungslos „bis zum Beweis des Gegenteils" vermutet. **417**

Beispiele:
- § 178 Abs. 2 VVG (Unfreiwilligkeit eines Unfalls)
- Ähnlich ist es mit der gesetzlichen Dringlichkeitsvermutung in § 12 Abs. 2 UWG.[78] Sie betrifft den Verfügungsgrund im Rahmen der §§ 935, 940 und damit einen Sonderfall des Rechtsschutzbedürfnisses. Diese Vermutung wird insbesondere durch langes Zuwarten bei der Antragstellung widerlegt.[79]

Gegenstand einer gesetzlichen Vermutung kann neben einer Tatsache auch ein **418** **Rechtszustand** sein. Dann ist das Gericht von der Prüfung der Frage entbunden, ob das Recht entstanden oder untergegangen ist.

---

77 *BVerfG* 1996, 183, 184; a.A. *Zö/Greger* § 291 Rn. 4; *Pantle/Kreissl* Rn. 310.
78 A.A. *OLG Celle* GRUR-RR 2008, 414 und *OLG Koblenz* WRP 1985, 578, 579 (nur „tatsächliche Vermutung"); vgl. auch *Traub* WRP 2000, 1046 (jeweils zu § 25 UWG a.F.).
79 *BGH* GRUR 2000, 151, 152; *KG* NJW-RR 2001, 1201, 1201.

4. Kapitel: Beweisbedürftigkeit

> Beispiele:
> - § 891 BGB: Grundbucheintrag → Rechtsinhaberschaft
> - § 1006 Abs. 1 BGB: Besitz → Eigentum
> - § 1362 Abs. 1 BGB: Besitz → Schuldnereigentum
> - § 1964 Abs. 2: Erbrecht des Fiskus
> - § 2365 BGB: Bezeichnung als Erbe → Erbrecht

419 **bb) Beweisrechtliche Folgen.** Die begünstigte Partei hat zunächst die Vermutungsbasis vorzutragen und notfalls zu beweisen. Das eröffnet die Möglichkeit des Gegenbeweises.[80] Wenn der Beweis gelungen ist oder gar nicht notwendig war, steht die Vermutungsfolge ohne weitere Beweisaufnahme fest. Nach ganz überwiegender Ansicht muss die vermutete Tatsache noch nicht einmal behauptet worden sein.[81] Im Ergebnis kommt es also zu einer **Verschiebung des Beweisthemas**.[82]

420 Der **Beweis des Gegenteils** bezieht sich auf die Vermutungsfolge.[83] Er ist der anderen Partei grundsätzlich eröffnet, es sei denn, das Gesetz schließt dies ausdrücklich aus (unwiderlegbare Vermutung).

> Beispiele:
> § 503 Abs. 2 Satz 4 BGB (Ausübung des Rücktrittsrechts), § 1566 BGB (Zerrüttung der Ehe), § 344 HGB (Zugehörigkeit zum Handelsgeschäft).

421 Dieser Beweis ist erst dann geführt, wenn die Unwahrheit der vermuteten Tatsache zur vollen Überzeugung feststeht.[84] Insofern gelten die allgemeinen Regeln, einschließlich der Möglichkeit einer Parteivernehmung (§ 292 Satz 2) und des Indizienbeweises. Zur Erleichterung kommen darüber hinaus häufig die Grundsätze der **sekundären Darlegungslast** zur Anwendung.[85]

> Beispiel:
> Der Gegner einer Partei, deren Eigentum nach § 1006 BGB vermutet wird, hat nicht jede denkbare Erwerbsmöglichkeit auszuschließen, sondern nur die sich aus dem beiderseitigen Sachvortrag ergebenden.[86]

422 **b) Fiktionen.** Unwiderlegbare Vermutungen kommen in ihrer Wirkung den Fiktionen gleich. Bei ihnen wird kraft Gesetzes eine Tatsache in dem sichereren Wissen zugrunde gelegt, dass sie eigentlich nicht vorliegen kann. Diese Folge ist eine rein materiell-rechtliche.[87] Man erkennt solche Fiktionen meist an der Formulierung „gilt".

> Beispiele:
> §§ 108 Abs. 2 Satz 2, 177 Abs. 2 Satz 2 BGB (Verweigerung der Genehmigung).

423 Vorsicht ist geboten, wenn eine gesetzliche Vermutung mit einer weitergehenden Fiktion verknüpft wird, so bei § 739 Abs. 1. In diesem Fall kann nur die Eigentumsvermutung widerlegt werden, nämlich über die Klage nach § 771.

---

80 Vgl. hierzu Rn. 199.
81 StJ/*Leipold* § 292 Rn. 13.
82 *BGH* NJW 1951, 397, 398; Hk-ZPO/*Saenger* § 292 Rn. 7.
83 *BGH* NJW-RR 2000, 397 spricht auch insoweit vom „Gegenbeweis" (zu § 6 Abs. 3 a.F. VVG).
84 *BGH* NJW 2002, 2101, 2102; unzutreffend und wirr daher die Formulierung „gesetzliche Vermutung entkräftet" bei KG NJW-RR 2008, 890, 891 (zu § 6 Abs. 3 a.F. VVG).
85 Vgl. hierzu Rn. 36.
86 *BGH* MDR 1977, 661.
87 MK/*Prütting* § 292 Rn. 4.

II. Mangelnde Beweisbedürftigkeit kraft Gesetzes

c) Abgrenzungen. – aa) Sog. tatsächliche Vermutungen. Die von § 292 erfassten Fälle dürfen nicht mit den (beweiserleichternden) „tatsächlichen Vermutungen" verwechselt werden, wie sie die Rechtsprechung ohne genaue dogmatische Grundlage und Einordnung entwickelt hat.[88] Unklar ist v. a., wie der Anscheinsbeweis in diesem Zusammenhang einzuordnen ist bzw. ob es sich um dasselbe handelt.[89] Denn auch bei „tatsächlichen Vermutungen" geht es um Rückschlüsse aufgrund der Lebenserfahrung und Typizität. Aus der kaum zu überblickenden Rechtsprechung lassen sich folgende wichtige **Beispiele** nennen. Es besteht eine „tatsächliche Vermutung"   424

- für eine verwerfliche Gesinnung bei besonders grobem Missverhältnis von Leistung und Gegenleistung (§ 138 BGB);[90] ebenso für die Ausnutzung der emotionalen Verbundenheit zwischen Bürge und Hauptschuldner bei krassem Missverhältnis von Verpflichtung und Leistungsfähigkeit;[91]
- für richtiges Verhalten des Mandanten bei ordnungsgemäßer Beratung durch einen Rechtsanwalt oder Steuerberater;[92] dies gilt jedoch nicht, wenn mehrere gleich vernünftige Verhaltensmöglichkeiten des Mandanten in Betracht kommen;[93]
- für die Ursächlichkeit zwischen einem Prospektfehler und der Anlageentscheidung;[94]
- für den Fremdgeschäftsführungswillen i. S. v. §§ 677, 687 BGB bei einem fremden oder „auch-fremden" Geschäft;[95]
- für die Wiederholungsgefahr im Rahmen von Unterlassungsansprüchen (v. a. bei Wettbewerbsverstößen);[96]
- für die Richtigkeit und Vollständigkeit einer Vertragsurkunde;[97]
- für die Richtigkeit einer Arbeitsunfähigkeitsbescheinigung (§ 5 Abs. 1 EFZG).[98]

Weitere ähnliche Fallgruppen werden im Rahmen des Anscheinsbeweises erörtert.[99] In all diesen Fällen genügt es für den Gegner, die Schlussfolgerung zu erschüttern (Gegenbeweis). Dann gilt die gewöhnliche Verteilung der objektiven Beweislast. Sie bleibt unberührt.[100] Das Ganze gehört vielmehr zu **Schlussfolgerungen im Rahmen der Beweiswürdigung** nach § 286 Abs. 1 und sollte daher nicht den missverständlichen Begriff einer „Vermutung" tragen.[101]   425

bb) Sonstige Fälle. Der Gesetzgeber spricht gelegentlich von Tatsachen, die einen anderen Umstand „vermuten lassen" (§ 22 AGG). Mit solchen Formulierungen soll lediglich auf eine Beweismaßreduzierung in Gestalt „überwiegender Wahrscheinlichkeit" hingewiesen werden.[102] Auch dies hat mit § 292 nichts zu tun.   426

---

88   *BGH* NJW 2001, 1140, 1141.
89   So *BGH* NJW 1992, 3237, 3241; offengelassen bei *BGH* NJW 2001, 1127, 1128 f.; wieder anders *BGH* DtZ 1994, 316 *(„im Sinne eines Indizienbeweises")*; vgl. zum Anscheinsbeweis Rn. 751.
90   *BGH* NJW 2001, 1127 f.
91   *BGH* NJW 2001, 2466, 2467.
92   *BGH* NJW 1993, 3259.
93   *BGH* MDR 2008, 799, 800.
94   *BGH* NJW-RR 2006, 685, 687 f.
95   *BGH* NJW 1963, 1825, 1826; *BGH* NJW-RR 2004, 81, 82.
96   *BGH* NJW-RR 2001, 684, 685 f.
97   *BGH* NJW 2002, 3164 f.
98   *BAG* AG EntgeltFG § 3 Nr. 4.
99   Vgl. hierzu Rn. 764.
100 MK/*Prütting* § 292 Rn. 28.
101 Ausdrücklich befürwortend aber *Balzer* Urteil Rn. 60.
102 Vgl. zum Beweismaß Rn. 732.

4. Kapitel: Beweisbedürftigkeit

4. Bindung durch Interventionswirkung (§ 68)

Schrifttum: *Haertlein,* Beteiligung Dritter am Rechtsstreit – Streithilfe und Streitverkündung, JA 2007, 10; *Schröder,* Folgen der Streitverkündung – eine Zwischenbilanz, BauR 2007. 1324.

427 Wenn die Wahrheit oder Unwahrheit einer Behauptung bereits in einem **Vorprozess** durch Urteil festgestellt worden ist, kann sich daraus eine Bindungswirkung ergeben, die die Beweisbedürftigkeit ausschließt. Das gilt in Fällen der **Streithilfe** (§ 66, Nebenintervention) und der zulässigen **Streitverkündung** (§§ 72 ff.).

428 Eine solche **Bindungswirkung** besteht im Verhältnis der Hauptpartei zum Streithelfer bzw. Streitverkündungsgegner, also für den Folgeprozess zwischen beiden. Sie betrifft die streitigen Tatsachen, die sich im Folgeprozess zu Gunsten der (unterstützten) Hauptpartei auswirken.[103]

429 War die Hauptpartei im Vorprozess wegen **Unerweislichkeit** („non liquet") ihrer Tatsachenbehauptung – also aufgrund objektiver Beweislast – unterlegen, so steht nur diese Unerweislichkeit fest, nicht das Gegenteil der Behauptung.[104] Dies erlaubt eine neue Beweisaufnahme über dieses Gegenteil im Folgeprozess. Sie kann aber wiederum zu Lasten der Hauptpartei ausgehen, wenn sie auch hier die Beweislast trägt.

Beispiel:
Im Vorprozess hatte das Zustandekommen eines Werkvertrages zwischen dem klagenden Unternehmen und dem Bauherrn nicht erwiesen werden können. Im Folgeprozess nimmt der Kläger den Generalunternehmer in Anspruch, dem er im Vorprozess den Streit verkündet hatte. Hier trägt der Kläger die Beweislast für den Abschluss eines Werkvertrages mit dem Generalunternehmer. Er könnte also erneut wegen Unerweislichkeit unterliegen.

Gegenbeispiel:
Im Vorprozess konnte die wirksame Bevollmächtigung eines angeblichen Vertreters, dem der Streit verkündet worden war, nicht erwiesen werden. Wenn nun im Folgeprozess aus § 179 BGB vorgegangen wird, ist dem beklagten Vertreter der (eigentlich ihm obliegende) Beweis seiner Vertretungsmacht abgeschnitten.[105]

---

103 *BGH* NJW 1987, 1894, 1895; a. A. *Rosenberg/Schwab/Gottwald* § 50 Rn. 59.
104 *BGH* NJW 1983, 820. 821; *OLG Karlsruhe* OLGR 2005, 629.
105 *OLG Düsseldorf* NJW 1992, 1176, 1177; zu Unrecht kritisiert bei BL/*Hartmann* § 68 Rn. 7.

I. Numerus clausus und Auswahl der Beweismittel

5. Kapitel: Beweismittel

I. Numerus clausus und Auswahl der Beweismittel

1. Ordnung der Beweismittel

Im **Strengbeweisverfahren** stehen nur die gesetzlich normierten Beweismittel zur Verfügung. Es handelt sich um den Augenschein (§§ 371 ff.), den Zeugen (§§ 373 ff.), das Sachverständigengutachten (§§ 402 ff.), die Urkunde (§§ 415 ff.) und die Parteivernehmung (§§ 445 ff.). Die amtliche Auskunft ist ein Substitut. Je nach Inhalt ersetzt sie Zeugenvernehmung oder Sachverständigengutachten. Für die Sachverhaltsermittlung kann sich das Gericht demnach der eigenen Wahrnehmung (Augenschein und Urkunde), der Übernahme fremder Wahrnehmung (Zeuge- und Parteivernehmung) sowie der Übernahme fremder Fachkunde (Sachverständiger) bedienen. Hinzu kommt das Erschließen von Tatsachen aufgrund feststehender oder ermittelter Hilfstatsachen (Indizien). **430**

2. Auswahl

Unter diesen Stengbeweismitteln hat der Beweisführer grundsätzlich die **freie Wahl**. Er kann sie kumulieren. Einzig die Parteivernehmung hat subsidiären Charakter (§§ 445, 448, 450 Abs. 2) bzw. bedarf der Zustimmung des Gegners (§ 447). Darüber hinaus sehen der Urkundenprozess und das selbständige Beweisverfahren eine gesetzliche Beschränkung der Beweismittel vor. **431**

Die **Qualität der Beweismittel** lässt sich nicht schematisch ordnen. Indessen ist das häufigste Beweismittel – der Zeuge – zugleich mit den meisten Zuverlässigkeitszweifeln behaftet. Denn bei ihm spielen subjektive Faktoren, wie Wahrnehmungs-, Erinnerungs- und Wiedergabevermögen sowie persönliche Interessen ein entscheidende Rolle.[1] Dies erfordert von allen Beteiligten besondere Sorgfalt. Dagegen erscheinen Urkunden, ihre Echtheit vorausgesetzt, wegen der gesetzlich angeordneten Beweiskraft (§§ 415 f., 286 Abs. 2) als sehr zuverlässig. **432**

Ein **Taktieren** bei der Entscheidung, ob und wann Beweis angetreten wird, ist schon deshalb nicht ratsam, weil die Gefahr der Verspätungspräklusion droht.[2] Daraus kann ein anwaltlicher Haftungsfall erwachsen. **433**

Von der Prämisse, dass für eine behauptete Tatsache soweit wie möglich Beweis angeboten werden sollte, ist die Frage zu trennen, welche Beweismittel gewählt werden. Natürlich muss das Beweismittel objektiv geeignet sein. Bei Zeugen ist darüber hinaus deren subjektive Eignung bedeutsam. Über sie kann vielfach nur gemutmaßt werden. In der Regel muss sich der Anwalt darauf beschränken, wie der eigene Mandant das Wissen des Zeugen beurteilt. Insbesondere bei komplexen Sachverhalten und Prozessen von wirtschaftlicher Bedeutung kann es aber notwendig sein, dass der Anwalt beim Zeugen selbst dessen Wahrnehmungen erfragt, ehe er ihn zum Beweis benennt. Das ist – auch standesrechtlich – zulässig. **434**

> **Praxistipp:**
> Bei alledem ist zum einen sorgfältig darauf zu achten, dass nicht der Eindruck der Beeinflussung des Zeugen entsteht. Das gilt vor allem bei Zeugen im Kindesalter. Ferner muss dem Zeugen klargemacht werden, dass er die Wahrheit seiner Aussage vor Gericht selbst zu verantworten hat und daher eine Frage nach einem Vorgespräch mit dem Anwalt zu bejahen ist.[3]

---

1 Vgl. hierzu Rn. 529 ff.
2 Vgl. hierzu Rn. 252 ff.
3 *Goebel* § 10 Rn. 137.

5. Kapitel: Beweismittel

II. Augenschein

Schrifttum: *Ahrens*, Elektronische Dokumente und technische Aufzeichnungen als Beweismittel, FS-Geimer (2002), S. 1 ff.; *Roßnagel/Wilke*, Die rechtliche Bedeutung gescannter Dokumente, NJW 2006, 2145.

1. Funktion und Definition

435 a) **Wahrnehmbarkeit.** Der Augenschein dient der **sinnlichen Wahrnehmung** des Zustandes einer Person oder einer Sache (auch Tieres) oder eines konkreten Vorgangs. Das meint alle Sinne, auch Gehör, Geruch und Geschmack. Während alle sonstigen Beweismittel dem Richter etwas vermitteln wollen, nimmt er beim Augenschein die vorgefundenen Tatsachen selbst wahr und kann nicht auf fremde Sachkunde vertrauen. Das nutzt der Klärung des Sachverhalts oft mehr als eine Zeugenvernehmung, insbesondere wenn auch wertende Aspekte eine Rolle spielen. Der Augenschein gilt daher als **besonders zuverlässiges Beweismittel.**

> Beispiele:
> - Beeinträchtigung des Lichteinfalls;
> - vermeintlich störende Geräusche oder Gerüche;
> - Erscheinungsbild einer Person infolge einer Verletzung;
> - Feststellung der Straßenverkehrsverhältnisse.

436 Diese Tatsachen können auch als **technische Aufzeichnungen** „verdinglicht" sein. Daher fällt die unmittelbare Wahrnehmung von gespeicherten Bildern – also **Digitalfotos**[4] –, Filmen oder Tönen unter den Augenschein. Die Speicherung kann in Form eines elektronischen Dokuments (§ 371 Abs. 1 Satz 2) oder eines anderen Datenträgers mit Grafik-, Video- oder Audiodateien erfolgt sein. Nachdem im Zivilprozess kein materieller Unmittelbarkeitsgrundsatz gilt, mag etwa die Fotografie einer bestimmten Örtlichkeit deren direkte Inaugenscheinnahme ersetzen.[5]

437 b) **Kombinationen.** Der Augenschein wird nicht selten **mit anderen Beweismitteln kombiniert**, etwa durch Zuziehung eines Sachverständigen (§ 372 Abs. 1). Dies kann sogar geboten sein, insbesondere wenn schon bei der Wahrnehmung selbst Unterstützung notwendig ist oder wenn Anknüpfungstatsachen für ein nachfolgendes Gutachten gewonnen werden sollen. Theoretisch kann das Gericht zum Augenscheinstermin auch Messgeräte mitführen und deren Ergebnis festhalten.[6] Praktikabler wird aber meist ein reiner Sachverständigenbeweis sein.

438 Auch kann es ratsam sein, einen **Zeugen** direkt vor Ort zu vernehmen. Er kann dann genau erklären, wie er ein Geschehen – z.B. einen Verkehrsunfall – wahrgenommen hat. Dies vermindert Darstellungsschwierigkeiten.[7]

439 Eine **Urkunde** kann ebenfalls Augenscheinsobjekt sein, sofern es nicht um ihren gedanklichen Inhalt geht.

2. Beweisantritt

440 Der Beweisantritt erfordert eine Tatsachenbehauptung und die möglichst präzise Bezeichnung des in Augenschein zu nehmenden Gegenstands bzw. der Person (§ 371 Abs. 1 Satz 1). Wenn sich der Gegenstand nicht im Besitz des Beweisführers befindet, ist zu beantragen, nach § 144 eine Beibringungsanordnung zu

---

[4] Vgl. hierzu *Knopp* ZRP 2008, 156; zum Beweis der Urheberschaft ferner *LG München I* MMR 2008, 622.
[5] *BGH* NJW-RR 1987, 1237.
[6] StJ/*Berger* vor § 371 Rn. 4; Mus/*Huber* § 371 Rn. 3.
[7] *Schneider/v.d.Hövel* S. 110.

treffen (§ 371 Abs. 2 Satz 1).[8] Materiell-rechtliche Vorlegungsansprüche können außerdem entsprechend §§ 422 ff. durchgesetzt werden (§ 371 Abs. 2 Satz 2).

Darüber hinaus besteht **keine prozessual erzwingbare Verpflichtung** der Parteien, den Gegenstand bereitzustellen bzw. die Inaugenscheinnahme zu dulden (Ausnahme: § 372a).[9] Eine Weigerung trotz Zumutbarkeit ist nach den Grundsätzen der Beweisvereitelung zu beurteilen (§ 371 Abs. 3).[10]

441

Beim Augenscheinbeweis stellt sich in besonderem Maße die Frage nach der Verwertung **rechtswidrig erlangter Beweismittel**.[11]

442

3. Verfahren

Die Inaugenscheinnahme kann je nach Einzelfall **im Gerichtssaal oder vor Ort** (Ortstermin, § 219 Abs. 1) erfolgen. Es besteht auch keine Beschränkung auf den Gerichtsbezirk (§ 166 GVG). In allen Fällen ist der Inhalt der richterlichen Wahrnehmungen möglichst präzise zu protokollieren (§ 160 Abs. 3 Nr. 5).[12]

443

> **Praxistipp:**
> Ein Ortstermin kann im Verhältnis zu Erörterungen im Gerichtssaal durchaus vergleichsfördernde Wirkung haben.[13] Das gilt z. B. für Streitigkeiten unter Nachbarn. In solchen Fällen lohnt sich ggf. eine umfangreiche Terminkoordination.

Unter Umständen kann das Gericht gehalten sein, einen Ortstermin **mehrmals zu wiederholen**, etwa um das Ausmaß von Geruchs- oder Lärmbelästigungen zu ermitteln. Dies gilt aber nur, wenn nicht ohnehin ständig wechselnde Bedingungen vorliegen.[14]

444

Wenn schon die **Identität des Augenscheinsobjekts** streitig ist, so ist zunächst diese zu klären. Dabei trägt in der Regel der Beweisführer die Beweislast. In den Fällen des § 144 Abs. 1 ist die Beweislast parallel zur streitigen (Haupt-)Tatsache verteilt.[15]

445

III. Zeugenbeweis

Schrifttum: *Binkert/Preis*, Zeugenbeweis in der (arbeits-)gerichtlichen Praxis, AuR 1995, 77; *Bode/Trompetter*, Anwaltliche Taktik beim Zeugenbeweis, ProzRB 2003, 185; *Kirchhoff*, Verkehrsunfall im Zivilprozess – Hinweise zur Verbesserung der Zeugenvernehmung, MDR 2000, 186; *Meyke*, Die Funktion der Zeugenaussage im Zivilprozess, NJW 1989, 2032; *Rüßmann*, Praktische Probleme des Zeugenbeweises im Zivilprozess, KritV 1989, 361; *ders.*, Die Zeugenvernehmung im Zivilprozess, DRiZ 1985, 41; *Schneider*, Wartepflicht bei der Zeugenvernehmung, MDR 1998, 1205; *Stadler*, Schriftliche Zeugenaussagen und pre-trial dicovery im deutschen Zivilprozess, ZZP 110 (1997), 135; *Stimpfig*, Prüfkriterien für den Aussagewert beim Zeugenbeweis, MDR 1995, 451.

1. Einleitung

a) Funktion. Von allen Beweismitteln bildet der Zeuge das größte Mysterium. Er wird ebenso häufig benannt wie vernommen. Sodann will der Praktiker zuverlässig wissen, ob dem Zeugen zu trauen ist. Noch dazu muss der Richter

446

---

8 Vgl. hierzu Rn. 67.
9 BL/*Hartmann* vor § 371 Rn. 7.
10 Vgl. hierzu Rn. 115.
11 S. hierzu Rn. 104.
12 Vgl. hierzu Rn. 314.
13 Mus/*Huber* § 371 Rn. 1; *Schneider/v.d.Hövel* S. 111.
14 *BGH* NJW 1999, 356, 358.
15 Mus/*Huber* § 371 Rn. 6.

5. Kapitel: Beweismittel

seine gefühlsmäßige Einschätzung in eine überzeugende Begründung kleiden (§ 286 Abs. 1 Satz 2). Daraus entstehen unendlich viele Schwierigkeiten und Fallen. Sie sind kein Grund zur Entmutigung. Denn einiges lässt sich mit praktischer Erfahrung und individueller Gestaltung bewältigen. Der Zeugenbeweis ist und bleibt ohnehin die mit Abstand **wichtigste Beweisart**. Er ist unverzichtbar, erfordert aber größte Sorgfalt.

447 Der Zeuge soll seine **Wahrnehmungen** über vergangene Tatsachen und Zustände wiedergeben (vgl. § 414). Ein Zeuge kann daher nicht durch eine beliebige andere Person ersetzt werden. Es geht um eigene Wahrnehmungen mit allen Sinnen. Das betrifft auch solche über Tatsachenberichte Dritter („Zeuge vom Hörensagen") im Rahmen der Indizienfeststellung.

448 b) **Zeugenpflichten.** Im Geltungsbereich deutscher Gerichtsbarkeit unterliegt jede zeugenfähige Person einer – notfalls erzwingbaren – Zeugnispflicht. Diese umfasst die Pflicht zum Erscheinen vor Gericht, zur wahrheitsgemäßen und vollständigen Aussage sowie zur Eidesleistung, vorbehaltlich eines Zeugnisverweigerungsrechts. Das ist noch immer vielen Bürgern nicht bekannt. Eine Pflicht des Zeugen, sich eigene Wahrnehmungen und Kenntnisse zu verschaffen, besteht indessen nicht.[16]

449 c) **Abgrenzung.** Die Verwertung und Würdigung von Zeugenvernehmungsprotokollen aus anderen Verfahren – auch strafrechtlichen Ermittlungsverfahren – ist auf Antrag des Beweisführers nur im Wege des **Urkundenbeweises** möglich (§ 415). Alles andere widerspräche dem Unmittelbarkeitsgrundsatz. Eine beantragte Vernehmung von Zeugen darf das Gericht daher nicht mit Verweis auf andere Protokolle ablehnen.[17]

> **Praxistipp:**
> Mangels persönlichen Eindrucks und eigenerer Fragemöglichkeit lässt sich die Glaubwürdigkeit eines Zeugen nicht allein aufgrund eines fremden Vernehmungsprotokolls beurteilen.[18] Im Übrigen müssen die Urteilsgründe erkennen lassen, dass sich das Gericht des geringeren Beweiswertes bewusst war.[19]

2. Zeugenfähigkeit

450 Mitunter kann die Frage nach der Zeugenfähigkeit einer Person bedeutsam werden. Sie ist immer **im Zeitpunkt der Vernehmung** zu beantworten.[20]

451 a) **Verstandeskraft.** Hinsichtlich der persönlichen Verhältnisse kommt es zunächst darauf an, dass die (natürliche) Person nach ihrem Verstande in der Lage ist, Tatsachen wahrzunehmen und darüber zu berichten.[21] Eine Altersbeschränkung besteht nicht.[22] Ggf. muss das Gericht die nötige Verstandeskraft des Zeugen im Freibeweis klären.

452 b) **Verhältnis zur Parteistellung. – aa) Grundsatz.** Wer im konkreten Verfahren **Partei** ist, kann grundsätzlich nicht Zeuge sein. Das gilt gleichermaßen für den gesetzlichen Vertreter einer prozessunfähigen Partei, etwa für die Eltern eines Minderjährigen oder den Geschäftsführer einer GmbH. Der Minderjährige selbst ist in diesen Fällen Zeuge, soweit er nicht gem. § 455 Abs. 2 Satz 1 als Partei vernommen wird.[23]

---

16 *OLG Köln* NJW 1973, 1983.
17 *BGH* NJW 2000, 1420, 1421; *OLG Koblenz* MDR 2006, 771.
18 *BGH* NJW 2000, 1420, 1421.
19 *BGH* NJW 1995, 2856, 2857.
20 *OLG Karlsruhe* BB 1992, 97.
21 Hk-ZPO/*Eichele* § 373 Rn. 2.
22 *AG Bergisch Gladbach* WuM 1994, 193 (siebenjähriger); vgl. zu kindlichen Zeugen *Deckers* NJW 1999, 1365.
23 *OLG Hamm* OLGR 2003, 181.

III. Zeugenbeweis

453 Der **Prozesseintritt** eines zuvor vernommenen Zeugen als Partei lässt die Verwertbarkeit seiner Zeugenaussage unberührt.[24] Freilich ist der Wert einer solchen Aussage zu hinterfragen (§ 286 Abs. 1).

454 bb) **Streitgenosse und Streithelfer.** Ausnahmsweise dürfen einfache Streitgenossen (§§ 59, 60) über solche Themen als Zeugen aussagen, die ausschließlich andere Streitgenossen betreffen.[25] Es kommt hier darauf an, ob die unterschiedlichen Ansprüche gegen die Streitgenossen auf dem gleichen Sachverhalt beruhen. Auch zu einer Widerklage kann ein klägerischer Streitgenosse daher nur Zeuge sein, wenn die betroffene Tatsache nicht auch für die Klage wesentlich ist.[26]

455 Ferner kann der einfache **Streithelfer** (§§ 66 ff.) Zeuge sein; ebenso ein durch rechtskräftiges Teilurteil, Vergleich oder Teilklagerücknahme **ausgeschiedener Streitgenosse**, soweit gegen ihn keine negative Kostenentscheidung mehr ergehen kann.[27]

> **Beispiel:**
> Bei einer Punkteklage betraf ein Anspruch mehrere Schuldner. Insofern wurde die Klage bereits vor der Beweisaufnahme aus Rechtsgründen durch Teilurteil abgewiesen. Nunmehr ist nur noch über weitere Ansprüche gegen einen Schuldner zu entscheiden.

456 cc) **Sonderfälle.** Häufig kommt im Falle der **Prozessstandschaft** die zeugenschaftliche Vernehmung des Rechtsträgers in Betracht.[28]

> **Beispiel:**
> Im Anfechtungsprozess des Insolvenzverwalters (§§ 129 ff. InsO) kann der Gemeinschuldner Zeuge sein.[29]

457 Mitunter wird erwogen, dem **Zedenten** die Zeugenfähigkeit zu entziehen, wenn die Abtretung einzig mit dem Ziel erfolgt ist, ein Beweismittel zu schaffen.[30] Abgesehen davon, dass dies in den seltensten Fällen sicher nachweisbar ist, wird man einer solchen Schieflage durch Gebrauch des § 448 und v. a. im Rahmen der Beweiswürdigung zu begegnen haben.

458 Schließlich darf der **Prozessvertreter,** also der eigene oder gegnerische Anwalt, als Zeuge vernommen werden, etwa wenn er an Vertragsverhandlungen beteiligt war.[31]

459 dd) **Verfahrensfehler.** Eine unrichtige Einordnung als Zeuge oder als Partei ist nach § 295 Abs. 1 heilbar, soweit nicht ein Zeugnisverweigerungsrecht im Raum stand.[32]

460 c) **Angehörige des öffentlichen Dienstes.** Angehörige des öffentlichen Dienstes können zweifelsohne Zeuge sein, allerdings hat das Gericht deren **Amtspflicht zur Verschwiegenheit** zu berücksichtigen (§ 376 Abs. 1, §§ 61 f. BBG, § 39 BRRG). Solche Zeugen bedürfen der **Aussagegenehmigung** ihres Dienstvorgesetzten.

---

24 *OLG Karlsruhe* VersR 1979, 1033.
25 *BGH* NJW 1983, 2508.
26 *KG* OLGZ 1977, 244.
27 *OLG Koblenz* NJW-RR 2003, 283; *OLG Celle* NJW-RR 1991, 62; *KG* MDR 1981, 765.
28 *BGH* NJW 1972, 1580.
29 Vgl. auch *BFH* NJW-RR 1998, 63.
30 MK/*Damrau* § 373 Rn. 14; *Meyke* NJW 1989, 2032 Fn. 14; vgl. zu prozesstaktischen Fragen Rn. 135.
31 *OLG Hamm* MDR 1977, 142.
32 Mus/*Huber* § 373 Rn. 6.

5. Kapitel: Beweismittel

461 Grundsätzlich obliegt es dem Gericht, die Aussagegenehmigung einzuholen (§ 376 Abs. 3). Die Praxis weicht hiervon überwiegend ab und gibt dem Zeugen auf, selbst für die Aussagegenehmigung zu sorgen. Das wird man akzeptieren können.[33] Man kann im Beweisbeschluss wie folgt formulieren:

> ...
> Der Zeuge wird ersucht, sich selbst um die erforderliche Aussagegenehmigung seines Dienstvorgesetzten zu bemühen und diese zum Termin mitzubringen.
> ...

3. Verfahren

462 a) **Formalien.** – aa) **Beweisantrag und Beweisbeschluss.** Erforderlich ist immer ein Beweisantrag (§ 373).[34] Es gibt grundsätzlich keine Zeugenvernehmung von Amts wegen. Jedoch vermag die amtliche Auskunft (§§ 273 Abs. 2 Nr. 2, 358a Satz 1 Nr. 2) eine Zeugenaussage zu ersetzen.[35] Auf Antrag einer Partei muss aber auch hier die Auskunftsperson unmittelbar vernommen werden.[36]

463 Die Anordnung der Vernehmung des Zeugen erfolgt durch Verfügung (§ 273 Abs. 2 Nr. 4) oder durch förmlichen **Beweisbeschluss** (§ 358).[37]

464 bb) **Ladung des Zeugen.** Sie wird vom Richter verfügt und von der Geschäftsstelle ausgeführt (§ 377 Abs. 1). In der Praxis geschieht dies aus Kostengründen meist formlos. Zeugen, deren Zuverlässigkeit oder Aufenthalt zweifelhaft erscheint, sollten sogleich durch Zustellung geladen werden (§§ 175, 176). Innerhalb der Ladung ist das Beweisthema so zu umschreiben, dass sich einerseits der Zeuge vorbereiten kann, dass aber andererseits keine Suggestivwirkung erzeugt wird.

> **Typischer Fehler:**
> Die Übersendung von Auszügen des Beweisbeschlusses. Diese ist zu vermeiden. Der Zeuge könnte daraus unschwer entnehmen, auf welche Behauptung es für welche Partei ankommt.[38]

465 Mehrere Zeugen sollte man **gestaffelt laden**. Das erfordert zunächst eine Prognose, wie lange die einzelne Vernehmung dauert. Hier ist eher großzügig zu schätzen, denn den Umfang der Fragen der Parteien vermag das Gericht nicht zu planen. Die Staffelung vermeidet Unverständnis seitens der Zeugen und beugt einer Besprechung vor dem Sitzungssaal vor.

466 Hinsichtlich des **Auslagenvorschusses** (§ 379) sei auf die allgemeinen Ausführungen zur Beweisanordnung (Rn. 235) verwiesen.

467 cc) **Hindernisse.** Nicht selten gelangt die **Ladung** mit dem Vermerk **in Rücklauf**, der Zeuge sei unter der angegeben Adresse nicht zu ermitteln gewesen. Das kann bloße Nachlässigkeit des (privaten) Zustelldienstes bedeuten. Meist ist es zweckmäßig, den Beweisführer zunächst formlos zur Bekanntgabe einer neuen ladungsfähigen Anschrift aufzufordern. Prozessuale Folgen ergeben sich aber nur, wenn das Gericht einen Beschluss erlässt und zu Beibringung der Adresse eine **Frist setzt** (§ 356).[39] Der Beschluss ist zuzustellen (§ 329 Abs. 2 Satz 2). Nach fruchtlosem Ablauf der Frist ist der Beweisführer mit dem konkreten

---

33 Ebenso offenbar *Zimmermann* § 376 Rn. 2; *Balzer* Beweisaufnahme Rn. 122.
34 Vgl. hierzu Rn. 306.
35 Vgl. hierzu Rn. 693.
36 Mus/*Huber* § 373 Rn. 5.
37 Vgl. hierzu Rn. 220.
38 *Rüßmann* DRiZ 1985, 41, 44.
39 BGH NJW 1974, 188; BGH NJW 1993, 1926, 1927.

III. Zeugenbeweis

Zeugenbeweis ausgeschlossen (§ 230), soweit nicht eine Verfahrensverzögerung noch vermieden werden kann.[40]

dd) Nicht geladene Zeugen. Eine gerichtliche Ladung ist keinesfalls Voraussetzung für die Vernehmung von Zeugen. So ist es insbesondere möglich und ggf. geboten, dass eine Partei einen kurzfristig verfügbaren Zeugen eigenverantwortlich zum Termin „mitbringt" und seine Vernehmung beantragt. **468**

b) Schriftliche Zeugenbefragung (§ 377 Abs. 3). – aa) Voraussetzungen. Aus Gründen der **Prozessökonomie** ist eine schriftliche Befragung von Zeugen erlaubt. De facto wird damit ein Urkundenbeweis zum Zeugenbeweis. Dies ist nur in solchen Fällen zweckmäßig, bei denen aus Sicht des Gerichts und der Parteien ein unmittelbarer Eindruck entbehrlich ist und Rückfragen an den Zeugen unwahrscheinlich sind. Sobald es auf die Glaubwürdigkeit besonders ankommt, scheidet die schriftliche Befragung aus.[41] **469**

Eine spätere Ladung zur Vernehmung ist natürlich nicht ausgeschlossen (§ 377 Abs. 3 Satz 3), verzögert allerdings dann wieder den Prozess. Insgesamt ist die schriftliche Befragung nur zu empfehlen, wenn es sich um eine einfache, klar verständliche Beweisfrage handelt und von einer zuverlässigen Beantwortung ausgegangen werden darf.[42] **470**

> **Beispiel:**
> Anfrage beim beurkundenden Notar, ob während des Vertragsabschlusses ein bestimmter Punkt angesprochen worden ist. In einem solchen Fall ist aber vorab eine Aussaggenehmigung einzuholen.[43]

Im Übrigen muss in die **Ermessensausübung** einfließen, ob dem Zeugen eine persönliche Ladung zugemutet werden kann.[44] Die Geschäftsbelastung des Gerichts muss außer Betracht bleiben.[45] **471**

Es gibt auch Fälle, in denen sich erst nach gewöhnlicher Ladung des Zeugen herausstellt, dass eine schriftliche Befragung eventuell sinnvoller wäre. Dann sind hierzu die Parteien anzuhören und es ist z. B. zu verfügen: **472**

> Nach Auskunft des Arbeitgebers des Zeugen ... befindet sich dieser für mindestens 6 Monate an wechselnden Aufenthaltsorten im Ausland. Es wird daher angeregt, den Zeugen ... abweichend vom Beweisbeschluss vom ... schriftlich zu vernehmen (§ 377 Abs. 3 ZPO). Die Parteien erhalten Gelegenheit zur Stellungnahme binnen ... Wochen.

bb) Anordnung. Sie geschieht innerhalb des Beweisbeschlusses (vgl. § 358a Satz 2 Nr. 3), nicht lediglich durch prozessleitende Verfügung.[46] Aus dem Beschluss muss für die Parteien erkennbar sein, welche Fragen das Gericht dem Zeugen übermittelt: **473**

> Der Zeuge hat gem. § 377 Abs. 3 ZPO folgende Frage schriftlich zu beantworten:
>
> Welche Verletzungen der Klägerin haben Sie beim Eintreffen am Unfallort in der Paulstraße in Nürnberg am 25.4.2008, ca. 10.00 Uhr festgestellt?
> [...]

---

40 *OLG Karlsruhe* NJW-RR 1994, 512; *OLG Hamm* FamRZ 2003, 616, 617.
41 *LG Chemnitz* r+s 2000, 225.
42 *LG Gießen* MDR 1996, 200.
43 Das berührt aber nicht die Verwertbarkeit im Falle einer fehlenden Genehmigung; vgl. *OLG Köln* FamRZ 2004, 1382.
44 *OLG Frankfurt* OLGR 2008, 76.
45 TP/*Reichold* § 377 Rn. 2.
46 StJ/*Berger* § 377 Rn. 29; Mus/*Huber* § 377 Rn. 5.

5. Kapitel: Beweismittel

474 Auf das Einverständnis der Parteien kommt es nicht an. Das Gericht sollte jedoch sondieren, ob eine der Parteien auf einer Ladung besteht und ein dahingehender Antrag zu erwarten ist. Dann ist ein „Auseinanderreißen" der Befragung nicht sinnvoll. Umgekehrt sollte der Prozessvertreter in geeigneten Fällen anregen, nach § 377 Abs. 3 zu verfahren.

475 cc) **Schreiben an den Zeugen.** Das gerichtliche Schreiben an den Zeugen, dessen Inhalt aktenkundig sein muss, umfasst folgende Punkte:
- Einleitender Hinweis, dass in einem anhängigen Verfahren eine schriftliche Zeugenvernehmung stattfindet;
- Belehrung gem. § 395 Abs. 1, über die Möglichkeit der Ladung zur Vernehmung (§ 377 Abs. 3 Satz 2) und ggf. über ein Zeugnisverweigerungsrecht;
- Aufforderung zur Angabe der vollständigen Personalien (§ 395 Abs. 2 Satz 1);
- Aufforderung zur schriftlichen Beantwortung der genannten Beweisfrage(-n) binnen einer angemessenen **Frist**;
- Hinweis auf die Möglichkeit, Auslagen (insbes. Schreibauslagen) geltend zu machen (§ 401, § 19 Abs. 1 Satz 2 JVEG).

476 Nach **Überschreitung der Frist** müssen Beweistermin bestimmt und der Zeuge geladen werden. Ordnungsmittel können noch nicht verhängt werden.[47] Das Gericht informiert die Parteien über das Ausbleiben der Beantwortung.

477 Die schriftliche Beantwortung erlaubt unter den Voraussetzungen des § 130a auch eine Übermittlung durch **E-Mail**.

478 dd) **Antwort des Zeugen.** Die eingegangene Antwort des Zeugen ist den Parteien zu übersenden. Dabei ist ihnen eine Frist zur Äußerung und zum Antrag auf Ladung des Zeugen zu setzen. Spätestens jetzt ist Termin zur (weiteren) mündlichen Verhandlung zu bestimmen. Die Verfügung ist zuzustellen (§ 329 Abs. 2 Satz 2).

479 Einem fristgerechten **Antrag auf Ladung** zur Ausübung des Fragerechts muss das Gericht entsprechen.[48] Denn es geht nicht nur um eine „wiederholte Vernehmung" nach Ermessen des Gerichts (§ 398).[49] Es ist auch nicht ersichtlich, warum hier anderes gelten sollte als bei § 411 Abs. 4. Im Übrigen kommt es nicht darauf an, ob die beantragende Partei etwaige Ergänzungsfragen vorformuliert.[50] Ein verspäteter Antrag ist unter den Voraussetzungen des § 296 Abs. 2 unbeachtlich, solange nicht das Gericht selbst ein Ladung für notwendig erachtet (§ 377 Abs. 3 Satz 3).[51] Dies ist vor allem dann geboten, wenn die schriftliche Beantwortung unergiebig oder unvollständig war.

480 c) **Vorbereitung des Gerichts und der Beteiligten. – aa) Strategie.** Das Gelingen der Zeugenvernehmung ist wie kaum ein anderer Bereich von der organisatorischen und inhaltlichen Vorbereitung abhängig.[52] Dies erfordert zunächst eine **detaillierte Aktenkenntnis** des Gerichts aber auch der Prozessvertreter sowie Klarheit darüber, was vom Zeugen erfragt werden soll. Wichtige Punkte und Fragen sollte man sich auf einer Art „Checkliste" notieren. Das gilt insbesondere für Fragen, die das persönliche Verhältnis zu den Parteien und damit die Glaubwürdigkeit betreffen. Auch muss man sich etwaiger Sachverhaltsalternativen klar werden, weil anderenfalls die Gefahr selektiver Wahrnehmung

---

47 Hk-ZPO/*Eichele* § 377 Rn. 6.
48 *OLG Hamburg* OLGR 2004, 99; *LG Berlin* NJW-RR 197, 1289, 1290; *Schneider* MDR 1998, 1133, 1135; teilweise a. A. Bl/*Hartmann* § 377 Rn. 9 (auch schriftliche Beantwortung der Zusatzfragen).
49 Mus/*Huber* § 377 Rn. 8 m.w.Nachw.
50 A.A. *LAG Köln* MDR 2002, 465, 467.
51 *OLG Koblenz* OLGR 1999, 224, 226.
52 *Binkert/Preis* AuR 1995, 77.

III. Zeugenbeweis

steigt.⁵³ Bei kollegialen Spruchkörpern wird die **Befragungsstrategie** zuvor abzusprechen sein. Ebenso ist zu überlegen, in welcher Reihenfolge zeitgleich geladene Zeugen vernommen werden sollen.

bb) Zeugenbeistand. Ein Zeuge darf zum Zwecke der Vernehmung auf eigene Kosten einen anwaltlichen Beistand hinzuziehen.⁵⁴ In solchen Fällen sollte der Beistand dem Zeugen nicht nur den Grundablauf der bevorstehenden Vernehmung erklären, sondern auch darauf hinwirken, dass der Zeuge in zumutbarem Maße – etwa durch Einsicht in Unterlagen – sein Gedächtnis auffrischt.⁵⁵ **481**

d) Ablauf der Vernehmung, Zeugnisverweigerungsrechte und Beeidigung. – aa) Belehrung. Die Vernehmung wird mit dem **Aufruf des Zeugen** eingeleitet. Sie erfolgt einzeln und in Abwesenheit der noch ausstehenden Zeugen (§ 394 Abs. 1). Nachdem er im Sitzungssaal auf dem Zeugenstuhl Platz genommen hat, folgt die **Belehrung des Zeugen** (§ 395 Abs. 1). Sie umfasst einen kurzen Hinweis auf die Bedeutung der Aussage, die Wahrheitspflicht, die Strafbarkeit einer Falschaussage (§§ 153 ff. StGB) und die Möglichkeit der Beeidigung. Die Belehrung über eine mögliche zivilrechtliche Haftung gem. § 823 Abs. 2 BGB i. V. m. §§ 153 ff. StGB ist entbehrlich.⁵⁶ Es empfiehlt sich, gegenüber dem Zeugen kurz klarzustellen, dass die Belehrung nicht aus persönlichem Misstrauen heraus geschieht, sondern weil sie gesetzlich vorgesehen ist.⁵⁷ **482**

> Praxistipp:
> Die Belehrung sollte kurz und für einen Laien verständlich ausfallen. Juristische Fachbegriffe sind ebenso zu vermeiden, wie eine haarfeine Erläuterung aller Tatbestände der §§ 153 ff. StGB.⁵⁸ Denn es geht eher um das Werben für eine sachgerechte Aussage. Daher sollte im Vordergrund stehen, dass das Gericht auf die Mithilfe des Zeugen angewiesen ist.⁵⁹ Das fernsehgerechte Verlangen nach der „Wahrheit und nichts als der Wahrheit" dürfte nicht mehr zeitgemäß sein.

bb) Personalien. Sodann ist der Zeuge nach seinen Personalien zu befragen (§ 395 Abs. 2 Satz 1). Damit beginnt die eigentliche Beweisaufnahme. Neben dem Namen, Alter, Beruf und Wohnort ist üblicherweise nach Verwandtschaft/Schwägerschaft/Ehe mit einer der Parteien zu fragen. **483**

> Praxistipp:
> Die Frage nach den Personalien eignet sich als „Einstieg" in das Gespräch mit dem Zeugen, um diesem die Nervosität ein wenig zu nehmen und sein Selbstwertgefühl zu steigern.⁶⁰

Ferner kann die Glaubwürdigkeit des Zeugen ergründet werden, insbesondere durch **Fragen über die Beziehungen zu den Parteien** (sog. Generalfragen, § 395 Abs. 2 Satz 2). **484**

> Beispiele:
> - *„Wie lange kennen Sie den Kläger bereits? Sind Sie mit ihm befreundet? Führen Sie mit ihm eine nichteheliche Lebensgemeinschaft?"*
> - *„Wie lange sind Sie im Unternehmen des Beklagten beschäftigt?"*

---

53 *Rüßmann* DRiZ 1985, 41, 44.
54 *BVerfG* NJW 1975, 103.
55 *OLG Köln* NJW 1973, 1983, 1984 (Zeugenpflicht).
56 Etwas anders MK/*Damrau* § 395 Rn. 5 und BL/*Hartmann* § 395 Rn. 4 (zweckmäßig).
57 *Schneider/v.d.Hövel* S. 126.
58 StJ/*Berger* § 395 Rn. 1.
59 *Förschler* Rn. 945.
60 *Binkert/Preis* AuR 1995, 77, 78; *Rüßmann* DRiZ 1985, 41, 45.

5. Kapitel: Beweismittel

- „Haben Sie sich mit dem Kläger über den Prozess oder die heutige Vernehmung unterhalten?"

485 Dies gilt aber nur für geeignete Fälle. Wenn Zeugen und Parteien erkennbar in keinerlei persönlicher Beziehung stehen, könnten etwaige Fragen als Misstrauen des Gerichts falsch verstanden werden.

486 cc) **Zeugnisverweigerungsrecht.** Verlobte einer Partei, deren Ehegatten (oder Lebenspartner) sowie die mit ihr Verwandten und Verschwägerten sind **über ihr Zeugnisverweigerungsrecht zu belehren** (§ 383 Abs. 1 Nr. 1–3, Abs. 2). Verwandte und Verschwägerte in gerader Linie – also Eltern/Kinder, Großeltern/Enkel sowie Schwiegereltern/Schwiegerkinder u.s.w. – sind ohne Beschränkung zeugnisverweigerungsberechtigt. In der Seitenlinie sind Verwandte bis zum 3. Grad und Verschwägerte bis zum 2. Grad erfasst. Das meint Geschwister, Onkel/Tante, Neffe/Nichte sowie die Geschwister des Ehegatten bzw. Ehegatten der Geschwister (Schwager/Schwägerin). Das Verhältnis Cousin/Cousine ist hingegen nicht erfasst. Es kommt nur darauf an, dass die Angehörigeneigenschaft einmal bestanden hat, nicht dass sie im Zeitpunkt der Vernehmung noch besteht. Zur Verdeutlichung des verweigerungsberechtigten Personenkreises dient die folgende Grafik:

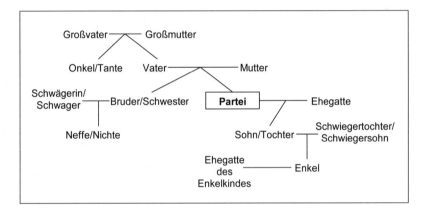

487 Die Belehrung über das Zeugnisverweigerungsrecht ist zu **protokollieren** (§ 160 Abs. 2). Dem Zeugen muss deutlich werden, dass er bei Verzicht auf sein Recht verpflichtet ist, vollständig und wahrheitsgemäß auszusagen.

488 Ferner ist zu protokollieren, wie sich der Zeuge über sein Verweigerungsrecht erklärt (§ 160 Abs. 3 Nr. 4). Wenn er es ausübt, ist die Vernehmung beendet, der Zeuge zu entlassen. Andernfalls kann fortgesetzt werden:

> Nach Belehrung über sein Zeugnisverweigerungsrecht erklärt der Zeuge: Ich bin zur Aussage bereit.[61]

489 Im Übrigen sind **Personen in besonderer Vertrauensstellung** zur Zeugnisverweigerung berechtigt, soweit es um Informationen geht, die sie in dieser Eigenschaft erlangt haben (§ 383 Abs. 1 Nr. 4 und 6). Geschützt ist ferner das Redaktionsgeheimnis der Pressemitarbeiter bezüglich ihrer Informationsquellen (§ 383 Abs. 1 Nr. 5). Dieses Verweigerungsrecht muss ausdrücklich geltend gemacht werden, ohne dass es einer Belehrung bedarf. Von Berufs wegen zur Verschwiegenheit verpflichtet sind insbesondere Ärzte, Richter (§§ 43, 45 DRiG),

---

[61] Nach *Balzer*, Beweisaufnahme Rn. 165 ist die Protokollierung dieses Satzes überflüssig.

III. Zeugenbeweis

Rechtsanwälte (§ 43a Abs. 2 BRAO), Notare (§ 18 BNotO), Steuerberater (§ 83 StBerG), Betreuer sowie Bankangestellte hinsichtlich der Geschäftsbeziehung zum Kunden.

Vom Zeugnisverweigerungsrecht erfasst sind allerdings nur Informationen, die die vertrauende Person – das ist nicht notwendig eine der Parteien – betreffen.[62] Solche Personen können von der Schweigepflicht entbunden werden (§ 385 Abs. 2), mit der Folge dass eine Aussagepflicht besteht. Für Pressemitarbeiter ist eine derartige Entbindung von der Schweigepflicht hingegen bedeutungslos.

490

> **Praxistipp:**
> - Wenn es sich beim Befreiungsbefugten um die eigene Partei handelt, sollte die Entbindung von der Schweigepflicht bereits ausdrücklich mit der Benennung des Zeugen im vorbereitenden Schriftsatz erfolgen – durch die Partei selbst, nicht den Anwalt.[63] Eine solche Erklärung gegenüber dem Gericht ist ausreichend.
>
> **Beachte:**
> - Wenn ein streitiger Anspruch aus einem Vertragsverhältnis hergeleitet wird, das die Schweigepflicht erst begründet hat, sind Mitarbeiter des zur Verschwiegenheit Verpflichteten (z. B. Kanzleiangestellte) nicht zur Zeugnisverweigerung berechtigt.[64]
> - Die Ausübung des Zeugnisverweigerungsrechts hindert nicht die Verwertung einer vom Zeugen ausgestellten Urkunde.[65] Es gibt im Zivilprozess keine dem § 252 StPO entsprechende Vorschrift.
> - Eine Verletzung der Schweigepflicht steht der Verwertung der entsprechenden Zeugenaussage nicht entgegen.

dd) Aussageverweigerungsrecht. Schließlich besteht in Konfliktsituationen ein Aussageverweigerungsrecht **bezüglich einzelner Fragen**, insbesondere wenn dem Zeugen oder seinen nahen Angehörigen andernfalls ein unmittelbarer Vermögensnachteil oder die Strafverfolgung drohen (§ 384). Es geht hier um Tatsachen, deren Offenbarung ein anspruchsbegründendes Merkmal betrifft oder wegen Anfangsverdachts zur Eröffnung eines Straf- bzw. Bußgeldverfahrens führen könnte. Außerdem darf sich ein Zeuge weigern, Kunst- oder Geschäftsgeheimnisse zu offenbaren, z. B. über einen bestimmten Produktionsablauf oder den Kreditrahmen.

491

> **Praxistipp:**
> Auch wenn eine Belehrung des Zeugen in solchen Fällen nicht vorgeschrieben ist, sollte sie erfolgen, sobald das Gericht ein Verweigerungsrecht für möglich hält. Stets muss die betreffende Frage aber erst einmal an den Zeugen gestellt werden.[66]
>
> **Beispiel:**
> Ein im Berufungsverfahren erneut vernommener Zeuge kann die Aussage über solche Fragen verweigern, deren Beantwortung ihn wegen der erstinstanzlichen Aussage in die Gefahr der Strafverfolgung nach § 153 StGB bringen würde.[67]

---

62 *OLG Düsseldorf* MDR 1985, 507.
63 *Mus/Huber* § 385 Rn. 7.
64 *OLG Brandenburg* MDR 2002, 905; *OLG Stuttgart* MDR 1999, 192.
65 *OLG Naumburg* WM 1998, 593.
66 *BGH* NJW 1994, 197.
67 *BGH* NJW 2008, 2038.

5. Kapitel: Beweismittel

492 Dagegen berechtigt eine persönliche Verschwiegenheitsabrede zwischen einem Zeugen und einer der Parteien nicht zur Aussageverweigerung, insbesondere nicht nach § 384 Nr. 2.[68]

493 ee) **Vernehmung zur Sache.** Wesentlicher Teil ist naturgemäß die Vernehmung zur Sache (§ 396). Sie beginnt mit einem **zusammenhängenden Bericht** des Zeugen, setzt also eine sehr offene Frage bzw. Aufforderung des Gerichts voraus. Auf diese Weise wird eine möglichst unbeeinflusste Aussage begünstigt.

> **Beispiel:**
> „Es geht uns um den Verkehrsunfall in der Michaelisstraße. Was können Sie darüber berichten?"
>
> **Gegenbeispiel:**
> „Sie haben bereits bei der Polizei ausgesagt, dass ... War das so zutreffend?"

494 Der Zeuge sollte während dieses Berichts **nicht unterbrochen** werden, weder durch das Gericht noch durch die Parteien und deren Prozessvertreter. Wer etwas vom Zeugen erfahren will, muss ihn ausreden lassen. Etwaiger Störmanöver der Beteiligten muss das Gericht nachdrücklich unterbinden.

495 Es kann sehr hilfreich sein, den Zeugen zu bitten, eine **Skizze der Örtlichkeiten** anfertigen zu lassen. Vielfach lassen sich Details besser grafisch darstellen als in Worte fassen. Ferner ist es natürlich möglich – und nicht selten zweckmäßig –, dem Zeugen Skizzen oder Lichtbilder vorzuhalten und ihn um Erklärungen anhand des dort gezeigten zu bitten.

> **Praxistipp:**
> Die Übergabe oder das Verlesen einer **mitgebrachten schriftlichen Erklärung** des Zeugen ist einerseits nicht generell unzulässig, andererseits nicht völlig unbedenklich.[69] Denn § 396 Abs. 1 meint einen mündlichen Bericht, während die schriftliche Vernehmung § 377 Abs. 3 vorbehalten ist. Der Zeuge ist daher zunächst zu veranlassen, mündlich zu berichten.[70] Bezüglich seiner schriftlichen Erklärung sollte der Zeuge befragt werden, warum und wann er diese gefertigt hat. Das Schriftstück ist dann mit Genehmigung des Zeugen als Anlage zum Protokoll zu nehmen. Es kann bei der Würdigung dessen, was der Zeuge tatsächlich gesagt hat, verwertet werden.

496 Nach dem Bericht erfolgt die **Befragung durch das Gericht**, bei Kollegialspruchkörpern zunächst durch den Vorsitzenden, sodann eventuell ergänzend durch die Beisitzer (§§ 136 Abs. 1, 396 Abs. 2 und 3). Dabei muss man darauf achten, **klare und einfache Fragen** zu formulieren. Fremdwörter sind ebenso zu vermeiden wie Schachtelsätze oder Eventualfragen. Je nach Verständnishorizont des Zeugen kann es sinnvoll sein, die Frage recht volkstümlich oder in Mundart zu formulieren. Am besten äußert man immer lediglich eine eindeutige Frage, nicht einen ganzen Katalog.

497 Einen Wert hat die Antwort des Zeugen nur, wenn die entsprechende Frage **suggestionsfrei** war. Dem Zeugen darf die Antwort nicht in den Mund gelegt werden. Er muss sie sich selbständig erarbeiten (sog. Leerfragen). In aller Regel sollte mit einem Fragewort eingeleitet werden können.

---

68 *OLG Hamm* FamRZ 1999, 939.
69 *RG* JW 1928, 1857; Mus/*Huber* § 396 Rn. 2; Zö/*Greger* § 396 Rn. 2; a. A. MK/*Damrau* § 396 Rn. 2 (unzulässig).
70 *RGZ* 16, 113, 116.

III. Zeugenbeweis

Beispiele:
- „Wann haben Sie darüber gesprochen?"
- „Wer saß auf dem Beifahrersitz?"
- „Was geschah anschließend?"

Gegenbeispiele:
- „Können Sie ausschließen, dass es nicht auch 70 km/h gewesen sind?"
- „War es nicht vielleicht so, dass …?"

Klassische W-Fragen helfen häufig nicht weiter, wenn der Zeuge von sich aus nicht weiß, was das Gericht für wesentlich hält. Dann muss man ihm mit neutral gekleideten Stichworten „auf die Sprünge helfen" (sog. Anstoßfrage).[71]   **498**

Beispiel:
„Und wie war das mit dem Handwerkerlärm?"

ff) Fragen der Parteien. Erst wenn das Gericht vorläufig keine Fragen mehr hat, sind die Parteien an der Reihe. In der Praxis ist die antragslose Gestattung der unmittelbaren Befragung durch die Parteivertreter – und zwar zunächst dem des Beweisführers – üblich und zweckmäßig (§ 397 Abs. 2). Dabei unterliegen diese häufig dem nachvollziehbaren Wunsch, die Aussage des Zeugen in eine günstige Richtung zu lenken. Das führt häufig zu Suggestivfragen oder zur Konfrontation des Zeugen mit Details, die dieser bislang noch nicht kannte. Das Gericht wird solcherlei Praxis weder unterbinden können noch ist es ratsam, bei jeder Frage zu intervenieren. In aller Regel ist es ausreichend, aber auch notwendig, wenn die Frage und die Antwort des Zeugen ganz präzise protokolliert werden.[72]   **499**

Immer wieder problematisch ist das **Abschweifen vom Beweisthema** durch Fragen der Parteien und Anwälte. Das Gericht wird hier einen gewissen Spielraum lassen müssen, zumal die Chance besteht, dass der Zeuge im Redefluss zugleich den Kern des Beweisthemas behandelt. Nur wenn eindeutig die Grenzen der Beweisanordnung verlassen werden, hat das Gericht – nicht allein der Vorsitzende – die Frage durch unanfechtbaren Beschluss zurückzuweisen (§ 397 Abs. 3).[73] Eines Antrags bedarf es nicht. Das Gleiche gilt, wenn die Frage nicht auf eine tatsächliche Wahrnehmung des Zeugen zielt oder es sich um eine Suggestivfrage handelt. Im Übrigen dient das Fragerecht nicht dem Plädoyer oder einem Rechtsgespräch. Ein Beispiel: **500**

> **Beschluss**
> Die Frage des Beklagtenvertreters, ob der Zeuge etwas über die Ursache der Schimmelbildung aussagen könne, wird nicht zugelassen, weil sie eine sachverständige Bewertung, keine Tatsachenwahrnehmung betrifft.

Ungebührliche Fragen, die eine Partei selbst stellt, sind in entsprechender Anwendung des § 177 GVG durch Gerichtsbeschluss zurückzuweisen.   **501**

gg) Verdacht der Falschaussage. Wenn das Gericht unmittelbar während der Vernehmung den Verdacht der Falschaussage hegt, sollte es den Zeugen nochmals akzentuiert über seine Wahrheitspflicht belehren. Denn § 153 StGB ist erst nach Abschluss der Vernehmung erfüllt und im Versuch straflos. Dem Zeugen ist daher Gelegenheit zu geben, seine Aussage zu korrigieren bzw. klarzustellen. Es hat aber wenig Sinn, den Zeugen in der Weise zu beeinflussen, dass man in drastischen Worten ein düsteres Bild seiner strafrechtlichen Zukunft malt.[74]   **502**

---

71 *Binkert/Preis* AuR 1995, 77, 78.
72 *Binkert/Preis* AuR 1995, 77, 79; vgl. zur Protokollierung im Übrigen Rn. 314.
73 KG MDR 1993, 797.
74 *Rüßmann* DRiZ 1985, 41, 48 hält gelegentlichen „Theaterdonner" für geeignet.

5. Kapitel: Beweismittel

> **Praxistipp:**
> Bei begründetem Verdacht einer Aussagestraftat muss das Gericht gleichwohl erst seinen Zivilprozess zu Ende führen und hat anschließend bei der zuständigen Staatsanwaltschaft unter Beifügung der Akten Anzeige zu erstatten (§ 183 GVG). In seiner Beweiswürdigung ist das Gericht ohnehin frei und nicht – wie bei § 149 – auf den Ausgang des Ermittlungsverfahrens angewiesen.

503 Wenn der Zeuge auf Ermahnung hin seine Aussage korrigiert ist dies selbstverständlich in das Protokoll aufzunehmen, ohne die ursprüngliche Aussage zu löschen:

> Nachdem ich nochmals belehrt worden bin, berichtige ich meine Aussage von soeben wie folgt: ...

504 hh) **Beeidigung.** Über eine Beeidigung des Zeugen entscheidet das Gericht nach pflichtgemäßem **Ermessen**. Ein Antrag der Parteien ist weder erforderlich noch maßgebend.[75] Bindend ist hingegen der beiderseitige Verzicht durch die Parteien.[76]

> **Praxistipp:**
> Üblicherweise fragt das Gericht, wenn es keine eigene Notwendigkeit sieht, ob die Parteivertreter einen Beeidigungsantrag stellen, und nimmt die mangelnde Erklärung zu Protokoll. Darin liegt ein stillschweigender Verzicht.[77]

505 Ausgeschlossen ist die Beeidigung von Gesetzes wegen bei Personen, die nicht eidesmündig sind (§ 393). Ferner dürfen die nach §§ 393 ff. zur Zeugnisverweigerung Berechtigten ohne Sanktion die Eidesleistung ablehnen (Umkehrschluss aus § 390 Abs. 1 Satz 1, § 63 StPO analog).[78] Hierüber ist zu belehren.

506 Im Übrigen hat das Gericht zu prüfen, ob die Bedeutung der Aussage oder die Herbeiführung der Wahrheit eine Beeidigung erfordern (§ 391, noch enger § 58 Abs. 2 Satz 1 ArbGG). Dabei muss man sich immer klarmachen, dass es sich bei der Beeidigung um einen Ausnahmefall handelt. Regelmäßig bleiben Zeugen unbeeidigt. Das Gericht muss sich eine **größere Gewissheit über den Beweiswert** der Aussage versprechen. Nur dann hat es Sinn, den Zeugen unter Druck zu setzen und ihn zur nochmaligen Prüfung seiner Aussage und ggf. zu deren Änderung zu veranlassen.[79]

507 Niemals entbindet das Beschwören einer Aussage von der **sorgfältigen Prüfung ihrer Wahrhaftigkeit**. Demgemäß ist eine Beeidigung entbehrlich, wenn das Gericht den Zeugen bereits für vollständig glaubwürdig hält oder seine Aussage nicht entscheidungserheblich ist.

> **Praxistipps:**
> - Ziel der Beeidigung ist es nicht, das nach Auffassung des Gerichts falsche Aussageverhalten eines Zeugen zum Verbrechen aufzuwerten (§ 154 StGB). Das gilt insbesondere, wenn es sich um Aussagen zu Nebensächlichkeiten handelt. Diesen Aspekt muss sich das Gericht insbesondere vor Augen halten, wenn eine offenbar verärgerte Partei die Beeidigung beantragt.
> - Die meisten zu einer Falschaussage entschlossenen Zeugen lassen sich auch nicht durch eine Beeidigung hiervon abschrecken bzw. empfinden

---

75 *BVerwG* NJW 1998, 3369.
76 *Zö/Greger* § 391 Rn. 5.
77 *BL/Hartmann* § 391 Rn. 5.
78 *BGHZ* 43, 368; *Mus/Huber* § 391 Rn. 2.
79 Zu pauschal daher *OLG Düsseldorf* JMBl. NW 1979, S. 116.

III. Zeugenbeweis

diese nicht als Druck. Der Eid hat nicht den Zweck, die als schwach empfundene Erinnerungsleistung des Zeugen zu heben.[80]
- Insgesamt ist daher eine **Beeidigung dann naheliegend**, wenn das Gericht Zweifel an der Glaubhaftigkeit der Aussage eines Zeugen hat und der Prozess mit dieser Aussage letztlich „steht und fällt".

Die Beeidigung erfolgt nach Abschluss der Vernehmung, also nach Genehmigung der Aussage (§ 392 Satz 1). Sie wird durch **Beschluss** angeordnet. Der Beschluss ist nicht isoliert anfechtbar, sollte aber gleichwohl kurz begründet werden. **508**

> **Beschluss**
>
> Die Zeugin Kunz ist zu beeidigen, weil ihre Aussage für den Rechtsstreit von entscheidender Bedeutung ist, jedoch noch Zweifel an der Richtigkeit der Aussage bestehen.

Zunächst sollte der Zeuge sicherheitshalber gefragt werden, ob seine Aussage zutreffend protokolliert worden ist. Auf Wunsch ist dem Zeugen das auf Tonband aufgenommene Protokoll nochmals vorzuspielen.[81] Dann ist er über die Bedeutung des Eides zu belehren (§ 480), ebenso über die besondere strafrechtliche Qualität des Meineides. Diese Belehrung ist zu protokollieren (§ 160 Abs. 2). **Eingangs- und Eidesformel** ergeben sich aus §§ 392 Satz 2, 481. Während der Beeidigung haben sich alle Anwendenden zu erheben. Für das Protokoll kann man sich an folgender Formulierung orientieren: **509**

> Der Zeuge wird zunächst über die Bedeutung der des Eides und die Strafbarkeit des Meineides belehrt. Der Zeuge erklärt, dass er den Eid mit [ohne] religiöse[r] Beteuerung leisten werde.
>
> Der Vorsitzende fragt den Zeugen: Sie schwören [bei Gott dem Allmächtigen und Allwissenden], dass Sie nach bestem Wissen die reine Wahrheit gesagt und nichts verschwiegen haben?
>
> Der Zeuge antwortet daraufhin unter Erheben der rechten Hand: Ich schwöre es, [so wahr mir Gott helfe].

Die **Ablehnung der Beeidigung** bedarf, auch wenn die Parteien einen Antrag gestellt haben, keines gesonderten Beschlusses.[82] Es empfiehlt sich, die Gründe den Parteien in der Sitzung kurz darzulegen. Im Übrigen muss eine Begründung im Urteil erfolgen, damit die Ermessensausübung des Gerichts überprüft werden kann.[83] Das gilt natürlich nur dann, wenn eine Beeidigung ernsthaft zur Disposition stand. **510**

ii) Zeugenentschädigung. Nach Abschluss der Aussage, deren Protokollierung und Genehmigung (§ 162)[84] sowie ggf. der Beeidigung wird der Zeuge üblicherweise gefragt, ob er eine Entschädigung geltend machen will. Dies entfällt natürlich, wenn er schon zuvor im Rahmen der Vorschussanforderung verzichtet hatte. **511**

Praxistipps:
- Man sollte dem in Gerichtsdingen unerfahrenen Zeugen kurz erläutern, welche wesentlichen Positionen ersatzfähig sind, also vor allem Fahrtkosten und Verdienstausfall (§§ 5, 22 JVEG).

---

80 *OLG Köln* MDR 1971, 933.
81 Nach *Balzer* Beweisaufnahme Rn. 92 ist dies immer geboten.
82 *Zö/Greger* § 391 Rn. 6 empfiehlt dennoch einen Beschluss.
83 *BGH* DRiZ 1967, 361.
84 Vgl. hierzu Rn. 325.

5. Kapitel: Beweismittel

- Wenn der Zeuge nicht sogleich erklärt, ob er dem Grunde nach eine Entschädigung geltend machen will, ist er über die Ausschlussfrist von drei Monaten aufzuklären (§ 2 Abs. 1 Satz 1 JVEG).

512 Ob der vernommene Zeuge geladen worden war, ist für seinen Entschädigungsanspruch ohne Bedeutung. Umgekehrt ist auch der geladene, aber nicht vernommene Zeuge erstattungsberechtigt.

513 Im Fall der Anmeldung einer Entschädigung hat das Gericht diese dem Grunde nach **zu verfügen**, in der Regel mittels vorbereiten Formulars. Die Höhe der Entschädigung ist grundsätzlich vom Kostenbeamten zu klären und festzusetzen.

514 Sodann kann der Zeuge in aller Regel **entlassen** werden. Dies und die Uhrzeit sind im Protokoll festzuhalten, weil sich hieraus ggf. die Zeitversäumnis oder der Verdienstausfall verifizieren lassen. Es kann sich empfehlen, den Zeugen noch nicht sofort zu entlassen, wenn die Gefahr besteht, dass er sich vor dem Sitzungssaal mit anderen Zeugen über seine Aussage bespricht. Dann ist er zum Verbleiben im Saal aufzufordern.

515 e) **Ordnungsmittel gegen ausbleibende Zeugen. – aa) Nichterscheinen.** Wenn ein Zeuge nicht erscheint, ist zunächst zu prüfen, ob er **ordnungsgemäß geladen** worden war. Das meint die Frage, ob die Ladung inhaltlich dem § 377 Abs. 2 entsprochen hat. Auch in Fällen des § 273 Abs. 2 Nr. 4 muss das Beweisthema mitgeteilt worden sein.[85] Dass die Ladung förmlich zugestellt worden ist und sich hierüber ein Nachweis bei den Akten befindet, ist nicht erforderlich.[86] Weiter ist zu prüfen, ob sich der Zeuge rechtzeitig und ausreichend entschuldigt hat (§ 381 Abs. 1 Satz 1). Der Zeuge muss **Gründe** angeben und ggf. nachweisen, aus denen es ihm nicht zugemutet werden kann, vor Gericht zu erscheinen.

> **Beispiele:**
> - Plötzliches Versterben eines nahen Angehörigen;[87]
> - seit Längerem gebuchte Urlaubsreise, die nicht mehr abgesagt werden kann; unvorhergesehene erhebliche Verkehrsstörung;[88]
> - religiöser Feiertag einer Glaubensgemeinschaft, der der Zeuge angehört.

516 Berufliche Verpflichtungen sind nur in den seltensten Fällen vorrangig. Häufig geht es um **Erkrankungen**. Sie sind durch ärztliches Attest nachzuweisen, nicht nur durch Arbeitsunfähigkeitsbescheinigung.[89] Wenn dies erst verspätet geschieht, muss das fehlende Verschulden glaubhaft gemacht werden (§ 381 Abs. 1 Satz 2).

> **Praxistipp:**
> Häufig melden sich Zeugen telefonisch bei dem Richter und teilen mit, dass ihnen der Termin nicht „passe". Nach einer ersten Prüfung, ob es sich überhaupt um einen plausiblen Grund handelt, muss dem Zeugen klargemacht werden, dass er so lange von der Aufrechterhaltung des Termins und seiner Pflicht zum Erscheinen auszugehen hat, wie ihn keine Umladung erreicht. Jedenfalls sollte man sich davor hüten, den Zeugen quasi „auf Zuruf" mündlich abzuladen.

517 bb) **Beschluss.** Ohne genügende Entschuldigung ergeht bei ordnungsgemäßer Ladung ein **Kosten-Ordnungsgeldbeschluss** gegen den ausgebliebenen Zeugen

---

85 *OLG Saarbrücken* OLGR 2005, 960; *OLG Celle* OLGZ 1977, 366.
86 MK/*Damrau* § 380 Rn. 3.
87 *OLG Naumburg* OLGR 2006, 998.
88 *OLG Nürnberg* NJW-RR 1999, 788.
89 *OLG Saarbrücken* OLGR 2007, 464; *OLG Köln* OLGR 1999, 415.

III. Zeugenbeweis

(§ 380 Abs. 1); in Kammersachen durch alle Richter. Ein Ermessensspielraum besteht insoweit nicht.[90] Ein Beispiel zur Protokollierung:

> Es wird festgestellt, dass die Zeugin ... trotz ordnungsgemäßer Ladung zum heutigen Termin nicht erschienen ist. Eine Entschuldigung wurde nicht vorgebracht.
>
> **Beschluss**
>
> 1. Der Zeugin ... werden die durch ihr Ausbleiben verursachten Kosten auferlegt.
> 2. Ferner wird gegen die Zeugin ... ein Ordnungsgeld in Höhe von 200,– € und für den Fall, dass dieses nicht beigetrieben werden kann, 5 Tage Ordnungshaft verhängt.

Das Ordnungsgeld ist zwischen 5,– und 1.000,– € festzusetzen, die Ordnungshaft zwischen 1 Tag und 6 Wochen (Art. 6 EGStGB). Das Verhältnis von Ordnungsgeld und -haft steht im Ermessen des Gerichts. Einen Ausschlag geben die mutmaßlichen Einkommensverhältnisse des Zeugen, das Maß seiner Pflichtwidrigkeit und die Bedeutung seiner Aussage für das Verfahren. Der Beschluss ist zuzustellen (§ 329 Abs. 3).

518

Praxistipps:
- Vor Erlass des Beschlusses sind die Parteien zu fragen, ob die ggf. auf den Zeugen verzichten (§ 399). Dann muss kein Ordnungsgeld mehr festgesetzt werden.[91] Das Gleiche gilt, wenn die Zeugenvernehmung durch Vergleich obsolet wird.[92]
- Im Übrigen sollte der Beschlusserlass bis zum Ende des Termins zurückgestellt werden, damit ein eventuell verspätet erscheinender Zeuge nach entsprechender Ermahnung noch vernommen werden kann.[93]
- Zugleich mit dem Ordnungsgeldbeschluss wird zweckmäßigerweise ein neuer Termin bestimmt und die (förmliche) Ladung des Zeugen angeordnet.

cc) Nachträgliche Entschuldigung. Gegen den Beschluss kann der Zeuge einerseits eine nachträgliche Entschuldigung geltend machen und das fehlende Verschulden an der Verspätung glaubhaft darlegen (§ 381 Abs. 1 Satz 3). Anwaltszwang besteht nicht (§§ 381 Abs. 2, 78 Abs. 5). Bei ausreichenden Gründen hat das Gericht seinen Ordnungsmittel- und Kostenbeschluss aufzuheben, nachdem es den Parteien rechtliches Gehör gewährt hat. Auch wenn das Gericht ein lediglich geringes Verschulden des Zeugen ausmacht, soll es analog § 153 StPO, § 47 OWiG von der Verhängung der Ordnungsmittel – aber nur dieser – absehen können.[94] Indessen eröffnen diese Vorschriften einen Ermessensspielraum, den § 380 Abs. 1 nicht hergibt.[95] Eine unzureichende nachträgliche Entschuldigung hat das Gericht durch Beschluss zurückzuweisen.

519

Andererseits kann der Zeuge auch **sofortige Beschwerde** erheben (§§ 380 Abs. 3, 567 Abs. 1 Nr. 1), sofern es sich um eine Anordnung in erster Instanz gehandelt hat. Dieses Rechtsmittel dient insbesondere der Geltendmachung, dass rechtzeitig eine genügende Entschuldigung erfolgt war. Darin liegt die Abgrenzung zum nachträglichen Vorbringen bei § 381 Abs. 1 Satz 3. Die Eingabe eines Zeugen ist erforderlichenfalls zugunsten der Statthaftigkeit auszulegen.

520

---

90 A.A. *OLG Celle* OLGR 1994, 286.
91 Hk-ZPO/*Eichele* § 380 Rn. 3; Mus/*Huber* § 380 Rn. 4; a. A. MK/*Damrau* § 380 Rn. 5.
92 *LAG Schleswig-Holstein* NZA-RR 2003, 215 (für § 141 Abs. 3); a. A. *OLG Frankfurt* OLGZ 1983, 458.
93 Mus/*Huber* § 380 Rn. 2.
94 *OLG Jena* Beschl. v. 31.1.2002 – 6 W 43/02; MK/*Damrau* § 380 Rn. 5; ähnlich *OLG Frankfurt* NJOZ 2008, 4804 bei beabsichtiger Klagerücknahme.
95 Mus/*Huber* § 380 Rn. 4.

5. Kapitel: Beweismittel

521 f) **Weitere allgemeine Hinweise zum Umgang mit Zeugen.** Für den Umgang mit Zeugen während der Beweisaufnahme sollten folgende **Verhaltensregeln** beachtet werden. Sie gelten zum Großteil für das Gericht ebenso wie für die Parteien und Rechtsanwälte:

522 aa) **Terminierung.** Bei Zeugen, die relativ weit vom Gerichtsort entfernt wohnen, sollte derart terminiert werden, dass ein Reiseantritt zu nachtschlafener Zeit vermieden wird. Andernfalls dürfte die Kooperationsbereitschaft des Zeugen schwinden. Hat ein Zeuge doch einmal sehr lange vor dem Saal ausharren müssen, sollte der Richter um Nachsicht bitten. Insbesondere bei Freiberuflern, wie etwa Ärzten, empfiehlt sich eine vorherige telefonische Abstimmung des Termins.[96]

523 bb) **Aufmerksamkeit.** Vernehmungskunst erfordert ein **Eingehen auf die Aussageperson**, insbesondere auf deren geistiges Niveau und ihre Spachgewohnheiten. Das erfordert mitunter – auch bei überraschenden Wendungen – einige Geduld, besonderes Entgegenkommen und Beherrschtheit.

524 Es versteht sich von selbst, dass sich das Gericht dem Zeugen als **aufmerksamer Zuhörer** zeigen muss, ohne die sachliche Distanz aufzugeben. Der Zeuge ist also anzuschauen, aber nicht stoisch zu fixieren. Und natürlich ist weder gelangweilt in der Gegend herumzusehen noch nervös zu blättern oder mit dem Schreibgerät zu spielen. Verschränkte Arme vor dem Oberkörper symbolisieren Desinteresse und Ablehnung. Das kann auch die Robe nicht verbergen. Im Übrigen sollte man die Beweisperson mit ihrem Namen ansprechen und nicht anonym mit „Herr Zeuge".[97]

525 cc) **Emotionen.** Wenn ein Zeuge starke vernehmungshinderliche Emotionen zeigt, z. B. wegen des Berichteten zu weinen beginnt, sollte man ihn durch neutrale Ablenkungsfragen behutsam wieder zum Kernthema zurückführen.[98]

526 Auch im Übrigen kann nur davor gewarnt werden, den Zeugen durch Aufforderungen wie *„Nun seien Sie doch nicht so nervös!"* noch weiter zu verunsichern.

527 dd) **Ungebührlichkeiten.** Das Beweisthema oder die Aussagen des Zeugen können geeignet sein, Ungebührlichkeiten der Beteiligten oder Zuschauer zu provozieren. Dem ist höflich aber bestimmt Einhalt zu gebieten. Dabei wird man in der Regel nicht sofort Ordnungsmaßnahmen androhen müssen. Es muss aber deutlich werden, dass dem Gericht die Sitzungsgewalt obliegt (§ 176 GVG).

4. Bewertung der Aussage

528 Die Würdigung einer Zeugenaussage stellt die Beteiligten häufig vor große Schwierigkeiten. Dabei wird das Wichtigste leider allzu oft vergessen: eine ebenso kritische wie vorurteilsfreie Prüfung der Zeugenaussage.[99]

529 Übergreifende Fragen und Probleme der Beweiswürdigung sowie technische Abläufe werden in einem gesonderten Kapitel dargestellt.[100] Nachfolgend geht es um **spezifische Kriterien** für den Überzeugungsgrad einer Aussage, also deren **Glaubhaftigkeit.** Sie sind für das Gericht ebenso interessant wie für die Prozessvertreter. Indessen bietet alle Theorie keine Gewähr dafür, dass bewusste oder unbewusste Falschaussagen immer erkannt werden. Darin liegt eine typische und hinzunehmende Folge menschlicher Fehlbarkeit.[101]

---

96 *Balzer* Beweisaufnahme Rn. 150.
97 *Balzer* Beweisaufnahme Rn. 159.
98 *Rüßmann* DRiZ 1985, 41, 47.
99 *Reinecke* NZA 1989, 577, 579.
100 Vgl. hierzu Rn. 701 ff.
101 *Schneider/v.d.Hövel* S. 102.

III. Zeugenbeweis

a) Allgemeine Fehlerquellen. Man muss sich zunächst darüber im Klaren sein, dass es Einflussfaktoren gibt, die niemand bewusst provoziert und die nur bedingt zu vermeiden sind. Die Aussagepsychologie lehrt, dass der **Irrtum** ein noch größerer Feind der Wahrheit ist als die Lüge.[102]   530

aa) Wahrnehmung. Ein erstes Problem bildet die Wahrnehmung von Tatsachen. Häufig geht es um Vorgänge, bei denen nicht im Vorfeld ein besonderes Interesse der Zeugen geweckt worden ist und die er mehr oder minder unvermittelt wahrnimmt (Zufallszeuge). Eine solche spontane Wahrnehmung geschieht bereits **selektiv**. Von zahlreichen Reizen, die auf einen Menschen einströmen, werden je nach Stärke nur einige herausgefiltert. Denn das Gehirn ist innerhalb eines bestimmten Zeitraums nur begrenzt aufnahmefähig.   531

> **Beispiele:**
> Typ, Farbe und Geschwindigkeit vorbeifahrender Fahrzeuge.

Im Übrigen ist die Wahrnehmung meist nicht frei von **Fremdbeeinflussung**, z. B. störende Geräusche, ungünstige Lichtverhältnisse. Allgemein ist Vorsicht geboten, wenn ein Laie Entfernungen, Größe, Geschwindigkeit, Zeitabstände o. Ä. schätzt. Hier besteht meist keine Möglichkeit der seriösen Nachprüfung.   532

bb) Speicherung. Auch bei der Speicherung (Retention) des Wahrgenommenen gehen Informationen verloren. Vieles wird zwar registriert, erscheint aber nicht wichtig und gerät daher recht schnell wieder in **Vergessenheit**. Andere Informationen, die zunächst präsent waren, gehen über einen längeren Zeitraum hinweg verloren, weil sie nicht mehr abgerufen werden (Verblassungstendenz). Im Allgemeinen speichert der Mensch angenehme und besonders drastische Eindrücke am längsten. Überdies hängt die Speicherung stark vom Vorwissen und der Emotionslage ab.   533

cc) Wiedergabe. Unbewusst fehlerträchtig ist schließlich die Wiedergabe (Reproduktion) durch die Aussageperson auf Befragen hin. Das beginnt bei einer allgemeinen **Nervosität** wegen der unbekannten Situation vor Gericht. Es ist im Übrigen wissenschaftlich bestätigt, dass ein Mensch seine Erinnerung nicht immer genau in dem Zeitpunkt zu reproduzieren vermag, zu dem er es wünscht (sog. Inkadenz). Man kennt den klassischen Satz „Es liegt mir auf der Zunge …". Daher wäre es verfehlt, Ausdrucksschwierigkeiten von vornherein als Zeichen fehlender Wahrheitsbereitschaft zu interpretieren.[103]   534

Ferner neigt der Mensch dazu, **Lücken**, die sich bei der Wahrnehmung oder Speicherung ergeben, eigenmächtig zu schließen, um den Eindruck der Vollständigkeit zu erwecken. Neben tatsächliche Wahrnehmungen gesellen sich dann bloße Anschauungen und Gewohnheiten, die als solche nicht kenntlich gemacht werden. Überhaupt ist nicht jedermann ein solches Redetalent, dass er seine Gedanken präzise wiedergeben kann. Wiederum andere verfügen über eine gewisse Fabulierlust. Das vom Zeugen gesprochene und das vom Richter verstandene müssen also von ihrer Intension her nicht zwingend übereinstimmen, von Missverständnissen auf beiden Seiten ganz zu schweigen.   535

b) Personenbezogene Fehlerquellen. Es gibt auch personenbezogene Fehlerquellen, die die **Sachdarstellung** – also die Glaubhaftigkeit einer Aussage – betreffen, nicht nur die Einordnung der Persönlichkeit des Zeugen in den Prozess (Glaubwürdigkeit).   536

Die Fähigkeit zur **Wahrnehmung** ist nicht bei allen Menschen gleichermaßen ausgeprägt. Sie kann z. B. aus medizinischen Gründen vorübergehend oder dauerhaft beeinträchtigt gewesen sein. Das Gleiche gilt infolge Müdigkeit, Stress,   537

---

102 *Linsenmaier* AuR 2000, 336.
103 *Schneider* DRiZ 1977, 75.

5. Kapitel: Beweismittel

Alkoholisierung u. Ä. Andererseits gibt es Menschen, die von Berufs wegen im Wahrnehmen bestimmter Vorgänger geübt sind.

538 Auch kann das Aussageverhalten einer Person von ihrem **Verhältnis zu den Parteien** beeinflusst sein. Ein Zeuge mag besondere Sympathie oder Antipathie zu einer der Parteien hegen. Dann schwingt das Bestreben mit, dieser Partei zu helfen oder ihr einen Prozesserfolg nicht zu gönnen. Das kommt nicht selten durch ungefragte Beschönigungen oder besondere Schärfe in der Wortwahl zum Ausdruck.[104]

539 Ferner gehören hierzu solch **menschliche Züge** wie Eitelkeit und Wichtigtuerei. So gibt es Zeugen, die nicht eingestehen wollen, sich nicht mehr zu erinnern und die daher ihre Phantasie bemühen. Andere übernehmen sich an ihrer Rolle als prozessentscheidende Person, formulieren sehr ausladend und wolkig, um darin auch die entscheidenden Informationen einzukleiden.

> **Praxistipp:**
> Solche Zeugen müssen mit den nötigen Feingefühl darauf hingewiesen werden, dass sie „auf den Punkt" kommen mögen.

540 c) Anerkannte Wahrheits-/Lügekriterien. – aa) Ausgangspunkt. Das Gericht darf dem Zeugen durchaus ein **gewisses Grundvertrauen** entgegenbringen.[105] Es gibt aber keine gültige Allgemeinformel, wonach einem Zeugen geglaubt werden muss, solange nicht besondere Anhaltspunkte für das Gegenteil sprechen.[106] Denn ein Zeuge muss positiv überzeugen.

541 Anderseits ist der Richter kein Psychologe. Er ist daher gehalten, sich die anerkannten Maßstäbe anderer Fachdisziplinen zu Eigen zu machen und sich auf diesem Gebiet weiterzubilden.[107] Für einen Leitfaden des gesamten Beweisrechts sollen die nachfolgenden Grundsätze genügen. Es handelt dabei aber nicht um ein starres System, das in allen erdenklichen Situationen zum Ziel führt und schematisch angewandt werden kann. Vielmehr geht es in erster Linie um **Fehlervermeidung** und um das Bewusstsein möglicher Schwachpunkte. Dies ist sicher hilfreicher als diverse „Alltagstheorien", mit denen sich viele Richter begnügen.

542 bb) Lügensignale. Ein Zeuge lügt, wenn er dem Gericht nicht Erlebtes, sondern **Erfundenes** berichtet. Diese erfundene Geschichte wird sich der Zeuge im Vorfeld zurechtgelegt haben, um sie dann abzurufen. Er berichtet aus seinem gespeicherten Allgemeinwissen. Deshalb findet sich hier oft eine schnörkellose, schlichte Erzählstruktur. Es fehlen Details und Begleitumstände sowie Abschweifungen vom Ziel. Man vermisst das spontane, farbige, ja das mitunter emotionale. Diese Geradlinigkeit liegt darin begründet, dass der Zeuge die Geschichte jederzeit – auch unter Druck – wiedergeben können muss, ohne sich in Widersprüche zu verstricken.[108] Dies wiederum erfordert eine hohe geistige Leistungsfähigkeit.

543 Gelegentlich wird der besagte Drang dadurch unterstützt, dass der Zeuge seine Ehrlichkeit besonders hervortut und demonstrativ entrüstet auf Zweifelsäußerungen reagiert. Häufig wird dann die vorherige Aussage wie zur **Verteidigung**

---

104 *Schneider/v.d.Hövel* S. 121.
105 BL/*Hartmann* vor § 373 Rn. 2.
106 *AG Marbach* MDR 1987, 241; a. A. *Schneider/v.d.Hövel* S. 102.
107 Über die Psychologie und Würdigung von Zeugenaussagen sind sehr empfehlenswerte eigenständige Abhandlungen verfügbar. Vgl. insbesondere *Wendler/Hoffmann*, Technik und Taktik der Befragung im Gerichtsverfahren (2009); *Bender/Nack/Treuer*, Tatsachenfeststellung vor Gericht, 3. Aufl. (2007).
108 *Balzer* Urteil Rn. 82.

III. Zeugenbeweis

stereotyp wiederholt. Selbstkorrekturen und das Zugestehen von Erinnerungslücken bleiben aus.[109]

> **Praxistipp:**
> Hier zeigt sich, wie wichtig es ist, spezielle und für den Zeugen vielleicht unerwartete Fragen – auch und gerade zum Randgeschehen – vorbereitet zu haben. Der lügende Zeuge wird dann häufig auffällige Denkpausen einlegen, Abstrakt-Verwaschenes berichten, vielleicht rot anlaufen oder zu stottern beginnen, wo er eben noch fest gesprochen hat. Dagegen macht es dem redlichen Zeugen meist nichts aus, einzuräumen, dass er sich nicht mehr erinnern kann. Ebenso vermag er prompt, weitere Einzelheiten nachzuschieben.

Das Gegenteil einer sterilen Erzählweise ist der Bericht von **Details** aus vergleichsweise banalen Situationen, die keine gesteigerte Aufmerksamkeit erfordert haben. Hier muss der Zeuge aufgefordert werden, zu erklären, warum er sich an eine gewöhnliche Alltagssituation so kenntnisreich erinnern will. 544

> **Beispiele:**
> Der Beifahrer erklärt, er habe ohne besondere Verkehrssituation das Verhalten des Fahrers genau beobachtet;[110] präzise Uhrzeit oder Zeitdauer.

Besonders auffällig ist natürlich die detailreiche Übereinstimmung mehrerer Zeugenaussagen. Das legt eine vorherige Verabredung nahe, wenngleich sie nicht automatisch die Unwahrheit zum Gegenstand haben muss. 545

Ebenso wichtig ist es, dem Zeugen noch während der Vernehmung vorzuhalten, dass seine Aussage in sich oder im Verhältnis zu anderen gesicherten Fakten **widersprüchlich oder irrational** erscheint. Damit zwingt man den Zeugen, diesen Widerspruch zu überbrücken. Er muss wiederum reagieren und weiß mitunter nicht wie. Bei einem gutwilligen Zeugen lassen sich Widersprüche vielleicht ohne weiteres wieder auflösen, insbesondere wenn es sich um Missverständnisse und Mehrdeutigkeiten gehandelt hat. 546

cc) **Positive Kriterien.** Das Gericht darf eine Zeugenaussage nur dann für wahr erachten (§ 286 Abs. 1 Satz 1), wenn es positive Kriterien festgestellt hat. Dies ist umso wichtiger, wenn nur ein einziger Zeuge benannt worden ist. Auch hier gibt es keine schematische Herangehensweise. Man muss sich aber davor hüten, die zuvor genannten negativen Signale einfach in ihr Gegenteil zu wenden. 547

Detailreichtum ist nur dann von besonderem Wert, wenn sich aus ihm eine individuelle und stimmige Geschichte ergibt. Je authentischer und persönlicher sie geschildert wird, um so eher beruht sie auf tatsächlich Erlebtem. Sehr prägnant ist Geschehen – etwa eine Komplikation –, die der Zeuge für erwähnenswert hält, die aber das eigentliche Beweisthema allenfalls streift. Mehrere Zeugen berichten über Randgeschehen häufig divergierend. Dies muss noch nicht negativ ins Gewicht fallen, denn jeder berichtet das, was er (subjektiv) erlebt und für sich behalten hat. 548

> **Praxistipp:**
> Hilfreich ist die **Kontrollfrage:** Hätte dies jedermann erfinden können oder wurde etwas ausgesagt, das eigentlich nur ein Beteiligter wissen kann und daher schwerlich eine bloße Phantasieaussage darstellt?

Typischerweise ordnet ein Zeuge, der wahrhaftig berichtet, die Dinge **nicht chronologisch**, sondern eher impulsiv nach seiner persönlichen Gewichtung 549

---

109 *BGH* NJW 1999, 2746, 2748.
110 *Balzer* Urteil Rn. 83.

5. Kapitel: Beweismittel

und in abgebrochenen Handlungsketten. Nicht selten finden Sprünge im zeitlichen Gefüge statt oder die Sache wird sogar „von hinten aufgerollt".

Beispiel:
„Ach ja, da fällt mir noch ein, dass ... "

550 Wichtig, aber nicht allein entscheidend ist ferner, wie der Zeuge an der Vernehmung mitwirkt. Der ehrliche Zeuge zeigt sich bemüht, die Aufklärung des Sachverhalts zu unterstützen und ist bereit, etwaige Erinnerungslücken durch eigene Anstrengung zu schließen.

551 Ein relativ sicheres Kriterium ist schließlich die Frage, ob die Aussage des Zeugen in Urkunden, beigezogenen Akten, Indizien u. s. w. eine Stütze findet.[111] Es geht also um das **Verhältnis zum sonstigen Prozessstoff**.

552 d) Zusammenfassende Übersicht

Negative Kriterien	Positive Kriterien
einfache, geradlinige Erzählstruktur	persönliche und lebensnahe Schilderung
Detailarmut	individuelle Gewichtung von Handlungselementen
stereotype Wiederholungen	Einsichtigkeit bei Erinnerungslücken oder Missverständnissen
besondere Betonung der eigenen Ehrlichkeit	Spontanität bei Nachfragen
lange Denkpausen oder merkliche Unsicherheit bei unerwarteten Fragen	Übereinstimmung mit dem übrigen Prozessstoff

IV. Sachverständigenbeweis

Schrifttum: *Broß*, Richter und Sachverständiger, dargestellt anhand ausgewählter Probleme des Zivilprozesses, ZZP 102 (1989), 413; *Burmann*, Der Sachverständigenbeweis im Haftpflichtprozess, ZfSch 2003, 4; *Heistermann*, Vorschussanordnung vor der Beweisaufnahme, MDR 2001, 1085; *Heß/Burmann*, Verwertung verfahrensfremder Gutachten im Zivilverfahren, NJW-Spez. 2006, 495; *Müller*, Arzthaftung und Sachverständigenbeweise, MedR 2001, 487; *Neuhaus/Krause*, Die Auswahl des Sachverständigen im Zivilprozess, MDR 2006, 605; *Schrader*, Die Ladung des Sachverständigen zur mündlichen Erläuterung seines Gutachtens, NJW 1984, 2806; *Siegburg*, Zum Beweisthema des Beweisbeschlusses beim Sachverständigenbeweis über Baumängel, BauR 2001, 875; *Zettel*, Sachverständiger und Gericht – Fehlerquellen bei der Zusammenarbeit im Zivilprozess, NJ 2000, 67; *Zimmermann*, Sachverständigenpflichten, DS 2006, 304.

1. Funktion

553 Durch den Sachverständigen soll dem Richter das notwendige **Fachwissen** zur Beurteilung von Tatsachen vermittelt werden.[112] Darüber hinaus soll der Sachverständige aus den ihm vorgegebenen oder gem. § 404a Abs. 4 zulässigerweise selbst ermittelten Tatsachen Schlussfolgerungen auf andere Umstände – etwa den Ursachenzusammenhang – ziehen. Im Gegensatz zum Zeugen ist der Sachverständige durch jede andere Person mit entsprechendem Fachwissen **ersetzbar bzw. vertretbar**.[113] Die Bedeutung des Sachverständigen als Beweismittel hat stetig zugenommen, nachdem die technische Entwicklung immer komple-

---

111 *Zimmermann* § 286 Rn. 7.
112 *BGH* NJW 1993, 1796, 1797.
113 *BGH* NJW 1985, 1399.

IV. Sachverständigenbeweis

xere Fragen aufwirft. Damit begibt sich insbesondere der Richter weitgehend in die Hände des Sachverständigen, welcher letztlich die streitentscheidende Tätigkeit leistet. Das erfordert eine ebenso sorgfältige wie selbstbewusste Verfahrensführung.[114] Zu beachten ist, dass der Sachverständige nur **Gehilfe des Richters** ist. Keinesfalls darf das Ergebnis des Gutachters einfach ungeprüft übernommen werden.[115]

Beachte:
Der Sachverständigenbeweis ist andererseits aber kein „Allheilmittel" gegen unzureichenden Parteivortrag oder sonstige Beweisnot.

Die Tätigkeit des Sachverständigen ist im Verhältnis zum Gericht öffentlich-rechtlicher Natur und dient der Erfüllung einer staatsbürgerlichen Pflicht.[116] Zu den Parteien besteht grundsätzlich kein privatrechtliches Verhältnis, jedoch kann sich eine Schadensersatzpflicht aus § 839a BGB ergeben. 554

Gelegentlich kann die **eigene Sachkunde des Gerichts** ausreichen, um spezielle Fachfragen zu beurteilen (§ 244 Abs. 4 Satz 1 StPO analog). In diesen Fällen muss das Gericht die Parteien auf seine eigenen Fachquellen hinweisen. Außerdem ist im Urteil zu erläutern, woher die Sachkunde des Gerichts stammt und warum diese als ausreichend erscheint.[117] Zwingend vorgeschrieben ist die Einholung eines Sachverständigengutachtens beim Streit über die anwaltliche Rahmengebühr (§ 14 Abs. 2 RVG). 555

Beachte:
Auch eine regelmäßig in **Arzthaftungssachen** tätige Kammer vermag medizinische Fachfragen eigentlich nie ohne Hinzuziehung eines Sachverständigen zu beantworten.[118] Insbesondere ist der Hinweis auf medizinische Fachliteratur grundsätzlich nicht geeignet, die erforderliche Sachkunde des Gerichts zu begründen.[119]

2. Abgrenzung zum Privatgutachten[120]

a) **Einordnung.** Das durch eine Partei in den Prozess eingeführte Privatgutachten fällt grundsätzlich nicht unter §§ 402 ff. Vielmehr stellt es **qualifizierten, urkundlich belegten Parteivortrag** dar.[121] Diesen muss das Gericht in seine Würdigung einbeziehen und darf ihn nicht als Behauptung „ins Blaue hinein" zurückweisen.[122] Nur wenn sich beide Parteien einverstanden erklären, ist das Privatgutachten als Sachverständigenbeweis verwertbar (§ 284 Sätze 2–4).[123] 556

b) **Verfahrensrechtliche Konsequenzen. – aa) Widersprüche.** Ein vorgelegtes Privatgutachten hat beachtliche Konsequenzen, v. a. für das Gericht. **Widersprüchen zu einem gerichtlichen Sachverständigengutachten** muss es sorgfältig nachgehen, i. d. R. indem es den gerichtlich bestellten Sachverständigen zur ergänzenden Stellungnahme auffordert oder ein weiteres Gutachten in Auftrag gibt.[124] Falls dies beantragt ist, kann der im Parteiauftrag tätige Gutachter über die von ihm festgestellten Tatsachen auch als **sachverständiger Zeuge** (§ 414) zu 557

---

114 BL/*Hartmann* vor § 402 Rn. 2.
115 *BVerfG* NJW 1997, 1909; *BGH* GRUR 2001, 770.
116 *BGH* NJW 1976, 1154 f.
117 *BGH* NJW 1997, 1446.
118 *BGH* NJW 1994, 794, 795.
119 *BGH* NJW 1994, 2419, 2421.
120 Zu Kostenfragen vgl. Rn. 142.
121 *BGH* NJW 2001, 77, 78.
122 *BGH* NJW-RR 2003, 69.
123 *BGH* NJW-RR 1994, 255.
124 *BGH* NJW 1996, 1597, 1599; *OLG Saarbrücken* NJW-RR 1999, 719 f.; vgl. auch Rn. 606.

5. Kapitel: Beweismittel

vernehmen sein. Insofern gelten die §§ 373 ff., nicht etwa § 411 Abs. 3.[125] Wenn er darüber hinaus auch sachverständige Auskunft geben soll, kommt eine Ablehnung nach § 406 in Betracht.[126]

Typischer Fehler:
Das Gericht lädt den Privatgutachter ohne entsprechenden Beweisbeschluss „zur Erläuterung", um sich die nötige Sachkunde zu verschaffen. **Das ist unzulässig!**

558   Wenn beide Parteien sich in wesentlichen Punkten **widersprechende Parteigutachten** vorgelegt haben, führt in aller Regel kein Weg an der Beauftragung eines gerichtlichen Sachverständigen vorbei.[127] Denn dem Gericht fehlt in nahezu allen Fällen die Kompetenz, einem der Gutachten mit einleuchtender Begründung den Vorzug zu geben.

559   Ferner ergeben sich Folgen für die Gegenpartei. Ihr ist die Gelegenheit zur Stellungnahme einzuräumen. Im Rahmen des § 138 Abs. 2 muss sich die Gegenpartei mit dem Privatgutachten **ausführlich auseinandersetzen**, insbesondere darlegen, inwieweit sie dem Gutachten nicht zu folgen vermag. Häufig wird ein Gegenbeweisantrag zu stellen sein.

Typischer Fehler:
Der bloße Einwand, man widersetze sich der Verwertung des Privatgutachtens, genügt nicht.[128]

560   bb) **Hinweispflicht.** Das Gericht hat frühzeitig darauf hinzuweisen, ob es das Privatgutachten für ausreichend hält, um die Beweisfrage gem. § 286 Abs. 1 zuverlässig zu beantworten.[129] Bejaht es dies und unterbleibt eine taugliche Stellungnahme des Gegners, so ist eine weitere Beweisaufnahme zur betroffenen Tatsache entbehrlich.[130]

Praxistipps:
- Für das Gericht besteht also kein Grund, dem Gutachter schon deshalb zu misstrauen, weil er im Parteiauftrag tätig geworden ist. Es sollte vielmehr auch die Möglichkeit der Verfahrensbeschleunigung bedenken.
- Dem Anwalt der beweisführenden Partei ist zu empfehlen, darzulegen, dass der Privatgutachter neutral und ohne Vorgabe eines bestimmten Ergebnisses tätig geworden ist.[131]

561   cc) **Unvereinbarkeit.** Ein Privatgutachter scheidet in der gleichen Sache als gerichtlicher Sachverständiger aus. Anderenfalls wäre seine Ablehnung gerechtfertigt (§§ 406 Abs. 1, 42), mag sich die Gegenpartei auch mit der vorprozessualen Begutachtung einverstanden erklärt haben.[132]

3. Verfahren

562   a) **Auswahl des Sachverständigen. – aa) Beweisanordnung.** Wenn die Voraussetzungen des Sachverständigenbeweises vorliegen, ist ein entsprechender Beweisbeschluss zu erlassen (§§ 358, 359). Gerade hier ist darauf zu achten, dass das **Beweisthema präzise formuliert** wird. Einzelne Fragen, die das Gericht für

---

125 *OLG Oldenburg* OLGR 2003, 443; *OLG Naumburg* OLGR 1999, 249.
126 *OLG Jena* MDR 2008, 587.
127 *BGH* NJW 1993, 2382; *OLG Hamburg* OLGR 2005, 216.
128 A.A. offenbar *Schneider/v.d.Hövel* S. 142.
129 *OLG Karlsruhe* NJW 1990, 192.
130 *BGH* VersR 1987, 1007; *OLG Naumburg* OLGR 2001, 249; *OLG Köln* VersR 2001, 755.
131 *Leupertz* BauR 2007, 1790, 1796.
132 *OLG Oldenburg* OLGR 1996, 273; *OLG Jena* MDR 2008, 587 (auch wenn als sachverständiger Zeuge geladen).

IV. Sachverständigenbeweis

wichtig hält, sollten ausformuliert werden. Der Sachverständige muss zugleich erkennen können, wo die inhaltlichen Grenzen seines Auftrags liegen. Dabei sind juristische Fachbegriffe zu vermeiden.

Der Sachverständige ist i. d. R. namentlich und mit seiner Adresse zu benennen. Es kann sich zunächst auch um eine Gutachterorganisation oder ein Unternehmen handeln. Das meint insbesondere öffentliche Stellen (§ 1 Abs. 2 JVEG), eine Klinik,[133] ein Universitätsinstitut[134] sowie TÜV oder DEKRA. Die Leitung dieser Stellen hat den konkreten Sachverständigen alsbald bekannt zu geben.[135] Denn Sachverständiger selbst kann nur eine natürliche Person sein (arg. §§ 408, 410). Sie muss hernach als Urheber des Gutachtens erkennbar werden. Ein typisches Beispiel: **563**

> Mit der Erstattung des Gutachtens wird ein Sachverständiger des DEKRA, Niederlassung Würzburg, beauftragt, der von dort aus zu bestimmen ist.[136]

Vor allem bei komplexen Sachverhalten ist es zulässig und zweckmäßig, **mehrere Sachverständige** einzuschalten, die nacheinander oder gleichzeitig tätig werden (§ 404 Abs. 1 Satz 1). **564**

> Beispiele:
> Verschiedene medizinische Disziplinen im Rahmen eines Arzthaftungsprozesses; mehrere Gewerke bei behaupteten Mängeln eines Bauwerks.

Dabei ist aber auf einen möglichen Prüfungsvorrang zu achten. Die Begutachtung zu einer Frage kann entbehrlich werden, wenn schon eine Ausgangsfrage nicht sicher geklärt werden kann. Dann ist die gleichzeitige Begutachtung nicht nur überflüssig, sondern unzulässig. Dies gilt z. B. für die Kausalitätsfeststellung und Folgeschäden. Eine alternative Benennung mehrerer Gutachter ist nicht zulässig.[137] **565**

Anstelle mehrerer selbständiger Sachverständiger kann der Beweisbeschluss auch gestatten, dass eine Person die Hilfe anderer (Unter-)Sachverständiger in Anspruch nimmt, nach außen hin jedoch das gesamte Gutachten verantwortet. Dies sollte entsprechend deutlich gemacht werden. Beispiel: **566**

> Dem Sachverständigen wird gestattet, bei der Beantwortung der Beweisfrage zu 2) die Hilfe eines Sachverständigen für Toxikologie in Anspruch zu nehmen. Dies und der Name des weiteren Sachverständigen sind ggf. im Gutachten kenntlich zu machen. Der Sachverständige bleibt auch in einem solchen für das Gutachten allein verantwortlich.

bb) Konkrete Person des Sachverständigen. Hierbei ist das Gericht grundsätzlich frei. Die Auswahl ist unanfechtbar (§ 355 Abs. 2).[138] Vorrangig sind öffentlich bestellte Gutachter zu wählen (§ 404 Abs. 2). Sie lassen sich der bei Gericht vorliegenden Liste entnehmen. Dabei ist genau auf das erforderliche Fachgebiet zu achten. § 404 Abs. 2 ist lediglich eine Soll-Vorschrift, von der in besonderen Fällen abgewichen werden darf.[139] Das Gericht wird aber prüfen müssen, ob ein nicht öffentlicher bestellter Sachverständiger über ein gewisses Maß an forensischer Erfahrung verfügt. **567**

---

133 *BVerwG* NJW 1969, 1591.
134 *OLG Koblenz* VersR 1998, 897.
135 *BGH* NJW 2003, 3480, 3481.
136 Ähnlich *Pantle/Kreissl* Rn. 363.
137 *OLG Frankfurt* ZfSch 2002, 133.
138 TP/*Reichold* § 404 Rn. 1.
139 *BayObLG* FamRZ 1991, 618, 619; vgl. auch *OLG München* MDR 1971, 494.

5. Kapitel: Beweismittel

568 Lässt sich kein Gutachter finden oder kommt – etwa wegen Vorbefassung – keine bekannte Person in Betracht, muss sich das Gericht auf die Suche begeben. Dies kann zunächst durch Nachfrage bei Kollegen oder durch Recherche im Internet geschehen. Ferner kann das Gericht die Parteien auffordern, einen geeigneten Sachverständigen zu benennen (§ 411 Abs. 3). Dies geschieht am zweckmäßigsten im Beweisbeschluss:

> Die Parteien werden aufgefordert, dem Gericht binnen 2 Wochen nach Zustellung diese Beschlusses einen oder mehrere geeignete Sachverständige zu benennen (§ 411 Abs. 3 ZPO).

569 An eine **übereinstimmende Bezeichnung** durch die Parteien ist das Gericht gebunden (§ 411 Abs. 4). Es darf nicht zusätzlich nach § 144 ein Sachverständiger beauftragt werden. Erst wenn das Gutachten des einvernehmlich benannten Sachverständigen Mängel aufweist, ist nach § 412 zu verfahren.

> Praxistipp:
> Bei ungewöhnlichen Beweisthemen ist es für den Anwalt der beweisführenden Partei ratsam, rechtzeitig nach einem Sachverständigen Ausschau zu halten und diesen dem Gericht möglichst noch vor Erlass des Beweisbeschlusses mitzuteilen. Das Gericht wird diesem Vorschlag zumeist folgen, wenn es nicht eine besser geeignete Person auszuwählen vermag.

570 Eine andere Möglichkeit besteht darin, eine übergeordnete Organisation (z. B. die IHK oder Handwerkskammer) um Benennung eines tauglichen Sachverständigen zu bitten:

> Die Bayerische Landestierärztekammer ... wird ersucht, dem Gericht einen im Großraum Nürnberg ansässigen Arzt für Pferdemedizin zu benennen, der als Sachverständiger geeignet erscheint.

571 Im Anschluss daran muss **nochmals ein Beschluss** ergehen, der den ausgewählten Sachverständigen namentlich bezeichnet (§ 359 Nr. 2). Dieser Beschluss ist den Parteien zuzustellen (§§ 329 Abs. 2 Satz 2, 406 Abs. 2 Satz 1). Seine Formulierung fällt recht kurz aus:

> Mit der Ausführung des Beweisbeschlusses vom ... wird ... als Sachverständiger beauftragt.

572 Wenn der benannten Sachverständige aus anerkennenswerten Gründen (z. B. Überlastung) nicht zur Verfügung steht oder sich für fachlich nicht geeignet erklärt, kann das Gericht nach Anhörung der Parteien **eine andere Person beauftragen** (§§ 404 Abs. 1 Satz 3, 360 Satz 2).

> Praxistipp:
> Das Gericht sollte sich diesbezügliches im Vorfeld gründlich und umfassend informieren, um Verzögerungen und Zusatzkosten durch den Wechsel des Sachverständigen möglichst zu minimieren.[140]

573 b) **Ablehnung des Sachverständigen**.[141] – aa) **Antrag**. Die Ablehnung richtet sich nach §§ 406, 41 f. Sie betrifft nicht die eventuell hinzugezogenen Gehilfen und kann auch nicht auf eine Personenmehrheit von Sachverständigen erstreckt werden.[142]

---

140 BL/*Hartmann* § 404 Rn. 3.
141 Vgl. hierzu ausführlich *Walter* DS 2008, 133.
142 *OLG Jena* OLG-NL 2005, 118.

IV. Sachverständigenbeweis

Der Ablehnungsantrag ist **befristet**. Er ist grundsätzlich binnen zwei Wochen nach Bekanntgabe der Ernennung des Sachverständigen zu stellen (§ 406 Abs. 2 Satz 1). Bei späterer Kenntniserlangung vom Ablehnungsgrund muss der Antrag unverzüglich innerhalb einer angemessenen Überlegungszeit gestellt werden.[143] Soweit sich die Gründe der Ablehnung erst aus dem schriftlichen Gutachten ergeben, kann hingegen die richterliche Stellungnahmefrist (§ 411 Abs. 4 Satz 2) – auch wenn sie verlängert worden ist – ausgeschöpft werden.[144] Die Befangenheitsrüge unterfällt im Übrigen der Präklusion nach § 295 Abs. 1.[145]   **574**

bb) **Ablehnungsgründe**. Diese sind glaubhaft zu machen (§ 406 Abs. 3, 294). Sie ergeben sich einerseits aus der engen persönlichen Beziehung zu den Parteien oder zum Verfahren, mit Ausnahme der früheren Vernehmung als Zeuge (§§ 41 Nr. 5, 406 Abs. 1 Satz 2). Auf möglicherweise in seiner Person liegende Ablehnungsgründe hat der Sachverständige umgehend hinzuweisen.[146]   **575**

Darüber hinaus rechtfertigt die **Besorgnis der Befangenheit** eine Ablehnung (§ 42). Es muss sich um objektive Gründe handeln, die eine vernünftige Partei an der Unparteilichkeit und Unvoreingenommenheit des Sachverständigen zweifeln lassen.[147] Das kann sich auch erst aus der Gesamtschau mehrerer vorgebrachter Gründe ergeben.[148] Wie bei der Richterablehnung kommt es nicht auf die tatsächliche Befangenheit an, sondern auf den begründeten Eindruck einer solchen. Verschulden spielt keine Rolle.   **576**

Beispiele:
- Unsachliche Äußerungen zum Vortrag einer Partei *(„Märchenstunde",*[149] *„uneinsichtig idiotische Behauptung",*[150] *„Täuschungsmanöver",*[151] *„Unverschämtheit"*[152]*)* oder die Bewertung eines Privatgutachtens als *„Gefälligkeitsgutachten";*[153]
- einseitige Missachtung des Anwesenheitsrechts einer Partei;[154]
- enge geschäftliche Kontakte[155] oder wirtschaftliches Konkurrenzverhältnis zu einer der Parteien.[156]

Gegenbeispiele:
- Regelmäßige Sachverständigentätigkeit in der Branche einer Partei;[157]
- überraschend schnelle Fertigung des Gutachtens;[158]
- mangelnde Kompetenz;[159]
- bereits erfolgte Beauftragung in der Vorinstanz.[160]

Es zeugt weder von anwaltlicher Kunst noch von taktischem Geschick, den Sachverständigen durch die Provokation unsachlicher Äußerungen aus dem Verfahren drängen zu wollen.[161]   **577**

---

143 Vgl. zur Prozessförderungspflicht in diesem Zusammenhang *BGH* NJW 2009, 84.
144 *BGH* NJW 2005, 1869, 1870; *KG* KGR 2001, 183; *OLG Saarbrücken* NJW-RR 2008, 1087; a. A. *OLG Koblenz* NJW-RR 1999, 72; differenzierend *OLG Bamberg* DS 2008, 390.
145 *OLG Düsseldorf* MDR 1994, 620.
146 *OLG Rostock* MDR 2009, 295.
147 *BGH* NJW-RR 1987, 893; *OLG Köln* MDR 2002, 53.
148 *OLG Saarbrücken* MDR 2008, 1121.
149 *OLG Schleswig* OLGR 2002, 463.
150 *OLG Frankfurt* OLGR 2004, 161.
151 *OLG Hamm* BauR 2006, 1934.
152 *KG* MDR 2008, 528.
153 *OLG Zweibrücken* NJW 1998, 912; ähnlich *OLG Oldenburg* NJW-RR 2000, 1166.
154 *BGH* NJW 1975, 1363; *OLG Jena* MDR 2000, 169.
155 *OLG München* MDR 1998, 858.
156 *OLG Koblenz* OLGR 2001, 141.
157 *OLG Koblenz* NJW-RR 1992, 1470; *OLG Celle* NJW-RR 2003, 135.
158 *BGH* GRUR 2008, 191.
159 *OLG München* VersR 1980, 1124; Hk-ZPO/*Eichele* § 404 Rn. 8.
160 *BGH* MDR 1961, 397.
161 Vgl. auch *OLG Düsseldorf* BB 1975, 627; *OLG München* BauR 2007, 766.

5. Kapitel: Beweismittel

578 cc) **Gerichtliche Entscheidung.** Das Gericht muss den Sachverständigen **anhören**.[162] Dessen Einlassung ist wiederum dem Antragsteller zur eventuellen Stellungnahme zuzuleiten.[163] Sodann entscheidet das Gericht über den Ablehnungsantrag ohne vorgeschriebene mündliche Verhandlung durch **Beschluss** (§ 406 Abs. 4). Die Stattgabe ist unanfechtbar (§ 406 Abs. 5), sollte aber dennoch begründet werden. Zugleich ist ein neuer Sachverständiger zu benennen (§§ 404 Abs. 1 Satz 2, 412 Abs. 2), denn die Arbeit des bisherigen Gutachters ist nicht verwertbar, auch nicht als formlose Erkenntnisquelle des Gerichts. Gebräuchlich ist folgender Tenor:

> **Beschluss**
> 1. Die Ablehnung des Sachverständigen … wird für begründet erklärt.
> 2. Mit der Ausführung des Beweisbeschlusses vom … wird nunmehr der Sachverständige … beauftragt.

579 Anderenfalls ist der Antrag **zurückzuweisen.** Dann ist sofortige Beschwerde statthaft (§§ 406 Abs. 5, 567 Abs. 1 Nr. 1). Sie hat keine aufschiebende Wirkung (§ 570 Abs. 1), so dass eine offene Beschwerdefrist weder den Abschluss der mündlichen Verhandlung noch eine Sachentscheidung durch Urteil verhindert. Dergleichen ist aber nicht zweckmäßig.[164] Denn möglicherweise liegt der Entscheidung ein unverwertbares Gutachten zugrunde und die Berufung ist vorprogrammiert.

580 Der erfolgreich abgelehnte Sachverständige kann weiterhin als sachverständiger Zeuge vernommen werden (§ 414), sofern dies beantragt worden ist.[165]

581 c) **Tätigkeit des Sachverständigen und ihre Überwachung. – aa) Beauftragung.** Nach Bekanntgabe des Beweisbeschlusses und ggf. nach Eingang des Auslagenvorschusses (§§ 379, 402) wird die Gerichtsakte – eventuell auch nur auszugsweise oder als Zweitakte – an den Sachverständigen übersandt. Die **Begleitverfügung** des Gerichts enthält Hinweise auf die sich aus § 407a ergebenden Prüfungs- und Mitteilungspflichten. Hiervon ist auch ein Übersteigen des erhobenen Kostenvorschusses umfasst. Ferner wird über das Gutachtenverweigerungsrecht (§ 408) belehrt. Schließlich wird eine Auftragsbestätigung zur Rücksendung an das Gericht beigefügt. Für all dies verfügen die Gerichte über Standartformulare und Merkblätter.

582 Im Falle der schriftlichen Gutachtenerstattung wird dem Sachverständigen außerdem mitgeteilt, binnen welcher **Frist** mit dem Eingang seines Gutachtens gerechnet wird (§ 411 Abs. 1). Ihm wird aufgegeben, rechtzeitig bekannt zu geben, wenn diese Frist überschritten wird. Daran angelehnt verfügt der Richter seine Wiedervorlagefrist. Im Übrigen gelten die §§ 224 Abs. 2, 225.

> Praxistipp:
> Gerade bei schwierigen Fällen bietet es sich an, im Vorfeld mit dem Sachverständigen einen realistischen Zeitrahmen abzustimmen.[166]

583 bb) **Säumnis.** Eine säumige Gutachtenerstattung kann oftmals vermieden werden, wenn sich das Gericht vor der Beauftragung erkundigt, ob der Sachverständige überlastet ist. Wird die gesetzte Frist dennoch überschritten, sollte sich das Gericht zunächst nach dem Grund der Verzögerung erkundigen und den Zeitpunkt der Fertigstellung erfragen. Dies ist aktenkundig zu machen. Erst

---

162 OLG Koblenz OLGZ 1977, 375; OLG Karlsruhe NJW 1984, 1413; a. A. BL/Hartmann § 406 Rn. 28.
163 Mus/Huber § 406 Rn. 17.
164 BGH NJW 1972, 1133, 1134.
165 BL/Hartmann § 406 Rn. 1.
166 Hk-ZPO/Eichele § 411 Rn. 2.

IV. Sachverständigenbeweis

wenn hierauf keine oder eine nur unzureichende Antwort erfolgt, ist dem Sachverständigen förmlich eine **Nachfrist** zu setzen und ein **Ordnungsgeld anzudrohen** (§ 411 Abs. 2). Dass schon dies durch Beschluss zu erfolgen hat, lässt sich dem Gesetz – im Gegensatz etwa zu §§ 890 Abs. 2, 891 – nicht entnehmen.[167] Vielmehr genügt eine Verfügung, die in Kammersachen der Vorsitzende allein erlassen kann.[168] Sie ist zuzustellen (§ 329 Abs. 2 Satz 2) und kann etwa lauten:

> Dem Sachverständigen ... wird zur Erstattung seines Gutachtens eines Nachfrist bis zum ... gesetzt. Für den Fall der Versäumung dieser Frist wird dem Sachverständigen ein Ordnungsgeld von bis zu ... € angedroht.

Bei aller gebotenen Kooperation zwischen Gericht und Sachverständigem muss immer das Weisungsverhältnis (§ 404a Abs. 1) klar bleiben. Der Richter sollte sich bei erheblichen Verzögerungen also nicht ohne weiteres mit floskelhaften Erklärungen zufrieden geben. Er darf auch nicht übermäßig lang zuwarten, ehe er Druck auf den Sachverständigen ausübt.[169]

584

cc) **Gebührenvereinbarung.** Nicht selten teilt der Sachverständige mit, dass es ihm unmöglich sei, das Gutachten nach den gesetzlichen Gebührensätzen des JVEG zu erstellen und dass das Gericht einen **höheren Satz** festsetzen möge.

585

Zunächst wird zu prüfen sein, ob die Forderung nachvollziehbar wirkt und an dem konkreten Sachverständigen wegen seiner speziellen Sachkunde festgehalten werden sollte. Erscheint eine höhere Vergütung nicht gerechtfertigt, so ist der Sachverständige hierauf hinzuweisen und ggf. von seinem Auftrag zu entbinden. Anderenfalls übersendet das Gericht den Antrag an die Parteien zur Stellungnahme. Denn es ist das Einverständnis mindestens einer Partei notwendig (§ 13 Abs. 2 JVEG). Anschließend ist der Stundensatz durch Beschluss zu bestimmen (§ 4 Abs. 1 Satz 1 JVEG). Er ist unanfechtbar. In aller Regel ist die Vergütung aber nicht höher als auf das 1 ½-fache des gesetzlichen Betrages festzusetzen. Der Beschluss könnte etwa lauten:

586

> **Beschluss**
> Die Vergütung des Sachverständigen ... wird auf einen Stundensatz von ... € festgesetzt (§§ 13 Abs. 2, 4 Abs. 1 Satz 1 JVEG).

dd) **Grundlage der Begutachtung.** Dies sind in erster Linie die unstreitigen (Anknüpfungs-)Tatsachen. Bei streitigen Tatsachen muss das Gericht festlegen, welche es aufgrund der bisherigen Beweiserhebung für erwiesen hält und einer Begutachtung zuführen möchte (§ 404a Abs. 3). Eine ausführliche vorweggenommene Beweiswürdigung ist dabei weder notwendig noch zulässig.[170] Hierzu ein Vorschlag:

587

> Der Sachverständige hat bei seiner Begutachtung zugrunde zu legen, dass die Geschwindigkeit des Fahrzeugs der Beklagten unmittelbar vor der Kollision nicht mehr als 40 km/h betrug.

Weiteres Beispiel:
Einem Sachverständigen, der im Streit um eine Berufsunfähigkeit die Eignung des Klägers für einen Alternativberuf beurteilen soll, müssen die Arbeitsbedingungen, Arbeitszeiten und mögliche Hilfsmittel der Verweisungstätigkeit vorgegeben werden.[171]

---

167 Anders aber die h. M.; vgl. *OLG Köln* OLGR 1996, 182; BL/*Hartmann* § 411 Rn. 6. Dann soll konsequenterweise eine Beschwerdemöglichkeit bestehen; vgl. *OLG Köln* VersR 2003, 1281.
168 Zö/*Greger* § 411 Rn. 7; *Zimmermann* § 411 Rn. 2.
169 *KG* NJW-RR 2005, 374.
170 Mus/*Huber* § 404a Rn. 4.
171 *BGH* NJW-RR 2008, 767.

5. Kapitel: Beweismittel

588 Darüber hinaus kann dem Sachverständigen gestattet werden, **eigene Sachverhaltsermittlungen** anzustellen (§ 404a Abs. 4), wenn schon hierfür eine besondere Sachkunde erforderlich ist. Die Art und Reichweite der Ermittlung solcher Befundtatsachen sind präzise festzulegen, i. d. R. im Beweisbeschluss.

> **Beispiele:**
> Besichtigung des zu begutachtenden Gegenstandes; körperliche Untersuchung einer Person; Einsichtnahme in Unterlagen und Pläne.

589 Wenn es um den Zustand einer Sache geht, ist die Befugnis zur Durchführung eines **Ortstermins** auch dann anzunehmen, wenn keine ausdrückliche Weisung des Gerichts ergangen ist.[172] Die Vernehmung einer Person, insbesondere eines Zeugen, durch den Sachverständigen durchbricht den Grundsatz der Unmittelbarkeit (§ 355 Abs. 1).[173] Sie ist daher nur mit Zustimmung beider Parteien möglich.[174]

590 In allen Fällen der Sachverhaltsermittlung durch den Gutachter ist die **Parteiöffentlichkeit** zu beachten (§ 357).[175]

> **Praxistipp:**
> Diesen Ortstermin sollte der Rechtsanwalt jedenfalls dann wahrnehmen, wenn zu befürchten ist, dass die Gegenseite dem Sachverständigen einen veränderten Sachverhalt unterbreitet.[176]

591 ee) **Hilfskräfte.** Der Sachverständige darf sich der Unterstützung durch namentlich zu benennende Hilfskräfte bedienen, solange er selbst nach außen hin erkennbar die gesamte Begutachtung verantwortet (§ 407a Abs. 2). Dies gilt insbesondere für Vorarbeiten, die Durchführung von Messungen sowie Materialsammlung und Recherche. Bei Tätigkeiten mit wertendem Charakter muss deutlich werden, dass der Sachverständige diese Tätigkeiten nachvollzogen hat und sich zu eigen macht.[177] Die bloße Unterschrift genüg nicht.[178]

> **Beachte:**
> Das explorierende Gespräch mit dem Probanden muss der medizinische Sachverständige selbst führen.[179]

592 ff) **Beeidigung.** Eine Beeidigung des Sachverständigen (§ 410 Abs. 1 Satz 1) kommt in Betracht, wenn das Gutachten mündlich erstattet wird oder die mündliche Erläuterung des schriftlichen Gutachtens erfolgt. Sie liegt immer im Ermessen des Gerichts.[180] Zumeist werden allgemein beeidigte Sachverständige bestellt. Dann entfällt dieses Procedere (§ 410 Abs. 2). In anderen Fällen wird zweckmäßigerweise **vor der Vernehmung** beeidigt. Dies erfordert einen Beschluss des Gerichts:[181]

> Der Sachverständige ist vor der Erstattung des Gutachtens zu beeidigen.

593 Sodann lautet die Eingangs- und Eidesformel wie folgt (§§ 410 Abs. 1 Satz 2, 481):

---

172 TP/*Reichold* § 404a Rn. 5.
173 *BGH* NJW 1955, 671.
174 *BGH* NJW 1957, 906 f.
175 Vgl. hierzu Rn. 301.
176 *Meyke* Rn. 350.
177 *OLG Zweibrücken* VersR 2000, 605.
178 *OLG Frankfurt* MDR 1983, 849.
179 *BSG* NZS 2005, 559.
180 *BGH* NJW 1998, 3355, 3356.
181 Zö/*Greger* § 410 Rn. 2.

IV. Sachverständigenbeweis

> „Sie schwören [bei Gott dem Allmächtigen und Allwissendem], dass Sie das von Ihnen geforderte Gutachten unparteiisch und nach bestem Wissen und Gewissen erstatten werden?
> Ich schwöre es [so wahr mir Gott helfe]."

Dieser Umstand ist im Protokoll festzuhalten (§ 160 Abs. 2). Im Übrigen ist der Sachverständige vor der Vernehmung zur Person zu befragen und über die Strafbarkeit einer falschen Aussage zu belehren (§§ 395 Abs. 1, 402). **594**

d) Erstattung des schriftlichen Gutachtens und weiteres Beweisverfahren. – aa) Ermessen. Welche **Form der Gutachtenerstattung** gewählt wird, steht im Ermessen des Gericht.[182] Hierüber muss der Beweisbeschluss Klarheit schaffen. Das mündliche Gutachten ist vom Gesetz als Regelfall vorgesehen, wird aber nicht näher normiert. Es gelten §§ 395 ff., 402. Ein mündliches Gutachten erfolgt häufig für die Rekonstruktion von Verkehrsunfällen, nachdem der Sachverständige im Termin die Aussagen der Zeugen vernommen und/oder an einem Ortstermin teilgenommen hat.[183] Ferner ist die mündliche Erstattung bei einfachen und rasch zu beantwortenden Fragen ratsam, im Einzelfall auch bei besonderem Zeitdruck.[184] Schließlich wird es Fälle geben, die im Anschluss an eine mündliche Begutachtung eine gütliche Einigung erwarten lassen. **595**

Praktischer Regelfall ist aber die **schriftliche Abfassung** des Gutachtens. Dies gilt namentlich bei schwierigen Sachverhalten, bei denen die Parteien Gelegenheit haben müssen, nach ausführlicher Prüfung zum Inhalt der Ausarbeitung Stellung zu nehmen.[185] **596**

bb) Formalien. § 411 Abs. 1 enthält neben der Möglichkeit der Fristsetzung die formelle Vorgabe, wonach der Sachverständige sein Gutachten eigenhändig zu unterschreiben hat. Eine Übermittlung ausschließlich per E-Mail o. Ä. scheidet damit aus, es sei denn die qualifizierten Voraussetzungen des § 130a liegen vor. **597**

cc) Verfahren nach Eingang des Gutachtens. Das eingegangene Gutachten ist seitens des Gerichts zunächst auf Vollständigkeit und Einhaltung der Formalien zu prüfen. Sodann werden Ausfertigungen **an die Parteien hinausgegeben**. Die begleitende Verfügung enthält i. d. R. zahlreiche **Aufforderungen** an die Parteien. So kann eine Nachforderung auf den Auslagenvorschuss zu erheben sein. Insbesondere ergeht – zweckmäßigerweise unter klarer **Fristsetzung** – die Aufforderung, zu einer mündlichen Erörterung Stellung zu nehmen sowie Einwendungen und Ergänzungsfragen vorzubringen (§ 411 Abs. 4). Die Präklusionswirkung nach §§ 411 Abs. 4 Satz 2, 296 Abs. 1 erfordert in Kammersachen eine Fristsetzung nebst unmissverständlicher Belehrung durch das gesamte Gericht, nicht allein den Vorsitzenden.[186] Anderenfalls kommt nur § 296 Abs. 2 in Betracht.[187] Die Verfügung und das Gutachten sind zuzustellen (§ 329 Abs. 2 Satz 2). **598**

> **Vfg.:**
> *[1.*
> *Der Kl./Bekl.-Partei wird aufgegeben, zur Deckung der entstandenen Kosten des Sachverständigen einen weiteren Betrag von ... € bis spätestens zum ... bei Gericht einzuzahlen.]*

---

182 *LG Hagen* WuM 1989, 438.
183 *Förschler* Rn. 982.
184 BL/Hartmann § 411 Rn. 1.
185 *OLG Karlsruhe* VersR 1989, 810.
186 *BGH* NJW-RR 2001, 1431, 1432; *KG* NJW-RR 2008, 371.
187 Mus/*Huber* § 411 Rn. 8.

5. Kapitel: Beweismittel

2.
Beiden Parteien wird aufgegeben, bis spätestens zum ... zu erklären, ob eine Anhörung des Sachverständigen ... zu dessen schriftlichen Gutachten vom ... beantragt wird (§ 411 Abs. 3 ZPO).

Binnen dieser Frist haben die Parteien außerdem etwaige Einwendungen gegen das Gutachten schriftsätzlich vorzubringen sowie Anträge und Erläuterungswünsche zum Gutachten mitzuteilen (§ 411 Abs. 4 ZPO).
Hinweis: Einwendungen und Erläuterungswünsche, die erst nach Ablauf dieser Frist vorgebracht werden, sind gem. §§ 411 Abs. 4, 296 Abs. 1 ZPO zurückzuweisen, wenn ihre Zulassung den Rechtsstreit verzögern würde und die Verspätung nicht genügend entschuldigt wird.

3.
Termin zur Anhörung des Sachverständigen / weiteren Beweisaufnahme / (und) zur Fortsetzung der mündlichen Verhandlung wird bestimmt auf ...
[ggf. Anordnung des persönlichen Erscheinens / der Zeugenvernehmung]

4.
Abschr. von 1–3 mit Gutachten an die PV zustellen gg. EB

5.
Sachverständigenentschädigung bestimmungsgemäß nach Kostenrechnung (Bl. ...) anweisen.

[6.
Anordnung von Ladungen]

7.
WV.:

599 **dd) Ladung des Sachverständigen.** Das Gericht kann auch sogleich von sich aus den Sachverständigen zur **mündlichen Erläuterung** laden (§ 411 Abs. 3). Es **muss** diesen Weg beschreiten, wenn sich innerhalb des Gutachtens selbst oder im Vergleich zu einem Privatgutachten in erheblichen Punkten Widersprüche finden.[188] Darüber hinaus ist der Sachverständige stets zu laden, wenn mindestens eine der Parteien dies beantragt und kein offensichtlicher Missbrauch vorliegt (§§ 397, 402).[189] Dies gilt auch, wenn der Sachverständige das Gutachten in einem vorausgegangenen selbständigen Beweisverfahren erstattet hat.[190] Ob das Gericht das Gutachten für erläuterungsbedürftig hält, ist in diesen Fällen ohne Bedeutung.[191] Ein solcher Antrag muss spätestens innerhalb der fortgesetzten mündlichen Verhandlung gestellt werden.[192] Der Antrag bedarf keiner vorformulierten Fragen. Es genügt, wenn erkennbar ist, in welchem Bereich Erläuterung gewünscht wird.[193]

Praxistipps:
- Dem Rechtsanwalt ist gleichwohl zu empfehlen, einen Antrag auf mündliche Erläuterung mit **möglichst konkreten Fragen** zu untermauern. Das erleichtert sowohl dem Sachverständigen als auch dem Gericht die Arbeit. Allerdings kann das Gericht die Ladung des Sachverständigen ablehnen, wenn es die Fragen für nicht entscheidungserheblich hält.[194]
- Ein Anwalt ist jedenfalls dann **zum Antrag auf mündliche Erläuterung verpflichtet,** wenn das Gutachten zwar für den Mandanten positiv ausge-

---

188 *BGH* NJW 1982, 2874, 2875; *BGH* NJW 2002, 1651, 1654.
189 *BGH* NJW 1987, 339, 340; *BGH* NJW 1997, 802 f.
190 *BGH* NJW-RR 2007, 1294.
191 *BVerfG* NJW 1998, 2273 f.; *BGH* NJW-RR 2003, 208, 209.
192 *BGH* VersR 1966, 637; *OLG Köln* BauR 2001, 140; *OLG Koblenz* NJW-RR 1993, 1215.
193 *BGH* NJW-RR 2006, 1503, 1504; *OLG Bamberg* BauR 2007, 934; a.A. *OLG Saarbrücken* OLGR 2004, 379.
194 *OLG Hamm* MDR 1985, 593; *OLG Oldenburg* VersR 1998, 636, 637.

IV. Sachverständigenbeweis

fallen ist, das Gericht aber zu erkennen gibt, dass es dem Gutachten nicht folgen will.[195]
- Die mündliche Erläuterung bietet sowohl für das Gericht als auch die Parteien einen nicht zu unterschätzenden Vorteil: Man kann in einem direkten **„Frage-Antwort-Spiel"** gezielt Unklarheiten beseitigen und Einwände entkräften.[196]

ee) **Ergänzungsfragen.** Ergeben sich Ergänzungsfragen des Gerichts oder der Parteien, so liegt es ohne entsprechenden Antrag im Ermessen des Gerichts, ob hierüber ein weiteres schriftliches Gutachten erstattet werden soll oder ob die Beantwortung mündlich erfolgt. Für die infolge ergänzender Fragen einer Partei anfallenden Kosten kann von dieser ein **Vorschuss** verlangt werden. Bei schriftlicher Ergänzung sollte der Beschluss wie folgt lauten: 600

> **Beschluss**
> 1.
> Es ist eine ergänzende schriftliche Stellungnahme des Sachverständigen ... einzuholen.
> Der Sachverständige soll sich hierbei mit folgenden Fragen auseinandersetzen: [...]
> [2.
> Die Ausführung dieses Beschlusses wird davon abhängig gemacht, dass der Kläger/Beklagte bis spätestens zum ... einen Auslagenvorschuss von ... € bei Gericht einzahlt.]
> 3.
> Neuer Termin wird nach Eingang des Ergänzungsgutachtens von Amts wegen bestimmt.

Beachte:
Im Falle schriftlicher Beantwortung ist die pauschale Aufforderung an der Sachverständigen, er möge *„zu den Einwendungen im Schriftsatz vom ... ergänzend Stellung nehmen"*, unzureichend und unzulässig.[197] § 404a Abs. 1 verlangt präzise Weisungen und überlässt es nicht dem Sachverständigen, die entscheidungserheblichen Fragen herauszusuchen. Gleichwohl ist ihm der betreffende Parteischriftsatz zu übersenden.

Die mündliche Erläuterung ist möglichst ausführlich zu **protokollieren** (§ 160 Abs. 3 Nr. 4).[198] 601

ff) **Fortsetzungstermin.** Mit der Herausgabe des schriftlichen Gutachtens an die Parteien kann zugleich **Termin zur Fortsetzung der mündlichen Verhandlung** bestimmt werden. Hierfür eigenen sich allerdings nur Fälle, in denen das Gericht keinen Ergänzungsbedarf sieht und eventuelle Fragen der Parteien durch nachträgliche Ladung des Sachverständigen beantwortet werden können. Bei komplexen Sachverhalten wird erst die Stellungnahme der Parteien abzuwarten sein. 602

Im Termin haben die Parteien über das Ergebnis der Begutachtung zu verhandeln (§ 285 Abs. 2) und dieses mit dem Gericht zu erörtern (§ 279 Abs. 3).[199] 603

---

195 *OLG Hamm* VersR 2002, 366.
196 *Schneider/v.d.Hövel* S. 141.
197 *OLG Bremen* NJW-RR 2001, 213.
198 Vgl. hierzu näher Rn. 314.
199 Vgl. hierzu näher Rn. 334.

5. Kapitel: Beweismittel

604 gg) **Ungenügendes Gutachten.** In solchen Fällen ist nach § 412 Abs. 1 zu verfahren. Auf mögliche Anträge der Parteien kommt es dabei nicht an.[200] Zunächst hat das Gericht das ursprüngliche Gutachten nebst etwaiger Ergänzungen auf Verwertbarkeit, Stichhaltigkeit und Überzeugungskraft zu prüfen. Wenn auch nach mündlicher Erläuterung Widersprüche oder Lücken verbleiben und sich keine sichere Überzeugung bilden lässt, ist ein weiteres Gutachten einzuholen.

> **Beispiel:**
> Es stellt sich heraus, dass der Sachverständige nicht über die nötige Sachkunde verfügt oder dass er aus anderen Gründen – etwa mangels forensischer Erfahrung – mit der Erstattung nicht zurechtkam.

605 Widersprüche zu einem **Privatgutachten** können dadurch ausgeräumt werden, dass der gerichtliche Gutachter mit ihnen konfrontiert wird und hierzu Stellung nimmt. Dann wird das Gericht jedoch sorgfältig und einleuchtend zu begründen haben, warum es ggf. dem gerichtlichen Sachverständigen folgt und die Einschätzung des Privatgutachters für widerlegt ansieht.[201]

606 Wenn dies nicht gelingt oder wenn mehrere gerichtliche Gutachter zu unterschiedlichen Ergebnissen kommen, die der Richter nicht sicher zu bewerten vermag, kann er einen sog. **Obergutachter** beauftragen.[202] Dies stellt allerdings eine **Ausnahme** dar.[203] Es gibt keine allgemeine diesbezügliche Pflicht, vielmehr ist zurückhaltender Gebrauch geboten. Zunächst ist zu klären, wo die Unterschiede begründet liegen: in den tatsächlichen Grundlagen oder in deren Bewertung.[204] Im Übrigen muss die Aussicht bestehen, dass der Obergutachter kraft überlegener Sachkunde die bestehenden Unklarheiten beseitigen kann (§ 244 Abs. 4 Satz 2 StPO analog). Anderenfalls liegt ein „non liquet" vor, das zu einer Beweislastentscheidung zwingt. Dass die Kosten den Streitwert deutlich übersteigen, ist für sich genommen kein Kriterium. Der Beweisführer – aber auch das Gericht – sollte diesen Umstand gleichwohl im Auge behalten, zumal auch hier ein Auslagenvorschuss (§§ 379, 402) verlangt werden kann.[205]

> **Praxistipp:**
> Folglich sollte der Rechtsanwalt, der ein weiteres Gutachten beantragt, darlegen, welche Aufklärung er sich davon verspricht. Unsachliche Angriffe gegen den bisherigen Gutachter genügen nicht. Die Unzufriedenheit (mindestens) einer Partei mit einem Gutachten ist eine übliche Folge.

607 In allen Fällen der Einholung eines neuen Gutachtens ergeht ein entsprechender **Beschluss** (§§ 358, 360 Satz 2). Er ist zu begründen, damit die Parteien die Einschätzung des Gerichts erkennen können. Hingegen ist die **Ablehnung** eines neuen Gutachtens in den Entscheidungsgründen des Urteils darzulegen.[206] Eine gesondert ausgesprochene Ablehnung ist nicht anfechtbar.[207]

608 e) **Verwertung verfahrensfremder Gutachten (§ 411a).** – aa) **Anwendungsbereich.** § 411a dient **prozessökonomischen Gründen** und erlaubt die vollständige beweismäßige Verwertung eines Sachverständigengutachtens aus anderen gerichtlichen oder staatsanwaltlichen Verfahren. Das andere gerichtliche Verfah-

---

200 Zö/*Greger* § 412 Rn. 1.
201 *BGH* NJW-RR 2009, 35.
202 Kritisch zu diesem Begriff *Balzer* Beweisaufnahme Rn. 225.
203 *BayObLG* Rpfleger 1980, 189.
204 *BGH* NJW 1987, 442.
205 Zö/*Greger* § 412 Rn. 4.
206 *OLG Hamm* VersR 1980, 683; Mus/*Huber* § 412 Rn. 5.
207 *OLG Köln* MDR 2008, 818 f.; a. A. *OLG Frankfurt* MDR 2008, 585 f. (im selbständigen Beweisverfahren)

IV. Sachverständigenbeweis

ren muss kein Zivilprozess sein. Allerdings kommen nur solche Gutachten in Betracht, deren Beweisthema in etwa gleich war.

Beispiele:
- Getrennte Prozesse mehrere Mieter wegen gleichartiger Mängel am Gebäude; Gutachten zur Geschäftsfähigkeit in einem Betreuungsverfahren;
- Gutachten zur Zahlungsunfähigkeit aus einem Insolvenzverfahren;
- Immissionsgutachten aus einem Verwaltungsprozess;
- staatsanwaltschaftliches Gutachten zur Plausibilität eines vermeintlichen Verkehrsunfalls.

Gegenbeispiel:
Gutachten zu Heilbehandlungskosten für einen anderen Behandlungszeitraum.[208]

Diese Gutachten müssen **geeignet sein**, die Beweisfrage auch nach zivilprozessualen Maßstäben sicher zu klären. Der bequeme Weg hat also zugleich § 286 Abs. 1 zu genügen. So ist insbesondere zu beachten, dass in dem anderen Verfahren ein anderes Beweismaß sowie ein anderer Verschuldens- oder Kausalitätsmaßstab gegolten haben können.[209] **609**

Praxistipp:
Gutachten aus anderen Verfahren können auch zur Beweisprognose im Rahmen der Prozesskostenhilfeentscheidung verwertet werden (§ 114).[210]

bb) Verfahren. Der Antrag einer Partei ist nicht erforderlich (§ 144 Abs. 1). Allerdings muss selbstredend hinreichender Sachvortrag und Beweisbedarf vorliegen. Denn § 411a ist kein Mittel der Amtsermittlung, mag dieser Grundsatz auch in dem anderen Verfahren gegolten haben. Die Absicht der Verwertung muss das Gericht **ankündigen** und den Parteien unter Fristsetzung Gelegenheit zu Stellungnahme einräumen.[211] Zugleich ist das Gutachten zu übersenden, falls es den Parteien noch nicht bekannt ist. **610**

Der **Widerspruch beider Parteien** hindert die Verwertung nicht.[212] Denn anders als bei § 284 Satz 2 handelt es sich hier um eine Vereinfachung des Strengbeweisverfahrens, die dem Ermessen des Gerichts unterliegt, nicht der Parteienherrschaft. Das Gericht wird aber im Urteil darzulegen haben, warum das beigezogene Gutachten ausreichend war, seine Überzeugung zu begründen.[213] **611**

Praxistipp:
Ein Rechtsanwalt, der erhebliche Bedenken gegen die Verwertung hat, sollte zumindest die mündliche Anhörung des Sachverständigen beantragen.

Zum Zwecke der Verwertung ergeht ein **Beweisbeschluss** nach den Vorgaben des § 359 – s. folgendes Formulierungsbeispiel –, der den Sachverständigen und das Gutachten aus dem anderen Verfahren genau zu benennen hat.[214] Eine bloße Verfügung genügt nicht. **612**

---

208 *LG München II* NJOZ 2009, 89.
209 *Heß/Burmann* NJW-Spez. 2006, 495.
210 *OLG Bamberg* OLGR 2008, 110; vgl. hierzu Rn. 93.
211 *OLG Karlsruhe* OLGR 2007, 868.
212 BL/*Hartmann* § 411a Rn. 3; Hk-ZPO/*Eichele* § 411a Rn. 3; a.A. Zö/*Greger* § 411a Rn. 3.
213 MK/*Zimmermann* § 411a Rn. 9.
214 TP/*Reichold* § 411a Rn. 3; zum Beweisbeschluss vgl. Rn. 229.

5. Kapitel: Beweismittel

> [...]
> Der Beweis wird erhoben durch Verwertung des schriftlichen Gutachtens, das der Sachverständige Klausnitz im Ermittlungsverfahren der StA Göttingen, Az. 111 Js 2345/07, am 31.3.2008 erstattet hat (§ 411a ZPO).
> [...]

613 Dadurch wird der Gutachter zum Sachverständigen im aktuellen Verfahren, so dass er nach § 406 abgelehnt und nach § 411 Abs. 3 mündlich angehört werden kann. Ebenso ist den Partei gem. § 411 Abs. 4 eine Frist zu setzen, Ergänzungsfragen und Einwendungen vorzubringen.[215] In der anschließenden Verhandlung wird das Gutachten gem. §§ 285 Abs. 1, 279 Abs. 3 erörtert.

614 cc) **Mögliche Fehler.** § 411a bildet für sich genommen **keine Grundlage**, das Verfahren im Hinblick auf ein andernorts erwartetes Sachverständigengutachten **auszusetzen**. Vielmehr kann dies nur nach § 148 geschehen, wobei nicht schon eine parallele Beweisfrage als Vorgreiflichkeit im Sinne dieser Vorschrift gilt. Ebenso wenig sollte sich das Gericht auf ein „Ping-Pong-Spiel" mit der ermittelnden Staatsanwaltschaft über die Frage einlassen, wer als erster einen Sachverständigen beauftragt.

4. Bewertungskriterien

615 Ein Sachverständigengutachten ist generell **weniger fehleranfällig** als eine Zeugenaussage. Aber auch das Gutachten eines fachlich erfahrenen gerichtlichen Sachverständigen hat keinen „Anschein der Richtigkeit" für sich.[216] Stets muss sich das Gericht eine eigene Überzeugung bilden und diese begründen. Die ungeprüfte Übernahme der Aussagen des Gutachters würde diesen zum iudex facti machen. Dergleichen wäre rechtsstaatswidrig[217] und kann auf Antrag die Zurückverweisung nach sich ziehen (§ 538 Abs. 2 Satz 1 Nr. 1).[218] Daher sollte man – auch als Anwalt – ein Gutachten auf die nachfolgenden Punkte hin überprüfen:

616 a) **Zugrundeliegender Sachverhalt.** Zunächst sind die **tatsächlichen Grundlagen** des Gutachtens zu prüfen. Der Sachverständige darf z.B. nicht einen streitigen Sachverhalt zugrunde legen, es sei denn, er ist entsprechend angewiesen worden (§ 404a Abs. 3). Wenn dem Sachverständigen die Ermittlung einzelner Tatsachen überlassen worden ist, muss diese formell ordnungsgemäß erfolgt sein. Im Übrigen hat das Gutachten den zugrundeliegenden Sachverhalt offenzulegen.[219] Sonst ist es i.d.R. unverwertbar.[220] Denn der Sachverständige darf sich nicht auf Umstände und Befunde stützen, die weder dem Gericht noch den Parteien zugänglich sind.[221]

617 b) **Vollständigkeit.** Darüber hinaus hat eine Kontrolle der Vollständigkeit zu erfolgen. Der Sachverständige muss alle **Beweisfragen** richtig erfasst und zu diesen abschließend Stellung genommen haben. Hierbei ist auch und vor allem von Bedeutung, mit welcher **Bestimmtheit** der Sachverständige die Beweisfrage beantwortet, d.h. ob mit einem klaren „ja/nein" oder mit Spielraum wie z.B. „es kann nicht sicher ausgeschlossen werden, dass …".

618 c) **Inhaltliche Widersprüche und Erkenntnisquellen. – aa) Widerspruchsfreiheit.** Die inhaltliche Widerspruchsfreiheit des Gutachtens sollen die Gerichte gerade

---

215 Vgl. hierzu Rn. 599.
216 *BGH* MDR 1982, 212.
217 *BVerfG* NJW 1997, 1909.
218 *OLG Saarbrücken* NJW-RR 1999, 719.
219 *BVerfG* NJW 1997, 1909; *BGH* NJW 1994, 2899.
220 *LG München II* WuM 2003, 97.
221 *BVerfG* NJW 1995, 40 (Vergleichsmieten); *BGH* NJW 1992, 1817 (Geschäftsunterlagen).

IV. Sachverständigenbeweis

bei medizinischen Sachverständigengutachten **kritisch prüfen** müssen.[222] Das kann realistischerweise auch in Spezialspruchkörpern kaum ein Richter leisten.[223] Wer ist schon sachkundig genug, die Mängel eines Gutachtens aufzudecken? Ein Richter, der hierzu in der Lage ist, hätte eigentlich gar keinen Sachverständigen beauftragen müssen.

> **Praxistipp:**
> Insbesondere für Richter mit Spezialzuständigkeiten ist das Studium einschlägiger (und verfügbarer) Fachliteratur aber sehr hilfreich, um über ein gewisses Grundlagenverständnis zu verfügen. Freilich wird dies immer bruchstückhaft bleiben.[224]

Folglich wird sich das Gericht auf offen zu Tage tretende Ungereimtheiten und im Übrigen auf eine **Plausibilitätskontrolle** beschränken müssen, also v.a. auf die Schlüssigkeit der Folgerungen. Etwas anderes gilt, wenn sich Widersprüche zu einem anderen (Privat-)Gutachten zeigen. In der Praxis hat diese Plausibilitätskontrolle zur Folge, dass sich das Gericht bei schwierigen technischen und naturwissenschaftlichen Fragen gezwungen sieht, dem Gutachten ohne weiteres zu folgen.[225] **619**

bb) **Erkenntnisquellen.** Eine kritische Prüfung ist allerdings dort angezeigt, wo der Sachverständige deutlich von anderen zuverlässigen Erkenntnisquellen abweicht. **620**

> **Beispiel:**
> In einem Mieterhöhungsprozess muss sich der Gutachter mit erheblichen Abweichungen von einem Mietspiegel auseinandersetzen und diese plausibel begründen.[226]

d) **Persönliche Voraussetzungen des Sachverständigen. – aa) Fachliche Eignung.** Die fachliche Eignung des Sachverständigen wird das Gericht nur selten sicher einschätzen können. I.d.R. muss es bei einem öffentlich bestellten und vereidigten Sachverständigen darauf verlassen, dass dieser nach dem **aktuellen Stand von Wissenschaft und Forschung** arbeitet. Bei nicht alltäglichen Beweisthemen empfiehlt sich aber, die forensische Erfahrung des Gutachters zu hinterfragen. **621**

bb) **Unvoreingenommenheit.** Ferner ist zu untersuchen, ob der Sachverständige möglicherweise (unbewusst) voreingenommen war, selbst wenn während des Verfahrens eine Befangenheit nicht im Raum stand. Derartiges mindert den Beweiswert meist erheblich. **622**

> **Beispiel:**
> Der Sachverständige empfing den zu begutachtenden Patienten mit den Worten *„Sie sind ein Säufer, Sie können mir nichts vormachen!"*.[227]

e) **Abweichende Beurteilung durch das Gericht.** Fachliche Abweichungen vom Sachverständigengutachten sind dem Gericht erlaubt (freie Würdigung, § 286 Abs. 1 Satz 1). Das erfordert einerseits einen erheblichen Begründungsaufwand **623**

---

222 *BGH* NJW 1994, 1596; *BGH* NJW 1996, 1597.
223 Das erkennt *BGH* NJW 1951, 558 selbst an *(„bis zu einem gewissen Grade unmöglich")*; kritisch auch BL/*Hartmann* § 286 Rn. 57.
224 Ähnlich Mus/*Huber* § 402 Rn. 12; vgl. auch *BGH* NJW-RR 1997, 1108 (langjährige Tätigkeit in einem Bausenat).
225 *BGH* NJW 1961, 2061.
226 *LG Potsdam* WuM 2004, 671.
227 *BGH* NJW 1981, 2009.

5. Kapitel: Beweismittel

(§ 286 Abs. 1 Satz 2).[228] Darüber hinaus und insbesondere ist eine solche eigene Fachkunde des Gerichts erforderlich, dass sie eine abweichende Beurteilung erlaubt. Auch diese eigene Fachkunde ist in den Urteilsgründen zu erläutern.[229]

> **Gegenbeispiele:**
> - In einem Baurechtsfall erwächst die Fachkunde des Richters nicht allein daraus, dass er selbst Bauherr eines Eigenheims war.
> - Das Gericht darf sich über das Gutachten eines Schriftsachverständigen nicht einfach mit der Einschätzung hinwegsetzen, die Unterschrift der betroffenen Person sei *„verhältnismäßig leicht nachzuahmen"*.

624 f) **Zusammenfassung.** Die Wesentlichen Bewertungskriterien lassen sich in Stichworten wie folgt zusammenfassen:
- zutreffende tatsächliche Grundlagen
- Vollständigkeit des Gutachtens
- Plausibilität
- Offenlegung der Erkenntnisquellen
- fachliche Eignung und forensische Erfahrung
- Unvoreingenommenheit

V. Urkundenbeweis

Schrifttum: *Ahrens*, Elektronische Dokumente und technische Aufzeichnungen als Beweismittel, FS-Geimer (2002), S. 1 ff.; *Becht*, Der Beweis der Echtheit einer Urkunde im Urkundenprozess, NJW 1991, 1993; *Huber*, Urkundenbeweis statt Zeugenvernehmung und Beweisantritt, JuS 2003, 907; *Mayer/Mayer*, Vermutung der Richtigkeit und Vollständigkeit für privaturkundliche Datums- und Ortsangaben?, ZZP 105 (1992), 287 ff.; *Zoller*, Die Mikro-, Foto- und Telekopie im Zivilprozess, NJW 1993, 429.

1. Definition und Funktion

625 a) **Gedankenerklärungen.** Unter den Begriff der Urkunde im prozessualen Sinne fallen alle **verkörperten Gedankenerklärungen in Schriftform**.[230] Aus welchem Material das Dokument besteht, ist unerheblich. Ebenso wenig kommt es auf eine Unterschrift an, weshalb auch ein **Telefax** erfasst sein soll.[231] Etwas anderes müsse nach verbreiteter Ansicht für **Fotokopien und Durchschriften** gelten.[232] Solche Differenzierung ist weder plausibel noch gerechtfertigt. Letztlich sind Kopien und Telefax-Ausdrucke nicht das Ergebnis eines menschlichen Errichtungsaktes, sondern bloße Reproduktionen eines solchen, mithin selbst keine Urkunden. Sonst wäre § 174 Abs. 4 Satz 2 überflüssig. Demnach stellt auch ein gescanntes Papierdokument – als Datei oder Ausdruck – ein Augenscheinsobjekt dar.[233] Das Gleiche gilt anders als im Strafrecht für reine Kennzeichen.[234]

626 Der **Ausdruck einer E-Mail** ist nach zutreffender Ansicht als Urkunde und nicht lediglich als ein Augenscheinsobjekt zu behandeln.[235] Allerdings ist seine Be-

---

228 Vgl. hierzu auch Rn. 844.
229 *BGH* NJW 1982, 2874 m.w.Nachw.
230 *BGH* NJW 1976, 294.
231 *OLG Köln* NJW 1992, 1774 f.; a.A. *OLG Frankfurt* MDR 2000, 1330; ausführlich *Laghzaoui/Wirges* MDR 1996, 230.
232 *BGH* NJW 1992, 829, 830; *BGH* WM 1986, 400; *OLG Düsseldorf* NJW-RR 1995, 737; a.A. *LAG Hamm* LAGE § 67 ArbGG 1979 Nr. 3; *FG Berlin* NJW 1977, 2232; *Zoller* NJW 1993, 429.
233 *Roßnagel/Wilke* NJW 2006, 2145, 2149.
234 *Zö/Geimer* vor § 415 Rn. 2; Hk-ZPO/*Eichele* vor § 415 Rn. 2.
235 *Schmidt/Pruß/Karst* CR 2008, 267, 271 f.; a.A. *Ernst* MDR 2003, 1091, 1092; differenzierend StJ/*Leipold* vor § 415 Rn. 3; MK/*Schreiber* § 415 Rn. 9. Die E-Mail als solche ist jedoch ein elektronisches Dokument, vgl. *BGH* NJW 2008, 2649, 2650.

V. Urkundenbeweis

weiskraft äußerst gering, wenn die Absendereigenschaft oder der Inhalt streitig sind.

Im Gegensatz zu Augenscheinsobjekten ist beim Urkundenbeweis nicht die äußere Beschaffenheit des Dokuments entscheidend, sondern die Vermittlung seines Inhalts. Aussageerleichternde Unterlagen, die ein **Zeuge** zum Vernehmungstermin mitbringt (§ 378), unterfallen dem Zeugen-, nicht dem Urkundenbeweis. Dagegen kann der schriftliche Zeugenbericht über einen Unfallshergang gegenüber einem Haftpflichtversicherer als Privaturkunde verwertet werden.[236]

627

b) **Zuverlässigkeit.** Der Urkundenbeweis gilt nach wie vor als **sehr zuverlässig**.[237] Er soll in besonderem Maße der materiellen Gerechtigkeit dienen (vgl. § 580 Nr. 7b). Dies liegt auch an dem löblichen Bewusstsein weiter Rechtskreise, bedeutsame Erklärungen schriftlich abzufassen und sorgfältig zu formulieren – das Ganze in einem Zeitpunkt, als man noch nicht an einen Rechtsstreit dachte. Insbesondere ein Gegenbeweis durch Zeugen ist daher kritisch zu würdigen. Man darf aber nicht verkennen, dass die moderne Technik für schriftliche Dokumente eine Reihe von **Manipulationsmöglichkeiten** gebracht hat.[238] Dass Richter Strafanzeigen wegen § 267 StGB erstatten (müssen), ist leider keine Seltenheit.

628

2. Beweisantritt und Beweisaufnahme

Beim **Beweisantritt** ist danach zu unterscheiden, in wessen Händen sich die Urkunde befindet. Hingegen geschieht die eigentliche **Beweisaufnahme** immer durch Einsichtnahme der Urkunde seitens des Gerichts.

629

a) **Besitz des Beweisführers.** Der Beweisführer hat grundsätzlich das **Original** vorzulegen (§ 420).[239] Im Urkundenprozess ist dies sogar der einzige Weg (§ 595 Abs. 3). Die schriftsätzliche Ankündigung der Vorlage ist noch kein Beweisantritt. Durch die Vorlage wird das Dokument zum Gegenstand der Verhandlung. Es muss dort nicht zwingend vorgelesen werden (§ 137 Abs. 3).

630

Öffentliche Urkunden können in beglaubigter Abschrift vorgelegt werden (§ 435). Für die beglaubigte Abschrift einer Privaturkunde gilt hingegen kein gesetzliches Beweismaß. Sie unterliegt der freien Würdigung des Gerichts.[240]

631

> Praxistipps:
> - Daraus folgt, dass die mit vorbereiteten Schriftsätzen übersandten einfachen Kopien einer Urkunde an sich keinen Beweisantritt darstellen und keinerlei Beweiswert haben, wenn nicht § 427 eingreift. Allerdings darf das Gericht von der Übereinstimmung mit dem Original ausgehen, solange der Gegner diese nicht bestreitet.[241] Anderenfalls muss ein Hinweis ergehen (§ 139). Durch diese Handhabung wird er oben geschilderte Streit um die Qualität einer Fotokopie entschärft.
> - Bei umfangreichen Urkunden sollte der Beweisführer die maßgeblichen Bereiche möglichst genau bezeichnen.

b) **Besitz des Gegners. – aa) Vorlegungsanordnung.** Urkunden, die sich im Besitz des Gegners befinden, erfordern einen Antrag auf Vorlegungsanordnung (§ 421). Dabei ist auf einen präzisen Antrag zu achten (§ 424), insbesondere zum Vorlegungsanspruch. Dieser kann sich aus prozessualen (§§ 423, 836 Abs. 3) oder aus materiell-rechtlichen Gründen (§ 422) ergeben, nicht aber aus

632

---
236 *BGH* NJW-RR 2007, 1077.
237 *BayObLG* FamRZ 1997, 1430, 1432.
238 Kritisch auch BL/*Hartmann* vor § 415 Rn. 1 ff.
239 *LAG Köln* MDR 2000, 462.
240 *BGH* NJW 1980, 1047, 1048.
241 *BGH* NJW 1990, 1170, 1171; *BGH* NJW-RR 2006, 847, 849.

5. Kapitel: Beweismittel

der allgemeinen Mitwirkungspflicht.[242] Materiell-rechtliche Ansprüche lassen sich insbes. auf §§ 371, 402, 810, 985 BGB oder § 118 HGB stützen.[243] Eine aus diesen Vorschriften hergeleitete (Wider-)Klage wäre mangels Rechtsschutzbedürfnis nicht zulässig.[244] Der Antrag lautet etwa:

> Ich beantrage, der Beklagten aufzugeben, die Monatsabrechnung vom ...vorzulegen (§§ 422, 425 ZPO). Diese Urkunde wird beweisen, dass ... Dies ergibt sich aus den Rechnungsposten 6 bis 10, in denen es heißt ...
> Die Beklagte hat die Urkunde im Besitz. ... Dies wird durch die als Anlage K 5 beigefügte eidesstattliche Versicherung glaubhaft gemacht. Die Hausgabepflicht der Beklagten ergibt sich aus § 667 BGB.

633 Ohne einen Herausgabeanspruch bleibt nur die Anregung einer Anordnung nach § 142 Abs. 1.[245]

634 bb) **Beschluss.** Wenn der Gegner den Besitz der Urkunde zugesteht oder dieser als zustanden gilt, ergeht bei begründetem Antrag – dies setzt Beweisbedürftigkeit voraus – ein anordnender Beschluss (§ 425). Es handelt sich um einen Beweisbeschluss. Er ist folglich unanfechtbar (§ 355 Abs. 2).

635 cc) **Streit über den Besitz.** In einem solchen Fall muss in einem Zwischenverfahren der Verbleib der Urkunde ermittelt werden (§ 426). Hierzu ist durch Beweisbeschluss eine Parteivernehmung anzuordnen (§ 450 Abs. 1 analog); hierzu folgendes Formulierungsbeispiel:

> Der Beklagte ist über den Verbleib der im Schriftsatz des Klägervertreters vom ... bezeichneten Urkunde als Partei zu vernehmen (§ 426 Satz 1 ZPO). Ihm wird aufgegeben, nach dem Verbleib der Urkunde sorgfältig zu forschen.

636 Der Gegner ist sodann über den Besitz an der Urkunde und über die Nachforschungen zum Verbleib zu befragen, ferner ob ggf. ein Rückforderungsanspruch gegen einen Dritten besteht. Je nach den Erkenntnissen und der Überzeugung des Gerichts ist anschließend entweder die Vorlage anzuordnen (§ 426 Satz 4) oder bei unsorgfältiger Nachforschung nach § 427 Satz 1 zu verfahren. Im Falle nicht erwiesenen Besitzes ist die Beweisführung gescheitert. Letzteres ist in den Urteilsgründen darzulegen.

637 Ein **Streit über die Vorlegungspflicht** ist bejahendenfalls durch Anordnungsbeschluss, anderenfalls in den Gründen des Endurteils zu entscheiden. Ein Ausspruch durch Zwischenurteil (§ 303) ist nicht geboten, aber auch nicht unzulässig.[246]

638 dd) **Nichtvorlage.** Kommt der Gegner einer gerichtlichen Vorlegungsanordnung nicht nach, so sind keinerlei Zwangsmittel eröffnet. Vielmehr gilt § 427. In den Entscheidungsgründen des Urteils ist die Nichtvorlage frei zu würdigen (§ 286 Abs. 1). Insbesondere dürfen der Inhalt einer Abschrift oder die Behauptungen des Beweisführers zum Urkundeninhalt als zutreffend gewertet werden. Dem Gegner bleibt die Möglichkeit des Gegenbeweises, allerdings nicht durch Parteivernehmung (§ 445 Abs. 2).

> **Beachte:**
> § 427 Satz 1 hindert den Richter nicht daran, einer vom Beweisführer vorgelegten Abschrift zu misstrauen.

---

[242] Zö/*Geimer* § 422 Rn. 3; a. A. *Schlosser* JZ 1991, 608 ff.
[243] Weitere Beispiele bei Bl/*Hartmann* § 422 Rn. 6 ff.
[244] *OLG Frankfurt* MDR 1980, 228.
[245] Vgl. hierzu Rn. 47.
[246] Hk-ZPO/*Eichele* § 425 Rn. 5; Mus/*Huber* § 425 Rn. 5; a. A. Bl/*Hartmann* § 425 Rn. 4.

V. Urkundenbeweis

c) Besitz eines Dritten. Bei Urkunden, die sich nach Erkenntnissen des Beweisführers in den Händen eines Dritten befinden, bestehen zwei Möglichkeiten (§ 428). Als Dritter in diesem Sinne gilt auch ein einfacher Streithelfer der Gegenpartei. **639**

aa) Materiell-rechtliche Vorlegungsansprüche. Solche Ansprüche – im Verhältnis des Beweisführers zum Dritten – bedürfen des Antrags, eine (Schon-)Frist zur Herbeischaffung zu setzen (§ 429). Gemeint ist die Herbeischaffung durch den Beweisführer im Wege der Klage nebst Vollstreckung nach § 883. Hier gelten wiederum bestimmte Mindestanforderungen an den Inhalt des Antrags (§§ 430, 424). Der Beschluss des Gerichts (§ 431 Abs. 1) ist noch kein Beweisbeschluss. Er bereitet die Beweiserhebung vielmehr erst vor.[247] Die Frist kann verlängert werden (§§ 224 Abs. 2, 225). **640**

Nach fruchtlosem **Ablauf der Frist** ist wegen des Beschleunigungsgrundsatzes von Amts wegen Termin zu bestimmen.[248] **641**

bb) Anordnung nach § 142. Sie kann alternativ beantragt werden.[249] Dies setzt keinen materiell-rechlichen Herausgabeanspruch voraus. Bei unberechtigter Verweigerung der Herausgabe sind Ordnungsmittel zu verhängen (§§ 142 Abs. 2 Satz 2, 390). **642**

> Praxistipp:
> Das Verfahren nach §§ 429 ff. ist umständlicher, so dass der Weg über § 142 vorzugswürdig erscheint.

d) Besitz einer Behörde. Der Urkundenbesitz einer Behörde, die keine Partei ist, erfordert den Antrag auf Erlass eines **Übermittlungsersuchens** (§ 432 Abs. 1). Ob es sich um eine öffentliche oder private Urkunde handelt, ist gleichgültig. Dies gilt allerdings nicht, wenn sich der Beweisführer die Urkunde selbst beschaffen kann (§ 432 Abs. 2), etwa für Registerauszüge. Der Antrag sollte so präzise formuliert werden, dass die ersuchte Behörde die Urkunde zweifelsfrei auffinden kann.[250] Das Ersuchen ist durch **Beschluss oder Verfügung** (§ 273 Abs. 2 Nr. 2) auszusprechen. Sie sind auf eine Amtshilfemaßnahme gerichtet (§ 168 GVG). **643**

Bei Weigerung der Behörde kann ein zivilrechtlicher Herausgabeanspruch mithilfe des Gerichts durchgesetzt werden (§§ 432 Abs. 3, 428 ff.). Anderenfalls hilft nur der Verwaltungsrechtsweg. **644**

3. Beweiskraft der Urkunde

Ihrer formellen Beweiskraft nach unterscheidet die ZPO zwischen **öffentlichen Urkunden** (§§ 415, 417 f.) und **Privaturkunden** (§ 416). Diese Differenzierung knüpft an die Form an, nicht an den Inhalt. **645**

a) Echtheit der Urkunde. Voraussetzung ist in allen Fällen die Echtheit der Urkunde. Sie ist stets **sorgfältig zu prüfen** und wird bei inländischen öffentlichen Urkunden vermutet (§ 437 Abs. 1). Bei Privaturkunden obliegt dem Gegner des Beweisführers eine Erklärung über die Echtheit (§ 439). **646**

> Praxistipp:
> Das reflexartige und pauschale Bestreiten verkörpert weder stilsichere Prozesstaktik noch ist es verfahrensrechtlich beachtlich (§ 138 Abs. 2).

---

[247] TP/*Reichold* § 431 Rn. 1; BL/*Hartmann* § 431 Rn. 3.
[248] StJ/Leipold § 431 Rn. 9; Zö/*Geimer* § 431 Rn. 2; a. A. BL/*Hartmann* § 431 Rn. 5; TP/*Reichold* § 431 Rn. 3 (nur auf Antrag).
[249] Vgl. hierzu Rn. 47.
[250] TP/*Reichold* § 432 Rn. 2.

5. Kapitel: Beweismittel

647 Ein wirksames Bestreiten nötigt zum vollen **Beweis der Echtheit**, v. a. der Namensunterschrift (§ 440). Ein Anscheinsbeweis wird kaum in Betracht kommen.[251] Zulässig sind alle Beweismittel, es sei denn, es handelt sich um einen Urkundenprozess (§ 595 Abs. 2). Nicht selten wird ein schriftvergleichendes Gutachten einzuholen sein (§§ 441 f.). Die in § 440 Abs. 2 angeordnete Vermutung ist eine solche i. S. v. §§ 292, 286 Abs. 2.[252] Sie umfasst auch den Umstand, dass sich die Unterschrift mit dem Willen des Ausstellers an Ort und Stelle befindet.[253] Aus § 440 Abs. 2 folgt ferner, dass bei Blankounterschriften derjenige einen Blankettmissbrauch beweisen muss, der ihn behauptet.[254]

648 b) **Äußere Mängel der Urkunde.** Äußere Mängel der Urkunde nehmen ihr nicht schlechthin jede Beweiskraft (§ 419). Sie entbinden lediglich von den Vorgaben der §§ 415 ff., 440 Abs. 2 und bringen die **freie richterliche Beweiswürdigung** wieder zur vollen Geltung.[255] Das Gericht muss also darlegen, welche Schlüsse aus der mangelhaften Urkunde gezogen werden können und wie sich die Mängel erklären lassen. Bei Handelsbüchern ist § 239 HGB zu beachten.

649 § 419 hat in erster Linie Fälle des Manipulationsverdachts im Sinn, meint aber auch sonstige Bedenken gegen die Richtigkeit der bekundeten Tatsachen, die sich aufgrund des äußeren Anscheins der Urkunde aufdrängen.[256]

> Beispiele:
> - Unterschiedliche Schriftfarben oder -stile;
> - überstempeltes Datum in einem Empfangsbekenntnis (§ 174);
> - überklebte oder geschwärzte Textpassagen;
> - Einfügungen am Rand der Urkunde.

650 c) **Öffentliche Urkunden. – aa) § 415.** Diese Vorschrift betrifft Urkunden, die durch eine öffentliche Behörde oder durch eine mit öffentlichem Glauben versehene Person errichtet worden sind. Letzteres betrifft insbesondere Notare, Urkundsbeamte und Gerichtsvollzieher. Ferner müssen der sachliche Zuständigkeitsbereich des Ausstellers und eine eventuell vorgeschriebene Form (z. B. § 13 Abs. 1 BeurkG) eingehalten worden sein.[257] Dem Inhalt nach geht es bei § 415 um fremde **Erklärungen**, die gegenüber der Amtsperson abgegeben worden sind. Das werden vielfach – aber nicht zwingend[258] – Willenserklärungen i. S. d. §§ 104 ff. BGB sein.

> Beispiele:
> - Gerichtliche Protokolle über Zeugen- und Parteivernehmungen;[259]
> - Geständnisse von Angeklagten oder sonstige Parteierklärungen;
> - notarieller Kaufvertrag nebst Auflassung; notarielles Testament.
>
> Gegenbeispiel:
> Öffentlich beglaubigte oder verwahrte Privaturkunden.

651 Unter diesen Voraussetzungen erbringt die Urkunde unabhängig von der Überzeugung des Gerichts (§ 286 Abs. 2) Beweis über die Person, die Vollständigkeit und äußere Richtigkeit der abgegebenen Erklärung sowie ihrer Begleitum-

---

251 Ohne Einschränkungen BL/*Hartmann* § 440 Rn. 3; wiederum anders Hk-ZPO/*Eichele* § 440 Rn. 1 (ganz ausgeschlossen).
252 *OLG Köln* OLGR 1996, 102; *LAG Hamm* NZA-RR 2005, 547 f.
253 *OLG München* VersR 1988, 1136.
254 *BGH* NJW 1988, 2841.
255 *BGH* NJW 1988, 60, 62; *BGH* NJW 1992, 512 f.
256 *BAG* NZA 2004, 670, 673.
257 *BGH* NJW 1994, 2768.
258 StJ/*Leipold* § 415 Rn. 20; MK/*Schreiber* § 415 Rn. 25; a. A. offenbar BL/*Hartmann* § 415 Rn. 8.
259 MK/*Schreiber* § 415 Rn. 25. Nach a. A. (*OLG Stuttgart* Justiz 2004, 213; *OLG Karlsruhe* Justiz 1988, 363) soll für alle Protokolle § 418 gelten. Daraus folgt kein praktischer Unterschied.

V. Urkundenbeweis

stände (Ort und Zeit).²⁶⁰ Der **Beweis des Gegenteils** – also der unrichtigen Beurkundung – ist zulässig (§ 415 Abs. 2). Er erfordert die volle Überzeugung, dass die Erklärung nicht oder mit anderem Inhalt abgegeben wurde.

bb) Sonstige Öffentliche Urkunden. Urkunden mit anderem Inhalt als empfangene Erklärungen sind in §§ 417 f. geregelt. Zum einen geht es um auf Außenwirkung gerichtete **Willensäußerungen** einer Behörde (§ 417; sog. wirkende Urkunde). 652

Beispiele:
Gerichtsurteile und Strafbefehle, Erbscheine, Verwaltungsakte.

In diesen Fällen beweist die Urkunde vollständig, dass die Anordnung oder Entscheidung mit dem niedergelegten Inhalt sowie zur angegebenen Zeit tatsächlich ergangen ist. Der **Beweis des Gegenteils** ist nach vorherrschender Ansicht ausgeschlossen.²⁶¹ Davon unberührt bleibt die Anfechtung der behördlichen Anordnung oder Entscheidung nach dem jeweiligen Verfahrensrecht. 653

Zum anderen regelt § 418 die Beurkundung **sonstiger Tatsachen** als Erklärungen und Anordnungen. Hierunter fallen insbesondere Wahrnehmungen oder Handlungen des ausstellenden Amtsträgers (sog. Zeugnisurkunden). Dabei kann es sich auch um amtliche Auskünfte handeln (§ 273 Abs. 2 Nr. 2).²⁶² 654

Beispiele:
- Gerichtliche Augenscheinsprotokolle;
- Zustellungsurkunden (§ 182 Abs. 1 Satz 2);
- Eingangsstempel einer Behörde;
- Sterbeurkunden, Grundbuch- und Handelsregisterauszüge;
- polizeiliche Einsatzberichte.
- Für anwaltliche Empfangsbekenntnisse (§ 174) – eigentlich Privaturkunden – ist die entsprechende Anwendung seit Langem anerkannt.²⁶³

Gegenbeispiel:
Beurteilende Feststellungen eine Notars, etwa über die Testierfähigkeit des Erblassers,²⁶⁴ oder Schlussfolgerungen. Sie gehören zu § 286 Abs. 1.

Solche Urkunden belegen, dass die wiedergegebene Wahrnehmung oder Handlung eines Amtsträgers tatsächlich und zur angegebenen Zeit erfolgt ist. Der **Beweis des Gegenteils** ist grundsätzlich möglich (§ 418 Abs. 2). Dabei genügt die bloße Möglichkeit eines anderen Geschehensablaufs nicht. Wenn es um die rechtzeitige Vornahme von Prozesshandlungen geht, ist insoweit Freibeweis gestattet.²⁶⁵ Das erlaubt eidesstattliche Versicherungen (§ 294 Abs. 1).²⁶⁶ In einigen Fällen ist lediglich der Nachweis der Fälschung zugelassen (§ 165 Satz 2). 655

d) Privaturkunden. – aa) Unterschrift. Alle Schriftstücke, die keine öffentlichen Urkunden sind und eine Unterschrift tragen, fallen unter § 416. Wie bei § 415 sind Erklärungen aller Art erfasst.²⁶⁷ Die Unterschrift muss nicht den vollständigen Namen des Ausstellers umfassen, solange es sich nicht nur um eine Paraphe handelt.²⁶⁸ Sie kann blanko oder durch einen Vertreter erteilt worden sein 656

---

260 *OLG Frankfurt* NJW-RR 1990, 717; *OLG Hamm* NJW-RR 2000, 406, 407.
261 RGZ 146, 133, 143; Hk-ZPO/*Eichele* § 417 Rn. 4; a. A. BL/*Hartmann* § 417 Rn. 3.
262 Vgl. hierzu Rn. 689.
263 BGH NJW 1990, 2125; BGH NJW 2002, 3027, 3028.
264 BayObLG DNotZ 1975, 555. Nach BL/*Hartmann* § 418 Rn. 5 („Notar") soll § 417 gelten. Der Notar ist jedoch keine Behörde.
265 BGH NJW 2005, 3501.
266 BGH NJW 1996, 2038.
267 MK/*Schreiber* § 416 Rn. 8.
268 BGH NJW-RR 2007, 351.

5. Kapitel: Beweismittel

und muss den gesamten Text decken (§ 440 Abs. 2; also keine „Oberschrift"[269] oder „Nebenschrift"[270]). Ohne Unterschrift ist die Urkunde frei zu würdigen (§ 286 Abs. 1).[271]

> **Beachte:**
> Die Anforderungen des § 416 dürfen nicht mit der Formvorschrift des § 126 BGB verwechselt werden. Ob dessen Vorgaben erfüllt sind, ist allenfalls für die materielle Beweiskraft erheblich.

657 bb) **Beweisregel.** Unterzeichnete Privaturkunden begründen die gesetzliche Beweisregel (§ 286 Abs. 2), dass der Aussteller die wiedergegeben Erklärung tatsächlich abgegeben hat. Davon ist auch die sog. **Begebung** der Urkunde – also das Inverkehrbringen mit Erklärungswillen – umfasst,[272] nicht aber Begleitumstände (Ort und Zeit).[273] Das erlaubt einerseits den **Beweis des Gegenteils** hinsichtlich Fälschung/Blankettmissbrauch als auch dahingehend, dass es sich lediglich um einen abhanden gekommenen Urkundenentwurf handelt.[274]

658 cc) **Vertragsurkunde.** Darüber hinaus spricht aus einer beiderseits unterschriebener Vertragsurkunde die „**tatsächliche Vermutung**", dass sie – sofern der Inhalt klar bestimmbar ist – den wohl durchdachten Willen der Vertragspartner vollständig und richtig wiedergibt.[275] Das betrifft bereits die materielle Beweiskraft. Die Vermutung gilt nur für rechtsgeschäftliche Vereinbarungen und nur im Verhältnis der Vertragspartner, nicht gegenüber Dritten.[276] Sie fällt nicht unter § 292, sondern stellt eine Beweiswürdigungsregel unter dem Aspekt der Lebenserfahrung, mithin einen Fall des **Anscheinsbeweises** dar.[277] Er kann demnach durch diejenige Partei erschüttert werden, die sich auf außerhalb der Urkunde liegende Umstände beruft.[278]

659 e) **Materielle Beweiskraft. – aa) Freie Würdigung.** Von den gesetzlichen Beweisregeln der §§ 415 ff. ist die materielle Beweiskraft der Urkunde zu unterscheiden. Dies betrifft insbesondere die **inhaltliche Richtigkeit und materielle Wirksamkeit** der als abgegeben bewiesenen Erklärung sowie ihre Auslegung und ihren Zugang beim vermeintlichen Empfänger.[279] Das alles unterfällt der freien Würdigung, wobei der Gegenbeweis schon dadurch geführt ist, dass die Überzeugung des Gerichts erschüttert wird.

> **Beispiele:**
> - Die Zustellungsurkunde (§ 182) beweist nicht, dass der Adressat am Zustellort tatsächlich wohnt.[280] Es liegt allenfalls ein Indiz vor.
> - Ein einfaches ärztliches Attest beweist nicht die Richtigkeit des darin beschriebenen Gesundheitszustandes. Etwas anderes kann für Arbeitsunfähigkeitsbescheinigungen im Rahmen von § 5 EFZG gelten.[281]

---

269 *BGH* NJW 1991, 487.
270 *BGH* WM 1992, 626, 627; *OLG Koblenz* JurBüro 2005, 558.
271 *OLG Hamm* NJW 1987, 964, 965.
272 *BGH* NJW-RR 2003, 384 f.; *BGH* NJW-RR 2006, 847, 848; a.A. *LAG Hamm* NZA-RR 2005, 547.
273 *BGH* NVersZ 1999, 177.
274 *BGH* NJW-RR 2006, 847, 848; StJ/*Leipold* § 416 Rn. 17; a.A. *KG* KGR 2005, 721; MK/*Schreiber* § 416 Rn. 11.
275 *BGH* WM 1987, 938; *BGH* NJW 2002, 3164 f.; vgl. zu „tatsächlichen Vermutungen" Rn. 425.
276 *BGH* NJW 1990, 716, 717; *KG* MDR 1977, 674; verkannt von *OLG Schleswig* NZM 2002, 176.
277 *Schneider/v.d.Hövel* S. 131; vgl. zum Anscheinsbeweis Rn. 751.
278 *BGH* NJW 1999, 1702, 1703 (ohne Rückgriff auf einen Anscheinsbeweis).
279 *BGH* NJW-RR 1989, 1323, 1324; *BGH* NJW-RR 1993, 1379, 1380.
280 *BGH* NJW 1992, 1963; *KG* MDR 2005, 107.
281 *BAG* NJW 1993, 809.

- Ob das beurkundete Rechtsgeschäft eine Bürgschaft oder einen Schuldbeitritt darstellt, ist ohne gesetzliche Beweisregeln frei zu würdigen und zu subsumieren.

bb) Anforderungen. Bei alledem – wie bei der Widerlegung der formellen Beweiskraft öffentlicher Urkunden – ist zu berücksichtigen, dass auch öffentliche Stellen mitunter eine gewisse Nachlässigkeit und Organisationsmängel bei Beurkundungen an den Tag legen und §§ 415, 417f. eine lediglich theoretische Präzision vor Augen haben.[282] Die Anforderungen an den Beweis des Gegenteils dürfen also **nicht überspannt** werden.

660

VI. Parteivernehmung

Schrifttum: *Coester-Waltjen, Oberhammer u. a.*, Parteiaussage, Parteivernehmung und freie Beweiswürdigung am Ende des 20 Jahrhunderts, ZZP 113 (2000), 269 ff.; *Gehrlein*, Warum kaum Parteibeweis im Zivilprozess?, ZZP 110 (1997), 451 ff.; *Kocher*, Für eine Gleichbehandlung von Parteien und Zeugen, NZA 2003, 1314; *Lange*, Parteianhörung und Parteivernehmung, NJW 2002, 476.

1. Funktion

Nach der Systematik der ZPO ist die Parteivernehmung ein **subsidiäres Beweismittel**. Sie hat lediglich ergänzende Funktion (§§ 445 Abs. 1, 448), ist teilweise an das Einverständnis der Gegenpartei geknüpft (§ 447) und soll zurückstehen, wenn andere (bessere) Beweismittel benannt werden (§ 450 Abs. 2). Diese Einschränkungen sollten streng beachtet werden. Denn die Parteivernehmung gilt als das **ungünstigste** förmliche Beweismittel.[283] Eine unmittelbar am Prozess beteiligte Person verfolgt nun einmal eigene (wirtschaftliche) Interessen und vermag nicht frei und unbefangen über entscheidungserhebliche Vorgänge zu berichten.[284] Sie ist quasi „Zeuge in eigenerer Sache". Zumindest ist die Neigung latent, positive Umstände hervorzuheben und negative Umstände zu verschweigen. Darin mag gar nicht einmal Absicht liegen. Diese Faktoren sind aber nicht schematisch zu handhaben. Der Parteivernehmung sollte nicht von vornherein ein geringer Beweiswert beigemessen werden.

661

Mit der **Zeugenvernehmung** besteht insoweit Übereinstimmung, als die Beweisperson ihre eigenen Wahrnehmungen über Tatsachen und Zustände wiedergeben soll. Es kann also eine Deckung der Beweisthemen bestehen. Im Einzelfall muss daher sehr genau geprüft werden, ob eine Person als Zeuge oder als Partei zu vernehmen ist.[285] Dahingehende formelle Fehler sind regelmäßig nach § 295 Abs. 1 heilbar.[286]

662

Protokollierte Parteiaussagen aus anderen gerichtlichen Verfahren können theoretisch durch **Urkundenbeweis** (§ 415) verwertet werden. Dies darf aber nicht zur Umgehung der Subsidiarität der Parteivernehmung führen.[287] Im Übrigen ist der Beweiswert noch geringer als bei unmittelbarer Vernehmung.

663

Die Parteivernehmung ist **unzulässig** im PKH-Prüfungsverfahren (§ 118 Abs. 1 Satz 3), zum Beweis des Gegenteils (§ 445 Abs. 2) und im Urkundenprozess zum Beweis der anspruchsbegründenden Tatsachen (§ 595 Abs. 2).

664

---

282 BL/*Hartmann* § 418 Rn. 11.
283 *Kluth/Böckmann* MDR 2002, 616; kritisch Zö/*Greger* § 445 Rn. 1.
284 *Schneider/v.d.Hövel* S. 149.
285 Vgl. hierzu Rn. 453. Zur Prozesstaktik Rn. 135.
286 TP/*Reichold* vor § 373 Rn. 9.
287 StJ/*Leipold* vor § 445 Rn. 9.

5. Kapitel: Beweismittel

2. Abgrenzung von der Parteianhörung

665 a) **Formelle Kriterien.** Immer wieder problematisch ist die Abgrenzung zur Parteianhörung nach §§ 137 Abs. 4, 141, die als Maßnahme der materiellen Prozessleitung in erster Linie der Aufklärung dient. Sie hat aber weitergehende Bedeutung bei der Erörterung der Prozessrisiken und der Möglichkeit einer einvernehmlichen Streitbeilegung (§ 278 Abs. 2 Satz 3).

666 Die Abgrenzung hat zunächst **formell** zu geschehen. Ein Beweisbeschluss (§ 450 Abs. 1), die Belehrung und die Vernehmung zur Person sowie die Protokollierung der Genehmigung (§§ 160 Abs. 3 Nr. 4, 162) sind notwendige Bestandteile und Anzeichen einer förmlichen Parteivernehmung zu Beweiszwecken.[288] Dagegen findet sich bei informatorischen Anhörungen meist nur ein kurzer einleitender Vermerk im Sitzungsprotokoll:

> Auf Befragen des Gerichts erklärt der Kläger ...
> Die Beklagte, informatorisch angehört, erklärt: ...

667 b) **Prozessuale Behandlung.** Dem Inhalt nach dient diese Anhörung der Beseitigung von Unklarheiten und Lücken im Sachvortrag bzw. der Klarstellung, ob eine Behauptung aufgestellt oder bestritten werden soll. Es geht um ein besseres Verständnis des Gerichts, aber auch des Gegners.[289]

> **Praxistipps:**
> - Die Möglichkeiten der Aufhellung des Sachvortrags durch unmittelbare Befragung der betroffenen Partei kann man nicht oft genug betonen.
> - In Verkehrsunfallsachen gilt das Unterlassen der Anhörung der Unfallbeteiligten sogar als grober Verfahrensfehler.[290]
> - Der Anwalt sollte intervenieren, wenn das Gericht zum Nachteil seiner Partei eine Anhörung wie eine Parteivernehmung gestaltet, ohne dass deren förmliche Voraussetzungen vorliegen.[291]

668 Folglich darf der Inhalt der Anhörung **nicht als Beweisergebnis** gewertet werden.[292] Schon gar nicht kann sie für sich genommen einen Vollbeweis erbringen. Indessen darf und muss der Inhalt der Anhörung – auch das Schweigen auf eine bestimmte Frage – im Rahmen der Beweiswürdigung verwertet, insbesondere Zeugenaussagen gegenübergestellt werden (§ 286 Abs. 1).[293] Aus diesen Gründen lässt man bei sog. **Vier-Augen-Gesprächen** eine Parteianhörung anstelle eines Verfahrens nach § 448 genügen.[294]

669 Erklärungen einer Partei im Rahmen einer informatorischen Anhörung können **nicht als Geständnis** i.S.v. § 288 gewertet werden.[295] Dies gilt im Anwaltsprozess schon mangels Postulationsfähigkeit. Im Übrigen kann sich eine Partei im Rahmen des § 141 Abs. 3 Satz 2 vertreten lassen, nicht hingegen bei der Vernehmung zu Beweiszwecken.

3. Verfahren

670 a) **Antrag.** Grundsätzlich bedarf die Parteivernehmung eines Antrags. Hierfür gelten die allgemeinen Grundsätze.[296] Der davon abweichende § 448 ist bereits

---

288 *BGH* NJW-RR 1988, 394, 395.
289 *BGH* NJW 2002, 2247, 2249.
290 *OLG Schleswig* NJW-RR 2008, 1525.
291 *Meyke* Rn. 338.
292 *BGH* MDR 1967, 834.
293 *BGH* NJW 1992, 1558, 1559; *BGH* NJW-RR 1990, 1061, 1063.
294 Vgl. hierzu Rn. 85.
295 *BGH* NJW-RR 2006, 672, 673.
296 Vgl. hierzu Rn. 205.

VI. Parteivernehmung

in anderem Zusammenhang dargestellt worden.[297] Im Übrigen ist zu unterscheiden, ob der Gegner des Beweisführers oder die beweisbelastete Partei selbst vernommen werden soll. Nicht näher präzisierte Anträge auf „Parteivernehmung" kommen leider sehr häufig vor und müssen vom Gericht aufgeklärt werden (§ 139 Abs. 1).[298]

b) Vernehmung des Beweisgegners (§ 445). Die zum **Hauptbeweis** berufene Partei kann beantragen, den Gegner förmlich zu vernehmen. Diesen Schritt wird sie nur gehen, wenn (ausgerechnet) vom Gegner eine ihr günstige Aussage zu erwarten ist. Sie muss also den Kenntnisstand des Gegners relativ gut prognostizieren können. Für den Gegenbeweis kommt die Parteivernehmung nicht in Betracht (§ 445 Abs. 2), wohl aber zum Beweis des Gegenteils einer gesetzlich vermuteten Tatsache (§ 292 Satz 2)[299] und zur Erschütterung eines Anscheinsbeweises. 671

In § 445 Abs. 1 zeigt sich in besonderem Maße das Merkmal der **Subsidiarität**. Denn dem Antrag ist nur zu entsprechen, wenn bereits ein Anfangsbeweis besteht oder andere – bessere – Beweismittel nicht benannt sind. Solche Beweismittel sind vorzuziehen. Im Gegensatz zu § 448 ist in Fällen des Anfangsbeweises nicht erforderlich, dass sich das Gericht von der Parteivernehmung eine endgültige Überzeugung verspricht. 672

> **Beachte:**
> Wenn frühzeitig neben Zeugenbeweis auch die Vernehmung nach § 445 beantragt worden ist, muss dieser Beweisantrag im Anschluss an die Zeugenaussagen **wiederholt** werden. Darauf hat das Gericht hinzuweisen (§ 139 Abs. 1).[300]

Wird gegen **Streitgenossen** prozessiert, so sollte die zu vernehmende Partei namentlich bezeichnet werden. Anderenfalls kann das Gericht eine Auswahl treffen (§ 449). 673

Wenn das Gericht die **Beweislast verkennt** und auf § 445 Abs. 1 gestützt irrtümlich die beweisbelastete Partei vernimmt, kann deren Aussage allenfalls verwertet werden, wenn zugleich die Voraussetzungen des § 448 vorlagen oder der Mangel nach § 295 Abs. 1 geheilt worden ist.[301] 674

c) Vernehmung des Beweisführers (§ 447). – aa) Einverständnis. Nach § 447 kann der Beweisführer vernommen werden. Wer diesen Antrag stellt, ist unerheblich. Meist wird es eben jene beweisbelastete Partei selbst sein. Entscheidende Hürde ist das Einverständnis des Gegners. Es wird quasi nie erteilt werden und ist aus Sicht des Gegners auch nicht zu empfehlen. Denn anderenfalls würde der Vorteil einer möglichen Beweislosigkeit aufgegeben. 675

Das Einverständnis ist Prozesshandlung, für die die allgemeinen Grundsätze gelten und die ggf. zu protokollieren ist (§§ 160 Abs. 3 Nr. 3, 510a). Ein Schweigen bedeutet demnach kein Einverständnis.[302] Das Gericht ist auch nicht gehalten, um eine ausdrückliche Erklärung des Gegners nachzusuchen.[303] Es kann den Beweisantrag ohne weiteres in den Entscheidungsgründen des Urteils anlehnen. Ob der Gegner aus materiell-rechtlichen Gründen – etwa aus einem 676

---

297 Vgl. hierzu Rn. 76.
298 Hk-ZPO/*Pukall* § 445 Rn. 1; BL/*Hartmann* § 445 Rn. 8.
299 Zur Unterscheidung dieser Begriffe vgl. Rn. 199.
300 *OLG Oldenburg* NJW-RR 1990, 125.
301 StJ/*Leipold* § 445 Rn. 10; BL/*Hartmann* § 445 Rn. 6; a. A. Mus/*Huber* § 445 Rn. 7 (keine Heilung).
302 *LAG Schleswig-Holstein* NZA-RR 2006, 402, 404; teilweise a. A. *LG Krefeld* VersR 1979, 634; BL/*Hartmann* § 447 Rn. 4 (Auslegung möglich).
303 BL/*Hartmann* § 447 Rn. 4; a. A. Hk-ZPO/*Pukall* § 447 Rn. 1.

5. Kapitel: Beweismittel

Schadensversicherungsvertrag[304] – sein Einverständnis erteilen muss, ist unter dem Aspekt einer möglichen Beweisvereitelung zu entscheiden.[305]

677 **bb) Ermessen.** Sollte ausnahmsweise einmal das Einverständnis des Gegners vorliegen, besteht gleichwohl ein Ermessensspielraum des Gerichts („kann").[306] Es wird sich wie bei § 445 daran orientieren, ob eine Anfangswahrscheinlichkeit für die behauptete Tatsache besteht und eventuell bessere Beweismittel verfügbar sind.[307]

678 **d) Beweisbeschluss (§ 450 Abs. 1) und Durchführung der Vernehmung. – aa) Beweisbeschluss.** Er ist gem. § 450 Abs. 1 stets notwendig und dient nicht zuletzt der Abgrenzung von der bloßen Anhörung. Inhaltlich gelten keine Besonderheiten. Das Gericht muss aber klarstellen, nach welcher Vorschrift der §§ 445 ff. es verfährt.

679 Wenn der Beschluss nicht sogleich in der Sitzung vollzogen wird, ist ein gesonderter Termin zu bestimmen (§ 358) und die zu vernehmende Partei zu **laden**.

> **Praxistipp:**
> Eine sofort vollzogene, für die Partei unvorbereitete Vernehmung erhöht den Beweiswert der Aussage erheblich.

680 **bb) Vernehmung.** Sie geschieht nach §§ 451, 395 und beginnt folglich mit der Belehrung und der Vernehmung zur Person. Die Belehrung hat sich auch auf die mögliche Strafbarkeit wegen (versuchten) Prozessbetruges und auf die Folgen einer Eidesverweigerung zu beziehen (§§ 453 Abs. 2, 446).[308] Der Verweis auf § 397 ist aber nicht so zu verstehen, dass sich die zu vernehmende Partei selbst Fragen stellen darf. Eine schriftliche Vernehmung analog § 377 Abs. 3 scheidet aus.[309]

681 **cc) Beeidigung.** Nach § 452 kommt die Beeidigung der Partei in Betracht. Die Anordnung geschieht durch Beschluss des gesamten Spruchkörpers. Sie liegt v. a. dann nahe, wenn der Beweisführer vernommen wird (§ 447).[310] In jedem Fall muss sich das Gericht einen stärkeren Überzeugungswert versprechen. Bei Vernehmung beider Parteien über die gleiche Tatsache ist nur eine von ihnen zu beeidigen (§ 452 Abs. 1 Satz 2), i. d. R. die beweisbelastete. Die **Eidesformel** folgt aus §§ 452 Abs. 2, 481:

> „Sie schwören (bei Gott dem Allmächtigen und Allwissenden), dass Sie nach bestem Wissen die reine Wahrheit gesagt und nichts verschwiegen haben?"
>
> „Ich schwöre es (so wahr mir Gott helfe)."

682 Die vernommene Partei wird anschließend **nicht entschädigt**. Sie kann ihre Auslagen als Prozesskosten geltend machen (§ 91).

683 **dd) Kein Aussagezwang.** Im Gegensatz zur Zeugenvernehmung und zu § 141 Abs. 3 Satz 1 ist die förmliche Aussage einer Partei **nicht erzwingbar**. Es gibt keine Ordnungsmittel. Verweigert der Gegner des Beweisführers, sich vernehmen zu lassen, so hat das Gericht diesen Umstand frei zu würdigen (§ 446). Dabei ist insbesondere zu berücksichtigen, welche Gründe der Gegner angibt und ob er die Wahrung vorrangiger Interessen (z. B. Geheimnisschutz) geltend ma-

---

304 *LG Köln* Schaden-Praxis 2007, 189.
305 Vgl. hierzu Rn. 115.
306 Hk-ZPO/*Pukall* § 447 Rn. 2; Mus/*Huber* § 447 Rn. 2.
307 Zö/*Greger* § 447 Rn. 1.
308 Hk-ZPO/*Pukall* § 452 Rn. 2.
309 *BGH* NJW 2001, 1500, 1502.
310 Mus/*Huber* § 452 Rn. 1.

VII. Amtliche Auskunft

chen kann.[311] Im Übrigen gelten die Grundsätze der Beweisvereitelung.[312] Es darf jedenfalls nicht schematisch der Schluss gezogen werden, die behauptete Tatsache sei war.[313]

Eine Weigerung kann auch im **Ausbleiben im Beweistermin** zu erblicken sein (§ 454 Abs. 1). Bei ausreichender Entschuldigung muss allerdings ein neuer Termin (mit neuer Ladung) bestimmt werden. Anderenfalls ist die mündliche Verhandlung fortzusetzen (§§ 454 Abs. 2, 285 Abs. 1). Dann empfiehlt es sich, den Verkündungstermin nicht zu zeitnah anzusetzen, um auf das Vorbringen etwaiger Entschuldigungsgründe reagieren zu können.[314] Wenn niemand für die Partei erschienen ist, können sogleich Versäumnisurteil oder Entscheidung nach Lage der Akten ergehen (§§ 330 ff.). **684**

e) **Parteivernehmung zu Schadensschätzung** (§ 287 Abs. 1 Satz 3). Einen besonderen Fall der Parteivernehmung des Beweisführers regelt § 287 Abs. 1 Satz 3.[315] Er führt in der Praxis leider ein Schattendasein.[316] Ganz präzise handelt es sich um einen Unterfall von § 448, wobei auf einen Anfangsbeweis verzichtet wird.[317] Das Gericht darf den Anspruchsteller **ohne Antrag** und ohne Zustimmung des Gegners sowie unter Umgehung einer sonstigen Beweisaufnahme zur **Höhe des Schadens** vernehmen. Hierzu gehört auch die Frage nach dem Alternativverhalten des Geschädigten bei ordnungsgemäßer Beratung (haftungsausfüllende Kausalität).[318] Die Parteivernehmung zu allen anderen Tatbestandsmerkmalen richtet sich hingegen nach §§ 445 ff. **685**

Dem Inhalte nach kann der Anspruchsteller zu den Faktoren vernommen werden, aus denen sich der Schaden errechnet. Ebenso mag er befragt werden, wie hoch er **selbst seinen Schaden schätzt** (sog. Schätzvernehmung, Gutachten in eigener Sache). **686**

> **Praxistipp:**
> Der Wert einer solchen Schätzung hängt natürlich davon ab, welcher Grundlagen sich die vernommene Partei bedient. Man darf nicht verkennen, dass Geschädigte vielfach dazu neigen, das eigene Schicksal mit aus der Luft gegriffenen Zahlen zu überhöhen. In jedem Fall hat das Gericht die Angaben der Partei frei zu würdigen (§ 286 Abs. 1).

Für das Verfahren gelten keine weiteren Besonderheiten. Erforderlich ist ein **Beweisbeschluss**. Die Beeidigung richtet sich nach dem entsprechend anwendbaren § 452. **687**

VII. Amtliche Auskunft

Schrifttum: *Hohlfeld*, Die Einholung amtlicher Auskünfte im Zivilprozess (1995); *Schneider*, Amtliche Auskünfte gemäß § 272b Abs. 2 Nr. 2 ZPO und Beweisgebühr, MDR 1908, 177; *Sonnemann*, Amtliche Auskunft und Behördengutachten im Zivilprozess (1994).

1. Voraussetzungen

Als Maßnahme der Terminsvorbereitung gestattet es § 273 Abs. 2 Nr. 2 dem Gericht, bei anderen Behörden oder Amtsträgern um Auskunft zu ersuchen. **688**

---

311 *BGH* NJW-RR 1991, 888.
312 Vgl. hierzu Rn. 115.
313 *OLG Düsseldorf* WM 1981, 369.
314 TP/*Reichold* § 454 Rn. 7.
315 Vgl. zur Schadensschätzung im Übrigen Rn. 795.
316 *Balzer* Beweisaufnahme Rn. 304.
317 StJ/*Leipold* § 287 Rn. 36; MK/*Prütting* § 287 Rn. 25.
318 *BGH* NJW 2005, 3275, 3277; *BGH* NJW-RR 2004, 1210, 1212.

5. Kapitel: Beweismittel

Damit ist die amtliche Auskunft als ein Mittel der Sachverhaltsaufklärung anerkannt. Nach Ansicht des *BGH* gilt sie als Beweismittel.[319] Dafür spricht, das die amtliche Auskunft gem. § 358a Satz 2 Nr. 2 auch Gegenstand eines vorterminlichen Beweisbeschlusses sein kann und dieser Beweisbeschluss zwingend das Beweismittel bezeichnen muss (§ 359 Nr. 2). Voraussetzung ist aber, dass die Auskunft nicht nur rein informatorischen Zwecken dient.[320] In gewisser Weise steht die Auskunft zwischen den fünf allgemeinen Beweismitteln und dem Freibeweis.[321]

689 Ferner gilt auch hier der **Beibringungsgrundsatz**. Ohne ausreichende Grundlage im Parteivortrag darf das Gericht keine Ermittlungen bei anderen Behörden betreiben.[322] Daher ist ein Bezugspunkt in den vorbereitenden Schriftsätzen der Parteien nötig. Für behördliche Urkunden, die § 273 Abs. 2 Nr. 2 ebenfalls erwähnt, ergibt sich dieses Erfordernis aus § 432. Die amtliche Auskunft hat also wiederum **Ergänzungsfunktion**. Ein ausdrücklicher Parteiantrag ist aber nicht erforderlich.[323]

2. Verwertung

690 Die beweisrechtliche Verwertung richtet sich **nach dem Inhalt** der Auskunft. Denn die amtliche Auskunft vermag eine Zeugenaussage[324] und ein Sachverständigengutachten zu ersetzen.[325] Man kann insoweit zugleich von einem **Ersatzbeweismittel** sprechen.

691 Geht es um Vorgänge, die in Ausübung eines Amtes wahrgenommen worden sind, oder um einen konkreten Zustand, den die Behörde zu überwachen hat, so steht die Auskunft einer Zeugenaussage gleich. Darüber hinaus kann sie aber auch Bewertungen und Rückschlüsse enthalten und damit einem Sachverständigengutachten des Amtsträgers nahekommen. Die Unterscheidung zu einem solchen Gutachten besteht aber darin, dass die Auskunft erteilende Behörde wegen spezieller dort vorhandener Informationen nicht durch eine andere sachverständige Person ersetzt werden kann.[326]

692 Stets ist Voraussetzung, dass es um die **Mitteilung amtskundiger Tatsachen** geht und die erbetene Auskunft die Ausübung von Aufgaben der öffentlichen Verwaltung betrifft, nicht nur rein fiskalisches Handeln.[327] Die Erteilung der Auskunft stellt sich mithin als **Amtshilfe** gegenüber dem Gericht dar (Art. 35 GG).

3. Behörde

693 Behörden sind solche i. S. v. § 1 Abs. 4 VwVfG. Darüber hinaus kommen insbes. auch Rentenversicherungsträger, Kirchengemeinden, Industrie- und Handelskammern, Handwerkskammern, Ärztekammern, Studentenwerke sowie der Gutachterausschuss nach §§ 192 ff. BauGB in Betracht. Man wird auch die (öffentlich-rechlich organisierten, § 62 Abs. 1 BRAO) Rechtsanwaltskammern dazu rechnen müssen, wenn nicht nach §§ 4, 14 RVG in Gebührensachen ein förmliches Gutachten – über eine Rechtsfrage – eingeholt werden muss.[328] Dass

---

[319] *BGH* NJW 1979, 266, 268.
[320] *BGH* MDR 1964, 223; *BGH* NJW 1979, 266, 268; *OLG Bremen* OLGR 2006, 105.
[321] MK-ZPO/*Prütting* § 284 Rn. 60.
[322] *Zö/Greger* § 273 Rn. 7; Hk-ZPO/*Saenger* § 273 Rn. 12; a. A. *Rosenberg/Schwab/Gottwald* § 121 Rn. 9.
[323] A.A. *Stackmann* NJW 2007, 3521, 3525.
[324] *BGH* NJW 1984, 438, 439.
[325] *OLG Bremen* OLGR 2006, 105; *LG Köln* AnwBl. 1985, 329; a. A. *LG Berlin* NJW 1964, 672.
[326] *Pantle/Kreissl* Rn. 361.
[327] *Zö/Greger* § 273 Rn. 8.
[328] A.A. (ohne Differenzierung) BL/*Hartmann* vor § 373 Rn. 33; vgl. auch *OLG München* MDR 1989, 922; *OLG Frankfurt* AnwBl. 1983, 182.

VII. Amtliche Auskunft

auch eine Gewerkschaft im Hinblick auf *„tatsächliches Tarifgeschehen"* erfasst sein soll,[329] erscheint hingegen zweifelhaft.

> **Praxistipp:**
> Mit dem Einverständnis beider Parteien kann das Gericht eine über § 273 Abs. 2 Nr. 2 hinausgehende Auskunft – etwa bei einer Bank – einholen, wenn dies zweckmäßig erscheint.

Dabei muss die mitzuteilende Tatsache nicht bereits zuvor bei der Behörde schriftlich fixiert sein.[330] Denn dann wäre der Urkundenbeweis vorrangig. Für die schriftlich erteilte Behördenauskunft ist hingegen typisch, dass sie erst auf gerichtliche Anforderung geschaffen worden ist und damit keine Urkunde i. S. v. § 415 darstellt.[331] **694**

4. Verfahren

a) **Gerichtliche Anordnung.** Die Verfügung des Gerichts sollte wie bei allen Beweisanordnungen möglichst präzise gefasst werden: **695**

> Beim Bauamt der Stadt ... ist gem. § 273 Abs. 2 Nr. 2 ZPO eine schriftliche Auskunft darüber einzuholen, ob und wann der Beklagte über das Bestehen einer Denkmalschutzsatzung für das Wohngebiet ... informiert worden ist.

Das ersuchende Schreiben kann bei Kollegialspruchkörpern durch den Vorsitzenden allein unterzeichnet werden. Es bedarf – schon aus Gründen der Verfahrensökonomie – keiner Vermittlung über die oberste Dienstbehörde.[332] **696**

b) **Behandlung der Auskunft.** Die schriftlich erteilte Stellungnahme der Behörde muss durch formlose Abschrift an die Parteien oder Verlesung in der Verhandlung **in das Verfahren eingeführt** werden. Im Protokoll der mündlichen Verhandlung ist dies zu vermerken. Eine telefonische Einholung der Auskunft ist nur möglich, wenn beide Parteien ihr Einverständnis erklären (§ 284 Satz 2).[333] **697**

c) **Ablehnung und Verweigerung.** Den Prozessbeteiligten steht **kein Ablehnungsrecht** zu. Denn das Gericht und die Prozessbeteiligten können nicht bestimmen, durch welchen Beamten eine ersuchte Behörde die Auskunft erteilt.[334] Umstände, die gegenüber einem Sachverständigen ein Ablehnungsgesuch rechtfertigen würden, sind hier allein bei der Würdigung des Beweiswerts der Auskunft zu berücksichtigen.[335] **698**

Ob die Auskunft erteilt wird, steht im Ermessen der Behörde. Eine **Verweigerung** (§ 5 Abs. 2 VwVfG) kann insbes. wegen Geheimhaltung, aus Gründen des öffentlichen Wohls oder mit Rücksicht auf Interessen Dritter (z. B. Steuergeheimnis, § 30 AO) in Betracht kommen. Das Gericht hat in diesen Fällen keine Handhabe. Die Parteien können ggf. Dienstaufsichtsbeschwerde erheben.[336] **699**

---

329 So *BAG* NZA 2000, 432.
330 So aber StJ/*Berger* vor § 373 Rn. 44; *Rosenberg/Schwab/Gottwald* § 121 Rn. 1.
331 Mus/*Stadler* § 358a Rn. 9.
332 BL/*Hartmann* vor § 373 Rn. 32; *Rosenberg/Schwab/Gottwald* § 121 Rn. 17.
333 StJ/*Berger* vor § 373 Rn. 44; a. A. *Rosenberg/Schwab/Gottwald* § 121 Rn. 6; vgl. zum Freibeweis Rn. 366.
334 KG NJW 1971, 1848; *OLG Nürnberg* NJW 1967, 401.
335 *BGH* MDR 1964, 223
336 Zö/*Geimer* § 432 Rn. 3.

6. Kapitel: Beweiswürdigung und Beweismaß

I. Grundlagen

Schrifttum: *Britz*, Beschränkung der freien Beweiswürdigung durch gesetzliches Beweisregeln?, ZZP 110 (1997), 61; *Reinecke*, Die Krise der freien Beweiswürdigung im Zivilprozess oder: Über die Schwierigkeit, einem Zeugen nicht zu glauben, MDR 1986, 630; *Scherzberg*, Beweiserhebung als Kognition, ZZP 117 (2004), 163; *Schneider*, Was ist (schon) Wahrheit?, ZIP 1989, 1095; *ders.*, Erfahrungssätze und Beweisregeln, MDR 2001, 246.

700 Die Bewertung erhobener Beweise gehört zweifellos zu den heikelsten Aufgaben richterlicher Tätigkeit.[1] Man darf sich ihr allerdings nicht aus reiner Bequemlichkeit verweigern. Aber auch aus anwaltlicher Sicht stellt sich die Frage, wie die Beweiswürdigung im Sinne der eigenen Partei beeinflusst werden kann. Die ZPO bietet hier nur bescheidene Hilfestellung. Sie vertraut voll und ganz auf die Bildung und Integrität des Richters. Dem steht gegenüber, dass nichts so häufig die Revisionen zum *BGH* trägt, wie eine Verletzung des § 286.

701 Nachfolgend werden zunächst einige Grundlagen dargestellt. Sie bilden gewissermaßen ein Gerüst, das freilich in jedem einzelnen Fall sorgfältig und entschlossen mit Leben gefüllt werden muss.

1. Sachgemäße Beweiswürdigung

702 Das Gericht hat anhand der im Zuge der mündlichen Verhandlung und der Beweisaufnahme gewonnenen Erkenntnisse zu prüfen, ob der Beweis gelungen ist. Es hat eine **innere Reflexion und Deduktion** mit dem Ziel durchzuführen, sich eine Überzeugung vom tatsächlichen Geschehen zu verschaffen.[2] Diese Überzeugung ist das Ziel, der Endpunkt der freien Beweiswürdigung. Sie ist in rechtlicher Hinsicht nicht mehr dem Beweisverfahren selbst zuzuordnen, sondern ein sich daran anschließendes, der Entscheidungsfindung wiederum vorausgehendes Gerichtshandeln.

703 Heute gilt als anerkannt, dass es dabei nicht allein auf das subjektive Meinen oder Glauben des Richters ankommen kann. Die richterliche Überzeugung muss vielmehr auch mit **objektiven Kriterien** – wie rechtlicher Möglichkeit, Denk- und Naturgesetzen sowie Erfahrungssätzen – im Einklang stehen.[3] Es dürfen nur rationale (vernünftige) Maßstäbe angelegt werden.[4]

> **Beispiele:**
> - „feindliches Grün" an einer Ampelanlage ist nach der Lebenserfahrung derart unwahrscheinlich, dass an die Beweisführung durch Zeugenaussagen sehr hohe Anforderungen zu stellen sind.[5]
> - Es gibt keinen Erfahrungssatz, der der Behauptung eines Rechtsanwalts entgegensteht, er habe sich an einem Sonntag in seine Kanzlei begeben und die Post der Vortage durchgesehen.[6] Dies mag sogar dem Bild anwaltlicher Tätigkeit entsprechen.

704 Diese Kombination subjektiver Bewertung mit objektiven Grenzen führt zur Notwendigkeit einer sog. sachgemäßen Beweiswürdigung.[7] Ob sie stattgefun-

---
1 Jeder Richter hat geschworen, der Wahrheit zu dienen (§ 38 Abs. 1 DRiG).
2 MK/*Prütting* § 286 Rn. 7.
3 *BGH* NJW-RR 2004, 425 f.; MK/*Prütting* § 286 Rn. 11; StJ/*Leipold* § 286 Rn. 2.
4 Mus/*Foerste* § 286 Rn. 10.
5 *OLG Hamm* NZV 1997, 40 f.
6 *BGH* NJW 2006, 1206, 1207.
7 *BGH* NJW 1952, 23, 25 („sachentsprechende Beurteilung"); MK/*Prütting* § 286 Rn. 12.

I. Grundlagen

den hat und vollständig erfolgt ist, unterliegt der Rechmittelkontrolle, wie §§ 529 Abs. 1 Nr. 1, 559 Abs. 2, 546 zeigen.[8]

2. Richterliche Freiheit

a) Bindungsfreiheit. Freiheit der Beweiswürdigung heißt Bindungsfreiheit. Dies ergibt sich aus der richterlichen Unabhängigkeit (Art. 97 Abs. 1 GG). Der Richter unterliegt **keinerlei Zwang**, in welcher Relation er Beweismittel berücksichtigt und welchen Wert er ihnen – auch im Verhältnis zur eigenen Lebenserfahrung – beimisst. Auch in der Beurteilung von Indizien ist er frei.[9] Dabei würde die Nichtberücksichtigung evidenter Indizien aber den Vorwurf der Willkür begründen.[10]

705

Es gibt also keine zwingenden formellen Regeln, die dem Gericht sagen, wann es überzeugt sein muss oder auch nur darf. Dies gilt selbstverständlich auch hinsichtlich der Glaubwürdigkeit eines Zeugen.[11]

706

> **Beachte:**
> - Es gibt keinen Grundsatz, der ein Entscheiden nach Kopfteilen vorsieht, je nach dem, welche Partei mehr Zeugen auf ihrer Seite hat. Sonst ginge jede individuelle Beurteilung verloren.
> - Ebenso wenig gibt es einen Automatismus dahingehend, die Aussage eines Zeugen und die einer Partei allein aus ihrer formellen Stellung heraus unterschiedlich zu gewichten.[12] Grundsätzlich gilt vielmehr die Gleichwertigkeit der Beweismittel.

Auch eine **strafrechtliche Verurteilung** entfaltet für einen Zivilprozess keine Bindungswirkung, so dass der Richter ggf. erneut Beweis erheben muss.

707

Folglich bleibt für Beweisprognosen immer ein gewisses **Restrisiko**. Denn der Richter darf aus der Beweisaufnahme seine eigenen Konsequenzen ziehen, gleichgültig ob eine der Parteien ebenso schlussfolgert.[13] Nehmen die Parteien im Anschluss an die Beweisaufnahme zu dieser Stellung (§§ 279 Abs. 3, 285 Abs. 1) und erklären sie übereinstimmend, dass eine Würdigung in bestimmter Weise zu erfolgen habe, so bindet dies das Gericht selbstverständlich nicht.

708

> **Praxistipp:**
> In solchen Fällen kann zu überlegen sein, ob das Vorhandensein oder Fehlen einer Tatsache infolge dieser Stellungnahmen nunmehr unstreitig geworden ist. Die Aufgabe bisherigen Sachvortrags im Anschluss an eine Beweisaufnahme ist jedoch nicht die Regel und muss durch den Richter, wenn sich ihm Anhaltspunkte bieten, nach § 139 Abs. 1 aufgeklärt werden.[14]

b) Grenzen. Diese richterliche Freiheit findet ihre Grenzen andererseits in den genannten objektiven Kriterien. Ferner entbindet sie den Richter nicht davon, das Ergebnis seiner Würdigung nachvollziehbar zu begründen (§ 286 Abs. 1 Satz 2).[15] Schließlich können aus Gründen der Praktikabilität ausnahmsweise **bindende Beweisregeln** bestehen (§ 286 Abs. 2 ZPO).

709

> **Beispiele:**
> - Beweiskraft des Protokolls (§ 165 Satz 2)

---

8 Vgl. hierzu Rn. 854.
9 *BGH* NJW 1991, 1894, 1895; vgl. zu Indizien Rn. 164.
10 *BVerfG* NJW 1994, 2279, 2280.
11 *BGH* NJW 1988, 566, 567; *BGH* NJW 1995, 955f. (jeweils zur sog. Beifahrerrechtsprechung).
12 *OLG Karlsruhe* NJW-RR 1998, 789; *OLG Karlsruhe* MDR 2004, 533.
13 *RGZ* 80, 363, 365; *RGZ* 86, 143, 145.
14 *Oberheim* JuS 1997, 358, 363.
15 Vgl. hierzu Rn. 840.

6. Kapitel: Beweiswürdigung und Beweismaß

- Nachweis der Auslandszustellung (§ 183 Abs. 2)
- Beweiskraft des Urteilstatbestandes (§ 314) sowie von öffentlichen und privaten Urkunden (§§ 415 ff.)
- Wahrheitsbeweis durch Strafurteil (§ 190 StGB). Darüber hinaus besteht aber wie erwähnt keine Bindung an strafrechtliche Verurteilungen.[16]

Gegenbeispiel:
Bei einem Mieterhöhungsverlangen stellt die Benennung dreier Vergleichswohnungen (§ 558a Abs. 2 Nr. 4 BGB) nur ein formelles Wirksamkeitserfordernis, keine Beweisregel dar.[17]

II. Gerichtliche Verfahrensweise

1. Grundlage der Beweiswürdigung

710 Das Gericht muss den **gesamten Akteninhalt** verwerten. Dieser Prozessstoff umfasst nicht nur das Ergebnis der eigentlichen Beweisaufnahme, sondern auch das vor- und innerprozessuale Verhalten sowie den Vortrag der Parteien aus Schriftsätzen (nebst Anlagen) und mündlicher Verhandlung („gesamter Inhalt der Verhandlungen", § 286 Abs. 1 Satz 1).[18] Zu diesen Schriftsätzen gehören auch solche, die nach Schluss der mündlichen Verhandlung eingehen und – außerhalb von § 296a – zum Ergebnis der Beweisaufnahme Stellung nahmen. Der Anwalt sollte jedoch vermeiden, dem Gericht langweilige Wiederholungen des Inhalts der Beweisaufnahme als eine Art Plädoyer anzubieten.

Beispiel:
Auch das Schweigen auf Fragen, die Verweigerung bestimmter Antworten und der Wechsel im Parteivortrag sind von der Beweiswürdigung umfasst.[19]

Praxistipp:
Daher ist es grundsätzlich immer geboten, das persönliche Erscheinen der Parteien anzuordnen (§§ 141 Abs. 1 Satz 1, 273 Abs. 2 Nr. 3) und Befreiungen hiervon streng zu handhaben. Das Nichterscheinen trotz persönlicher Ladung kann seinerseits in die Würdigung nach § 286 Abs. 1 Satz 1 einfließen.[20]

711 Desgleichen sind beigezogene Akten auszuwerten, sofern sie Gegenstand des Parteivortrags *und* der mündlichen Verhandlung waren.[21] Mit alledem hat sich das Gericht möglichst erschöpfend auseinanderzusetzen.[22] Dabei darf und muss es **eigene Sachkunde** verwerten die es aus früheren Verfahren und eigener Weiterbildung erlangt hat.[23] Hierauf sind die Parteien vorab hinzuweisen (Art. 103 Abs. 1 GG).[24]

712 Beweisergebnisse dürfen jedoch nur insoweit verwertet werden, als sie einen **Bezug zum Sachvortrag** der Parteien aufweisen. Dabei gilt jedoch der Grundsatz, dass sich eine Partei die bei einer Beweisaufnahme zu Tage tretenden Umstände jedenfalls hilfsweise zu eigen macht, soweit sie ihre Rechtsposition zu stützten geeignet sind.[25]

---

16 *BGH* NJW-RR 2005, 1024 f.; einschränkend *OLG Koblenz* NJW-RR 1995, 727, 728.
17 *LG Hamburg* WuM 1977, 36.
18 *BAG* NZA 1997, 705, 708.
19 MK/*Prütting* § 286 Rn. 7 f.
20 Zö/*Greger* § 141 Rn. 11.
21 *BGH* NJW 1989, 3161, 3162.
22 *BGH* NJW-RR 2002, 774; *BGH* VersR 1981, 352.
23 *BGH* NJW 1991, 2824, 2825.
24 *BGH* NJW 1996, 584, 586.
25 *BGH* NJW 2001, 2177, 2178.

II. Gerichtliche Verfahrensweise

2. Gang der Beweiswürdigung

Die Beweiswürdigung verlangt nach **individueller Einschätzung** durch Verknüpfung von Vorverständnis,[26] Denken, Fühlen sowie Intuition und Erfahrungswissen.[27] Bei Kollegialgerichten tritt die interne Beratung hinzu. Dabei bietet sich eine **zweistufige Vorgehensweise** an: 713

a) **Beweisbasis (Ergiebigkeit). – aa) Bezug zum Beweisthema.** Zunächst ist zu fragen, ob die Verhandlung und die Beweisaufnahme das Beweisthema **objektiv betrachtet überhaupt bestätigt** haben (Beweisbasis). Die Aussagen der Zeugen und Parteien, das Ergebnis eines Sachverständigengutachtens oder eines Augenscheins u. s. w. müssen ihrem Inhalt nach für die Beantwortung der Beweisfrage geeignet (ergiebig) sein. Diese Eignung ergibt sich nicht selten erst aus der Gesamtschau mehrerer Beweismittel. Dazu eine formelhafte Verdeutlichung: 714

> Beispiel:
> Streitig und beweisdürftig war die Behauptung „$X = 100$".
> Das Beweisthema ist zunächst einmal objektiv bestätigt worden, wenn ein Zeuge aussagt „*Ich erinnere mich, dass $X = 100$ war*" oder ein Sachverständiger schreibt, es sein davon auszugehen, dass $X = 100$ war.
> Es mag aber auch sein, dass sich ein Zeuge an einen „*glatten dreistelligen Wert*" erinnert. Ein weiterer Zeuge bekundet „*X war jedenfalls einen Augenblick zuvor noch 100*" und ein Sachverständiger schreibt, in vergleichbaren Fällen sei „*X nahezu immer 100*". Dann lässt sich eine objektive Bestätigung des Beweisthemas durchaus in einer Gesamtschau bejahen.

Besonders bei **Zeugen** ist darauf zu achten, ob sie eine Tatsache oder nur eine Schlussfolgerung bekundet haben und ob dies aus eigener Wahrnehmung oder „vom Hörensagen" geschieht. 715

Hier zeigt sich, dass es insbes. bei der Zeugenvernehmung auf präzises Fragen und Protokollieren ankommt und dass das Thema des Sachverständigenbeweises klar formuliert werden muss. Anderenfalls besteht die Gefahr, dass sich aus dem Inhalt der Beweisaufnahme gar nicht eindeutig zur Beweisfrage schlussfolgern lässt. Allerdings kann trotz Sorgfalt eine **Auslegung** des Beweismittels notwendig sein, insbes. beim Inhalt von Urkunden. 716

bb) **Zwischenergebnis.** Wenn weder ein einzelnes verwertetes Beweismittel noch deren Gesamtschau etwas für die Beantwortung der Beweisfrage hergab (Unergiebigkeit), dann ist der Beweis naturgemäß **nicht erbracht** worden. 717

> Beispiele:
> - Die vernommenen Zeugen haben den Vorgang nicht beobachtet oder können sich nicht mehr erinnern.
> - Der Sachverständige kommt zu dem Ergebnis, es lasse kein Schaden mehr feststellen.
> - Ein Augenscheinstermin ergibt keinen Anhalt dafür, dass die Behauptung der beweisbelasteten Partei zutrifft.

In einem solchen Fall ist es irrelevant und überflüssig, ob die Beweisfrage darüber hinaus sogar verneint werden muss, weil das Gegenteil feststeht.[28] Denn schon das „non liquet" begründet die Beweisfälligkeit. Weitergehende Ausführungen in den Urteilsgründen wären also nicht mehr tragend. 718

---

26 *Redeker* (NJW 2008, 2242) setzt dies mit „Zeitgeist" gleich. Aber § 286 unterliegt nicht der Mode.
27 *Scherzberg* ZZP 117 (2004), 163, 177.
28 *Balzer* Urteil Rn. 70; *Hohlweck* JuS 2001, 584, 587.

6. Kapitel: Beweiswürdigung und Beweismaß

719 **b) Würdigung im engeren Sinne. – aa) Überzeugungsbildung.** In einem zweiten Schritt sind die gesammelten ergiebigen Beweisergebnisse auf ihren Wert und ihre **Tragfähigkeit** hin zu untersuchen. Dies betrifft einen **psychologischen Prozess.** Der Richter muss sich selbst gegenüber die Frage stellen und beantworten, ob ihm die erhobenen Beweise die notwendige **Überzeugung** verschaffen. Dies bedeutet einen Vergleich aller für und gegen eine Tatsachenbehauptung sprechenden Gesichtspunkte anhand der Lebenserfahrung des Richters, mithin eine **wertendes Abwägen.** Welcher Grad an Überzeugung dabei gefordert wird, ist Gegenstand des sogleich erläuterten **Beweismaßes.**[29] Mit diesem Beweismaß müssen die gewonnenen Erkenntnisse in Relation gesetzt werden.[30]

720 Zunächst sei nochmals auf die Bewertungskriterien hingewiesen, die im Rahmen des Sachverständigen- und Zeugenbeweises dargestellt worden sind.[31] Im Folgenden geht es um mögliche Fehler, die den Weg zur Überzeugungsbildung beeinträchtigen können.

721 **bb) Störfaktoren.** Fehlerhaft ist es, wenn die Beweiswürdigung quasi als Hintergrundbewusstsein von der **Beweislast** gelenkt wird. Dies verkennt die Bedeutung der objektiven Beweislast. Sie kommt erst zum Tragen, wenn die Beweiswürdigung kein eindeutiges Ergebnis erbracht hat (non liquet). Folgerichtig kann der Beweis auch mittels solcher Beweismittel gelingen, die die nicht beweisbelastete Partei benannt hat.[32]

722 Auch im Übrigen muss der Richter darauf achten, dass seine Überzeugungsbildung nicht durch **sachfremde Faktoren** und spontane Impulse gestört wird.

> Beispiele:
> - Wirtschaftliche Bewertung einer möglichen Fehlentscheidung;
> - als lästig empfundene Schwierigkeiten während der Beweisaufnahme;
> - fehlende Kooperationsbereitschaft der Parteien, Widerruf eines bereits geschlossenen Prozessvergleichs;
> - unbestimmte Gerechtigkeitserwägungen;
> - allgemeine „schlechte Laune".

723 **cc) Würdigung einer Zeugenaussage.** Sie verlangt eine **abgestufte Betrachtung.** Der Zeuge muss persönlich zuverlässig (glaubwürdig) und seine konkrete Aussage muss objektiv stimmig (glaubhaft) sein.[33] Bei beiden Komponenten sollte sich das Gericht an die bereits im Rahmen des Zeugenbeweises dargestellten Bewertungskriterien halten.

724 Insbes. bei der **Glaubwürdigkeit eines Zeugen** verfallen die Gerichte aber immer wieder auf Vorurteile und damit auf abstrakte Regeln, die das Gesetz nicht kennt (§ 286 Abs. 2). Allein die enge persönliche oder wirtschaftliche Bindung an eine Partei rechtfertigt noch nicht den Rückschluss auf seine Unglaubwürdigkeit wegen eines „Solidarisierungseffekts".[34]

> Beispiele:
> Insasse (Beifahrer) eines unfallbeteiligten Fahrzeugs; Ehegatte,[35] Verwandter oder Freund einer Partei; Angestellter einer Partei.[36]

---

29 Vgl. hierzu Rn. 732.
30 MK/*Prütting* § 286 Rn. 19.
31 Vgl. hierzu Rn 529 und 616.
32 Zö/*Greger* § 286 Rn. 2; Hk-ZPO/*Saenger* § 286 Rn. 18.
33 *BGH* NJW 1988, 566, 567.
34 *BGH* NJW 1988, 566, 567 m.Anm. *Greger* NZV 1988, 13; *BGH* NJW 1974, 2283; a.A. *LG Köln* NZV 1988, 28; Mus/*Foerste* § 286 Rn. 12 f.
35 *KG* VersR 1977, 771.
36 *BGH* NJW 1995, 955, 956.

Das Gleiche gilt für einen vorbestraften Zeugen.[37] Stets handelt es sich **nur um Indizien**, zu denen – streng am Prozessstoff orientiert – andere treten müssen, ehe das Verdikt der Unglaubwürdigkeit gesprochen werden kann. Freilich ist in den genannten Fällen eine **besonders kritische Würdigung** am Platze.[38] Dies liegt etwa bei Fahrzeuginsassen darin begründet, dass die Nähe zum Fahrer und die Schrecksituation deren Wahrnehmungsfähigkeit beeinträchtigt hat. Die Möglichkeit, dass sich solche Zeugen bewusst oder unbewusst mit der jeweiligen Partei solidarisieren, ist also immer zu erwägen.[39] 725

Umgekehrt wäre es fehlerhaft, einen Notar, Rechtsanwalt oder Inhaber eines hohen Amtes von vornherein und kritiklos für besonders glaubwürdig zu erklären.[40] 726

Weiteres Beispiel:
Es dürfte noch hinnehmbar sein, einem Polizeibeamten ein abstrakt gutes Beobachtungs- und Erinnerungsvermögen zu attestieren.[41] Dies entbindet aber nicht von der Prüfung des Beweiswertes seiner Aussage im konkreten Fall.[42]

Daher ist es zweifellos möglich und zulässig, dass ein Zeugenbeweis scheitert, obwohl keine Anhaltspunkte gegen die Glaubwürdigkeit vorliegen und obwohl keine Gegenzeugen benannt worden sind. 727

dd) Widerspruchsfreiheit. Zu den objektiven Grenzen der Beweiswürdigung gehört ihre Widerspruchsfreiheit, also ihre Vereinbarkeit mit Denkgesetzen.[43] Daher kann z. B. die Aussage eines Zeugen nicht als „sachlich und emotionslos" gewertet werden, wenn er während seiner Vernehmung den Vertreter einer Partei als *„gerissen"* und *„verlogenen Hund"* bezeichnet hatte.[44] 728

ee) Restzweifel. In der erforderlichen Gesamtschau der Beweisaufnahme, d. h. im Verhältnis der Beweismittel zu einander und zum übrigen Rechtsstreit, können sich **Widersprüche** ergeben. Wenn diese unauflösbar sind, so begründen sie mögliche Zweifel des Gerichts. 729

Typischer Fehler:
Solche Zweifel sind nicht mit allgemeiner (abstrakter) Erkenntnisskepsis des betroffenen Richters zu verwechseln.

In diesen Fällen ist zu prüfen, ob die Überzeugungskraft einzelner Beweismittel stark genug ist, um etwaige Zweifel vollständig in den Hintergrund treten zu lassen. Hierzu muss der Richter sich sich fragen, ob es für die erkannten Widersprüche plausible Erklärungen geben kann, z. B. Wahrnehmungsfehler eines Zeugen. 730

III. Beweismaß

Schrifttum: *Einmahl*, Zeugenirrtum und Beweismaß im Zivilprozess, NJW 2001, 469; *Habscheid*, Beweislast und Beweismaß, FS-Baumgärtel (1990), S. 105; *Huber*, Strukturen richterlicher Überzeugungsbildung im Zivilprozess, JR 1985, 177; *Koussoulis*, Beweismaßprobleme im Zivilprozessrecht, FS-Schwab (1990), S. 277.

---

37 *OLG Bamberg* MDR 2004, 647.
38 *Schneider* DRiZ 1977, 75.
39 *Pantle/Kreissl* Rn. 371.
40 BAG AP § 286 ZPO Nr. 6 (Vizepräsident einer Bundesbehörde); BL/*Hartmann* § 286 Rn. 12.
41 So *OLG Hamm* NZV 1997, 40, 41.
42 A.A. aber *OLG Karlsruhe* VersR 1977, 937 (allgemein erhöhter Beweiswert).
43 BGH NJW-RR 1992, 920, 921.
44 BGH NJW-RR 2000, 686.

6. Kapitel: Beweiswürdigung und Beweismaß

1. Das Regelbeweismaß

731 **a) Bedeutung.** Im Wortlaut des § 286 Abs. 1 Satz 1 ist eine **Zweiteilung** von richterlicher Beweiswürdigung und dem Beweismaß angelegt, über die sich viele nicht bewusst sind. Die Beweiswürdigung bestimmt, *wie* der Richter zur Überzeugung gelangt, das Beweismaß stellt das *Ziel* dar, bei dem er die Feststellung treffen darf und muss.[45]

732 Eine konkrete Behauptung ist bewiesen, wenn das Gericht von ihrer Wahrheit **überzeugt** ist. Bei einem Kollegialgericht ist es notwendig, aber auch ausreichend, dass diese Überzeugung von der Mehrzahl der Richter gewonnen worden ist.

733 Die Wortwahl „für wahr ... zu erachten" (§ 286 Abs. 1 Satz 1) macht deutlich, dass es darauf ankommt, was der Richter **für die Wahrheit hält**. Ihm hilft dabei keine mathematische Skala von Wahrscheinlichkeitsgraden.[46] Dies wäre mit dem Wortlaut der Norm nicht zu vereinbaren und würde auch nur eine Scheingenauigkeit vortäuschen. Es macht die Sache allerdings nicht einfacher.

> **Beachte:**
> - Die von einem Sachverständigen festgestellte „überwiegende Wahrscheinlichkeit" der fehlenden Einsichtsfähigkeit eines Erblassers genügt allein nicht zur vollen Überzeugung von der Testierunfähigkeit (§ 2229 Abs. 4 BGB).[47]
> - Andererseit schließt die Aussage eines Sachverständigen, Unfallursächlichkeit bestehe *„nur zu 70 %"*, die volle Überzeugung des Gerichts nicht automatisch aus.[48]

734 **b) Die klassische Formel der Rechtsprechung. – aa) Regelbeweismaß.** Der berühmten Formel des *BGH* zum Regelbeweismaß zufolge muss ein für einen vernünftigen Menschen und für das praktische Leben **brauchbarer Grad an Gewissheit** vorliegen, der den Zweifeln Schweigen gebietet, ohne sie völlig auszuschließen.[49] Eine absolute und unumstößliche Sicherheit ist demnach nicht erforderlich.[50] Sie könnte angesichts der Begrenztheit menschlichen Erkenntnisvermögens auch nur in seltenen Ausnahmefällen erreicht werden.[51]

735 **bb) Subjektiver Gehalt.** Ist die innerliche Zustimmung in dem genannten Sinne erlangt, so hat sie dem Richter als Wahrheit zu gelten und der **Vollbeweis** wurde geführt. Freilich handelt es sich trotz allem nicht um eine objektive Wahrheit. Allein der Richter ist aufgerufen, über das Gelingen oder Misslingen des Beweises zu entscheiden. Was andere denken, bezweifeln, glauben oder für wahr halten, ist unerheblich.[52]

736 **cc) Objektivierung.** Damit ist aber nicht gesagt, dass das Gericht bei seiner Überzeugungsbildung nicht auch objektive Richtwerte zu beachten hätte. Es gibt also keinen grenzenlosen Rückzug auf die persönliche Gewissheit. Das zeigt schon die genannte Definition des *BGH*, die auf den **Alltagsverstand** zielt und damit ein intersubjektives Kriterium benennt. Auf diese Weise soll gewährleistet sein, dass sich die Überzeugung des Gerichts nicht auf ein willkürliches Meinen, Wähnen oder Glauben beschränkt (objektivierte Lösung).

---

45 MK/*Prütting* § 286 Rn. 28.
46 Anders aber *LG München I* VersR 1989, 740.
47 *OLG Oldenburg* OLGR 1999, 321.
48 *OLG Koblenz* VersR 2000, 219.
49 BGHZ 53, 245, 256 („Anastasia"-Fall); BGHZ 61, 169; *BGH* NJW 2000, 953.
50 *BGH* NJW 1989, 2948, 2949; *OLG Koblenz* NVersZ 2002, 185.
51 RGZ 15, 338, 339; *BGH* VersR 1956, 696, 697.
52 Hk-ZPO/*Saenger* § 286 Rn. 13.

III. Beweismaß

2. Beweismaßreduktion

a) Einleitung. Ein **geringerer Grad an Wahrscheinlichkeit** genügt nur, in den Fällen, in denen das Gesetz eine Schätzung erlaubt (§ 287) oder Glaubhaftmachung zulässt (§ 294). Beide ungemein wichtigen Vorschriften werden anschließend in gesonderten Abschnitten dargestellt.[53] Daneben ist im Sonderfall des § 22 AGG vorgesehen, dass der Nachweis überwiegender Wahrscheinlichkeit bestimmter Indizien zu einer Beweislastumkehr führt.[54] Schließlich sind die richterrechtlich entwickelten Ausnahmen zu beachten. Dabei ist jeweils eine reflexartige Verbindung von Bedeutung: Gesenkte Anforderungen an das Beweismaß bedingen eine geringere Anzahl von Beweislastentscheidungen. 737

Außerhalb dieser Fallgruppen gilt der oben geschilderte strenge Maßstab. Es gibt kein je nach den Umständen „pragmatisch abgestuftes, flexibles" Beweismaß.[55] Sonst wäre auch aus Sicht der Parteien jegliche Prognosemöglichkeit dahin. Und warum sollte ein materieller Anspruch ein geringeres Beweismaß erlauben, nur weil er meist von (irrtumsanfälligen) Zeugenaussagen abhängt?[56] 738

b) Beweismaßreduktion im Versicherungsrecht ("Entwendungsfälle").[57] – **aa) Hintergrund.** Besondere Bedeutung hat die Rechtsprechung zum **Kfz-Diebstahl** erlangt. Bei den sog. „Entwendungsfällen" ist es oft nicht möglich, den Geschehensablauf konkret festzustellen, denn für den Diebstahl stehen i. d. R. keine Zeugen zur Verfügung. Aber auch und gerade für solche Fälle mangelnder Aufklärbarkeit will sich der Fahrzeughalter versichern. Anderenfalls wäre der Wert der Diebstahlversicherung in Frage gestellt, wenn sich die Tat ohne Augenzeugen abgespielt hat. Indessen obliegt der Beweis des Versicherungsfalls allgemeinen Grundsätzen nach dem Versicherungsnehmer. 739

bb) Beweiserleichterung. Dieser typischen Beweisnot begegnet die Rechtsprechung mit einer außerhalb des Anscheinsbeweises liegenden, durch Rechtsfortbildung entwickelten Beweiserleichterung: Nach dem Inhalt des Versicherungsvertrages und der Interessenlage der Parteien soll der versicherte Entwendungsfall schon bei **hinreichender Wahrscheinlichkeit** als nachgewiesen angesehen werden.[58] Demnach genügt es, wenn der nachgewiesene Sachverhalt nach der Lebenserfahrung **seinem äußeren Bild nach** den Schluss auf eine Entwendung zulässt.[59] 740

De facto handelt es sich um ein „**Zwei-Stufen-Modell**":[60] Zunächst hat der Versicherungsnehmer einen Sachverhalt nachzuweisen, der seinem äußeren Bild nach mit „hinreichender Wahrscheinlichkeit" den Schluss auf eine Entwendung zulässt. Sodann müsste der Versicherer die naheliegende Möglichkeit der Vortäuschung des Versicherungsfalls beweisen. Eine solche Annahme soll nur bei „erheblicher Wahrscheinlichkeit" begründet sein.[61] Man gesteht dem Kläger also einen abgeschwächten Beweis in Gestalt einer richterrechtlichen Beweismaßreduktion zu.[62] Dies soll einen „billigen Interessenausgleich" schaffen.[63] 741

---

53 Vgl. hierzu Rn 795 und 824.
54 Vgl. hierzu auch *BAG* NZA 2004, 540; *LAG Berlin* LAGE § 611a BGB Nr. 2 (jeweils zu § 611a BGB a. F.).
55 So aber *Rosenberg/Schwab/Gottwald* § 112 Rn. 15; im Ansatz auch *Binkert/Preis* AuR 1995, 77, 81; zutreffend wie hier *Zö/Greger* vor § 284 Rn. 28.
56 So der Vorschlag bei *Einmahl* NJW 2001, 469, 474 (Verkehrsunfallprozess).
57 Vgl. hierzu ausführlich *Hansen* ZVersWiss 1991, 355.
58 *BGH* NJW-RR 1993, 797 (dort auch der wenig hilfreiche Hinweis, dass „überwiegende Wahrscheinlichkeit" nicht genügt).
59 BGHZ 79, 54, 59; *BGH* VersR 1984, 29.
60 *Hoegen* VersR 1987, 221; *Bach* VersR 1989, 982, 983.
61 *BGH* NJW-RR 1993, 720; *BGH* NJW 1996, 993.
62 BGHZ 123, 217, 220; *Mus/Foerste* § 286 Rn. 22.
63 *OLG Karlsruhe* VersR 1988, 712, 713.

6. Kapitel: Beweiswürdigung und Beweismaß

> **Praxistipp:**
> Innerhalb des Versicherungsrechts ist anerkannt, dass eine Übertragung dieser Rechtsprechung auf Fälle außerhalb der Diebstahlversicherung ausscheidet.[64]

742 **cc) Praktische Probleme.** Wo in der Praxis die graduelle Abstufung zwischen überwiegender, hinreichender und erheblicher Wahrscheinlichkeit bzw. naheliegender Möglichkeit verläuft, bleibt ein großes Rätsel.[65] Der menschliche Verstand kann sie nicht leisten, geschweige denn plausibel begründen. Wie soll denn zwischen *möglich – wahrscheinlich – sicher* in praktikabler Weise noch weiter untergliedert werden, ohne sich in der Beliebigkeit der Attribute zu verlieren? Auch die künstliche Zerlegung auf zwei Stufen entspricht nicht dem § 286 Abs. 1 Satz 1, der eine „Gesamtschau" verlangt.[66]

743 Sinnvoller ist es, sich vom Beweismaß und seinen Nuancen zu lösen. Die im Grundsatz zutreffenden Erwägungen der Rechtsprechung gehören eigentlich dem materiellen Recht an, nicht dem Prozessrecht. Dies erkennt auch der BGH, wenn er ausführt, die geschilderte Beweiserleichterung sei eine dem Versicherungsvertrag innewohnende, von den Parteien gewollte Verschiebung des Eintrittsrisikos und als **materiell-rechtliche Risikozuweisung** zu verstehen.[67] Es geht also um die Definition des materiell-rechtlichen Tatbestandsmerkmals des Versicherungsfalles.[68] Nach dem stillschweigenden Willen der Vertragsparteien ist der Versicherungsfall als eingetreten zu behandeln, wenn der Versicherungsnehmer eine Mehrzahl solcher Umstände darlegt und beweist, die quasi „auf den ersten Blick" und vernünftigerweise einen Diebstahl kennzeichnen.

> **Beispiele:**
> - Zurücklassen des verschlossenen PKW an einem bestimmten Ort und anschließende Nichtauffindbarkeit;[69]
> - Einbruchspuren am Fahrzeug;[70]
> - zuvor aus der Wohnung gestohlener Fahrzeugschlüssel nebst Spuren des Einstiegs an einem der Zimmerfenster.[71]

744 Wenn der Versicherer konkrete **Indizien** für eine Vortäuschung des Diebstahls vorträgt und nachweist, dann erhöht dies automatisch die Anforderungen an den Beweis seitens des Versicherungsnehmers, ohne dass eine „zweite Stufe" betreten werden muss.[72] Denn es wohnt dem Versicherungsvertrag ebenfalls inne, dass bei solchen Gegenindizien nach allgemeinem Maßstab Vollbeweis nötig ist. Es geht hier v. a. um Umstände, die gegen die Redlichkeit des Versicherungsnehmers sprechen.

> **Beispiele:**
> - Wiederholt unrichtige („dubiose") Angaben in Versicherungsangelegenheiten (etwa zu Vorschäden);[73]
> - Fehlen eines Originalschlüssels ohne plausible Erklärung;[74]

---

64 *Heß/Burmann* NJW-Spezial 2006, 351.
65 Kritisch auch *Bach* VersR 1989, 982, 983; vgl. aber *LG München I* VersR 1989, 740 („hinreichend wahrscheinlich" heißt mindestens zu 51 %).
66 *Bach* VersR 1989, 982, 985; insoweit zutreffend auch *Römer* NJW 1996, 2329, 2330.
67 BGH VersR 1984, 29.
68 Zö/Greger vor § 284 Rn. 32.
69 BGH NJW-RR 1992, 920, 921; LG Potsdam r+s 2008, 102.
70 BGH NJW-RR 1995, 1174.
71 BGH r+s 2008, 324.
72 Ähnlich *OLG Celle* VersR 1990, 152.
73 BGH NJW-RR 1993, 719, 720; *OLG Karlsruhe* VersR 1995, 1088.
74 BGH NJW 1995, 2169, 2170 (weitere Umstände erforderlich).

III. Beweismaß

- vorangegangene vergebliche Versuche, das später als gestohlen gemeldete Fahrzeug zu verkaufen;[75]
- Manipulationen am Wartungsheft;[76] unbeschädigtes Lenkradschloss.[77]

Gegenbeispiele (= allein nicht ausreichend):
- Hoher Kaufpreis des Fahrzeugs;
- schlechte wirtschaftliche Verhältnisse eines Verwandten, dem das Fahrzeug zur Nutzung überlassen worden war;[78]
- zurückliegendes Strafverfahren gegen den Versicherungsnehmer wegen Ladendiebstahls.[79]

Ein derartiges Verständnis schützt auch vor dem Fehler, sonstige Beweise allein deshalb nicht zu erheben, weil der klagende Versicherungsnehmer als unglaubwürdig erscheint. **745**

c) **Ärztliche Aufklärung.** Bei einer weiteren Fallgruppe scheint die Rechtsprechung zu ungeschriebenen Beweisregeln zu gelangen, ohne dass ersichtlich ist, wo diese ansetzen: **746**

aa) **Anforderungen.** An den dem Arzt obliegenden **Beweis der ordnungsmäßigen Aufklärung des Patienten** sollen *„keine unbilligen und übertriebenen Anforderungen gestellt werden"*.[80] Der Richter habe die besondere Situation, in der sich der Arzt während der Behandlung des Patienten befinde, ebenso zu berücksichtigen wie die Gefahr, die sich aus dem Missbrauch seiner Beweislast durch den Patienten ergebe. Sei *„einiger Beweis"* für ein gewissenhaftes Aufklärungsgespräch erbracht, dann sollte dem Arzt **im Zweifel geglaubt** werden, dass die Aufklärung auch im Einzelfall in der gebotenen Weise geschehen ist.[81] Um letzte Zweifel auszuräumen, stehe die Parteivernehmung des Arztes zur Verfügung (§ 448).[82] **747**

bb) **Einordnung.** Letztlich handelt es sich auch hier nur um die Anwendung **allgemeiner Beweisgrundsätze.** Die in diesen Fällen vom *BGH* geforderte *„verständnisvolle und sorgfältige Abwägung der tatsächlichen Umstände"*[83] ist eine Selbstverständlichkeit und erbringt keinen Sondernutzen. Im Übrigen haben schriftliche Aufzeichnungen im Krankenblatt über die Durchführung des Aufklärungsgesprächs und seinen wesentlichen Inhalt erheblichen Indizcharakter. Ihr Fehlen führt aber noch nicht automatisch zur Beweisfälligkeit des Arztes. Ebenso wenig erlauben Arzthaftungsfälle eine Standardaufforderung, wann etwaigen Zweifeln „Schweigen geboten" werden muss. **748**

3. Beweismaßsteigerungen?

Gelegentlich wird behauptet, es gäbe auch Steigerungen des gesetzlichen Beweismaßes, wenn das materielle Recht verlangt, dass ein Tatbestandsmerkmal „offenbar" vorliegen muss (v. a. §§ 319 Abs. 1, 562a Satz 2, 660 Abs. 1 Satz 2, 2155 Abs. 3 BGB).[84] Offen ist zunächst, wie die Steigerung des ohnehin schon strengen Regelbeweismaßes praktisch zu realisieren wäre.[85] In Wirklichkeit handelt es sich hier **nicht um Beweismaßregelungen.**[86] Die genannten Vorschrif- **749**

---

75 *Römer* NJW 1996, 2329, 2332.
76 *LG Dortmund* r+s 2008, 327.
77 Weitere Beispiele bei *Schneider/v.d.Hövel* S. 87 f.
78 *BGH* r+s 2008, 324.
79 *LG Potsdam* r+s 2008, 102.
80 *BGH* NJW 1981, 2002, 2003.
81 *BGH* NJW 1985, 1399.
82 Vgl. hierzu Rn. 76.
83 *BGH* NJW 1985, 1399.
84 So z. B. *Schneider/v.d.Hövel* S. 54 (erforderlich sei *„sehr hohe Wahrscheinlichkeit"* [?]).
85 Insoweit zutreffend MK/*Prütting* § 286 Rn. 43.
86 Ebenso wohl auch Mus/*Foerste* § 286 Rn. 6.

6. Kapitel: Beweiswürdigung und Beweismaß

ten betreffen vielmehr materielle Anforderungen an den **Prognosehorizont** des Entscheiders (des Gerichts, des Vermieters).[87] „Offenbar" ist dann i. S. v. „für jeden vernünftigen Beurteiler ohne nähere Untersuchung ersichtlich" zu verstehen.[88] Es soll in aller Regel gerade kein Beweis erhoben werden müssen, weil die genannte Voraussetzung ganz eindeutig ist.

IV. Anscheinsbeweis

Schrifttum: *Dannert*, Beweiserleichterungen im Verkehrshaftpflichtrecht (Teil 3), ZfSch 2005, 115; *Geipel/Aalberts/Nill*, Indizien- und Anscheinsbeweise in der Prozesstaktik, ZAP Fach 13, 1503; *Heß/Burmann*, Anscheinsbeweis – Typischer Geschehensablauf als Voraussetzung, NJW-Spezial 2008, 233; *Kuffer*, Erleichterung der Beweisführung im Bauprozess durch den Beweis des ersten Anscheins, ZfBR 1998, 277; *Lepa*, Beweiserleichterungen im Haftpflichtrecht, NZV 1992, 129; *Stück*, Der Anscheinsbeweis, JuS 1996, 153.

1. Beweisrechtliche Einordnung

750 a) **Unklarheiten.** Die schillernde Erscheinung des Anscheinsbeweises (prima-facie-Beweis) ist seit jeher dadurch gekennzeichnet, dass er aus der Gerichtspraxis kaum wegzudenken ist, trotz seiner gewohnheitsrechtlichen Anerkennung aber auf einem **unsicheren dogmatischen Fundament** steht.[89] Der Gesetzgeber hat ihn in § 371a Abs. 1 Satz 2 für einen Sonderfall legitimiert.[90]

751 Über die Erklärung und Einordnungen des Anscheinsbeweises gehen die Meinungen weit auseinander, während die Rechtsprechung dieses Institut als **zwecktaugliches Hilfsmittel** in aller Unbefangenheit einfach anwendet.[91] Dabei bedient sie sich immer wieder zahlreicher amorpher Formeln, um den Anscheinsbeweis zu umschreiben. Unklar bleibt insbesondere das Verhältnis zur sog. „tatsächlichen Vermutung".[92]

> **Negativbeispiel:**
> Das *KG* wollte eine gesetzliche Vermutung (§ 6 Abs. 3 a. F. VVG) durch eine „tatsächliche Vermutung" entkräftet sehen.[93] Derartiges ist schon im Ansatz verfehlt. Der genannte Fall wurde inzwischen durch § 28 Abs. 2 n. F. VVG bereinigt.

752 Das Meinungsspektrum an dieser Stelle zu würdigen, erscheint müßig. Die praktischen Unterschiede der verschiedenen Auffassungen fallen ohnehin nicht sehr groß aus. Er handelt sich inzwischen um **Gewohnheitsrecht**. Für den Praktiker zählt daher die möglichst sichere, aber restriktive Handhabung.

753 b) **Funktionsweise.** Die Figur des Anscheinsbeweises läuft darauf hinaus, bei einem durch einen induktiven Erfahrungssatz begründeten **typischen Geschehensablauf** davon auszugehen, es habe sich auch der konkrete Einzelfall so abgespielt.[94] „Typisch" in diesem Sinne ist ein Geschehen, das **nach der Erfahrung des täglichen Lebens** durch das Regelmäßige, Übliche, Gewöhnliche und Häufige des Ablaufs sein Gepräge erhält.[95] Der Anschein gilt so lange, wie nicht der Gegner die ernsthafte Möglichkeit eines anderen – atypischen – Geschehens in

---

87 *Riehm* Abwägungsentscheidungen in der praktischen Rechtsanwendung (2006), S. 88.
88 BGHZ 116, 120 f. (zu § 1591 Abs. 1 Satz 2 BGB a. F.); *Palandt/Weidenkaff* § 562a Rn. 10.
89 *Lepa* NZV 1992, 129.
90 *Zöl/Greger* vor § 284 Rn. 29.
91 St. Rspr. seit *RGZ* 21, 104, 110.
92 Vgl. bereits Rn. 425.
93 KG NJW-RR 2008, 890, 891 f.
94 Grundlegend *RGZ* 130, 357, 359.
95 RGZ 163, 21, 27; *Lepa* NZV 1992, 129, 130.

IV. Anscheinsbeweis

der Weise darlegt und nachweist, dass die Voraussetzungen des Erfahrungssatzes zweifelhaft bleiben und damit „**erschüttert**" sind (vgl. § 371a Abs. 1 Satz 2).[96] Dann ist die beweisrechtliche Normallage wieder hergestellt.[97] Denn durch den Anscheinsbeweis wird lediglich die Beweisführungslast umgekehrt.[98] Darin liegt der Unterschied zu § 292.

Gelingt dem Gegner dieser **Gegenbeweis** nicht, so bedeutet das o. g. „Davon-Ausgehen" seitens des Richters eine Einschätzung anhand der Typizität. Sie führt dazu, dass für das behauptete Tatbestandsmerkmal seine **volle persönliche Überzeugung** vorliegt, ohne dass hierzu einzelne Beweismittel verwertet werden mussten.[99] Der Anscheinsbeweis erlaubt es dem Richter also, Tatbestandsmerkmale einer anspruchsbegründenden Norm zu bejahen, ohne das zugrunde liegende Geschehen im Einzelnen zu kennen (sog. Irgendwie-Feststellung). Er nimmt sehenden Auges in Kauf, dass der Geschehensablauf im konkreten Fall durchaus anders als typischerweise gewesen sein kann.[100] **754**

Die eigentliche Würdigung bezieht sich dann auf den Gegenbeweis, sofern er angetreten wurde.[101] Dies lässt es sachgerecht erscheinen, den Anscheinsbeweis der **Beweiswürdigung** zuzurechnen, nicht der Beweislast.[102] Es handelt sich um die mittelbare Beweisführung bei sehr typischen Sachverhalten, nicht um ein besonderes Rechtsinstitut.[103] Auch hier ist letztlich eine Gesamtwürdigung aller Umstände unverzichtbar. **755**

2. Praktische Handhabung

Der Umgang mit der Figur des Anscheinsbeweises sollte in mehreren Schritten erfolgen. Es handelt sich in erster Linie um Denkschritte, weniger um verfahrensrechtlich getrennte Etappen: **756**

a) **Erfahrungssatz.** Für den konkreten vorgebrachten Sachverhalt muss das Gericht zunächst von sich aus **erwägen**, ob ein Erfahrungssatz besteht, der diesen Sachvortrag erfasst (Beobachtungsgrundlage). Diese Verpflichtung ergibt sich aus § 286 Abs. 1 Satz 1. Es ist also der **Alltagsverstand** zu bemühen und nach dem gewöhnlichen Lauf der Dinge zu fragen. Folglich kommen überhaupt nur Ereignisse in Betracht, die in übergroßer Zahl auf gleichförmige Weise bzw. unter gleichen Bedingungen zu geschehen pflegen. Hinter einem **unstreitigen oder festgestellten Kernsachverhalt** müssen nahezu immer eindeutige Merkmale und damit etwas Typisches stecken. Ein Sachverhalt, der schon nach dem Vortrag des Beweisführers ungewöhnliche Bestandteile und Besonderheiten enthält, scheidet also ebenso aus, wie ein solcher, der von seiner Mannigfaltigkeit lebt.[104] Ferner ist ein Anscheinsbeweis verwehrt, wenn von mehreren denkbaren Ursachen nach der Lebenserfahrung eine der Ursachen lediglich die wahrscheinlichere ist.[105] **757**

---

96 St. Rspr. seit *RGZ* 134, 237, 242.
97 *Lepa* NZV 1992, 129, 131.
98 *Laumen* NJW 2002, 3739, 3742.
99 *BGH* VersR 1956, 696, 697.
100 *Lepa* NZV 1992, 129, 130.
101 Zö/*Greger* vor § 284 Rn. 29.
102 *RGZ* 134, 237; *BGH* VersR 1976, 543, 544; MK/*Prütting* § 286 Rn. 50, 55.
103 Hk-ZPO/*Saenger* § 286 Rn. 39.
104 *BGH* NJW 2006, 2262, 2263 (abbrechender Zahn beim Biss in ein Stück Fleisch).
105 *BGH* NJW-RR 1988, 789, 790 (Sturz infolge Gehirnblutung oder Gehirnblutung infolge Sturzes).

6. Kapitel: Beweiswürdigung und Beweismaß

> **Praxistipp:**
> Natürlich weisen die nachfolgend unter 3. (Rn. 764) dargestellten Fallgruppen einen verhältnismäßig sicheren Weg. Sie hindern den Richter jedoch nicht, eine darüber hinausgehende Konstellation zu überdenken und ggf. einen „unbenannten" Anscheinsbeweis zu formulieren. Das erfordert Präzision sowie Behutsamkeit und darf nicht dazu führen, lediglich aufgrund von Vorurteilen die Beweisbedürftigkeit zu übergehen. Dergleichen hätte mit Entscheidungsfreude nichts zu tun. Besondere Vorsicht ist dort geboten, wo das fragliche Geschehen vom menschlichen Willen abhängig war.[106]
>
> **Negativbeispiel:**
> Aus dem Besitz eines Motorbootführerscheins kann nicht prima facie auf die Fähigkeit geschlossen werden, eine Überhitzung des Bootsmotors rechtzeitig zu erkennen.[107]

758 b) **Überzeugungskraft.** In einem zweiten Schritt ist der Erfahrungssatz einer Prüfung seines **Beweiswertes** – seiner Qualität und Stärke – zu unterziehen. Anders ausgedrückt geht es um die Frage: Welche **Schlussfolgerungen** lässt die Typizität des vorgetragenen Sachverhalts zu? Denn der Erfahrungssatz muss geeignet sein, die volle Überzeugung des Gerichts von der Wahrheit einer Tatsachbehauptung zu begründen.[108] Hier zeigen sich in der gerichtlichen Praxis erhebliche Schwankungen. Unter Umständen vermittelt der üblicherweise erfolgende Rückschluss nicht unmittelbar ein Tatbestandsmerkmal, sondern nur eine Hilfstatsache, zu der weitere treten müssen.[109] Auch ist es denkbar, dass trotz Anwendung von Erfahrungssätzen eine Alternativität von Ursachen bleibt, von denen nur eine anspruchsbegründend wäre und die für sich allein dem Kläger nicht hilft.[110]

> **Praxistipp:**
> Folglich unterscheidet sich der Anscheinsbeweis vom „normalen" Beweis v. a. dadurch, dass er das Untersuchungsthema und die Überzeugungsbildung auch auf Hilfstatsachen und Zusammenhänge ausweitet, die als solche weder anspruchsbegründend noch -vernichtend sind.

759 c) **Beweisrechtliche Konsequenzen. – aa) Hinweispflicht.** Wenn das Gericht einen Anscheinsbeweis bejaht, so sollte es Parteien darauf und auf die Konsequenzen **hinweisen** (§ 139). Soweit erforderlich ist auch zu erläutern, woraus das Gericht die Regelmäßigkeit des Geschehens herleitet.

760 Die Tatsachen, für die ein Beweis des ersten Anscheins spricht, bedürfen zunächst keiner weiteren Beweiserhebung. Es obliegt nunmehr dem Gegner, einen ungewöhnlichen (atypischen) Hergang plausibel zu machen. Auf diese Notwendigkeit ist ggf. ebenso hinzuweisen, etwa wie folgt:

> ... Nach Auffassung des Gerichts kann aufgrund allgemeiner Lebenserfahrung geschlussfolgert werden, dass ... Im vorliegenden Fall spricht daher der erste Anschein für ... Das Gericht sieht diesbezüglich zunächst keinen Beweisbedarf. Es ist vielmehr Sache des Beklagten, Umstände darzulegen, die ein atypisches Geschehen möglich erscheinen lassen und Zweifel am aufgezeigten Rückschluss begründen. Derartiger Sachvortrag ist bislang nicht erfolgt ...

---

106 *BGH* NJW 1968, 2139 (Bestimmung zum Vertragsschluss durch arglistige Täuschung).
107 So aber *OLG Hamburg* als Vorinstanz von *BGH* NJW 2001, 1140.
108 *BGH* NJW 1998, 79, 81.
109 MK/*Prütting* § 286 Rn. 60.
110 *OLG Düsseldorf* NJW-RR 1995, 1086.

IV. Anscheinsbeweis

bb) Gegenbeweis. Für die „Erschütterung" des Anscheinsbeweises – also den Gegenbeweis – gilt wie auch sonst ein reduziertes Beweismaß. Es ist hinreichend, aber auch erforderlich, dass sich die **ernsthafte Möglichkeit** („reale Alternative") eines anderen Geschehensablaufs ergibt. 761

Praxistipp:
Dieser Gegenbeweis erscheint theoretisch recht einfach, scheitert aber in der Praxis dennoch häufig. Denn rein abstrakte Denkalternativen kommen naturgemäß nicht in Betracht und häufig werden sie durch die Rechtsprechung ihrerseits eingegrenzt.[111] Im Übrigen müssen die Tatsachen, aus denen die ernsthafte Alternativmöglichkeit folgt, voll bewiesen werden.[112] Die Verteidigungsstrategie sollte daher bereits bei der Frage ansetzen, ob der klägerische Vortrag überhaupt im Sinne eines Erfahrungssatzes zu werten ist.[113]

Beachte:
Ob tatsächlich ein anderer Geschehensablauf vorlag oder zumindest wahrscheinlicher ist, spielt an dieser Stelle keine Rolle. Denn sonst läge bereits eine Umkehr der Beweislast vor.

Gelingt dieser Gegenbeweis, so ist der Anspruchsteller nach allgemeinen Grundsätzen gezwungen, den Vollbeweis zu führen.[114] 762

3. Anerkannte Fallgruppen und Zweifelsfälle

Die praktische Bedeutung des Anscheinsbeweises ist immens. Das gilt vor allem für **Haftpflichtprozesse**. Dort kann es im Übrigen auch zu einer Kumulation mit der Regelung des § 287 kommen. Ohne Anspruch auf absolute Vollständigkeit werden im Folgenden die wichtigsten in der Rechtsprechung anerkannten bzw. diskussionswürdigen Fälle erläutert. In ihrer Gesamtheit sind sie unübersehbar. Man sollte daher im Zweifelsfall die einschlägigen Erläuterungswerke und Datenbanken bemühen. 763

a) Allgemeine Geschäftsbedingungen. Die inhaltliche Gestaltung eines Vertrages – insbesondere formelhafte Klauseln, die für einen Vertragstyp kennzeichnend sind – kann nach der Lebenserfahrung für seine **mehrfache Verwendung** und damit für das Vorliegen Allgemeiner Geschäftsbedingungen sprechen (§ 305 Abs. 1 BGB).[115] 764

b) Arbeitsrecht.[116] Bei einer geringfügigen **Überzahlung von Arbeitsentgelt** spricht ein Anschein dafür, dass ein Arbeitnehmer der unteren oder mittleren Einkommensgruppe den Überzahlbetrag alsbald für seinen Lebensunterhalt verbraucht hat und daher entreichert ist (§ 818 Abs. 3 BGB).[117] 765

Im Zusammenhang mit einer **krankheitsbedingten Kündigung** erlaubt die lang anhaltende Arbeitsunfähigkeit in der Vergangenheit **keinen** zwingenden Rückschluss auf die negative gesundheitliche Konstitution des Arbeitnehmers in der Zukunft.[118] 766

c) Architektenhaftung. Die Gefahr des Einsturzes einer Stützmauer wegen fehlender Drainage und unzureichender Gründungstiefe lässt den Rückschluss auf 767

---
111 Vgl. nur *BGH* NJW 2004, 3623, 3624 f.; *OLG Karlsruhe* WM 2008, 1549 (jeweils ec-Karten-Missbrauch).
112 *BGHZ* 8, 239; *BGH* VersR 1961, 796.
113 *Meyke* Rn. 246.
114 *BGH* NJW 1952, 1137; *BGH* NJW 1963, 953.
115 *BGH* NJW 1992, 2160, 2162.
116 Weitere Beispiele bei *Germelmann/Matthes/Prütting/Müller-Glöge* ArbGG, 6. Aufl. 2008, § 58 Rn. 67 f.
117 *BAG* NJW 1996, 411, 412.
118 *BAG* NJW 1983, 2897.

6. Kapitel: Beweiswürdigung und Beweismaß

eine Verletzung der Bauaufsichtspflicht des Architekten zu.[119] In diesem Fall muss der Architekt darlegen, was er und seine Erfüllungsgehilfen an Überwachungsmaßnahmen geleistet haben.

768 d) **Arzthaftung.** Werden größere **Fremdkörper** in der Operationswunde zurückgelassen, so spricht dies prima facie für einen schuldhaften Kunstfehler des Arztes.[120] Dagegen gibt es **keinen** allgemeinen Erfahrungssatz, dass die nach einem Eingriff festgestellte Verletzung des Patienten auf eine fahrlässige Handhabung durch den behandelnden Arzt zurückzuführen ist.[121]

769 Auch der **Sturz eines Patienten** im Bereich einer Klinik lässt für sich allein noch keinen zwingenden Rückschluss auf eine schuldhafte Pflichtverletzung des Pflegepersonals zu.[122]

770 e) **Brandschäden.** Die Entzündung von brennbarem Material in der Nähe von Schweißarbeiten mit Gasbrennern oder in der Nähe eines Heizgerätes spricht prima facie für deren Brandursächlichkeit.[123]

771 f) **ec-Karten-Missbrauch.** Die Verwendung einer ec-Karte zeitnah nach einem Diebstahl und mittels der richtigen Geheimzahl (PIN) begründet den Anscheinsbeweis, dass der Inhaber die PIN auf der Karte notiert oder gemeinsam mit dieser verwahrt hatte.[124] Zum Gegenbeweis muss dargelegt werden, bei welcher konkreten Gelegenheit die PIN ausgespäht worden sein könnte. Die bloß abstrakte Gefahr des Ausspähens oder der Herstellung einer Dublette genügt nicht.[125]

772 g) **E-Mail.** Zum Teil wird vertreten, es bestehe ein Anscheinsbeweis dahingehend, dass die E-Mail vom **angegebenen Absender** stamme.[126] Damit würde jedoch § 371a Abs. 1 Satz 2 ausgedehnt werden. Ein solcher Anscheinsbeweis kann allenfalls gelten, wenn eine Datei vorliegt, aus der sich die IP-Adresse des absendenden Servers ergibt.[127] Denn auf einem bloßen Ausdruck können die Absenderdaten völlig willkürlich sein.

773 h) **Maklervertrag.** Wenn der Abschluss des Hauptvertrages in zeitlichem Zusammenhang mit dem Nachweis steht, kann auf die **Kausalität der Maklerleistung** geschlossen werden.[128]

774 i) **Mietrecht.** Bei einer **Kündigung wegen Eigenbedarfs** (§ 573 Abs. 2 Nr. 2 BGB) kann nach überwiegender Ansicht davon ausgegangen werden, dass der Eigennutzungswille von Anfang an fehlte, wenn er später nicht verwirklicht wird.[129] Dies ist bedeutsam beim Schadensersatzverlangen des Mieters wegen unberechtigter Kündigung. Dann kommt die Verschuldensvermutung nach § 280 Abs. 1 Satz 2 BGB hinzu.

775 j) **Nachnahmesendung.** Aus der Übergabe einer Nachnahmesendung an das Transportunternehmen kann **nicht** auf die Bezahlung der Ware durch den Empfänger geschlossen werden.[130]

---

119 *BGH* NJW 2002, 2708, 2709.
120 *BGHZ* 4, 138, 144f.
121 *BGHZ* 7, 198.
122 *KG* NJOZ 2008, 2794, 2795f.
123 *BGH* VersR 1980, 532; *BGH* VersR 1997, 205; *OLG Hamm* NJW-RR 2000, 837.
124 *BGH* NJW 2004, 3623, 3624f.; *OLG Brandenburg* WM 2007, 2193.
125 *OLG Karlsruhe* WM 2008, 1549.
126 *Sosnitza/Gey* K & R 2004, 465, 468; a. A. *Ernst* MDR 2003, 1091, 1092.
127 *Schmidt/Pruß/Karst* CR 2008, 267, 272.
128 *BGH* NJW 1971, 1133, 1134f.; *OLG Hamm* NZM 1998, 271 (2–3 Monate); *Palandt/Sprau* § 652 Rn. 55.
129 *LG Berlin* GE 1996, 1487; *LG Frankfurt/M.* WuM 1995, 165; *AG Gießen* WuM 1991, 271; offengelassen bei *BGH* NJW 2005, 2395, 2397 (unzutreffend zitiert bei *Palandt/Heinrichs* vor § 249 Rn. 166).
130 *BGH* NJW 2006, 300, 301.

IV. Anscheinsbeweis

k) Online-Auktionen. Bei einem Verkäufer, der im Internet-Portal eBay als „Powerseller" bezeichnet ist, spricht der erste Anschein für seine Eigenschaft als Unternehmer (§ 14 BGB).[131] **776**

Dagegen kann allein aus der Verwendung einer E-Mail-Adresse und eines Passwortes noch nicht auf die Abgabe eines Kaufgebotes durch den Namensträger (Adressinhaber) geschlossen werden.[132] **777**

l) Online-Überweisung. Vergleichbar mit der Rechtsprechung zum ec-Karten-Missbrauch soll bei Online-Überweisungen unter Verwendung von PIN und TAN ein erster Anschein dafür begründet sein, dass der Kunde die Transaktion selbst vorgenommen oder veranlasst hat.[133] Der Gegenbeweis kann hier z. B. auf die Möglichkeit eines „Phishing-Angriffs" gerichtet sein. **778**

m) Telefonrechnungen. – aa) Gerichtliche Entscheidungspraxis. Eine Telefonkostenabrechnung mit Einzelverbindungsbezeichnung soll nach weit verbreiteter Rechtsprechung der Instanzgerichte den Anscheinsbeweis begründen, dass die ausgewiesenen Telefonate vom Kunden auch geführt worden sind, solange keine Anhaltspunkte für technische Mängel bei der Gebührenerfassung vorliegen.[134] Dies ist problematisch, weil die Komplexität der Netze und der benutzten Systeme kaum zuverlässige Erfahrungssätze zulässt.[135] Um so mehr gilt dies, wenn sich deutliche **Gebührensprünge** im Vergleich zur vorhergehenden Rechnungsperiode ergeben,[136] etwa durch ungewöhnlich häufige Inanspruchnahme von **Mehrwertdiensten** (0190-Nummer).[137] **779**

bb) § 45i TKG. Zu beachten ist § 45i TKG. Er enthält eine Beweislastverteilung nach **Einwirkungssphären** und ermöglicht im Übrigen eine Beweiswürdigung im Einzelfall. Beim Streit über Berechtigung und Höhe des Entgelts obliegt dem Telefonanbieter der Beweis, dass er die in Rechnung gestellte Leistung erbracht hat.[138] Der Kunde kann (und sollte) seinerseits die Durchführung und Dokumentation einer technischen Prüfung verlangen. Denn der Anbieter hat auch die fehlerfreie Bereitstellung des Netzzugangs zu beweisen (§ 45i Abs. 3 Satz 1 TKG). Wenn sich entgeltrelevante Mängel zeigen oder die Prüfung nicht rechtzeitig durchgeführt wird, so vermutet das Gesetz eine unrichtige Ermittlung des Verbindungsaufkommens (§ 45i Abs. 3 Satz 2 TKG, § 292). Sollten sich hingegen keine derartigen Mängel ergeben, so bleibt dem Kunden der Nachweis mangelnder Zurechenbarkeit (§ 45i Abs. 4 TKG). De facto dürfte es sich um einen Gegenbeweis handeln. Er kann bereits dann zum Tragen kommen, wenn der außerhalb der Wohnung liegende Telefonanschlusspunkt unverplombt ist und die Möglichkeit der unbefugten Nutzung durch Dritte bietet.[139] Ferner ist § 45j Abs. 1 Satz 3 TKG zu beachten. **780**

n) Transportrecht. Bei kaufmännischen Absendern kann dem ersten Anschein nach angenommen werden, dass die im Lieferschein und der dazu gehörigen **781**

---

131 *LG Mainz* NJW 2006, 783; *Mankowski* MMR 2006, 236, 237; noch weitergehend *OLG Koblenz* NJW 2006, 1438 (Beweislastumkehr).
132 *LG Bonn* MMR 2002, 255, 256 f.; *AG Erfurt* MMR 2002, 127, 128.
133 *LG Bonn* MMR 2004, 179, 181 (obiter dictum); *Werner* MMR 1998, 232, 235; a. A. *LG Mannheim* WM 2008, 2015; hierzu auch *Bender* WM 2008, 2049, 2058.
134 *OLG Köln* NJW-RR 1998, 1363; *LG Essen* NJW 1994, 2365, 2366; *LG Saarbrücken* NJW-RR 1996, 894; ausführlich hierzu *Allgaier* RDV 2000, 53.
135 Zu Recht ablehnend daher *LG Landau* EWiR 1994, 601; *MK/Prütting* § 286 Rn. 76; *StJ/Leipold* § 286 Rn. 185.
136 In solchen Fällen ablehnend auch *LG Oldenburg* NJW-RR 1998, 1365 (10-facher Betrag); *LG Aachen* NJW 1995, 2364; bejahend hingegen *LG Weiden* NJW-RR 1995, 1278.
137 *AG Erfurt* MMR 2005, 872; *AG Aachen* NJW-RR 2004, 1569 („Premium-SMS"); *Mankowski* CR 2004, 185, 186.
138 *BGH* MMR 2004, 602, 603 m.w.Nachw.
139 *LG Saarbrücken* NJW-RR 1998, 1367; *AG Leipzig* NJW-RR 1994, 1395 (jeweils als Fall der Erschütterung des Anscheinsbeweises).

6. Kapitel: Beweiswürdigung und Beweismaß

Rechnung aufgeführten Waren in dem Transportbehältnis auch enthalten waren.[140]

782 o) **Verkehrssicherungspflicht.**[141] Hat sich im Schadensfall gerade die Gefahr verwirklicht, der durch ein **Schutzgesetz**, eine **Unfallverhütungsvorschrift** oder anerkannte Regeln der Technik begegnet werden soll, so spricht der erste Anschein für eine Verletzung von Verkehrssicherungspflichten.[142] Das gilt etwa für das Ausgleiten auf einer übermäßig glatten Stufe oder auf nicht gestreutem Glatteis, ebenso bei fehlendem Treppengeländer.[143]

783 Dagegen kann der Stutz eines Gastes in einem Restaurant zahlreiche Ursachen haben, von denen die wenigsten dem Gastwirt zur Last fallen.[144]

784 p) **Verkehrsunfälle.**[145] Hier liegt ein Hauptanwendungsbereich des Anscheinsbeweises.

785 Im Wesentlichen geht es um den Anschein schuldhafter Unfallverursachung beim:
- **Auffahren** auf ein unbeleuchtetes Hindernis bei Dunkelheit.[146] Dies spricht für eine den Sichtverhältnissen nicht angepasste Geschwindigkeit.
- **Auffahren** auf ein anderes Fahrzeug in einer „Standardsituation".[147] Hier ist ein Verstoß gegen § 4 Abs. 1 Satz 1 StVO anzunehmen. Ein abweichender Kausalverlauf kann z. B. darin liegen, dass das vorausfahrende Fahrzeug unter Missachtung des Vorrangs auf die Fahrspur gewechselt ist oder unvorhersehbar ruckartig zum Stehen kam.
- Fahren gegen einen **Straßenbaum**.[148]
- Abkommen des Fahrzeugs auf die **Gegenfahrbahn**[149] bzw. beim **Abkommen von der Fahrbahn** auf gerader und übersichtlicher Strecke.[150]
- Zusammenstoß des **wendenden oder nach links abbiegenden Fahrzeugs** mit dem fließenden Verkehr der Gegenrichtung.[151]
- Anfahren vom **Fahrbahnrand** (§ 10 StVO) und Zusammenstoß mit dem rückwärtigen Verkehr.[152]

786 Bei Feststellung **alkoholbedingter Fahruntüchtigkeit** (ab 1,1‰) legt der erste Anschein einen Kausalzusammenhang zwischen dieser Fahruntüchtigkeit und dem Unfall nahe.[153]

787 Das Nichtbeachten einer **rot zeigenden Verkehrsampel** lässt hingegen **keinen** typisierenden Rückschluss auf grobe Fahrlässigkeit des Fahrers zu.[154]

788 Auch bei der **Insassenverletzung** ist der Anscheinsbeweis denkbar:
- Der Sturz eines Fahrgastes wegen starkem Bremsen der Straßenbahn spricht für Pflichtwidrigkeit des Straßenbahnfahrers.[155]

---

140 *BGH* NJW-RR 2003, 754, 756; *BGH* NJW-RR 2007, 28, 30.
141 Weitere Beispiele bei *Palandt/Heinrichs* vor § 249 Rn. 167.
142 *BGH* NJW 1994, 945, 946; *BGH* VersR 1972, 767.
143 *BGH* NJW-RR 1986, 1350.
144 *OLG Köln* NJW-RR 2003, 882.
145 Vgl. hierzu ausführlich *Metz* NJW 2008, 2806.
146 *BGH* VersR 1966, 567; *BGH* VersR 1969, 1023.
147 *BGH* NJW-RR 2007, 680, 681 m.w.Nachw. Erforderlich ist zumindest eine Teilüberdeckung von Heck und Front an der Anstoßstelle; vgl. *KG* NJOZ 2008, 4076.
148 BGHZ 8, 239.
149 *OLG Frankfurt* VersR 1991, 1194.
150 *BGH* NJW 1996, 1828; *OLG Karlsruhe* r+s 1993, 454.
151 *BGH* NJW-RR 2007, 1077; *KG* NZV 2007, 306.
152 *KG* NJOZ 2008, 4021, 4022; vgl. hierzu auch *Quaisser*, NJW-Spezial 2008, 745.
153 *BGH* VersR 1986, 141; vgl. auch *OLG Koblenz* NZV 2002, 122 (bei relativer Fahruntüchtigkeit).
154 *BGH* NJW 2003, 1118, 1119.
155 *OLG Saarbrücken* VersR 1977, 1163.

IV. Anscheinsbeweis

- Bestimmte Arten von Verletzungen können den Anschein begründen, dass ein Fahrzeuginsasse im Zeitpunkt der Kollision nicht angeschnallt war (§ 21a Abs. 1 StVO; z. B. Schnittverletzungen am Kopf durch Aufprall gegen die Frontscheibe).[156]
- Ein Heckauffahrunfall mit einer Geschwindigkeitsänderung von mehr als 15 km/h spricht für die Verursachung einer HWS-Verletzung der Insassen des vorderen Fahrzeugs.[157]

q) Versicherungsmissbrauch. Die Frage, ob ein Versicherungsfall vorsätzlich in der Absicht herbeigeführt wurde, den Versicherer in Anspruch zu nehmen, ist dem Anscheinsbeweis **nicht** zugänglich.[158] Das gilt auch für andere Fälle der vorsätzlichen Verwirklichung einer Straftat.[159] **789**

r) Zugang von Willenserklärungen. Bei einfachen und eingeschriebenen Briefen ist es nach der Rechtsprechung **nicht** zulässig, aus der ordnungsgemäßen Absendung prima facie auf den Zugang zu schließen.[160] Das Gleiche gilt für eine **E-Mail** bei Nachweis ihrer Absendung[161] und beim **Telefax** mit positivem Sendeprotokoll („OK").[162] All dies sollen **nur Indizien** sein, die zum Beweis allein nicht ausreichen. **790**

Gerade aus Sicht der anwaltlichen Praxis erfordert der Nachweis des Zugangs von Briefen – etwa bei Kündigungsschreiben o. Ä. – eine nähere Betrachtung. Beim **Einwurfeinschreiben** erlaubt die Vorlage des Einlieferungs- *und* Auslieferungsbelegs einen verhältnismäßig sicheren Nachweis.[163] Jedenfalls sprechen hier gute Gründe für einen Anscheinsbeweis.[164] Er kann z. B. durch den Nachweis häufiger Fehlzustellungen in einem Mehrparteienhaus erschüttert werden.[165] **791**

Noch zuverlässiger ist das **Übergabeeinschreiben** mit Rückschein.[166] Hier bestätigt der Empfänger den Erhalt mittels Datum und Unterschrift, so dass eine den Zugang belegende Privaturkunde (§ 416) entsteht, die an den Absender zurückgesandt wird. Bei **E-Mails** dürfte die vom Empfänger angeforderte Lesebestätigung zumindest einen Anscheinsbeweis begründen.[167] **792**

Im **Versicherungsvertragsrecht** soll eine Kündigungsbestätigung des Versicherers keinen Anscheinsbeweis hinsichtlich des tatsächlichen Zugangs einer Kündigung des Vertrages durch den Versicherungsnehmer erbringen.[168] Ein gewichtiges Indiz ist sie aber in jedem Fall. **793**

---

156 *BGH* NJW 1991, 230, 231; *OLG Bamberg* VersR 1982, 1075.
157 *KG* NJW 2000, 877, 878; weitergehend *LG Heidelberg* DAR 1999, 75 (schon bei weniger als 10 km/h).
158 *BGH* NJW 1988, 2040, 2041; *OLG Düsseldorf* NZV 1996, 321.
159 *BGH* NJW 2002, 1643, 1645; anders aber *AG Bad Kreuznach* NJW-RR 1987, 242 (Hinzugabe von Glykol zum Wein in Täuschungsabsicht).
160 *BGH* NJW 1964, 1176 f.; a. A. *AG Offenburg* MDR 1989, 992.
161 *OLG Köln* Urt. vom 5.12.2006 – 3 U 167/05.
162 *BGH* NJW 1995, 665, 666; *OLG München* NJW 1993, 2447, 2448; a. A. jedoch *OLG München* MDR 1999, 286 (zusammen mit eidesstattlicher Versicherung des Absenders); *OLG Celle* NJOZ 2008, 3072, 3078 f. *(„im Einzelfall nach sachverständiger Beratung");* *AG Rudolstadt* NJW-RR 2004, 1151.
163 *AG Paderborn* NJW 2000, 3723; *Saenger/Gregoritza* JuS 2001, 899, 902 f.; *Reichert* NJW 2001, 2523, 2524; a. A. *LG Potsdam* NJW 2000, 3722.
164 *OLG Saarbrücken* OLGR 2007, 601.
165 *OLG Koblenz* OLGR 2005, 869.
166 So auch *BGH* NJW-RR 2007, 1567, 1569.
167 *Herwig* MMR 2001, 145, 147; *Mankowski* NJW 2004, 1901, 1906.
168 *LG Nürnberg-Fürth* NJOZ 2008, 3114.

6. Kapitel: Beweiswürdigung und Beweismaß

V. Schadensschätzung (§ 287)

Schrifttum: *v. Hoyningen-Huene/Boemke*, Beweisfragen bei Berufsfortkommensschäden, NJW 1994, 1757; *Knappmann*, Unfallversicherung: Kausalitäts- und Beweisfragen, NVersZ 2002, 1; *Lepa*, Beweiserleichterungen im Haftpflichtrecht, NZV 1992, 129; *Oberheim*, Beweiserleichterungen im Zivilprozess, JuS 1996, 918; *Prütting/Gielen*, Prozessuale Probleme der Schmerzensgeldklage, NZV 1989, 329.

1. Praktische Bedeutung

794 § 287 ist „Segen und Fluch" zugleich. Er dient der Vereinfachung und Beschleunigung, mithin der **Prozesswirtschaftlichkeit**[169] und wird als „Rechtswohltat" bezeichnet.[170] Indessen werden seine Grenzen nicht selten überschritten und der Bereich der Willkür droht. Auf der anderen Seite gilt die Nichtanwendung des § 287 in geeigneten Fällen als wesentlicher Verfahrensmangel (§ 538 Abs. 2 Nr. 1).[171] Der Richter hat also immer sorgfältig zu prüfen, wo die Vorschrift überhaupt einschlägig ist und wie weit das richterliche Ermessen reicht.

795 Die Norm gilt in ihrem Abs. 1 für Schadensersatz- und Entschädigungsansprüche jeglicher Grundlage sowie in Abs. 2 für sonstige Forderungen, insbes. solche, die auf Geldzahlung gerichtet sind. In der Praxis betreffen die wichtigsten, aber nicht alle Fälle die **Arzthaftung** und die **Straßenverkehrshaftpflicht**.

2. Schadensersatzansprüche

796 Die Anwendung des § 287 Abs. 1 erfordert zunächst eine Unterteilung der Voraussetzungen des Schadensersatzanspruchs.

797 a) **Nicht erfasste Tatbestandsmerkmale.** Die schädigende Handlung und – soweit erforderlich – das Verschulden des Schädigers nebst Rechtswidrigkeit sind im Streitfall durch Beweisaufnahme festzustellen und unterfallen insoweit § 286 Abs. 1.[172] Das Gleiche gilt für den Ursachenzusammenhang zwischen der schädigenden Handlung und der konkreten Rechtsgutverletzung, also für die **haftungsbegründende Kausalität**.[173] Das meint die Ursächlichkeit für den ersten Verletzungserfolg. Er betrifft meist die körperliche Integrität oder das Eigentum. All dies erfordert die volle Überzeugung des Gerichts.

> Beispiele:
> - Ärztlicher Fehler bei der Geburtsleitung als Ursache für eine Hirnschädigung des Säuglings;[174]
> - gezielte Faustschläge als Ursache für Kopfverletzungen und Bewusstlosigkeit;
> - Auffahrunfall als Ursache einer HWS-Verletzung;[175]
> - verzögerte Planung als Ursache für Behinderungen des Bauablaufs;[176]
> - Dauerhaftigkeit einer gesundheitlichen Beeinträchtigung.[177]

798 Die Haftung des Schädigers für eine nur möglicherweise von ihm verursachte Rechtsgutverletzung kann nach geltendem Recht also nicht Gegenstand eines Urteils sein, mögen im Einzelfall auch Beweisschwierigkeiten des Geschädigten bestehen.[178] Die Einstandspflicht muss also dem Grunde nach **sicher feststehen**.

---

169 BL/*Hartmann* § 287 Rn. 2; Mus/*Foerste* § 287 Rn. 1.
170 *BGH* NJW 1981, 1454.
171 *OLG Zweibrücken* NJW-RR 1989, 221, 222.
172 *BGH* NJW-RR 1987, 1019, 1020.
173 *BGH* NJW 1985, 1390; *OLG Karlsruhe* NJW-RR 2006, 458, 459.
174 *BGH* NJW 1998, 3417, 3418.
175 *OLG Köln* VersR 2005, 422; *LG Bonn* VersR 2005, 1097.
176 *BGH* NJW 2005, 1653, 1654.
177 *BGH* NVersZ 2002, 65, 66.
178 *BGH* NJW 2004, 777, 778 f.

V. Schadensschätzung (§ 287)

> **Beispiel:**
> Kommen gleichermaßen mehrere Ursachen für einen Sturz und eine darauf beruhende Körperverletzung in Betracht, dann ist der Nachweis der Unfallursache i. d. R. nicht geführt.[179] Allerdings kommen gerade bei Unfallereignissen häufig die Grundsätze des Anscheinsbeweises zum Tragen.[180]

Vollbeweis i. S. v. § 286 Abs. 1 ist auch bei der Feststellung der Umstände erforderlich, die ein schadensursächlichen **Mitverschuldens** (§ 254 BGB) des Anspruchstellers begründen.[181] Davon zu unterscheiden ist die Gewichtung der Verursachungsbeiträge der Beteiligten. Sie kann nach § 287 Abs. 1 vorgenommen werden.[182]

799

b) Erfasste Tatbestandsmerkmale. – aa) Haftungsausfüllende Kausalität. Der ursächliche Zusammenhang zwischen der feststehenden Rechtsgutsverletzung und dem eingetretenen Schaden unterfällt der Beweiserleichterung nach § 287 Abs. 1. Es geht hier darum, wie sich der erste Verletzungserfolg weiterentwickelt hat.[183]

800

> **Beispiele:**
> - Ursächlichkeit einer Körperverletzung für die Beeinträchtigung der Arbeitsfähigkeit, die Invalidität oder den Tod einer Person;[184]
> - Vermögenslage des Mandanten bei vertragsgerechtem Verhalten des Anwalts oder Steuerberaters.[185] Letzteres erfordert zumeist die Prüfung, wie ein vorausgegangener Rechtsstreit ohne den Fehler des Anwalts ausgegangen wäre. Auch das fällt unter § 287 Abs. 1.[186]

bb) Höhe des Schadens. Hier liegt praktisch der Kernbereich des § 287 Abs. 1. Denn gerade in Haftpflichtprozessen ist die Berechnung der Schadenshöhe so gut wie immer streitig. Es könnte leicht zu einer unverhältnismäßigen und verzögernden Flut an Sachverständigengutachten mit aufwendigen Kalkulationen kommen, würde man zu jedem Einzelwert Vollbeweis fordern. Dies würde außerdem den Schädiger unangemessen bevorteilen. Das Gericht muss vielmehr immer dann von § 287 Abs. 1 Gebrauch machen, wenn es bei feststehender Einstandspflicht um die quantitative Schadensermittlung geht.

801

> **Beispiele:**
> - Nutzausfallentschädigung und merkantiler Minderwert bei Fahrzeugschäden;[187]
> - Ermittlung der Erforderlichkeit und der Höhe des Unfallersatztarifs bei Mietwagen;[188]
> - hypothetische Entwicklung bei der Berechnung entgangenen Gewinns;[189]
> - Notwendigkeit und Bemessung eines Vorteilsausgleichs[190] bzw. eines Abzugs „neu für alt".[191]

---

179 *LG Kleve* VersR 1987, 775.
180 Vgl. hierzu Rn. 751.
181 *BGH* NJW 1968, 985.
182 *BGH* NJW 1993, 2674, 2676.
183 *BGH* DS 2009, 32; *BGH* NJW 1987, 705, 706; kritisch *Rosenberg/Schwab/Gottwald* § 113 Rn. 18.
184 *BGH* NJW 1992, 3298 f.; *BGH* NJW 1993, 201.
185 *BGH* NJW 2000, 1572, 1573; *BGH* WM 2008, 1042.
186 *BGH* NJW 2005, 3071, 3072; kritisch *Zö/Greger* § 287 Rn. 3.
187 *BGH* NJW 2005, 277 ff.
188 *BGH* NJW 2006, 360. 361.
189 *BGH* NJW 2005, 3348, 3349.
190 *BGH* NJW 2004, 1041, 1043.
191 *BGH* NJW 1996, 584, 586.

6. Kapitel: Beweiswürdigung und Beweismaß

802 Erhebliche Bedeutung hat die Vorschrift bei der Bemessung eines **Schmerzensgeldes** (§ 253 BGB). Hierher gehört ebenso die Entscheidung des Gerichts, ob ein Einmalbetrag oder eine laufende Rente dem Zweck des Schmerzensgeldes am besten gerecht wird.[192] Auch in diesen Fällen ist das Gericht an den Tatsachenstoff gebunden, den die Parteien unterbreiten.[193]

> **Praxistipp:**
> Das Schmerzensgeld ist der typische – und zulässige – Fall eines unbezifferten Klageantrags. Ein solcher genügt den Anforderungen des § 253 Abs. 2 Nr. 2 jedoch nur, wenn eine allgemeine Größenordnung der begehrten Forderung angegeben wird.[194] Der Kläger soll also nicht völlig ohne Kostenrisiko prozessieren dürfen.

803 c) **Mitwirkungspflicht. – aa) Ausgangstatsachen.** Der Anspruchsteller ist gehalten, dem Gericht die Ausgangstatsachen für eine Schadensschätzung schlüssig darzulegen und notfalls nachzuweisen. Denn § 287 ist kein Instrument der Amtsermittlung und nötigt das Gericht auch nicht zu „frei schwebenden" Prognosen. Die Schätzungsgrundlagen selbst dürfen ihrerseits nicht lediglich geschätzt sein. Denn sonst würde eine bloße Möglichkeit zur Grundlage des Urteils.[195]

> **Beispiel:**
> Wer einen längerfristigen Verdienstausfallschaden (§§ 842 f., 252 BGB) geltend macht, muss plausibel erläutern, wie sich seine Erwerbstätigkeit ohne das schädigende Ereignis voraussichtlich entwickelt hätte.[196]

804 Zudem darf die Anspruchsteller die Schadensschätzung nicht dadurch behindern, dass er bewusst unvollständige Angaben macht oder wesentliche Ursachen verschweigt.[197] In diesem Fall sind ihm die Erleichterungen des § 287 nicht zu gewähren.

> **Beispiele:**
> - Der Geschädigte bestreitet bewusst wahrheitswidrig Vorschäden am Unfallfahrzeug.[198]
> - Der Geschädigte legt nicht dar, welche Arbeiten im Rahmen einer fachgerechten Reparatur des Fahrzeugs durchgeführt worden sein sollen.[199]

805 bb) **Hinweispflicht.** Auf unzureichenden Vortrag hat das Gericht hinzuweisen (§ 139). Ehe es die gesamte Klage abweist, ist zu prüfen, ob auf der Grundlage des Parteivortrags nicht wenigstens ein **Mindestschadensbetrag** zugesprochen werden kann.[200] Völlig ohne beigebrachte Vorstellungen zur Schadenshöhe kann dies freilich auch nicht geschehen.[201]

> **Beispiel:**
> Der Mietausfallschaden wegen berechtigter außerordentlicher Kündigung des Vertrages bezieht sich zumindest auf den Zeitraum, der vernünftigerweise für die Suche nach einem Nachmieter angesetzt werden muss, und umfasst

---

192 *BGH* NJW 1957, 383.
193 MK-BGB/*Oetker* § 253 Rn. 68.
194 *BGH* NJW 1982, 340.
195 *BGH* NJW 1970, 1970, 1972.
196 *BGH* NJW 1995, 1023, 1024.
197 *OLG Hamm* NJW-RR 1990, 42 f.
198 *OLG Frankfurt* VersR 1991, 1070; vgl. ferner *KG* NJW 2008, 1006.
199 *KG* NJOZ 2008, 4028, 4030.
200 *BGH* NJW 1994, 663, 664 f.; *BGH* NJW-RR 1996, 1077, 1078 f.
201 Sehr großzügig daher *BGH* NJW-RR 1992, 202, 203 und *OLG Düsseldorf* NJW-RR 2003, 87 f.; zutreffend wie hier BL/*Hartmann* § 287 Rn. 2.

V. Schadensschätzung (§ 287)

die dabei dem Vermieter entstehenden Kosten. Der nächste denkbare Schadensposten wären die weiteren Mindereinnahmen. Dabei können auch mögliche zukünftige Mieterhöhungen zu berücksichtigen sein.

Darüber hinaus ist es für den Anwalt des Anspruchstellers immer empfehlenswert, darauf aufmerksam zu machen, dass ein Fall des § 287 vorliegt; im Folgenden ein Beispiel für die Formulierung im entsprechenden Schriftsatz: **806**

> Anhand dieser Angaben dürfte es dem Gericht möglich sein, den Schadensumfang des Klägers zu schätzen (§ 287 Abs. 1 ZPO). Ich rege an, den Kläger zu diesem Zwecke als Partei zu vernehmen.

3. Sonstige Forderungen

a) Allgemeine Voraussetzungen. – aa) Streitige Forderungshöhe. § 287 Abs. 2 bringt eine erhebliche Ausweitung der Schätzungsmöglichkeit auf sonstige Forderungen, die auf Zahlung von Geld oder die Leistung anderer Sachen gerichtet sind. Er ist allerdings nur anwendbar, wenn und soweit die Höhe einer Forderung streitig ist. Alle anderen Anspruchsvoraussetzungen müssen sicher feststehen. Eine Schätzung ist auch im Hinblick auf Gegenrechte des Schuldners möglich, wenn sie die Höhe der geltend gemachten Forderung beeinflussen.[202] **807**

bb) Unverhältnismäßige Schwierigkeiten. Erforderlich ist darüber hinaus eine Prognose über die Schwierigkeiten einer Aufklärung der Forderungshöhe durch förmliche Beweiserhebung. Das betrifft vor allem die Frage, ob eine solche Beweiserhebung überhaupt möglich ist und mit welchen **Kosten** sie verbunden wäre. Vielfach ist hier gegenüber einem oder mehreren Sachverständigengutachten abzuwägen. **808**

b) Fallbeispiele aus dem Mietrecht. – aa) Höhe der Mietminderung. Unter § 287 Abs. 2 fällt auch die Bestimmung der Höhe der Mietminderung wegen Mangels (§ 536 Abs. 1 Satz 2 BGB).[203] Denn es geht hier meist um einen Zahlungs- und/oder Räumungsanspruch des Vermieters und den Streit um die Höhe der geschuldeten Miete. Dabei hat das Gericht neben dem (behaupteten) Mangel den Umfang der Gebrauchsbeeinträchtigung – also die tatsächlichen Voraussetzungen der Minderung – zu klären, notfalls mittels Sachverständigenbeweises.[204] Sodann ist die kraft Gesetzes eingetretene Minderung durch Schätzung ihres Umfangs festzustellen. Letzteres bedeutet die **Klärung einer Rechtsfrage**, keine Beweisaufnahme.[205] **809**

bb) Miterhöhungsverlangen. Ein weiterer Anwendungsfall betrifft die Ermittlung der konkreten **Vergleichsmiete** (§ 558 BGB) innerhalb der Spannweite eines qualifizierten Mietspiegels. Das gilt jedenfalls insoweit, als die Ermittlung durch Sachverständigengutachten mit unverhältnismäßigem Aufwand oder Kosten verbunden wäre.[206] **810**

> **Praxistipp:**
> Dies lässt sich jedenfalls bei solchen Mietspiegeln annehmen, die eine Orientierungshilfe für die Einordnung in die Preisspannen vorsehen. Anhand solcher Merkmalsgruppen kann das Gericht seine Schätzung vornehmen. Im Gegensatz hierzu müsste ein Sachverständiger die konkrete Wohnung besichtigen und eine ausreichend große Zahl vergleichbarer Wohnungen nebst Miete ermitteln.

---

202 StJ/*Leipold* § 287 Rn. 28.
203 Staudinger/*Emmerich*, BGB, 13. Aufl. (2006), § 535 Rn. 56; Bamberger/Roth/*Ehlert*, BGB, 2. Aufl. 2007, § 536 Rn. 41.
204 *BGH* NJW-RR 1991, 779, 780.
205 Unzutreffend daher *KG* NJW-RR 2000, 513.
206 *BGH* NJW 2005, 2074 f.

6. Kapitel: Beweiswürdigung und Beweismaß

4. Gerichtliche Verfahrensweise

811 **a) Beweisverzicht und Beweismaßsenkung. – aa) Beweiserhebung nach Ermessen.** § 287 Abs. 1 Satz 1 enthält eine eigentlich selbstverständliche Aufforderung an den Richter zur „Würdigung aller Umstände". Daraus folgt auch, dass greifbare Erkenntnisquellen nicht unberücksichtigt bleiben dürfen. Im Übrigen handelt es sich um Ausnahmen vom Beibringungsgrundsatz und vom Grundsatz der Ausschöpfung aller angebotenen Beweismittel.[207] Denn das Gericht entscheidet **losgelöst von diesen Grundsätzen**, ob und inwieweit es förmlich Beweis erhebt, notfalls durch Sachverständigenbeweis ohne Parteiantrag (§ 144 Abs. 1).[208] Umgekehrt kann das Gericht auch auf ein weiteres Gutachten verzichten, obwohl es bei Anwendung des § 412 geboten wäre.[209]

> **Beachte:**
> - § 287 befreit hingegen nicht von der Pflicht, **rechtliches Gehör** zu gewähren.
> - Ebenso wenig darf das Gericht auf **sachverständige Hilfe** verzichten, wo solche fachlichen Kenntnisse nach Lage des Falles unerlässlich sind, etwa bei medizinischen Zusammenhängen.[210] Sonst liegt nicht nur Selbstüberschätzung (des Gerichts), sondern bei Ablehnung eines beantragten Sachverständigenbeweises auch ein Verstoß gegen Art. 103 Abs. 1 GG vor.[211]
> - Wenn und soweit sich das Gericht entschließt, Beweis zu erheben, ist es an das **förmliche Verfahren der §§ 355 ff.** gebunden. Demnach ist Zeugenvernehmung nur auf Antrag möglich.[212] Die Erleichterungen nach § 287 dürfen nicht mit dem Freibeweis verwechselt werden.[213]

812 § 287 Abs. 1 Satz 3 gestattet im Übrigen die **Parteivernehmung** zum Zwecke der Schätzung der Schadenshöhe, ohne dass die Voraussetzungen des § 448 vorliegen müssen.[214]

813 **bb) Beweismaß.** Sodann ist wiederum von „freier Überzeugung" des Gerichts die Rede. Darin liegt jedoch die wichtige Abweichung von § 286 Abs. 1 Satz 1, denn es geht hier nicht mehr um ein „für wahr oder für nicht wahr erachten". Entsprechend folgt die Praxis, dass eine „mehr oder minder hohe", mindestens aber **überwiegende Wahrscheinlichkeit** genügt.[215] Es wird also das Beweismaß reduziert.[216] Daraus folgt eine gewisse Freizügigkeit.

814 Freilich bleibt für den Richter – und den prognostizierenden Rechtsanwalt – schwer einzuordnen, wann er eine Tatsache für überwiegend („hinreichend"/ „erheblich"[217]) wahrscheinlich halten darf. Dafür bietet die Rechtsprechung auch **keine allgemeingültigen Formeln**. Sie verweist auf die „*Umstände des Einzelfalls, insbes. das sachliche Gewicht der zu entscheidenden Tatfrage,*"[218] was kaum weiterhilft. Als allgemeine Regel lässt sich festhalten, dass die Anforderungen an den Kausalitätsnachweis strenger sind als bei der Schätzung der Schadenshöhe.[219]

---

207 *BGH* NJW 1991, 1412, 1413.
208 Vgl. hierzu Rn. 67.
209 *BGH* VersR 1971, 442, 443.
210 *BGH* NJW-RR 2002, 166, 167.
211 *BVerfG* NJW 2003, 1655.
212 *Klauser* JZ 1968, 167, 168.
213 Hk-ZPO/*Saenger* § 287 Rn. 19; Zö/*Greger* § 287 Rn. 6; vgl. zum Freibeweis Rn. 366.
214 Vgl. hierzu Rn. 686.
215 *BGH* NJW 1993, 734 m.w.Nachw.
216 *BGH* NJW 1992, 2694, 2695; vgl. zum Beweismaß im Übrigen Rn. 732.
217 Diese Attribute werden im Zusammenhang mit § 287 synonym verwendet, während man sie bei den sog. Entwendungsfällen strikt abzugrenzen meint. Vgl. hierzu Rn. 740 ff.
218 *BGH* NJW 1970, 1970, 1971; kritisch *v.Hoyningen-Huene/Boemke* NJW 1992, 1757, 1759.
219 StJ/*Leipold* § 287 Rn. 43.

V. Schadensschätzung (§ 287)

Graduell liegt „wahrscheinlich" zwischen „sicher" und „ausgeschlossen". In diesem Zwischenbereich genügt die bloße Möglichkeit der streitigen Tatsache nicht, während die Möglichkeit eines anderen Kausalverlaufs nicht hinderlich sein muss. Ein solcher muss nur weniger naheliegt und nicht – wie sonst – so gut wie ausgeschlossen sein. Das Gericht muss also anhand aller zur Verfügung stehenden Anhaltspunkte prüfen, ob diese **mehr für oder gegen den streitigen Umstand** sprechen. 815

Demnach kann eine Tatsache nicht – oder nicht ohne weitergehende förmliche Beweisaufnahme – zugrunde gelegt werden, wenn „alles offen" bleibt.[220] Denn anderenfalls würde es sich um ein reines Billigkeitsurteil handeln, für das im materiellen Recht keine Grundlage besteht. 816

> **Beispiel:**
> Der Verlauf einer vor dem Schadensereignis manifestierten Grunderkrankung kann nicht sicher beurteilt werden, so dass Überlagerungen mit den Schadensfolgen möglich sind.[221]

cc) **Beweislast.** Das geringere Beweismaß senkt das Risiko eines non liquet und einer daraus folgenden Entscheidung anhand der Verteilung der objektiven Beweislast.[222] Diese selbst bleibt aber im Anwendungsbereich des § 287 **unverändert**. Nach wie vor trägt derjenige, der Schadensersatz fordert, die Beweislast für die Entstehung und die Höhe eines Schadens.[223] Das ist bedeutsam, wenn trotz der abgeschwächten Anforderungen keine Überzeugungsbildung gelingt. 817

b) **Hilfsmittel.** Wichtige Hilfsmittel bei der Schätzung des Schadensumfangs sind anerkannte **Tabellen für typische Schadensfälle.** Dies gilt namentlich für den Nutzungsausfall bei Fahrzeugen,[224] die Tarife bei Mietwagen[225] und den Haushaltsführungsschaden.[226] Soweit kein außergewöhnlicher Fall vorliegt, genügt es, wenn das Gericht in den Urteilsgründen auf diese Tabellen verweist. Weitergehende Berechnungen sind nicht erforderlich. Etwas anderes gilt nur, wenn eine Partei die Eignung der Tabelle als Schätzgrundlage in Zweifel gezogen hatte. 818

Vorsicht ist bei der Handhabung von **Schmerzensgeld-Tabellen**[227] geboten. Denn hier handelt es sich nur um Urteilssammlungen mit zum Teil erheblicher Streubreite. Sie geben allenfalls Anregungen und Orientierungshilfe für die Bewertung.[228] Immer muss die konkrete Verletzungsfolge feststehen. Dann lassen sich vergleichbare Fälle suchen. 819

> **Praxistipp:**
> Dabei ist auch auf den Jahrgang der vermeintlichen Referenzentscheidung zu achten. Ferner kann es sich empfehlen, diese Entscheidung – soweit mit Sachverhalt veröffentlicht – nachzulesen und auf mögliche Besonderheiten zu prüfen.

---

220 *BGH* NJW 1970, 1970, 1971 f.
221 *OLG Saarbrücken* NJOZ 2008, 5117.
222 MK/*Prütting* § 287 Rn. 31.
223 *BGH* NJW-RR 1992, 997, 998.
224 *Küppersbusch* Nutzungsausfallentschädigung 2008 für Pkw und Geländewagen sowie Transporter; vgl. auch *BGH* NJW 2005, 277.
225 Schwacke-Mietpreisspiegel; vgl. auch *BGH* NJW 2007, 2916; *BGH* NJW 2008, 1519. Die Instanzgerichte bevorzugen inzwischen den Mietpreisspiegel des Fraunhofer-Instituts; vgl. *OLG München* SVR 2008, 467; *OLG Jena* r+s 2009, 40.
226 *Schulz-Borck/Hoffmann* Schadensersatz bei Ausfall von Hausfrauen und Müttern im Haushalt, 7. Aufl. 2008.
227 Vgl. etwa *Hacks/Ring/Böhm* Schmerzensgeldbeträge, 26. Aufl. 2008.
228 *OLG Köln* VersR 1977, 628.

6. Kapitel: Beweiswürdigung und Beweismaß

820 Niemals darf der Richter versäumen, **sonstige Faktoren** zu werten, die im konkreten Fall den Schmerzensgeldbetrag positiv oder negativ beeinträchtigen, z. B. Mitverschulden, mitwirkende Betriebsgefahr, Alter des Verletzten, zögerliches Regulierungsverhalten.[229]

821 c) **Begründung der Entscheidung.** Das Urteil muss deutlich erkennen lassen, dass sich das Gericht seiner durch § 287 eröffneten freieren verfahrensrechtlichen Möglichkeiten bewusst war.[230] Das Gericht hat ferner zu begründen, warum es einem Beweisangebot der Parteien nicht nachgegangen ist.[231] In solchen Fällen muss das „unerledigte Beweisangebot" am Ende des Urteilstatbestands aufgeführt werden.

822 Wenn eine Schätzung der Forderungshöhe vorgenommen wird, müssen die tatsächlichen Grundlagen angegeben und ausgewertet werden.[232] Denn nur dadurch kann ein Rechtsmittelgericht überprüfen, auf welchen Erwägungen die Schadensermittlung beruht und ob wesentliche Tatsachen außer Acht gelassen worden sind. Einzelne Details der Schätzung sind aber nicht nötig. Darin liegt die Begründungserleichterung gegenüber § 286 Abs. 1 Satz 2, der im Übrigen aber auch hier gilt. Abschließend ein Beispiel zur Formulierung im Urteil:

> ... Auch dieser finanzielle Folgeschaden ist nach der Überzeugung des Gerichts durch das Unfallereignis und die Körperverletzung des Klägers verursacht worden. Die Feststellung dieser sog. haftungsausfüllenden Kausalität erfolgt unter den erleichterten Bedingungen des § 287 Abs. 1 ZPO. Aufgrund der vorgelegten Bescheinigung des Herrn Dr. ... und der Aussage der Zeugin ... ist hinreichend wahrscheinlich, dass sich der Kläger im Zeitraum ... insgesamt 5 mal zur medizinischen Nachsorge in die Praxis des Herrn Dr. ... begeben hat und hierfür ... € Fahrtkosten aufwenden musste. Der Gegenstand der jeweiligen Behandlungstermine wird durch die Atteste zuverlässig bestätigt. Bei lebensnaher Betrachtung liegt ein anderer Kausalverlauf fern. Daher bedufte es weder der Einvernahme des Zeugen ..., noch der Einholung eines Sachverständigengutachtens. ...

VI. Glaubhaftmachung (§ 294)

Schrifttum: *Jungk*, Glaubhaftmachung bei der Wiedereinsetzung, BRAK-Mitt. 2002, 169; *Scherer*, Das Beweismaß bei der Glaubhaftmachung (1996), *Schneider*, Glaubhaftmachung im Ablehnungsverfahren, ZAP Fach 13, 1273; *Tiedemann*, Die Versicherung an Eides statt – Form, Inhalt und Strafbarkeitsrisiken, ArbRB 2007, 312.

1. Überblick

823 Die Glaubhaftmachung erlaubt die Beweisführung durch einen geringeren Grad an Wahrscheinlichkeit. Das sagt die ZPO jedoch an keiner Stelle ausdrücklich. § 294 nennt nur die Mittel der Glaubhaftmachung und das Erfordernis der sofortigen Verfügbarkeit. Im Übrigen ist das Gericht nicht an das förmliche Beweisverfahren gebunden.[233]

824 Gegenstand der Glaubhaftmachung können nur **Tatsachen** sein, auch wenn das Gesetz mitunter von Ansprüchen o. Ä. spricht (§ 920 Abs. 2, § 14 Abs. 1 InsO). Diese Tatsachen müssen grundsätzlich bestritten – also beweisbedürftig – sein,[234] es sei denn die Antragstellung erfordert nicht zwingend eine Anhörung des Gegners (v. a. beim einstweiligen Rechtsschutz).[235]

---

229 Vgl. hierzu näher *Palandt/Heinrichs* § 253 Rn. 17 ff.
230 *BGH* NJW 1987, 399, 340.
231 TP/*Reichold* § 287 Rn. 10.
232 *BGHZ* 6, 62; *BGH* VersR 1965, 239.
233 TP/*Reichold* § 294 Rn. 1.
234 *BGH* ZVI 2005, 614.
235 MK/*Prütting* § 294 Rn. 12.

VI. Glaubhaftmachung (§ 294)

2. Anwendungsfälle

Beweisführung durch Glaubhaftmachung ist nur dann möglich, wenn sie gesetzlich vorgesehen ist, also als erforderlich oder ausreichend bezeichnet wird. Das können auch Vorschriften des materiellen Rechts sein. Eine richterliche Erweiterung auf andere „Billigkeitsfälle" ist nicht möglich.[236] Denn das Grundprinzip des Vollbeweises (§ 286 Abs. 1 Satz 1) gestattet keine Ausnahme durch Analogien.

825

> **Beispiele:**
> - Grund der Richter- oder Sachverständigenablehnung (§§ 44 Abs. 2, 406 Abs. 3)
> - Angaben des Antragstellers im PKH-Verfahren (§ 118 Abs. 2 Satz 1)
> - Begründung des Wiedereinsetzungsantrags (§ 236 Abs. 2 Satz 1)
> - Terminsverlegungsgesuch (§ 227 Abs. 2)
> - Entschuldigungsgrund bei Verspätung (§ 296 Abs. 4)
> - Zulässigkeit des selbstständigen Beweisverfahrens (§ 487 Nr. 4)
> - Arrest-/Verfügungsanspruch und -grund (§§ 920 Abs. 2, 936)
> - Forderung eines Nachlassgläubigers (§ 1994 Abs. 2 Satz 1 BGB)
> - Forderung und Eröffnungsgrund beim Insolvenzantrag (§ 14 Abs. 1 InsO).

Mitunter ist die erfolgreiche Glaubhaftmachung ihrerseits Voraussetzung für eine gesetzlich angeordnete Beweislastverteilung, v. a. bei § 22 AGG.

826

3. Mittel der Glaubhaftmachung, insbesondere eidesstattliche Versicherung

a) Beweismittel. Die Glaubhaftmachung gestattet den Einsatz aller Beweismittel. Es besteht aber keine Verpflichtung, diese nach den Regeln des Strengbeweises zu verwerten (= Freibeweis). Daher ist kein Beweisbeschluss nötig.[237] Es können z. B. schriftliche Zeugenbekundungen ohne die Voraussetzungen des § 377 Abs. 3 verwertet werden. Das gilt auch für die anwaltliche Versicherung über Vorgänge, die ein Rechtsanwalt in seiner Berufstätigkeit wahrgenommen hat (vgl. § 104 Abs. 2 Satz 2; zur Wahrheitspflicht auch § 43a Abs. 2 Satz 2 BRAO).[238]

827

> **Weitere Beispiele:**
> Unbeglaubigte Kopie einer Urkunde;[239] Lichtbilder.[240]

b) Sofortige Verfügbarkeit. Als Besonderheit sieht § 294 Abs. 2 vor, dass die Beweismittel im Zeitpunkt der gerichtlichen Entscheidung über das Gesuch **präsent** zu sein haben. Eine Vertagung zum Zwecke der Glaubhaftmachung kommt nicht in Betracht. Demnach müssen Zeugen oder Sachverständige durch die Partei, die sich ihrer bedient, selbst zu Gericht mitgebracht („sistiert") werden. Es erfolgt **keine Ladung**, es sei denn, das Gericht verfährt ausnahmsweise nach § 118 Abs. 3 Satz 2 oder lädt den Zeugen aus anderen Gründen (§ 273 Abs. 2 Nr. 4).

828

---

[236] Mus/*Huber* § 294 Rn. 2; Hk-ZPO/*Saenger* § 294 Rn. 5; tendenziell zustimmend *BGH* VersR 1973, 186, 187; a. A. Bl./*Hartmann* § 294 Rn. 2 (wenn mündl. Verhandlung entbehrlich).
[237] StJ/*Berger* § 358 Rn. 2; a. A. Bl./*Hartmann* § 294 Rn. 10.
[238] *OLG Köln* MDR 1986, 152; *OLG München* MDR 1985, 1037; einschränkend *LG Berlin* MDR 1983, 765.
[239] *BGH* NJW 2003, 3558, 3559; *OLG Köln* FamRZ 1983, 709.
[240] *OLG Jena* OLGR 1997, 94.

6. Kapitel: Beweiswürdigung und Beweismaß

> **Praxistipps:**
> - Daraus folgt, dass eine Partei dem Zeugen notfalls die Reisekosten vorstrecken muss.
> - Auf der anderen Seite bietet sich die Möglichkeit, den Gegner durch einen mitgebrachten Zeugen/Sachverständigen zu überraschen, da dies nicht angekündigt zu werden braucht.[241]

829 Ebenso müssen Urkunden und Augenscheinsobjekte, die sich im Besitz Dritter befinden sowie amtliche Auskünfte durch die Parteien selbst beigebracht werden.[242]

830 Eine Ausnahme vom Beschleunigungsgrundsatz nach § 294 Abs. 2 gilt dort, wo das Gesetz die Glaubhaftmachung „genügen" lässt (v. a. §§ 104 Abs. 2, 605 Abs. 2).[243]

831 c) **Eidesstattliche Versicherung. – aa) Formalien.** Als besonderes – und wichtigstes – Mittel der Glaubhaftmachung dient die **Versicherung an Eides statt**. Dies erlaubt grundsätzlich eidesstattliche Versicherungen der Partei selbst (Ausnahmen: §§ 44 Abs. 2 Satz 1, 406 Abs. 3, 511 Abs. 3) oder eines Dritten. In aller Regel werden dem Gericht schriftliche Erklärungen übermittelt, in zulässiger Weise auch per Telefax.[244] Der klassische Aufbau ist folgender:

Eidesstattliche Versicherung

Nach Hinweis meines Rechtsanwalts auf die Bedeutung einer eidesstattlichen Versicherung, insbesondere auf die strafrechtlichen Folgen falscher Angaben, versichere ich hiermit das Folgende an Eides Statt:

Zur Person:
...

Zur Sache:
...

[Datum, Unterschrift]

---

832 Bei Gebrauch des Telefaxes ist aber das Original alsbald nachzureichen, spätestens in einer etwaigen mündlichen Verhandlung vorzulegen, um Einwänden gegen den formellen Beweiswert zu begegnen.[245] Es ist allerdings ebenso möglich, die eidesstattliche Erklärung erst im Verhandlungstermin mündlich zu Protokoll zu geben (§ 160 Abs. 2).

833 **bb) Mindestinhalt.** Inhaltlich muss die eidesstattliche Versicherung über Tatsachen berichten, also eine **eigene Sachdarstellung** des Erklärenden enthalten.[246] Umgekehrt sind alle (rechtlichen) Werturteile zu unterlassen.

> **Beachte:**
> Eine pauschale Versicherung, die Angaben in einem anwaltlichen Schriftsatz seien zutreffend, ist daher ohne Wert[247] („weit verbreitete Unsitte"[248]). Es ist folglich sinnvoller, wenn der Rechtsanwalt in seinem Schriftsatz auf die Sachverhaltsschilderung in einer eidesstattlichen Versicherung Bezug nimmt und

---

241 *Pantle/Kreissl* Rn. 409.
242 *BGH* NJW 1958, 712.
243 Hk-ZPO/*Saenger* § 294 Rn. 9; Bl/*Hartmann* § 294 Rn. 9.
244 *BayObLG* NJW 1996, 406, 407.
245 *Vorwerk/Jaspersen* Kap. 27 Rn. 49.
246 *BGH* NJW 1996, 1682; *OLG Frankfurt* FamRZ 1984, 312
247 *OLG Karlsruhe* OLGR 1998, 95; einschränkend *OLG Koblenz* MDR 2005, 827 (wenn Anwaltsschriftsatz nur Sachverhaltsdarstellung enthält).
248 *BGH* NJW 1988, 2045.

VI. Glaubhaftmachung (§ 294)

sich diese zur Begründung seines Antrags zu eigen macht. Sonst kann z. B. aus einem Wiedereinsetzungsantrag schnell ein Haftungsfall werden.[249]

Natürlich schließt eine eidesstattliche Versicherung die Befugnis des Gerichts zur Erhebung weiterer Beweise nicht aus (vgl. § 986 Abs. 3). **834**

4. Beweismaß

a) **Wahrscheinlichkeitsgrad.** Wichtigste prozessuale Komponente der Glaubhaftmachung ist die gegenüber § 286 Abs. 1 Satz 1 erfolgende Absenkung des Beweismaßes.[250] Es genügt, dass die behauptete Tatsache aus der Sicht des Gerichts **überwiegend wahrscheinlich** ist.[251] Andere Möglichkeiten müssen also nicht mit größter Sicherheit ausgeschlossen sein. Das Bestehen der behaupteten Tatsache hat lediglich wahrscheinlicher zu sein als ihr Gegenteil; es muss **mehr für als gegen ihr Vorliegen** sprechen. Insofern besteht eine Parallele zu § 287.[252] Die Schlussfolgerung auf eine überwiegende Wahrscheinlichkeit kann sich auch aus Hilfstatsachen (Indizien) ergeben.[253] Dieses abgesenkte Beweismaß gilt auch für die **Widerlegung** der glaubhaft gemachten Tatsache durch die Gegenpartei.[254] **835**

b) **Eidesstattliche Versicherung.** In der Praxis wird v. a. der eidesstattlichen Versicherung sehr schnell Glauben geschenkt. Dies kann gefährlich werden, wenn auf diese Weise ohne Anhörung des Gegners ein Vollstreckungstitel geschaffen wird.[255] Daher ist ein **gesundes Misstrauen** am Platze.[256] Das gilt z. B. auch, wenn ein Rechtsanwalt im Rahmen eines Wiedereinsetzungsgesuchs das Verhalten seiner Kanzleiangestellten eidesstattlich versichert.[257] Besonders prekär wird die Lage, wenn die Parteien im Verfahren des einstweiligen Rechtsschutzes einander widersprechende Versicherungen abgeben. Dies begründet zumindest einen Anfangsverdacht im Bezug auf **§ 156 StGB**. **836**

Praxistipp:
Darauf folgt eine besondere Belehrungs- und Betreuungspflicht des Rechtsanwalts, der zur Abgabe einer eidesstattlichen Versicherung auffordert.[258] Nur so lässt sich das Risiko einer leichtfertig falschen Erklärung verringern.

5. Begründung des Gerichts

In einigen Anwendungsfällen der Glaubhaftmachung ist eine Begründung der stattgebenden gerichtlichen Entscheidung nicht zwingend vorgeschrieben, insbesondere bei Arrest und einstweiliger Verfügung (arg. e. c. § 922 Abs. 1 Satz 2). Hier muss nur innerhalb einer **ablehnenden Entscheidung** begründet werden, warum einzelne Tatsachen nicht als überwiegend wahrscheinlich gelten können. Formulierungsbeispiel: **837**

… Soweit sich der Antragsteller auf das Schreiben der Frau … vom … bezieht, genügt dies nicht zur Glaubhaftmachung im Sinne von § 294 ZPO. Denn allein aufgrund des Schreibens der Frau … besteht keine überwiegende Wahrscheinlichkeit für die Vereinnahmung des Betrages in Höhe von 2.800,– € durch den An-

---

249 *Zimmermann* § 294 Rn. 4.
250 Vgl. zum Beweismaß im Übrigen Rn. 732.
251 *BGH* NJW 1996, 1682; vgl. auch § 331 Abs. 1 Satz 2 LAG (*„ernstliche Zweifel ausschließende Wahrscheinlichkeit"*); abweichend *Zö/Greger* § 294 Rn. 6 (je nach Einzelfall angepasstes Maß an Glaubhaftigkeit).
252 Vgl. oben Rn. 814 ff.
253 *BGH* NJW 1998, 1870.
254 *OLG Köln* ZIP 1988, 664, 665.
255 *BL/Hartmann* § 294 Rn. 4.
256 Exemplarisch *LG Kiel* BRAK-Mitt 2002, 169.
257 *OLG Dresden* OLGR 2000, 234; unkritischer *BGH* FamRZ 1989, 373.
258 *Schneider* JurBüro 1969, 489, 490.

6. Kapitel: Beweiswürdigung und Beweismaß

> tragsgegner. Es ergibt sich allenfalls ein nachdrückliches Verlangen nach Zahlung. Mindestens ebenso wahrscheinlich ist, dass ... Die somit verbleibenden Zweifel an der Sachverhaltsdarstellung des Antragstellers werden auch nicht durch seine eigene eidesstattliche Versicherung ausgeräumt ...

838 In allen Übrigen fällen muss die Begründung des Gerichts erkennen lassen, woraus das Gericht die Glaubhaftmachung ableitet, insbesondere welche Beweismittel deutlich für ein Vorliegen der behaupteten Tatsache sprechen. Dabei kann sich das Gericht allerdings **kurz fassen**, wenn der Gegner die stattgebende Entscheidung nicht selbstständig anfechten darf (z. B. gem. § 238 Abs. 3).

VII. Darstellung der Beweiswürdigung in den Urteilsgründen

Schrifttum: *Hohlweck*, Die Beweiswürdigung im Zivilurteil, JuS 2001, 584.

1. Zweck und Hauptbestandteile

839 Gem. § 286 Abs. 1 Satz 2 hat das Gericht die **leitenden Gründe** seiner Beweiswürdigung in nachvollziehbarer Weise anzugeben. Diese Begründungspflicht will insbesondere
- das erkennende Gericht zur Selbstkontrolle anhalten, v. a. vor Irrationalität schützen,[259]
- den Parteien das Verständnis der Entscheidung ermöglichen,
- eine Kontrolle durch das Rechtsmittelgericht eröffnen.

840 Ganz wesentlich ist zudem die **Wechselwirkung** zwischen Würdigung und Begründungspflicht. Denn nur das nachvollziehbar Begründbare eignet sich als feststellungsfähiger Sachverhalt.[260] Und nur ein logischer Begründungszusammenhang sichert Rationalität.

841 Die Begründung verlangt **zweierlei**: Zum einen die Angabe, *dass* die geforderte Überzeugung erreicht ist sowie zum anderen, aufgrund *welcher konkreten Eindrücke* sie im Wesentlichen gewonnen wurde.[261]

> **Typische Fehler:**
> - Deshalb stellt die leider sehr häufig zu lesende Formulierung „Wie der Zeuge ... glaubhaft/überzeugend bekundet hat ..." eine wertlose petitio principii dar.[262] Denn der Richter muss erklären, *warum* er die Aussage des Zeugen für glaubhaft hält, um § 286 Abs. 1 Satz 2 zu entsprechen. Das Gleiche gilt im umgekehrten Fall für die Leerformel „Das Gericht vermag dem Zeugen ... nicht zu folgen".[263]
> - Ebenso wenig genügt es, nur den Inhalt der Beweisaufnahme zu wiederholen und dies zum Schein als Beweiswürdigung auszugeben.[264] Derartiges ist schlicht überflüssig.
> - Auch das Berufungsgericht kann sich bei entsprechenden Rügen nicht mit der Floskel begnügen, die Würdigung des Erstgerichts sei „folgerichtig und widerspruchsfrei".[265]

---

259 *MK/Prütting* § 286 Rn. 21.
260 *Meyke* Rn. 185.
261 *BGH* MDR 1978, 826.
262 *Schneider* ZIP 1989, 1095; a. A. *Schneider/v.d.Hövel* S. 102.
263 *Schneider* MDR 2001, 246, 247.
264 *BGH* NJW-RR 2009, 35 (Sachverständigengutachten).
265 *BVerfG* WuM 1994, 186.

VII. Darstellung der Beweiswürdigung in den Urteilsgründen

2. Anforderungen im Allgemeinen

a) Spielräume. Man darf die Anforderungen an diese Begründung gleichwohl nicht überspannen. Denn sonst würde wohl wieder nur auf das Formelhafte ausgewichen.[266] Im Übrigen gilt § 313 Abs. 3. Das Gericht muss daher nicht jede Passage der Beweisaufnahme und alle denkbaren Gesichtspunkte abhandeln.[267] Gerade bei der so wichtigen Zeugenaussage wird man zu praktikabler Handhabung nur dann gelangen, wenn man dem Richter in den klassischen „kann sein, muss aber nicht"-Situationen einen **Beurteilungsspielraum** lässt, der außerhalb rationaler Begründung liegt und allenfalls auf Plausibilität hin prüfbar ist.[268]

842

> **Praxistipp:**
> Freilich sollte das Gericht auch in solchen Fällen so weit als möglich die Erkenntnisse der Aussagepsychologie bemühen,[269] also z. B. darstellen, dass eine Zeugenaussage lebendig, detailreich und gut nachvollziehbar war.

b) Fallbezogenheit. Der notwendige Umfang der Begründung ist fallbezogen und vom Schwierigkeitsgrad abhängig.[270] Die Auseinandersetzung mit divergierenden bzw. widersprüchlichen Aussagen einzelner Zeugen oder Sachverständiger kann z. B. nicht mit wenigen Sätzen erledigt werden.[271] Denn hierbei handelt es sich um Umstände, die zu einer anderen Beurteilung führen könnten. Eine typische Einleitung:

843

> „Den Angriffen des Klägers gegen die Überzeugungskraft dieses Gutachtens vermag die Kammer nicht zu folgen. Das betrifft zum einen die gerügte fachliche Eignung des Sachverständigen. ..."

Ebenso besteht erhöhter Begründungsbedarf, wenn das Gericht seine Überzeugung durch mittelbare Beweismittel und Hilfstatsachen gewonnen hat.[272] Demgegenüber kann man sich bei der Einnahme des Augenscheins kurz fassen: Entweder hat der Richter die bestrittene Tatsache gesehen oder nicht.[273]

844

3. Standort

In der Abfolge der Entscheidungsgründe findet sich die Beweiswürdigung nicht „frei schwebend", sondern im Rahmen des **Tatbestandsmerkmals**, das streitig und beweisbedürftig war. Mehrere streitige Tatbestandsmerkmale erfordern daher i. d. R. eine mehrgliedrige Beweiswürdigung in den Entscheidungsgründen.[274] Ganz im Sinne des Urteilsstils wird das Ergebnis der Beweiswürdigung vorangestellt (Obersatz):

845

- Diesen Schaden hat die Beklagte auch verursacht. Als Ergebnis der durchgeführten Beweisaufnahme steht fest, dass ...

- Es mangelt an einem Verschulden des Beklagten. Der Kläger ist den ihm obliegenden Beweis einer mindestens fahrlässigen Pflichtverletzung seitens des Beklagten fällig geblieben. Als Ergebnis der durchgeführten Beweisaufnahme steht nicht mit der erforderlichen Gewissheit fest, dass ...

---

266 *Scherzberg* ZZP 117 (2004), 163, 184.
267 *BAG* NJW 2004, 2848, 2852 m.w.Nachw.
268 *Binkert/Preis* AuR 1995, 77, 80.
269 Vgl. hierzu Rn. 529 ff.
270 *BGH* NJW 1998, 2969, 2971; *Hohlweck* JuS 2001, 584, 586.
271 *BGH* NJW-RR 1994, 219, 220; *Schneider/v.d.Hövel* S. 103.
272 *BAG* NJW 1993, 612, 615.
273 *Balzer* Beweisaufnahme Rn. 354.
274 *Hohlweck* JuS 2001, 584, 586.

6. Kapitel: Beweiswürdigung und Beweismaß

846 Diese Eingangspassage muss nur dann auf das **Beweismaß** zu sprechen kommen, wenn infolge einer Reduktion geringere Anforderungen gestellt werden.

4. Einzelne Konstellationen

847 a) **Gelungener Beweis.** Bei gelungenem Beweis sind zunächst die tragfähigen Beweismittel in ihren Kernaussagen anzuführen. Anschließend ist – soweit gegeben – zu erläutern, warum unergiebige und das Gegenteil bekundenden Beweismittel dem gefundenen Ergebnis nicht entgegenstehen und keine nennenswerten Zweifel begründen.[275] So gelangt man zur geforderten „Gesamtschau" des Prozessstoffes.

848 b) **Misslungener Beweis.** Der misslungene Beweis hat eine Entscheidung anhand der objektiven Beweislast zur Folge („non liquet").[276] Dies betrifft die Fälle, in denen die Beweismittel des Beweisführers entweder unergiebig oder nicht tragfähig waren. Hier erscheint in der Begründung vielfach der „zwar-aber-Stil" zweckmäßig und zulässig.[277] Darin liegt kein stilistischer Kunstfehler. Denn es wird nicht etwa mit einem nicht-tragenden Grund eingeleitet, sondern innerhalb der tragenden Gründe abgewogen:

> *Zwar* hat der Zeuge ... bekundet. Allein aufgrund dieser Aussage vermag das Gericht die Behauptung des Klägers *aber* nicht für erwiesen zu erachten ...

849 c) **Anscheinsbeweis.** Soweit ein Anscheinsbeweis zur Anwendung kommt, ist folgende Reihenfolge der Begründung zu empfehlen:[278]
- maßgeblicher Erfahrungssatz
- Tatsachensubsumtion
- Mangel eines möglichen atypischen Geschehensablaufs

Leicht verkürzt ist folgende Argumentation denkbar:

> Diesem Unfall liegt ein pflichtwidriges Verhalten des Beklagten zu 1) zugrunde. Hierüber musste kein weiterer Beweis erhoben werden, denn zugunsten der Klägerin streitet ein Beweis des ersten Anscheins. Er vermittelt dem Gericht die notwendige Überzeugung. Der unstreitige Hergang des Unfalls entspricht einer Standardsituation des Heckaufpralls. ... Dieses typische Geschehen rechtfertigt aufgrund der Lebenserfahrung die Annahme, dass der Beklagte zu 1) entweder nicht den erforderlichen Sicherheitsabstand zum Fahrzeug der Klägerin eingehalten hat, im Zeitpunkt der Kollision mit unangepasster Geschwindigkeit unterwegs war oder seine Aufmerksamkeit hat vermissen lassen. In allen Fällen liegt ein Verkehrsverstoß vor (§§ 1 Abs. 1, 3 Abs. 1, 4 Abs. 1 StVO). Aufgrund des geschilderten Anscheinsbeweises oblag es den Beklagten, Umstände darzulegen und gegebenenfalls nachzuweisen, aus denen sich die ernsthafte Möglichkeit eines atypischen Kausalverlaufs ergibt. Dies ist nicht gelungen ...

5. Sprachstil

850 Rein sprachlich sind **Formulierungen** zu vermeiden, die auf eine Unsicherheit des Gerichts hindeuten und im Übrigen Raum für Angriffe gegen die Beweiswürdigung bieten. Auch hier ist Urteilsstil gefragt, also eine klare und unmissverständliche Bewertung.

> **Beispiele:**
> Formulierungen wie „es spricht einiges dafür, dass ...", „es dürfte so gewesen sein, dass ...", „möglicherweise" oder „vielleicht" lassen Zweifel an der vollen Überzeugung des Gerichts aufkommen. Sie sind daher allenfalls bei einer

---

275 *Tempel/Theimer* S. 298; a. A. *Schneider/v.d.Hövel* S. 105 f. („schwache" Beweismittel zuerst). Aber dies ist unnötige Retardation und entspricht nicht dem Urteilsstil.
276 Vgl. hierzu Rn. 872.
277 *Hohlweck* JuS 2001, 584, 588.
278 *Tempel/Theimer* S. 298 f.

VIII. Kontrolle im Berufungsverfahren

gescheiterten Beweisführung denkbar, wenn also gerade wegen verbleibender Zweifel kein Vollbeweis gelungen ist.

Fachausdrücke – etwa „non liquet" – oder Begriffe der Vernehmungspsychologie sind zu vermeiden, denn auch die Parteien sollen das Urteil verstehen können. **851**

Wenn der Richter einem Zeugen nicht glaubt, sollte er sich davor hüten, ihn sogleich wortwörtlich der **Lüge** zu bezichtigen.[279] Es genügen sachlichere Formulierungen: **852**

> „Das Gericht hat Zweifel, ob diese Aussage tatsächlich in allen Einzelheiten zutrifft. Es zeigen sich insbesondere Widersprüche ... Diese mögen in einer unvollständigen Wahrnehmung der Ereignisse oder in einer Erinnerungstrübung begründet sein ..."

> **Beachte:**
> Eine ganz andere Frage ist, ob das Gericht einen Anfangsverdacht nach §§ 153 ff. StGB annimmt und den Sachverhalt der zuständigen Staatsanwaltschaft zur Kenntnis gibt. Die Urteilsgründe sind jedenfalls weder Strafanzeige noch Anklageschrift.

VIII. Kontrolle im Berufungsverfahren

Schrifttum: *Fellner*, Tatsachenfeststellung in der ersten Instanz – Bedeutung für das Berufungsverfahren und die Korrekturmöglichkeit, MDR 2003, 721; *Geipel*, Die Wiederholung der Beweisaufnahme nach neuem Berufungsrecht, AnwBl. 2005, 346; *Stackmann*, Die erfolgversprechende Berufungsschrift in Zivilsachen, NJW 2003, 169; *ders.*, Fehlerkontrolle zu Beweisaufnahme und Beweiswürdigung nach ZPO-Berufungsrecht, JuS 2004, 878.

1. Tatsachenbindung und Fehlerkontrolle

a) Ausgangspunkt. Gem. § 529 Abs. 1 Nr. 1 ist das Berufungsgericht grundsätzlich an die Tatsachenfeststellungen der ersten Instanz gebunden. Dies gilt auch und insbesondere für die Feststellung streitiger Tatsachen, die aufgrund einer Beweisaufnahme und deren anschließender Würdigung gewonnen worden sind. Das Berufungsgericht darf und muss die Beweiswürdigung also einer Kontrolle unterziehen. Denn ein Verstoß gegen § 286 stellt einen Rechtsfehler i. S. v. § 513 Abs. 1 dar. **853**

b) Prüfung formeller Vorgaben. Davon sind zunächst formelle Vorgaben betroffen. Anhand der Gerichtsakte, insbesondere des Protokolls der mündlichen Verhandlung und der Beweisaufnahme, ist zu überprüfen, ob die für die Beweiswürdigung herangezogenen Umstände überhaupt Gegenstand des Prozesses waren. Ferner müssen sich die maßgeblichen Erwägungen des Erstgerichts aus den Entscheidungsgründen des Urteils ergeben (§ 286 Abs. 1 Satz 2). Denn nur so ist eine inhaltliche Kontrolle möglich. **854**

> **Praxistipp:**
> Eine erheblich verkürzte, noch dazu floskelhafte Beweiswürdigung wird immer Zweifel der unterlegenen Partei hervorrufen. Dies gilt insbesondere für die Nichtbegründung im Falle bejahter Glaubwürdigkeit eines Zeugen.[280]

c) Inhaltliche Mängel. Dem Inhalte nach sind konkrete Anhaltspunkte für eine mangelhafte Beweiswürdigung beachtlich. Sie begründen immer vernünftige **855**

---

[279] *Balzer* Urteil Rn. 361.
[280] *Geipel*, AnwBl. 2005, 346.

6. Kapitel: Beweiswürdigung und Beweismaß

Zweifel an der Richtigkeit oder Vollständigkeit der Tatsachenfeststellung. Es muss sich aber um **objektive Zweifel** handeln, nicht nur intersubjektiv vermittelte, abstrakte Erwägungen oder Vermutungen.[281]

> **Typischer Fehler:**
> Noch immer sind viele Berufungen scheinbar von dem Wunsch getragen, das Berufungsgericht – ggf. drei statt einem Richter – könnte die Aussagen einzelner Zeugen durchaus anders und im Sinne des Berufungsführers würdigen („neues Spiel – neues Glück"). Diese allgemeine Unzufriedenheit genügt aber nicht.[282] Darin liegt ein Unterschied zur Berufung im Strafprozess.

856 Damit bezieht sich die Prüfung insbesondere auf **Begründungswidersprüche** sowie auf Verstöße gegen Denk- und Naturgesetze und allgemein anerkannte Erfahrungssätze.[283]

> **Beispiele:**
> - Einem Umstand wird eine Indizwirkung zuerkannt, die er nicht haben kann, weil die gezogene Schlussfolgerung nur eine von mehreren möglichen ist.[284]
> - Aus der glaubwürdigen Aussage eines Zeugen zu einem Punkt wird geschlussfolgert, dass er auch zu einem anderen Punkt die Wahrheit gesagt habe.

857 Solange die Beweiswürdigung innerhalb der genannten Grenzen vertretbar erscheint, wird die Berufung keinen Erfolg haben.

858 Ebenfalls erfasst ist die Verkennung des erforderlichen **Beweismaßes**, etwa der im Rahmen des § 287 ausreichenden überwiegenden Wahrscheinlichkeit.[285] Schließlich liegt eine fehlerhafte – weil lückenhafte – Beweiswürdigung natürlich auch dann vor, wenn zulässige und erhebliche **Beweisangebote übergangen** worden sind und somit die Grundlage der Würdigung unzureichend war.[286]

859 d) **Prognose des Berufungsgerichts.** In allen Fällen ist Voraussetzung, dass die Feststellungen des Erstgerichts im Falle erneuter Beweisaufnahme **mit einer gewissen Wahrscheinlichkeit** – also nicht nur rein theoretisch – keinen Bestand haben werden.[287] Dies erfordert eine Prognose des Berufungsgerichts anhand objektiver Umstände.[288]

> **Beispiel:**
> Das Erstgericht hat eine Zeugenaussage mit fehlerhaften Erwägungen gewürdigt und den Beweis für nicht geführt gehalten. Dies ist jedoch unerheblich, wenn sich aus dem Vernehmungsprotokoll zweifelsfrei ergibt, dass der Zeuge das Beweisthema nicht bestätigen und auch keine ausreichenden Indizien liefern konnte.

2. Berufungsrügen und Prüfungsumfang

860 Der Angriff auf die Beweiswürdigung erfordert gem. § 520 Abs. 3 Satz 2 Nr. 3 die genaue Darlegung der Voraussetzungen, unter denen eine Bindung des Be-

---

[281] *BGH* NJW 2004, 2828, 2819; BL/*Hartmann* § 529 Rn. 4.
[282] Vgl. bspw. *OLG Brandenburg* BauR 2007, 936.
[283] *BGH* NJW 2004, 1876; *KG* NZV 2006, 374.
[284] *OLG Frankfurt* OLGR 2004, 223.
[285] *BGH* NJW 2004, 2828 f.
[286] *KG* KGR 2004, 291.
[287] *BGH* NJW 2003, 3480, 3481; zu Unrecht strenger *KG* MDR 2004, 533 (wiederholte Beweisaufnahme müsse sich „*geradezu aufdrängen*").
[288] TP/*Reichold* § 529 Rn. 4.

VIII. Kontrolle im Berufungsverfahren

rufungsgerichts an die erstinstanzlichen Feststellung entfällt.[289] Das bloße Aufzeigen einer anderen möglichen Beweiswürdigung, die der Berufungsführer an die Stelle derjenigen des Erstgerichts setzen möchte, ist nicht ausreichend.[290]

> **Praxistipp:**
> Für den Berufungsklägervertreter empfiehlt sich hier besondere Sorgfalt. Er muss eine vertiefte inhaltliche Auseinandersetzung mit dem angefochtenen Urteil bieten. Dazu gehört auch die Darlegung, dass der Fehler kausal für das angefochtene Urteil war.[291] Die pauschale Rüge, die Aussage eines Zeugen sei falsch und nicht geeignet, die Überzeugung des Gerichts zu begründen, ist jedenfalls unzureichend.[292]

Eine Partei kann ein nachträglich eingeholtes Privatgutachten vorlegen, um das vom Erstgericht in Auftrag gegebene Sachverständigengutachten zu erschüttern. Dies ist grundsätzlich nicht als verspätet zu behandeln.[293]

Das Berufungsgericht ist aber berechtigt und verpflichtet, über die konkreten Berufungsrügen hinaus **allen Zweifeln** an der Richtigkeit oder Vollständigkeit der Tatsachenfeststellung **nachzugehen**. Darin liegt der normative Unterschied zwischen der Zulässigkeit der Berufung (§ 520) und den Aufgaben des Berufungsgerichts (§ 529 Abs. 1).[294]

861

3. Fehlerfolgen

a) **Eigene Tatsachenfeststellung.** Der Berufungsbeklagte ist so früh wie möglich darauf **hinzuweisen**, dass das Berufungsgericht der Beweiswürdigung des Erstgerichts nicht folgen will.[295]

862

Relevante Fehler der Beweiswürdigung zwingen das Berufungsgericht sodann zu eigener Tatsachenfeststellung (§ 538 Abs. 1). Dies kann auf der Grundlage der bisherigen Beweiserhebung erfolgen, wenn diese vollständig war. So darf das Berufungsgericht die Aussage eines erstinstanzlich vernommenen Zeugen auch ohne dessen wiederholte Vernehmung entgegen der Würdigung des Erstrichters allein aufgrund des Erklärungstatbestandes für nicht zur Beweisführung ausreichend erachten.[296]

863

Das Gericht ist aber zumindest dann zu einer **Wiederholung der Beweisaufnahme** (§§ 525 Satz 1, 398 Abs. 1) gezwungen, wenn es auf den persönlichen Eindruck ankommt, so bei Zeugen- und Parteivernehmungen sowie beim Augenschein. Das betrifft namentlich die abweichende Beurteilung der Glaubwürdigkeit einer Beweisperson[297] und Widersprüche in der Würdigung mehrerer Zeugenaussagen.[298]

864

Beim **Sachverständigengutachten** können sich ergänzende Fragen an den Gutachter oder sogar ein weiteres Gutachten rechtfertigen. Das gilt vor allem, wenn das Erstgericht übersehen hat, dass sich das Sachverständigengutachten nicht

865

---

289 *BGH* NJW 2004, 1876, 1877; *OLG Saarbrücken* OLGR 2004, 18.
290 *OLG Rostock* OLGR 2004, 60; *OLG Celle* VersR 2003, 922, 923; missverständlich *BVerfG* NJW 2003, 2524 (schon die „*Möglichkeit unterschiedlicher Wertung*" genüge); kritisch hierzu *Greger* NJW 2003, 2882.
291 *Fellner* MDR 2003, 721, 722.
292 Vgl. auch das Fallbeispiel bei *Becker/Schoch/Schneider-Glockzin* Rn. 356.
293 *BGH* NJW 2006, 152, 153 f.; *BGH* NJW 2007, 1531, 1532.
294 *BGH* NJW 2004, 1876, 1878; *BGH* NJW 2005, 1583, 1584 f.; a. A. MK/*Rimmelspacher* § 529 Rn. 19.
295 *BVerfG* NJW 2003, 2524.
296 *BGH* NJW-RR 2002, 1649, 1650; *OLG Düsseldorf* MDR 2005, 532.
297 *BVerfG* NJW 2005, 1487.
298 *BGH* NJW-RR 1986, 285; *KG* NZV 2006, 374.

6. Kapitel: Beweiswürdigung und Beweismaß

mit allen entscheidungserheblichen Punkten befasst hat.[299] Wenn das Berufungsgericht die schriftlichen Ausführungen des Sachverständigen anders würdigen will als das Erstgericht, wird es jedenfalls bei komplexen Vorgängen um eine mündliche Anhörung (§§ 525 Satz 1, 411 Abs. 3) nicht herumkommen.[300]

866 b) **Zurückverweisung. Auf Antrag** einer der Parteien kommt auch eine Zurückverweisung der Sache an das Ausgangsgericht in Betracht. Denn eine fehlerhafte Beweiswürdigung stellt einen wesentlichen Verfahrensmangel dar (§ 538 Abs. 2 Satz 1 Nr. 1).[301] Dies gilt auch für die Verkennung des § 287.[302] Es ist allerdings erforderlich, dass eine umfangreiche oder aufwendige Beweisaufnahme ansteht, etwa wegen einer Vielzahl von Zeugen oder einem zeitraubenden Gutachten. Fehler in der Beurteilung der objektiven Beweislast stellen hingegen keinen Verfahrensmangel dar, denn sie betreffen die Anwendung des materiellen Rechts.[303]

---

299 *BGH* NJW 2004, 2828, 2829.
300 *BGH* NJW 1993, 2380; *BGH* NJW-RR 1988, 1235.
301 *OLG Frankfurt* NJW-RR 2007, 19, 20; *OLG Brandenburg* BauR 2005, 1819.
302 *OLG Zweibrücken* NJW-RR 1989, 221.
303 *Zö/Greger* vor § 284 Rn. 15.

I. Grundlagen der Beweislast

7. Kapitel: Beweislast

Schrifttum: *Heinrich,* Zur Funktion der Beweislastnormen, FS-Musielak (2004), S. 231; *Kellermann/Mendler,* Grundsätze und Einzelfälle der Beweislast, JA 2004, 909; *Prütting,* Die Beweislast im Arbeitsrecht, RdA 1999, 107; *Reinhardt,* Die Umkehr der Beweislast aus verfassungsrechtlicher Sicht, NJW 1994, 93; *Schmidt,* Die Beweislast in Zivilsachen – Funktionen und Verteilungsregeln, JuS 2003, 1007; *Seidl,* Die Beweislast im Haftpflichtprozess, AnwBl. 2000, 107.

I. Grundlagen der Beweislast

Die Beweislast ist nach dem heute überwiegenden Verständnis im Rahmen der Beweisführung im Wesentlichen in zweierlei Hinsicht von Bedeutung: in Gestalt der Beweisführungslast (1.) und der Feststellungslast (2.).   **867**

1. Beweisführungslast

Sie betrifft das **Vorfeld** der eigentlichen Beweisaufnahme, nämlich die Frage, welche Partei das Vorhandensein einer streitigen und aufklärungsbedürftigen Tatsache bei Meidung des Prozessverlustes durch eigene Tätigkeit zu beweisen hat. Dieser Partei obliegt es folglich im Rahmen des **Beibringungsgrundsatzes,**[1] ein oder mehrere Beweismittel zu benennen (vgl. §§ 273 Abs. 2 Nr. 1, 282 Abs. 1), anderenfalls gilt die Behauptung als unbewiesen. Der Behauptende hat also durch Beweisantritte grundsätzlich selbst dafür Sorge zu tragen, dass eine formelle Beweisaufnahme möglich ist. Diese Problematik begegnet naturgemäß nicht in Bereichen, für die der Amtsermittlungsgrundsatz gilt.   **868**

Die Terminologie ist nicht eindeutig. Man spricht vielfach von subjektiver (formeller) Beweislast oder eben von Beweisführungslast.[2] Sie ist – im Unterschied zu den nachfolgend erörterten Regeln der objektiven Beweislast – von **prozessualer Natur.**[3] Deutlich erkennbar ist dies bei den Regelungen, die von dem Kläger/Beklagten „obliegenden Beweis" sprechen (§§ 445 Abs. 1, 597 Abs. 2, 598). Ferner zeigt sich die verfahrensmäßige Bedeutung bei der Frage, welche der beiden Parteien den Auslagenvorschuss für einen Zeugen oder Sachverständigen (§§ 379, 402) zu tragen hat.[4]   **869**

2. Feststellungslast

a) **Folgen der Beweislosigkeit.** Wichtiger noch ist die Bedeutung der Beweislast, wenn **nach durchgeführter Beweisaufnahme**, also bei der Entscheidungsfindung des Gerichts der Sachverhalt trotz Erschöpfung aller Mittel in einem wesentlichen Punkt ungewiss bleibt, die erforderliche Überzeugung mithin nicht gewonnen werden konnte. Hier ist danach zu fragen, wen die Folgen dieser Beweislosigkeit – dieses „non liquet" – treffen. Denn der Richter hat eine Entscheidungspflicht (§ 300 Abs. 1), er muss auch einen solchen Rechtsstreit abschließen. Fraglich ist nur, zu wessen Nachteil. Bei Zweifelhaftigkeit der Tatfrage kann es also kein „non liquet" in der Rechtsfrage geben. Die in Betracht kommende Rechtsfolge ist entweder zu bejahen oder zu verneinen. Dieser **Entscheidungszwang** dient in erster Linie dem Rechtsfrieden. Dass dabei mitunter nur zufällig der materiellen Rechtslage entsprochen oder diese gar verfehlt werden kann, wird in Kauf genommen. Gewöhnlich ist insoweit von objektiver (materieller) Beweislast oder von Feststellungslast die Rede.[5]   **870**

---
1 Vgl. hierzu Rn. 12.
2 Mus/*Foerste* § 286 Rn. 33.
3 *Pohle* AcP 155 (1956), 165, 167.
4 Vgl. hierzu Rn. 235.
5 BGH NJW 1996, 1059; Mus/*Foerste* § 286 Rn. 32.

7. Kapitel: Beweislast

871 Solche reinen **Beweislastentscheidungen** sind in der Praxis keine Seltenheit. Aus der Tatsache, dass § 286 Abs. 1 nur zwei Alternativen benennt („für wahr oder für nicht wahr…"), kann nicht gefolgert werden, dass es derlei nicht geben dürfe. § 286 Abs. 1 besagt nichts über die objektive Beweislast, wohingegen sie in einzelnen anderen Normen ausdrücklich geregelt worden ist.

Beispiele:
§§ 363, 2336 Abs. 3 BGB, § 1 Abs. 4 ProdHaftG, § 22 AGG.

872 b) **Entscheidungsnormen.** Wesen und Wert der Beweislast liegen also in erster Linie in einer Anweisung an den Richter, wie der Rechtsstreit zu entscheiden ist, wenn die Wahrheit einer erheblichen Tatsachenbehauptung nicht festgestellt werden kann. Beweislastnormen sind daher Entscheidungsnormen, die der Überwindung des „non liquet" dienen. Die Last dieser Ungewissheit und des Misslingens des Beweises entscheidet sich mithin erst im Anschluss an die Beweiswürdigung.

Beachte:
Die Möglichkeit, jedenfalls anhand der objektiven Beweislast entscheiden zu können, fördert leider auch die Gefahr, dass das Gericht Beweismittel übergeht oder unzureichend würdigt. Indessen sind Beweislastentscheidungen ultima ratio und dürfen nicht voreilig erlassen werden.[6]

873 Im Übrigen spielt es für die Beweislast keine Rolle, ob die betreffende Partei ganz untätig geblieben ist, ohne Erfolg Beweis angetreten hat oder der anderen Partei sogar der Gegenbeweis geglückt ist.

3. Bedeutung der Beweislast im Übrigen

874 a) **Nochmals: Darlegungslast.** Darlegungslast[7] meint die Obliegenheit, konkrete Angriffs- und Verteidigungsmittel überhaupt aufzustellen (Behauptungslast) und diese bei Bedarf – im Wechselspiel mit dem gegnerischen Vortrag – ausreichend zu präzisieren. Die Verteilung der Darlegungslast folgt im Normalfall der objektiven Beweislast. Sie ist deren Folge und Vorwirkung.[8] Die drohende Beweislastentscheidung wirkt daher als **Reflex** auf das subjektive Tätigwerden der Parteien. Weil sie der Nachteil des Prozessverlustes trifft, wird deutlich, dass sie aktiv werden müssen, um dies zu vermeiden.

875 In bestimmten Konstellationen können den Parteien aus der Verteilung der Beweislast besondere Schwierigkeiten entstehen. Dann mag eine Kompensation im Wege der sog. **sekundären Darlegungslast** angezeigt sein.[9]

876 b) **Sonstige prozessuale Wirkungen.** Darüber hinaus ist die Verteilung der objektiven Beweislast schon vor und während der Beweisaufnahme von Bedeutung, insbesondere für
- die Abschätzung der Prozessrisiken durch die Parteien bzw. ihre Bevollmächtigten;
- die Erklärung mit Nichtwissen(§ 138 Abs. 4);[10] sie ist nur der nicht beweisbelasteten Partei gestattet;
- Hinweise an die Parteien zur Erforderlichkeit des Beweisantritts (§ 139);
- eine mögliche Entscheidungsreife, wenn es an tauglichem Beweisantritt fehlt;

---

6 *Schmidt* JuS 2007, 1007, 1008.
7 Vgl. hierzu Rn. 28. Es finden sich ferner die Begriffe „Argumentationslast", „Substantiierungslast", „Erklärungslast" u. a.
8 Hk-ZPO/*Saenger* § 286 Rn. 84.
9 Vgl. hierzu Rn. 36.
10 Vgl. hierzu Rn. 398.

II. Verteilung der Beweislast

- die Fassung des Beweisbeschlusses;
- die Zulässigkeit der Parteivernehmung (§§ 445 ff.)[11] und
- die Aufteilung von Haupt- und Gegenbeweis[12] sowie die daraus folgenden Anforderungen an die Überzeugungsbildung.

c) Klauselverfahren (§ 726). An dieser Stelle sei kurz auf die Beweiserhebung **außerhalb des Erkenntnisverfahrens** hingewiesen. Sie betrifft insbesondere die Erteilung einer qualifizierten Klausel (§§ 726 ff.), die der eigentlichen Zwangsvollstreckung vorgeschaltet ist.[13] § 726 Abs. 1 betrifft die Abhängigkeit der Vollstreckung von einer Tatsache, deren Eintritt der Gläubiger zu beweisen hat. Das bezieht sich auf die Beweislastverteilung nach dem zu vollstreckenden materiellen Recht. Typisch sind die Abhängigkeit von einer aufschiebenden Bedingung (§ 158 Abs. 1 BGB) oder die Fälligkeit einer durch notarielle Urkunde vollstreckbaren Forderung (z. B. infolge Kündigung). Deren Eintritt hat der Vollstreckungsgläubiger mittels öffentlicher oder öffentlich beglaubigter Urkunden zu beweisen, in Ermangelung solcher Beweismittel durch Klage nach § 731.

877

II. Verteilung der Beweislast

1. Normentheorie

Die Beweislastverteilung wird nicht jeweils für den einzelnen Prozess bestimmt. Sie ist vielmehr abstrakten Prinzipien zu entnehmen. Dabei gilt der **Grundsatz**, dass jede Partei die tatsächlichen Voraussetzungen der ihr günstigen materiellen Rechtsnorm zu behaupten und erforderlichenfalls zu beweisen hat (sog. Normentheorie).[14] Sind die Tatsachen, die die Tatbestandselemente einer solchen Norm begründen, im Prozess ungeklärt geblieben, so wird diese Norm nicht angewandt. Entsprechend hat der Gläubiger alle rechtsbegründenden und -erhaltenden, der Schuldner alle rechtshindernden Tatsachen (auch negative) zu beweisen.[15] So gesehen bedeuten bspw. § 2336 Abs. 3 BGB, § 1 Abs. 4 ProdHaftG oder § 1 Abs. 2 Satz 4, Abs. 3 Satz 3 KSchG nur eine Wiederholung dieser Grundsätze.

878

Weitere Beispiele:
- Eine Klage aus § 812 Abs. 1 Satz 1 BGB hat nur Erfolg, wenn das Fehlen des Rechtsgrundes feststeht. Daher hat der Kläger die Unwirksamkeit eines geschlossenen Vertrages zu beweisen, etwa wegen Formmangels (§ 125 BGB) oder Geschäftsunfähigkeit (§§ 104 ff. BGB).
- Hat der Beklagte gegen einen Darlehensanspruch (§ 488 Abs. 1 Satz 2 BGB) die Hingabe als Schenkung behauptet, muss der Kläger nach h. M. Abschluss und Inhalt eines Darlehensvertrages beweisen.[16]
- Wer sich auf spezielle Verbraucherrechte beruft – etwa den Widerruf (§ 355 BGB) – hat die Unternehmereigenschaft des Vertragspartners zu beweisen.[17]

---

11 Vgl. hierzu Rn. 662 ff.
12 Vgl. hierzu Rn. 197.
13 Vgl. hierzu ausführlich *Jäckel*, Beweisvereinbarungen im Zivilrecht (2007), S. 157 ff.
14 BGHZ 53, 245, 250; BGH NJW 1999, 352, 353.
15 BGH NJW 1983, 2499, 2500; BGH NJW 1986, 2426, 2427.
16 BGH WM 1976, 974; OLG Hamm NJW 1978, 224; Palandt/*Weidenkaff* § 516 Rn. 18; a. A. und ausführlich hierzu *Wacke* ZZP 114 (2001), 77 ff.
17 Mus/*Foerste* § 286 Rn. 56.

7. Kapitel: Beweislast

879 Wenn sich die einer Partei günstigen Tatsachen aus einer mehrdeutigen Urkunde ergeben sollen, dann hat diese Partei auch die Umstände des behaupteten Auslegungsergebnisses zu beweisen.[18]

2. Gesetzlich verankerte Beweislastregeln

880 Die meisten gesetzlichen Beweislastregeln sind als Abweichung von der als immanent vorausgesetzten Grundregel – der Normentheorie – zu begreifen. Dies geschieht mitunter durch ausdrückliche gesetzliche Anordnung, wie bei §§ 345, 355 Abs. 2 Satz 4, 363, 543 Abs. 4 Satz 2 BGB. Häufiger noch wird ein **Regel-Ausnahme-Verhältnis** durch die Formulierung „es sei denn, ..." begründet.[19]

> **Beispiele:**
> §§ 178, 181, 273 Abs. 2, 287 Satz 2, 406 f., 932 Abs. 1 Satz 1 BGB, § 390 Abs. 1 HGB.

881 Dann muss derjenige den Ausnahmetatbestand beweisen, der sich darauf beruft. Gebräuchlich ist auch die Wortwahl, es sei „im Zweifel anzunehmen, dass ..." (z. B. § 685 Abs. 1 BGB) oder eine doppelte Negation dergestalt, dass eine bestimmte Haftung nicht eintrete, wenn den Schuldner keine Verantwortung treffe.

> **Beispiele:**
> §§ 280 Abs. 1 Satz 2,[20] 311a Abs. 2 Satz 2, 831 Abs. 1 Satz 2, 836 Abs. 1 Satz 2 BGB, § 18 Abs. 1 Satz 2 StVG.

882 Diese zuletzt genannten Beispiele betreffen materielle Einwendungsnormen des Schuldners. Hier hat der Anspruchsteller Pflichtverletzung, Kausalität und Schaden schlüssig vorzutragen und notfalls zu beweisen. Sodann hat der Gegner das fehlende Vertretenmüssen – also eine negative Tatsache – darzulegen und zu beweisen (Entlastungsbeweis, Exkulpation). Bleibt er diesen Beweis fällig, so unterliegt er im Schadensersatzprozess.

3. Richterliche Rechtsfortbildung (Gefahrbereiche)

883 **a) Grundlagen.** Die grundsätzliche Beweislastverteilung erlaubt im Einzelfall **keine Abweichung aufgrund von Billigkeitserwägungen**.[21] Insoweit besteht aus rechtsstaatlichen Gründen kein Ermessen des Gerichts.[22] Darin liegt im Übrigen die dogmatische Schwäche der Rechtsprechung zur Beweisvereitelung.[23] Zu unterscheiden ist dies wiederum von der Herausbildung von Rechtssätzen, die auf eine Mehrzahl von Fällen anzuwenden sind.

884 Dies betrifft die Fälle der Beweislastverteilung nach **Gefahrenbereichen**, wie sie in der Rechtsprechung **fallgruppenspezifisch** und ohne eindeutige Systematisierung entwickelt worden sind. Ein gewisses Fundament bieten der Rechtsgedanke der §§ 836 ff. BGB[24] und das Gebot prozessualer Waffengleichheit.[25]

885 Es handelt sich aber auch bei der Beweislast nach Gefahrenbereichen nicht um eine Grundregel von allgemeiner Geltung, sondern um eine Ergänzung der Nor-

---

18 *BGH* NJW 2002, 1500, 1502.
19 *BGH* NJW-RR 2003, 1432, 1434.
20 Vgl. hierzu ausführlich *Zieglmeier* JuS 2007, 701; zur Frage der Arglist ferner *BGH* NJW 2008, 2912, 2914.
21 *BGH* NJW-RR 1997, 892; Mus/*Foerste* § 286 Rn. 37; zumindest missverständlich *BGH* VersR 1971, 227, 229.
22 *BGH* NJW 2004, 2011, 2013.
23 Vgl. hierzu bereits Rn. 115 ff.; kritisch auch Hk-ZPO/*Saenger* § 286 Rn. 67; Zö/*Greger* vor § 284 Rn. 22.
24 *BGH* NJW 1969, 269, 275 (Produzentenhaftung).
25 *BVerfG* NJW 1979, 1925 ff. (sehr instruktiv!).

II. Verteilung der Beweislast

mentheorie in ganz bestimmten haftungsrechtlichen Konstellationen.[26] Die hierzu vorhandene Judikatur hatte ihren Schwerpunkt im Bereich des Schadensersatzes wegen „positiver Vertragsverletzung" und ist durch § 280 Abs. 1 Satz 2 BGB in den Hintergrund getreten. Sie ist aber nach wie vor in den nachfolgend genannten Fällen von großer praktischer Bedeutung. Diese sind sehr vielschichtig, so dass wiederum nur die Grundzüge dargestellt werden können.

b) **Fallgruppen. – aa) Anwaltshaftung.**[27] Die Inanspruchnahme des (vormaligen) Rechtsanwalts kann **aus einem verloren gegangenen Prozess** resultieren. Dann hat der Kläger im Haftpflichtprozess die Tatsachen zu beweisen, die er auch im Ausgangsprozess beweisen musste.[28] Für die Einwendungen des vormaligen Beklagten ist der nunmehr verklagte Rechtsanwalt beweispflichtig.[29]

886

> **Beispiel:**
> Der Schadensersatzanspruch gegen einen Bauunternehmer ist infolge Anwaltsfehlers verjährt. Im Regressprozess muss der Anwalt beweisen, dass und in welcher Höhe dem Unternehmer ein (Rest-)Vergütungsanspruch zustand, mit dem aufgerechnet werden konnte.

Im Übrigen obliegt der Beweis der Pflichtverletzung dem Schadensersatz verlangenden (ehemaligen) Mandanten.[30] Dies läuft häufig auf den Beweis einer negativen Tatsache, nämlich einer fehlenden Belehrung, hinaus. Ferner hat der Anspruchsteller den Ursachenzusammenhang zwischen anwaltlichem Fehler und eingetretenem Schaden zu beweisen.[31] Für die Frage des **aufklärungsgemäßen Verhaltens** des Mandanten gewährt die Rechtsprechung Erleichterungen in Form des Anscheinsbeweises bzw. der „tatsächlichen Vermutung".[32] Diese gelten allerdings nicht, wenn der Mandant mehrere Entscheidungsmöglichkeiten gehabt hätte, für die jeweils gute Gründe sprachen.[33]

887

Wenn es um falsches Prozessverhalten geht, hat das Regressgericht nicht zu prüfen, wie das Gericht des Vorprozesses mutmaßlich entschieden hätte, sondern wie es richtigerweise entscheiden musste (Vorrang der materiellen Gerechtigkeit).[34] Insoweit kann aber von **§ 287 Abs. 1** Gebrauch gemacht werden.[35]

888

> **Beispiel:**
> Der Anwalt hatte versäumt, eine Räumungsfrist nach § 721 Abs. 1 zu beantragen. Dann muss das Regressgericht selbst eine angemessene Frist ermitteln.[36]

Verfahrensrechtliche Beschränkungen, denen das Erstgericht möglicherweise unterlag, sind unbeachtlich, wenn sie nicht auch im Regressprozess gelten.[37] Insbesondere kann die damalige Gegenpartei nunmehr als Zeuge vernommen werden.

889

bb) **Arzthaftung.**[38] In Haftpflichtsachen gegen Ärzte und Krankenhausträger kommt der Beweislast naturgemäß große Bedeutung zu. Ausgangspunkt ist bei

890

---

26 Ähnlich *Stadler/Bensching* JZ 2000, 790, 793; Mus/*Foerste* § 286 Rn. 34.
27 Vgl. hierzu ausführlich *Heinemann* NJW 1990, 2345; *Lange* VersR 2007, 36.
28 *BGH* NJW-RR 1987, 898, 899.
29 BL/*Hartmann* Anh. § 286 Rn. 179.
30 *BGH* NJW 1985, 264, 265 m.w.Nachw.
31 *BGH* NJW 2004, 2817, 2818.
32 Vgl. hierzu bereits Rn 425.
33 *OLG Karlsruhe* MDR 2001, 1140.
34 *BGH* NJW 2005, 3071, 3072 m.w.Nachw.
35 Vgl. hierzu Rn. 801.
36 *OLG Hamm* NJW-RR 1995, 526 f.
37 *BGH* NJW 2005, 3071, 3072.
38 Vgl. hierzu ausführlich *Katzenmeier* ZMGR 2004, 221; *Weber* NJW 1997, 761.

7. Kapitel: Beweislast

vertraglicher wie bei deliktischer Haftung der Grundsatz, dass der Patient den Behandlungsfehler, die Gesundheitsverletzung und den bestehenden Kausalzusammenhang zu beweisen hat.[39] Daran, insbesondere am Beweis der Ursächlichkeit, drohen viele Arzthaftungsklagen zu scheitern. Die Rechtsprechung hat daher zahlreiche Beweiserleichterungen entwickelt.

891 Die wichtigste betrifft die **groben Diagnose- oder Behandlungsfehler**. Wenn ein solcher feststeht und abstrakt geeignet ist, den Schaden des Patienten herbeizuführen, so führt dies zur Umkehr der objektiven Beweislast hinsichtlich der Kausalität.[40] Das Problem verlagert sich damit auf die Frage, was einen groben Fehler ausmacht. Das Gericht wird sich hier vielfach auf Sachverständige verlassen müssen, obwohl es um die Klärung einer Rechtsfrage geht. Eine objektiv unrichtige Diagnose des Arztes genügt nicht. Voraussetzung ist vielmehr ein eindeutiger Verstoß gegen bewährte ärztliche Standards oder gesicherte medizinische Erkenntnisse. Es geht um elementare Diagnose- oder Behandlungsfehler, die nicht mehr verständlich erscheinen und die einem Arzt „*schlechterdings nicht unterlaufen dürfen*".[41]

> Beispiele:
> - Eine medizinisch zweifelsfrei gebotenen Therapie oder Medikamentation wird verspätet eingeleitet.[42]
> - Nach einer Notfalluntersuchung wird nicht darauf hingewiesen, dass bei Fortschreiten der Syptome sofort ein Facharzt aufgesucht werden muss.[43]
> - Ein erhobener Befund wird in fundamentaler Weise verkannt bzw. fehlinterpretiert.

892 Die Rechtsprechung gelangte in der Vergangenheit zu einer vergleichbaren Beweislastumkehr, wenn der Behandlungsfehler zwar nicht als grob zu bewerten war, aber in erheblichem Maße eine **Dokumentation der Diagnose- und Kontrollbefunde** unterblieben ist.[44] Eine solche schematische Herangehensweise ist aber nicht geboten. Erschwert die unzureichende Dokumentation den Nachweis der Kausalität zwischen Behandlungsfehler und Schaden, dann ist dies ein typischer Anwendungsfall der Beweisvereitelung.[45]

893 Wird ein Patient durch Umstände aus der Sphäre eines **Krankenhauses** geschädigt, so muss dessen Träger beweisen, dass dies nicht auf einem zurechenbaren Organisations- oder Personalverschulden beruht.[46]

> Beispiel:
> Ein Krankenhauspatient kommt durch Verabreichung einer nicht sterilen Infusionsflüssigkeit zu Schaden. Das Krankenhaus muss daher seine Schuldlosigkeit bei Anleitung, Organisation und Überwachung des Personals beweisen.

894 Ähnlich ist es, wenn feststeht, dass der Patient in einem Bereich geschädigt worden ist, dessen **Risiko der Arzt voll beherrscht** und ausschließen muss. Hier hat der Arzt zu beweisen, dass kein objektiver Pflichtverstoß vorlag.[47]

---

39 *BGH* NJW 2003, 2817, 2818.
40 *BGH* NJW 2004, 2011, 2013.
41 *BGH* NJW 1996, 2428; *BGH* NJW 1998, 1780, 1781.
42 *BGH* NJW 1988, 2303, 2304; *OLG Köln* NJW-RR 1991, 800, 801.
43 *BGH* NJW 2005, 427, 428.
44 BGH NJW 1983, 333, 334.
45 Vgl. hierzu Rn. 126.
46 *BGH* NJW 1982, 699.
47 *OLG Köln* VersR 1988, 140.

II. Verteilung der Beweislast

> **Beispiele:**
> - Bei einer Blutwäsche kam es zur Trennung der Verbindung von Katheder und Infiltrationspatrone und dadurch zum Entblutungsschock des Patienten. Der ärztlichen Seite obliegt dann der Beweis mangelnder Pflichtwidrigkeit.[48]
> - Die ärztliche Seite muss ferner beweisen, dass ein Patient sorgfältig und richtig auf dem Operationstisch gelagert und dass dies vom Operationspersonal kontrolliert worden ist.[49]

cc) Mietrecht.[50] Hier geht es v. a. um die **Störung des vertragsgemäßen Gebrauchs** der Mietsache. Sie kann zur Minderung (§ 536 BGB), zum Schadensersatz (§ 536a BGB) und zur außerordentlichen Kündigung (§ 543 Abs. 1, Abs. 2 Nr. 1 BGB) berechtigen. Besondere praktische Relevanz hat die Frage der Beweislastverteilung zuletzt bei Feuchtigkeitsschäden (Schimmel) und beim Phänomen des sog. „Fogging" (schwarze Staubablagerungen) erlangt. **895**

Ausgangspunkt ist auch hier, dass der Mieter die tatsächlichen Voraussetzungen des geltend gemachten Rechts zu beweisen hat. Dies gilt insbesondere für das Vorliegen eines Mangels i. S. v. § 536 Abs. 1 BGB (also auch der Gebrauchsbeeinträchtigung) sowie bei § 536 Abs. 1 2. Alt. BGB für das Verschulden des Vermieters.[51] In der Rechtsprechung sind jedoch Modifikationen und Abstufungen anhand der Verantwortungsbereiche der Vertragsparteien anerkannt, wenn es sich um **ambivalente Beeinträchtigungen** (v. a. Feuchtigkeit, Heizungs-, Brand- oder Wasserschäden) handelt: **896**

Der **Vermieter** muss zunächst darlegen und beweisen, dass die Mangel-/Schadensursache nicht in seinem Herrschafts- und Einflussbereich gesetzt worden ist, sondern vom Mieter stammt – also aus dessen durch „Mietgebrauch" begrenzten Bereich. Dabei kann ihm ein Anscheinsbeweis zugute kommen.[52] Wenn dieser Nachweis gelingt, muss der Mieter eine fehlende Verantwortlichkeit beweisen.[53] **897**

> **Beispiel:**
> Bei Feuchtigkeitsschäden im inneren einer Wohnung hat demnach der Vermieter zu beweisen, dass bauliche Ursachen – etwa an der Fassadendichtung – ausscheiden und die Schäden aus dem Wohnverhalten des Mieters (Belüften und Beheizen) herrühren.[54] Die bloße Behauptung mangelnder Lüftung nebst Beweisantritt durch Sachverständigengutachten genügt also nicht.[55]

Wenn hingegen ungeklärt bleibt, aus wessen Verantwortungsbereich der Mangel herrührt, bleibt es bei dem allgemeinen Grundsatz und der Mieter trägt ein deutlich höheres Prozessrisiko.[56] **898**

Ein anderer Bereich betrifft die Forderung des Vermieters nach Schadensersatz wegen **Rückgabe der Mietsache in beschädigtem Zustand** (§ 280 Abs. 1 BGB). Hier hat der Vermieter den Anfangszustand und die eingetretene Veränderung zu beweisen. Wenn diese Veränderung ihrem Erscheinungsbild nach auch durch **899**

---

48 *OLG Köln* VersR 2000, 974.
49 *BGH* NJW 1984, 1403.
50 Vgl. hierzu ausführlich *Mathonia* WuM 2005, 174; *Isenmann/Mersson* NZM 2005, 881.
51 *BGH* NJW 2006, 1061; *LG Tübingen* ZMR 1997, 189.
52 *OLG Karlsruhe* NJW 1985, 142, 143; vgl. hierzu auch Rn. 751.
53 *BGH* NJW 1994, 2019, 2020; *BGH* NJW 2000, 2344, 2345.
54 *LG Braunschweig* ZMR 2002, 916.
55 *AG Dortmund* WuM 1993, 40.
56 *BGH* NJW 2006, 1061; *OLG Hamm* NJWE-MietR 1997, 275; a. A. *LG Berlin* NZM 2003, 434 („Fogging").

7. Kapitel: Beweislast

gewöhnliche Abnutzung eingetreten sein kann (§ 538 BGB), muss der Vermieter zudem beweisen, dass dem Mieter vertragswidriger Gebrauch zur Last fällt.[57]

> **Beispiel:**
> Kratzer und Schleifspuren im Parkett des Eingangsbereichs einer Wohnung gelten als vertragsgemäße Abnutzung.[58]

900 Ist der Schaden hingegen nicht durch gewöhnliche Abnutzung zu erklären, hat der Vermieter seine mangelnde Verantwortlichkeit zu beweisen.[59]

901 dd) **Produzentenhaftung.**[60] Im Rahmen der Haftung des Produzenten nach § 823 Abs. 1 BGB besteht eine Beweislastumkehr in zweierlei Weise: Wenn ein konkreter **Produktfehler** (aus Entwicklung oder Fabrikation) feststeht, muss der Produzent beweisen, dass ihm keine **objektive Pflichtverletzung** (Verletzung der Sorgfaltspflicht im Herstellungsbereich) zur Last fällt.[61] Ist auch eine solche Pflichtverletzung festgestellt worden, so hat der Produzent sein Nichtverschulden zu beweisen.[62] All dies hat seinen Grund darin, dass der Produzent seine Sphäre überblickt sowie den Herstellungsprozess organisiert und überwacht. Der Geschädigte hat in diese Vorgänge i.d.R. keinen Einblick. Ob er Verbraucher oder selbst Unternehmer ist, spielt dabei keine Rolle.[63]

902 Der Nachweis von Fehler, Schaden und Kausalzusammenhang zwischen beiden obliegt hingegen stets dem Anspruchsteller.

> **Beispiel:**
> Der Beklagte stellt Lacke her und bringt sie in Verkehr. Der Kläger hat die Fehlerhaftigkeit des konkreten Erzeugnisses und die durch seinen bestimmungsgemäßen Gebrauch verursachte Eigentumsverletzung – etwa die Beschädigung der lackierten Flächen – zu beweisen.

903 Wenn es sich um einen **Fabrikationsfehler** handelt, kann der Beweis des Herstellers z.B. dahin gehen, dass es sich um einen einmaligen Fall („Ausreißer") handelt. Beim **Instruktionsfehler** entlastet es den Hersteller, wenn er nachweist, dass die Gefahr im Zeitpunkt des Inverkehrbringens noch nicht bekannt war und dass auch nachträglich keine neuen Erkenntnisse zu Tage getreten sind.[64]

904 ee) **Sonstige Berufspflichten.** Für einzelne, nicht systematisierte weitere Berufszweige sind im Rahmen deliktischer Haftung Beweislastverschiebungen infolge **grober Berufspflichtverletzung** anerkannt worden.[65] Es muss sich um spezifische Pflichten handeln, die dem Schutz von Leben und Gesundheit dienen. Wiederum geht es um den Beweis fehlender Kausalität, der dem Berufsträger auferlegt wird.

---

57 *OLG Saarbrücken* NJW-RR 1988, 652.
58 *OLG Düsseldorf* WuM 2003, 621.
59 *OLG Karlsruhe* NJW 1985, 142, 143.
60 Vgl. hierzu ausführlich *Baumgärtel* JA 1984, 660; *Schlegelmilch* ZAP Fach 2, 417.
61 *BGH* NJW 1991, 1948, 1951; *BGH* NJW 1999, 1028, 1029.
62 *BGH* NJW 1996, 2507, 2508.
63 *BGH* NJW 1989, 707, 708.
64 *BGH* NJW 1992, 560, 562 (Kindertee).
65 *Zö/Greger* vor § 284 Rn. 20a zweifelt mit Recht daran, dass hier noch von Rechtsfortbildung gesprochen werden kann.

II. Verteilung der Beweislast

Beispiele:
- Infektion durch mangelhafte Krankenpflege;[66]
- unterlassene Untersuchung durch eine Hebamme;[67]
- mangelnde Beaufsichtigung durch einen Schwimmeister.[68]

Diese Fälle dürfen jedoch nicht für alle Bereiche der Verkehrssicherungspflichtverletzung verallgemeinert werden.[69] Hierfür besteht weder Bedarf noch eine gesetzliche Grundlage. **905**

ff) (Vor-)vertragliche Aufklärungs- und Beratungspflichten.[70] Die Rechtsprechung ist in diesem Bereich besonders uneinheitlich und mit dogmatischen Schwächen behaftet.[71] Die Anspruchsvoraussetzung der Aufklärungs- oder Beratungspflichtverletzung (z. B. bei einer Anlagevermittlung) hat selbstredend der Gläubiger zu beweisen.[72] Dabei kommen ihm die Grundsätze der sekundären Darlegungslast zugute, die den Berater treffen.[73] Im Übrigen werden heute viele Fälle über den Anscheinsbeweis bzw. die sog. tatsächliche Vermutung gelöst.[74] Dies gilt insbesondere für das **aufklärungsgemäße Verhalten**, also die (hypothetische) Kausalität zwischen Falschberatung und Schaden. **906**

Besonderheiten bestehen für die **Eingriffsaufklärung durch Ärzte**. Sie haben nachzuweisen, dass sie ihre Patienten rechtzeitig, vollständig und zutreffend aufgeklärt haben.[75] An diesen Nachweis sind keine übertriebenen Anforderungen zu stellen.[76] Ist in dieser Hinsicht jedoch ein Fehler des Arztes anzunehmen, so bleibt ihm der Beweis, dass sich der Patient auch bei ordnungsgemäßer Aufklärung der Behandlung unterzogen hätte.[77] **907**

4. Negative Feststellungsklage[78]

Die oben dargestellte Beweislastverteilung anhand der sog. Normentheorie ist **unabhängig von der Parteirolle**. Denn sie ist in der Ausprägung der Feststellungslast von materiell-rechtlicher Natur. Dies wird besonders deutlich bei negativen Feststellungsklagen. Der **Kläger** hat hier zunächst nur die Bestandsbehauptung des Beklagten vorzutragen und ggf. zu beweisen.[79] Denn aus ihr folgt das besondere Feststellungsinteresse (§ 256 Abs. 1). Sodann hat der **Beklagte** Grund und Höhe des Anspruch nachzuweisen, dessen er sich berühmt.[80] Soweit ihm dies nicht gelingt, hat die negative Feststellungsklage Erfolg.[81] Der Kläger seinerseits hat erforderlichenfalls die rechtsvernichtenden oder -hemmenden Tatsachen zu beweisen. Das Gleiche gilt im Übrigen bei der Vollstreckungsabwehrklage (§ 767).[82] **908**

---

66 *BGH* VersR 1971, 227, 229.
67 *OLG Braunschweig* VersR 1987, 76, 77.
68 *BGH* NJW 1962, 959 f.; *OLG Köln* VersR 1996, 1290.
69 Ebenso *Stadler/Bensching* JZ 2000, 790, 791.
70 Vgl. hierzu ausführlich *Stodolkowitz* VersR 1994, 11; *Grunewald* ZIP 1994, 1162; *Lang* WM 2000, 450.
71 Kritisch auch Hk-ZPO/*Saenger* § 286 Rn. 79.
72 A.A. *OLG Schleswig* MDR 1997, 130, 131 (Anlageberater; eine – wie auch immer zu verstehende – „Vermutung" führe zur Beweislastumkehr).
73 *BGH* NJW 2006, 1429, 1430; vgl. hierzu auch Rn. 36.
74 *BGH* NJW 1993, 3259; *BGH* NJW-RR 2006, 685, 688; vgl. hierzu auch Rn 425.
75 *BGH* NJW 1990, 2928, 2929.
76 *BGH* NJW 1985, 1399 f.; vgl. hierzu bereits Rn. 747.
77 *BGH* NJW 1980, 1333, 1334.
78 Vgl. zu prozesstaktischen Fragen Rn. 145.
79 *BAG* NJW 1985, 220, 221.
80 *BGH* NJW 1992, 1101, 1103.
81 *BGH* NJW 1993, 1716; *Becker/Schoch/Schneider-Glockzin* Rn. 160.
82 *BGH* NJW 1981, 2756.

7. Kapitel: Beweislast

909 Wenn das Gericht diese **Beweislast verkennt** und die negative Feststellungsklage bei „non liquet" als unbegründet abweist, so soll die daraus folgende Bejahung des Anspruch trotz des gerichtlichen Fehlers in materielle **Rechtskraft** erwachsen (§ 322 Abs. 1).[83] Diese sehr positivistische Rechtsprechung ist im Schrifttum aus gutem Grund heftig kritisiert worden.[84] Denn damit wird der vom Gericht angenommenen Unaufklärbarkeit eine Bedeutung beigemessen, die ihr dieses Gericht gar nicht geben wollte.[85]

5. Abgrenzung

910 Dagegen stellt der **Anscheinsbeweis**[86] keine Abkehr vom Prinzip der Beweislastverteilung dar. Er betrifft die Bereiche der Beweisführung und der Beweiswürdigung.[87] Der Anscheinsbeweis regelt ja gerade nicht die Situation des non liquet im Sinne einer Beweislastnorm, sondern soll eine solche Konstellation verhindern. In diesen Fällen findet also eine Sachverhaltsfeststellung durch das Gericht statt. Demgegenüber will die objektive Beweislast eine Entscheidung trotz des Fehlens sicherer Feststellungen und des endgültigen Scheiterns der Beweisführung ermöglichen.

III. Beweislastverträge[88]

1. Inhalt

911 **Beweisvereinbarungen** sind schon kurz behandelt worden.[89] Nunmehr liegt das Augenmerk auf solchen Parteiabsprachen, die unmittelbar die Beweislast betreffen. Das meint Vereinbarungen darüber, wen die Folgen einer ggf. verbleibenden Unaufklärbarkeit treffen sollen. Sie zielen auf die objektive Beweislast (Feststellungslast) und legen die Ungewissheit einer Tatsache bewusst der einen oder anderen Partei zur Last. Der Nachteil der Nichterweislichkeit soll entgegen gesetzlichen, gewohnheits- oder richterrechtlichen Regeln **auf den anderen Vertragsteil abgewälzt** werden (personelle Verlagerung).

> **Beispiele:**
> - Bei Transportgeschäften wird teilweise die Abrede getroffen, der Frachtführer sei „zum Schadensersatz verpflichtet, wenn ihm nachweislich Fahrlässigkeit zur Last fällt". Hier wird von §§ 425, 426 HGB abgewichen und der Schadensersatzgläubiger muss den ihm günstigen Umstand des Verschuldens nachweisen.
> - Die bei Verträgen übliche „salvatorische Klausel" enthält auch eine Beweislastregelung. Abweichend von § 139 BGB ist diejenige Partei beweispflichtig, die entgegen der Klausel den ganzen Vertrag für unwirksam hält.[90]

---

[83] *BGH* NJW 1983, 2032, 2033; *BGH* NJW 1986, 2508, 2509; a. A. *OLG Hamm* NJW-RR 1986, 1123.
[84] *Tiedtke* JZ 1986, 1031; *Lepp* NJW 1988, 806; hiergegen wiederum *Baumgärtel* ZfBR 1987, 43.
[85] StJ/*Leipold* § 322 Rn. 107; Hk-ZPO/*Saenger* § 322 Rn. 38.
[86] Vgl. hierzu Rn. 751.
[87] *BGH* VersR 1976, 543, 544; TP/*Reichold* vor § 284 Rn. 39. Nach der Gegenansicht ist der Anscheinsbeweis materiell-rechtlich innerhalb der Beweislast verankert; vgl. hierzu *Diederichsen* VersR 1966, 211, 216 ff.; *Greger* VersR 1980, 1091, 1102 ff.
[88] Vgl. hierzu ausführlich *Jäckel*, Beweisvereinbarungen im Zivilrecht (2007), S. 142 ff.
[89] Vgl. hierzu Rn. 149.
[90] *BGH* NJW 2003, 347 f.

III. Beweislastverträge

2. Wirksamkeit

a) Grundsatz. Solche Absprachen greifen nicht etwa in die freie richterliche Beweiswürdigung (§ 286) ein. Denn die Frage nach der objektiven Beweislast stellt sich – wie aufgezeigt – erst im Anschluss an die Beweiswürdigung. 912

Beweislastregeln sind nicht zwingender Art. Sie können daher **grundsätzlich abbedungen werden**.[91] Denn die Parteien sind in der Lage, die Voraussetzungen für die Anwendung einer materiellen Rechtsnorm vertraglich ebenso zu begründen wie zu beeinflussen. Dies ist Ausfluss der Privatautonomie und der Vertragsfreiheit. Im Ausgangspunkt sind Beweislastverträge daher **zulässig und binden das Gericht**.[92] Das in Frage stehende Tatbestandsmerkmal muss allerdings disponibel sein. 913

b) Allgemeine Geschäftsbedingungen. Weitreichende Grenzen gelten darüber hinaus für Beweislastabsprachen in Allgemeinen Geschäftsbedingungen. Hier ist **§ 309 Nr. 12 a BGB** zu beachten. Die Vorschrift betrifft ihrem Wortlaut nach nur die Beweislastverschiebung auf den Kunden für Umstände aus der Sphäre des Verwenders. 914

> **Beispiel:**
> Der Verwender versucht, bei der Beschädigung oder dem Verlust eines ihm anvertrauten Gutes dem anderen Vertragsteil den positiven Beweis des Verschuldens aufzubürden.

§ 309 Nr. 12 a BGB wird jedoch von der h. M. als ein allgemeines Verbot von gezielten formularmäßigen Beweislaständerungen zum Nachteil des Kunden begriffen (sog. Beweislastgeneralklausel).[93] Dieser Grundsatz soll auch für den **Rechtsverkehr zwischen Unternehmern** gelten (§§ 307 Abs. 2 Nr. 1, 310 Abs. 1 Satz 2 BGB).[94] Allerdings sind hier die Gebräuche des Handelsverkehrs und die i. d. R. anzutreffende unternehmerische Sachkunde in eine Interessenabwägung im Rahmen des § 307 BGB einzubeziehen.[95] 915

Die Rechtsprechung zu § 309 Nr. 12 BGB ist überaus vielfältig. Sie darzustellen würde den Rahmen einer vornehmlich dem Prozessrecht gewidmeten Abhandlung sprengen. Zu Zweifelsfällen s. daher die Kommentare zum AGB-Recht.[96] 916

---

[91] *BGHZ* 41, 151, 153 f.; *BGH* DB 1974, 1238; TP/*Reichold* vor § 284 Rn. 38.
[92] *BGH* NJW 1998, 2967; *OLG Düsseldorf* NJW-RR 1996, 148; *OLG München* NJW-RR 2001, 131.
[93] *BGHZ* 102, 41, 46; *Palandt/Heinrichs* § 309 Rn. 100.
[94] *BGHZ* 101, 173, 184; *BGH* NJW-RR 1990, 865; *Palandt/Heinrichs* § 309 Rn. 103.
[95] *BGH* NJW 1985, 3016, 3017; *OLG Köln*, NJW-RR 1992, 1448, 1449.
[96] Vgl. etwa MK-BGB/*Kieninger* § 309 Nr. 12 Rn. 11 ff.; *Ulmer/Brandner/Hensen*, AGB-Recht, 10. Aufl. 2006, § 309 Nr. 12 Rn. 8 ff.

8. Kapitel: Selbständiges Beweisverfahren

Schrifttum: *Berger,* Die besonderen Zulässigkeitsvoraussetzungen des selbständigen Beweisverfahrens, BauRB 2004, 281; *Cuypers,* Das selbständige Beweisverfahren in der juristischen Praxis, NJW 1994, 1985; *Notthoff/Buchholz,* Kostenlastentscheidungen im selbständigen Beweisverfahren, JurBüro 1996, 5; *Pauly,* Das selbständige Beweisverfahren in Bausachen, JR 1996, 269; *Ulrich,* Anwaltsstrategien im selbständigen Beweisverfahren, BauR 2007, 1634; *ders.,* Grundzüge des selbständigen Beweisverfahrens im Zivilprozess, AnwBl. 2003, 26, 78, 144.

I. Grundlagen

1. Verfahrenszweck und Charakteristika

917 a) **Streitvermeidungsfunktion.** Unter bestimmten Voraussetzungen gestattet die ZPO eine Beweiserhebung **außerhalb des Erkenntnisverfahrens.** Darin liegt eine Durchbrechung des Grundsatzes der Unmittelbarkeit. Das Ziel der Beweisaufnahme liegt hier nicht in der Vorbereitung eines gerichtlichen Endurteils. Es lässt sich im Ergebnis des Beweisverfahrens aber zumeist beurteilen, ob und in welcher Höhe ein Anspruch begründet ist. Nach der gesetzlichen Konzeption soll das Verfahren allerdings auch dazu dienen, die Parteien unter Verzicht auf einen Rechtsstreit zu einer **raschen Einigung** zu bewegen (vgl. §§ 485 Abs. 2 Satz 2, 492 Abs. 3). Damit kann eines Entlastung der Justiz verbunden sein. Dies sollte das Gericht entsprechend § 278 Abs. 1 stets beachten und nicht nur teilnahmslos die Beweisaufnahme abarbeiten.

918 b) **Unerhebliche Faktoren.** Hieraus folgt, dass es im selbständigen Beweisverfahren **auf Beweisbedürftigkeit und Beweislast nicht ankommt.**[1] Die rechtliche Begründung des verfolgten Anspruchs ist daher nicht entscheidend.[2] Unerheblich ist ferner, ob das Vorbringen des Antragstellers streitig ist und im Hauptprozess noch Zeugenvernehmungen erforderlich sind.[3] Das Verfahren ist auch nicht zwingend kontradiktorisch (vgl. §§ 491 Abs. 2, 494).

919 c) **Beweismittelbeschränkung.** Das selbständige Beweisverfahren enthält seinem Zweck gemäß eine gesetzliche Beschränkung der Beweismittel. In den Fällen des § 485 Abs. 1 kommen nur Augenschein, Zeugen und Sachverständige in Betracht, bei § 485 Abs. 2 ausschließlich das schriftliche Sachverständigengutachten. Ein auf andere Beweismittel zielender Antrag ist unzulässig.[4]

920 d) **Verfahrenszeitpunkt.** In der Mehrzahl der Fälle findet ein selbständiges Beweisverfahren vor einem möglichen Prozess statt. Denkbar ist aber auch ein Verfahren parallel zum Hauptprozess (§ 485 Abs. 1), weil in diesem eine Beweiserhebung noch nicht angeordnet worden ist oder – z. B. wegen Ruhens oder Unterbrechung – nicht angeordnet werden kann. Eine doppelte Begutachtung in gerichtlichem Auftrag ist hingegen nur dann zulässig, wenn die Voraussetzungen des § 412 vorliegen (§ 485 Abs. 3).

921 e) **Prozesskostenhilfe.** Für die Frage der Bewilligung von Prozesskostenhilfe ist im Rahmen von § 114 auf eine berechtigte Interessenverfolgung/-verteidigung

---

1 *BGH* NJW 2000, 960, 961; *OLG Hamm* NJW-RR 1998, 68.
2 *BAG* NZA 2009, 112; *OLG Düsseldorf* MDR 2001, 50; *LG Gera* BauR 1996, 752.
3 *OLG München* Beschl. vom 9.2.2006 – 1 W 805/06; a. A. *LG Köln* GesR 2004, 139 (Arzthaftung).
4 *OLG Saarbrücken* OLGR 2008, 26.

II. Antragsvoraussetzungen

abzustellen.⁵ Seitens des Antragstellers (des selbständigen Beweisverfahrens) ist also entscheidend, ob seinem Beweisantrag voraussichtlich stattgegeben wird.⁶

2. Praktische Bedeutung

Die besondere Bedeutung des selbständigen Beweisverfahrens liegt seit jeher bei der Feststellung von **Baumängeln**, ihrer Ursachen und der Kosten ihrer Beseitigung. Hier spielen ökonomische Interessen eine wichtige Rolle. Denn nach der Begutachtung kann z. B. ein noch nicht vollendeter Bau fertig gestellt werden. Im Übrigen können Meinungsverschiedenheiten über das Bauvorhaben möglichst frühzeitig geschlichtet werden. **922**

Zunehmende Bedeutung gewinnen darüber hinaus **Arzthaftungssachen**.⁷ Dort kann die Beschleunigung einer außergerichtlichen Regulierung durch den Haftpflichtversicherer einen zusätzlichen Faktor darstellen.⁸ **923**

Die genannten Fälle sind vornehmlich von § 485 Abs. 2 erfasst. **924**

3. Mögliche Verfahrenskonkurrenz

Nicht ganz unproblematisch ist die Zulässigkeit des selbständigen Beweisverfahrens beim Vorliegen einer **Schiedsgutachtenabrede**. Auch dies ist beim Bauvertrag relevant, wo zumeist § 18 Nr. 4 VOB/B gilt. Hier ist zu differenzieren:⁹ **925**

In Fällen des § 485 Abs. 1 kann eine Verlust- oder Erschwerungsgefahr stets und unabhängig von einer Parteiabrede gegeben sein. Sie steht dem Beweisantrag daher nicht entgegen. **926**

Hingegen ist bei § 485 Abs. 2 das rechtliche Interesse regelmäßig zu verneinen.¹⁰ Die Parteiendisposition überlagert hier den Zweck der gütlichen Einigung. **927**

II. Antragsvoraussetzungen

§ 485 kennt **drei Anwendungsfälle**, wobei die beiden wichtigsten in der Praxis nicht immer auseinandergehalten werden. **928**

> **Praxistipp:**
> Der Antrag sollte beim Sachverständigengutachten immer auf § 485 Abs. 1 2. Alt und zugleich auf § 485 Abs. 2 gestützt werden. Dies ist zulässig.¹¹ Man umgeht zugleich die Streitfrage, ob sich eine Begutachtung nach § 485 Abs. 1 auch auf Ursächlichkeit und Beseitigungsaufwand beziehen darf.¹²

1. Zustimmung des Gegners (§ 485 Abs. 1)

Der unproblematischste – aber auch seltenste – Fall ist die **Zustimmung des Gegners** („einvernehmliches Beweisverfahren"). Sie muss grundsätzlich gegenüber dem Gericht erklärt werden (Prozesshandlung) und kann mündlich, schriftlich oder zu Protokoll der Geschäftsstelle erfolgen. Anwaltszwang besteht nicht. Das Einverständnis kann auch gegenüber dem Antragsteller erklärt worden sein. Dann muss dieser es gegenüber dem Gericht glaubhaft machen (§ 487 Nr. 4). **929**

---

5 *OLG Saarbrücken* MDR 2003, 1436; ähnlich *LG Dortmund* NJW-RR 2000, 516.
6 *OLG Oldenburg* MDR 2002, 910.
7 Vgl. hierzu *Bockey* NJW 2003, 3453; siehe aber auch unten Rn. 936 und 939.
8 *OLG Düsseldorf* MedR 1996, 132.
9 Vgl. hierzu *Jäckel* Beweisvereinbarungen im Zivilrecht (2007), S. 62 ff.
10 A. A. *OLG Köln* NJW-RR 2009, 159.
11 Mus/*Huber* § 485 Rn. 10.
12 Bejahend bspw. *OLG Bamberg* JurBüro 1992, 629; vgl. ferner MK/*Schreiber* § 485 Rn. 12.

8. Kapitel: Selbständiges Beweisverfahren

2. Verlust- oder Erschwerungsgefahr (§ 485 Abs. 1)

930 In allen anderen Fällen des § 485 Abs. 1 hat das Gericht zu prüfen, ob zu besorgen ist, dass das Beweismittel verlorengeht oder seine Benutzung erschwert wird. Man spricht hier vielfach vom „sichernden Beweisverfahren".[13] Es hat Hilfsfunktion für ein mögliches Hauptverfahren.

931 Bei den Antragsvoraussetzungen ist eine **restriktive Auslegung nicht geboten**.[14] Eine Abgrenzung zwischen Verlust- und Erschwerungsgefahr ist weder möglich noch notwendig. Der Übergang ist fließend. Entscheidend ist, inwieweit die Erhaltung des Beweismittels für den Antragsteller möglich und zumutbar ist. Daraus lässt sich sein besonderes Beschleunigungsbedürfnis ermitteln.

Beispiele (für ein Beweissicherungsbedürfnis):
- Sehr hohes Alter oder gefährliche Erkrankung des Zeugen oder der zu begutachtenden Person;[15]
- Verderblichkeit einer Sache;
- Einsturzgefahr eines Gebäudes;
- unverhältnismäßige Erhaltungskosten für eine Sache;
- wegen Gesundheitsrisiken gebotene Beseitigung von Schimmelbefall in einer Wohnung.

Gegenbeispiel:
Bei der Feststellung der ortsüblichen Vergleichsmiete für eine Wohnung durch einen Sachverständigen kann von einer drohenden Erschwerung der Beweiserhebung keine Rede sein.[16] Auch § 485 Abs. 2 Nr. 1 ist hier nicht einschlägig.[17]

932 Die **drohende Verjährung** ist kein Fall von § 485 Abs. 1, sondern kann nur bei § 485 Abs. 2 Berücksichtigung finden.[18] Denn es handelt sich nicht um ein spezifisches Beweisrisiko. Die verjährungshemmende Wirkung (§ 204 Abs. 1 Nr. 7 BGB) tritt gleichwohl mit der Antragszustellung ein, solange der Antrag nicht zurückgewiesen worden ist.[19]

3. § 485 Abs. 2

933 a) **Verfahrenssituation**. Ein Rechtsstreit in der **Hauptsache** darf in Fällen des § 485 Abs. 2 **noch nicht anhängig** sein. Bei nachträglich erfolgender Klageerhebung entfällt die Zulässigkeit des selbständigen Beweisverfahrens. Es kann jedoch nach § 485 Abs. 1 fortgesetzt werden. Anderenfalls hat das Gericht die Einstellung des Verfahrens und seine Abgabe an das Hauptsachegericht zu verfügen.[20]

934 b) **Gegenstand der Begutachtung**. § 485 Abs. 2 Satz 1 zählt die möglichen Themen des sog. schlichtenden Beweisverfahrens **abschließend** auf. Sie sind im besonderen Maße zugeschnitten auf Mängel an Sachen, wie Gebäuden und Wohnungen, aber auch auf Personenschäden.

Beispiele:
- Die Feststellung eines Mangels der Mietsache (§ 536 Abs. 1 BGB) fällt unter Nr. 1.

---

13 *Cuypers* NJW 1994, 1985.
14 OLG *Köln* MDR 1994, 94.
15 OLG *Nürnberg* NJW-RR 1998, 575.
16 LG *Berlin* NJW-RR 1997, 585, LG *Köln* WuM 1996, 484.
17 A.A. AG *Lörrach* WuM 1996, 31; Zö/*Herget* § 485 Rn. 9.
18 LG *Amberg* BauR 1984, 93; LG *München I* BauR 2004, 1671; Mus/*Huber* § 485 Rn. 10; a.A. Bl/*Hartmann* § 485 Rn. 6.
19 BGH NJW 1998, 1305, 1306.
20 OLG *Köln* OLGR 1995, 215.

II. Antragsvoraussetzungen

- Die erforderlichen Maßnahmen zur Mangelbeseitigung und deren Kosten können für § 536a Abs. 2 BGB von Bedeutung sein und gehören zu Nr. 3.
- Dagegen ist der Umfang der Mietminderung von keiner dieser Ziffern umfasst.[21] Es handelt sich um eine Rechtsfrage.
- § 485 Abs. 2 Satz 1 Nr. 1 erlaubt ein selbständiges Beweisverfahren mit dem Ziel, einen ärztlichen Behandlungsfehler festzustellen, etwa die unzureichende Anpassung einer Hüftgelenkprothese.[22] Nach Nr. 3 können in einem solchen Fall die erforderlichen Maßnahmen zur Behebung des Fehlers ermittelt werden.

aa) **Zustandsfeststellung (Nr. 1).** Sie wird sich meist auf den gegenwärtigen Zustand einer Person oder Sache beziehen. Dass es sich nicht auch um einen vergangenen oder zukünftigen Zustand handeln darf,[23] gibt der Wortlaut der Norm nicht her. Freilich ist in solchen Fällen das rechtliche Interesse eingehend zu prüfen. **935**

Immissionen, die auf eine Sache einwirken, betreffen jedenfalls dann ihren Zustand, wenn sie einigermaßen gleichbleibend sind und von einer bestimmbaren Quelle her stammen.[24] Zu begutachtende Person kann jedermann sein, nicht nur eine der Parteien.[25] Der Wert einer Sache kann sich auf unterschiedliche Zusammenhänge beziehen, etwa den Verkehrs-, Handels- oder Minderwert. Man wird auch den banktechnischen Beleihungswert einer Immobilie darunter fassen können.[26] **936**

bb) **Ursachenfeststellung (Nr. 2).** Hiermit ist die Äquivalenzformel (condicio sine qua non) gemeint. Dies umfasst auch die Tatsachenfrage, ob und mit welchem Anteil der Antragsgegner den Schaden (mit-)verursacht hat.[27] Insbesondere ein behaupteter Sachmangel (§§ 434, 536, 633 BGB) muss aber derart beschrieben und spezifiziert werden, dass er mit den Sachverständigen ohne Weiteres prüfbar ist. Eine allgemeine Mangelsuche „ins Blaue hinein" ist unzulässig.[28] Über die Ursache selbst muss der Antragsteller aber nicht mutmaßen. Die Rechtsfrage, ob ein Personenschaden auf einem (groben) Behandlungsfehler eines Arztes beruht, gehört zum medizinischen Sorgfaltsmaßstab und kann nicht Gegenstand eines selbständigen Beweisverfahrens sein.[29] **937**

cc) **Aufwandsfeststellung (Nr. 3).** Von ihr sind alle tatsächlich notwendigen oder ratsamen Leistungen nach Zeit und Geld erfasst, gleichgültig, ob durch die Parteien oder Dritte erbracht.[30] Die rechtlichen Voraussetzungen der Schadensbeseitigung, insbesondere die Verhältnismäßigkeit, sind hier unerheblich. **938**

Sonderfälle:
- Im Schnittfeld von Nr. 2 und Nr. 3 liegt die Beweisfrage, mit welchen baulichen Maßnahmen ein festgestellter Mangel (z. B. unzureichender Schallschutz) hätte verhindert werden können.[31]

---

21 *LG Berlin* MDR 1991, 444; Bl./*Hartmann* § 485 Rn. 17; a. A. *KG* NJW-RR 2000, 513; Zö/*Herget* § 485 Rn. 9.
22 *OLG Nürnberg* MDR 2008, 997; vgl. ferner *OLG Oldenburg* NJOZ 2008, 3645.
23 So Bl./*Hartmann* § 485 Rn. 10; anders hingegen *OLG Oldenburg* MDR 1995, 746; StJ/*Leipold* § 485 Rn. 18.
24 *OLG Düsseldorf* MDR 1992, 807; *LG Hamburg* MDR 1999, 1344.
25 Bl./*Hartmann* § 485 Rn. 10.
26 A.A. *OLG München* NJW-Spezial 2006, 60 (unter Annahme eines Ausforschungsbeweises).
27 *OLG Frankfurt* MDR 2003, 772; *OLG München* MDR 1998, 495.
28 *OLG Nürnberg* OLGR 2001, 273; *KG* NJW-RR 1999, 1369.
29 *KG* KGR 2007, 539; *OLG Naumburg* OLGR 2006, 255; a. A. *OLG Jena* MedR 2006, 211.
30 MK/*Schreiber* § 485 Rn. 16; Mus/*Huber* § 485 Rn. 12.
31 *OLG Hamburg* BauR 2006, 1788.

8. Kapitel: Selbständiges Beweisverfahren

> • Bei möglichen Ansprüchen aus einer privaten Unfallversicherung rechtfertigt die Feststellung eines unfallbedingten Invaliditätsgrades jedenfalls die entsprechende Anwendung von § 485 Abs. 2 Satz 1 Nr. 3.[32]

939 c) **Rechtliches Interesse. – aa) Praktische Handhabung.** Der Antragsteller muss **glaubhaft machen**, dass er gerade an den zuvor genannten Feststellungen ein rechtliches Interesse hat. Dies ist nach dem Willen des Gesetzgebers jedenfalls dann gegeben, wenn die Feststellung der Vermeidung eines Rechtsstreits dienen kann (§ 485 Abs. 2 Satz 2). Darüber hinaus läuft das Tatbestandsmerkmal, das „weit zu fassen" sein soll,[33] in der Praxis so gut wie leer. Es ist in der Judikatur uferlos ausgedehnt worden.[34] So genüge bereits die Möglichkeit, dass der Antragsteller im Falle des negativen Ausgangs der Begutachtung von einer Klageerhebung absieht.[35] Dies wird kein Gericht mit hinreichender Sicherheit verneinen können. Es wird den Behauptungen des Antragstellers glauben müssen, so dass letztlich auch die Erklärung des Antragsgegners, er lehne eine gütliche Einigung ab, nicht schadet.[36]

940 Fraglich ist, wo angesichts dieser Extension bei dem praktisch häufigsten Fall des Sachverständigengutachtens der eigenständige Anwendungsbereich des § 485 Abs. 1 bleibt.[37] Die ausnahmsweise statthafte vorsorgliche (und beschleunigte) Beweiserhebung unter Durchbrechung des Unmittelbarkeitsgrundsatzes wird zum Normalfall.

941 bb) **Mindestanforderungen.** Diese beinhalten jedenfalls, dass ein Rechtsverhältnis zum Antragsgegner – dem möglichen Prozessgegner – sowie ein daraus entspringender Anspruch (ggf. nach Zession) dargelegt werden und dass es um die Feststellung einer bestimmten anspruchsbegründenden oder anspruchsvernichtenden Tatsache geht.[38] Darüber hinaus genügt eine völlig vage und objektivierte Streitschlichtungsmöglichkeit nicht.[39] Sie muss zumindest **realistisch** sein, denn das Wort „kann" in § 485 Abs. 2 Satz 2 ist – obschon eine Art Vermutung – einzelfallbezogen. Im Gegensatz zu § 485 Abs. 1 wird ein besonderes Beschleunigungsbedürfnis des Antragstellers jedoch nicht verlangt.[40]

> **Beispiele** (für fehlendes rechtliches Interesse):
> • Die Parteien haben den Streit über die behaupteten Mängel bereits durch einen wirksamen Vergleich beigelegt.[41]
> • Aus dem Rechtsverhältnis der Parteien lässt sich aufgrund des festzustellenden Schadens/Mangels kein durchsetzbarer Anspruch herleiten, etwa wegen evident begründeter Verjährungseinrede.[42]
> • Die Feststellungen erfordern keine besondere Sachkunde, sondern können durch jedermann erfolgen.[43] Dann kann ein Augenschein nach § 485 Abs. 1 helfen.

---

32 *OLG Köln* OLGR 2006, 58.
33 *BGH* NJW 2004, 3488; ähnlich *OLG Düsseldorf* NJW-RR 2001, 1725, 1726 („keine besonderen Anforderungen").
34 Symptomatisch *OLG Frankfurt* MDR 1991, 989.
35 *OLG München* Beschl. vom 09.02.2006 – 1 W 805/06; *OLG Köln* OLGR 2002, 35.
36 *OLG Stuttgart* MDR 2005, 347; *LG Passau* NJW-RR 1992, 767; a.A. *LG Hannover* JurBüro 1992, 496.
37 Zutreffend MK/*Schreiber* § 485 Rn. 13.
38 *Cuypers* NJW 1994, 1985, 1986; ähnlich auch *OLG OLdenburg* MDR 2008, 1059 (ärztlicher Behandlungsfehler).
39 So aber *OLG Koblenz* MDR 2005, 888 („entfernte Möglichkeit ... im weitesten Sinne"); ähnlich *BAG* NZA 2009, 112.
40 *BGH* NJW-RR 2006, 1454; *OLG Frankfurt* VersR 1992, 1151.
41 *LG Deggendorf* NJW-RR 2000, 514, 515.
42 Einschränkend *OLG Düsseldorf* MDR 2001, 50.
43 *OLG München* MDR 1993, 287.

III. Antragsschrift (§ 487)

- Zur Vorbereitung einer Klage aus § 839a BGB gegen einen gerichtlichen Sachverständigen ist ein selbständiges Beweisverfahren nicht zulässig, solange der Vorprozess noch nicht abgeschlossen ist.[44]

III. Antragsschrift (§ 487)

1. Form und Zuständigkeit

Zwar kann der Antrag auch zu Protokoll der Geschäftsstelle erklärt werden (§ 486 Abs. 4). Er wird aber **zumeist schriftlich** erfolgen. Die Übermittlung per **Telefax** genügt (§ 130 Nr. 6). Anwaltszwang besteht nicht (§ 78 Abs. 5). Etwas anderes gilt für das weitere Verfahren vor dem Landgericht. 942

Der Antrag ist an das Gericht zu adressieren, an dem der Hauptsachrechtsstreit bereits anhängig ist oder nach Auffassung des Antragstellers anhängig gemacht werden müsste (§ 486 Abs. 1 und 2). Für die sachliche **Zuständigkeit** ist dann der Wert der Hauptsache bei Antragseingang entscheidend. Ihn hat der Antragsteller darzulegen (§ 253 Abs. 3 analog), nicht jedoch glaubhaft zu machen.[45] Unter mehreren zuständigen Gerichten hat er die Wahl. Die Eilzuständigkeit nach § 486 Abs. 3 gewinnt in der Praxis kaum Bedeutung. Denn Dank moderner Kommunikationsmittel ist das etwas entfernte Landgericht meist ebenso schnell einsatzbereit.[46] 943

> **Praxistipp:**
> Bei Unsicherheiten über die Zuständigkeit sollte hilfsweise sogleich die Verweisung nach § 281 beantragt werden.

2. Inhalt

a) **Zwingender Inhalt. – aa) Mindestangaben.** Den (Mindest-)Inhalt des Antrags regelt § 487. Hier ist **Präzision** erforderlich, soll sich Verfahren nicht durch Rückfragen des Gerichts verzögern. Der Antrag kann unter den Voraussetzungen des § 494 ausnahmsweise gegen „unbekannt" gerichtet sein. Andererseits kommen auch mehrere Antragsgegner in Betracht (§§ 59, 60), ggf. durch spätere Erweiterung.[47] 944

bb) **Beweisthema.** Wie bei jedem Beweisantrag muss das Beweisthema so präzise wie möglich bezeichnet werden. Beim Sachverständigengutachten gilt insofern nichts anderen als zu § 403.[48] Dabei ist besonders darauf zu achten, dass das Beweisthema keine Rechtsfragen oder subjektiven Bewertungen enthält. In Fällen des § 485 Abs. 1 sollte die – empfehlenswerte – schriftliche Begutachtung ausdrücklich beantragt werden. 945

cc) **Glaubhaftmachung.** Gem. § 487 Nr. 4 hat der Antragsteller in Fällen des sichernden Beweisverfahrens die Verlust- oder Erschwerungsgefahr glaubhaft zu machen, beim schlichtenden Beweisverfahren das rechtliche Interesse. Dies erfordert eine entsprechende zusammenhängende Sachverhaltsschilderung.[49] Mittel der Glaubhaftmachung (§ 294) kann z. B. eine eidesstattliche Versicherung sein, aber auch eine Urkunde oder Fotografie, wenn es um die Gefährdung eines Beweismittels geht. Die kurze Benennung des geltend zu machenden **Anspruchs** ist zweckmäßig, aber nicht zwingend. 946

---

44 *BGH* NJW-RR 2006, 1454 f.; *OLG Bamberg* IBR 2006, 120.
45 Mus/*Huber* § 587 Rn. 6.
46 BL/*Hartmann* § 486 Rn. 9.
47 *OLG Düsseldorf* NJW-RR 1995, 1216.
48 *BAG* NZA 2009, 112.
49 Hk-ZPO/*Pukall* § 485 Rn. 7.

8. Kapitel: Selbständiges Beweisverfahren

947 **b) Weitere Angaben.** Insbesondere bei nicht alltäglichen Beweisthemen kann es sich empfehlen, einen **Sachverständigen vorzuschlagen.** Das Gericht sollte dann den Antragsgegner befragen, ob gegen die Person des Sachverständigen Bedenken bestehen.[50] An den einseitigen Vorschlag des Antragstellers ist der Richter aber nicht gebunden (§§ 492 Abs. 1, 404 Abs. 1).[51]

948 Insbesondere in Bau- und Arzthaftungssachen sollte bei Zuständigkeit des Landgerichts beantragt werden, das Verfahren dem **Einzelrichter** zu übertragen (§ 348 Abs. 1 Nr. 2 c und e). Das selbständige Beweisverfahren bedarf – anders als möglicherweise die Hauptsache – i. d. R. nicht der Befassung durch eine Kammer.

949 Mit der Antragsschrift kann zugleich eine **Streitverkündung** erfolgen.[52] Sie ist u. U. wegen der verjährungshemmenden Wirkung (§ 204 Abs. 1 Nr. 6 BGB) geboten. Dann gelten die formalen Anforderungen des § 73. Der Beitritt als Streithelfer unterliegt am Landgericht dem Anwaltszwang.[53]

950 **c) Antragsrücknahme.** Der Antrag kann jederzeit ohne Zustimmung des Gegners zurückgenommen werden. Dann hat auf Antrag eine Kostenentscheidung analog § 269 Abs. 3 Satz 2 zu erfolgen. Dagegen ist eine einseitige Erledigungserklärung unzulässig. Sie ist regelmäßig in eine Antragsrücknahme umzudeuten.[54]

3. Muster (§ 485 Abs. 2)

An das Amts-/Landgericht ...

Antrag im selbständigen Beweisverfahren

In Sachen

...

– Antragsteller –

Verfahrensbevollmächtigter: ...

gegen

...

– Antragsgegner –

vorläufiger Gegenstandswert: ... €

beantrage ich namens und im Auftrag des Antragstellers, im Wege des selbständigen Beweisverfahrens gem. § 485 Abs. 2 ZPO die Einholung eines Sachverständigengutachtens zu folgenden Beweisthemen anzuordnen:

1. Die östliche Außenwand des Wohngebäudes im Amselweg 12 in ... weist folgende Mängel auf:
    a) zwei diagonal verlaufende ca. 40 cm lange Risse im Mauerwerk,
    b) großflächige Putzabplatzungen an der Außenfassade unterhalb der Erdgeschossfenster.
2. Welche Ursachen haben die unter Ziffer 1) genannten Mängel?
3. Welche Maßnahmen sind zur Beseitigung der unter Ziffer 1) genannten Mängel erforderlich und welche Kosten werden für diese Maßnahmen anfallen?

Ich beantrage die Übertragung der Sache auf den Einzelrichter gem. § 348a Abs. 1 ZPO.

---

50 Hk-ZPO/*Pukall* § 485 Rn. 12.
51 *OLG Brandenburg* OLGR 1995, 34; *OLG Düsseldorf* OLGR 1993, 216; a. A. *LG Göttingen* NJW-RR 1988, 694; Bl/*Hartmann* § 487 Rn. 6.
52 *BGH* NJW 1997, 859; *OLG Koblenz* MDR 1993, 575; a. A. Bl/*Hartmann* vor §§ 72–74 Rn. 3 m.w.Nachw.
53 *OLG Koblenz* NZBau 2009, 41.
54 *BGH* MDR 2005, 227; *OLG Frankfurt* BauR 1996, 587.

IV. Gerichtliche Entscheidung (§ 490)

> **Begründung:**
>
> 1.
> *[Sachverhaltsschilderung, Beschreibung der Mängel]*
>   Glaubhaftmachung: Lichtbilder, aufgenommen am …
> *[kurze Angabe des in Betracht kommenden Anspruchs]*
>
> 2.
> Die Verantwortung für die beschriebenen Mängel ist zwischen den Parteien streitig. Der Antragsgegner lehnt eine Mangelhaftung bislang ab. Es ist davon auszugehen, dass er sich nach Feststellung der Mangelursache einer einvernehmlichen Klärung der Auseinandersetzung nicht verschließen wird.
>
> 3.
> Den Gegenstandswert beziffere ich vorläufig mit … €. Nach informatorischer Anfrage bei dem örtlichen Fassadenbauunternehmen … wird allein das Neuverputzen der schadhaften Außenwand mit Kosten von ca. … € zu Buche schlagen.
>
> *[Unterschrift Rechtsanwalt]*

IV. Gerichtliche Entscheidung (§ 490)

1. Verfahren nach Eingang des Antrags

Auf unzureichende Glaubhaftmachung nach § 487 Nr. 4 ist der Antragsteller **hinzuweisen** und unter Fristsetzung Gelegenheit zur Ergänzung zu geben.[55]

951

Der Antrag ist dem Gegner **zuzustellen**. Ihm ist unter Fristsetzung rechtliches Gehör zu gewähren.[56] Die Zustellung des Antrags hemmt die Verjährung (§ 204 Abs. 1 Nr. 7 BGB), soweit Gläubiger und Schuldner des materiell-rechtlichen Anspruchs als Antragsteller und Antragsgegner beteiligt sind. Außerdem ist Voraussetzung, dass die festzustellenden Tatsachen für die Entscheidung über den Anspruch von Bedeutung sein können.[57] Für § 204 Abs. 1 Nr. 7 BGB ist aber nicht entscheidend, ob die behauptete Tatsache im selbständigen Beweisverfahren bestätigt wird.[58]

952

Der Antragsgegner sollte sich schon im Hinblick auf § 493 äußern, insbesondere zu den Beweisthemen. Für die **Gegenäußerung** besteht vor dem Landgericht kein Anwaltszwang (analog § 571 Abs. 4).[59] Dabei ist stets zu beachten, dass nicht über einen Anspruch entschieden wird und Stellungnahmen zu Rechtsfragen unterbleiben können. Ferner kann man dem Antragsgegner aufgegeben werden, sich zu den Möglichkeiten einer gütlichen Einigung zu äußern. Formulierungsbeispiel für eine entsprechende Verfügung:

953

> **Vfg.:**
>
> 1. Antragsschrift – mit Anlagen – zustellen an Antragsgegner(-vertreter) mit PZU/ gegen EB mit folgendem Zusatz:
>
> Den anliegenden Antrag auf Durchführung eines selbständigen Beweisverfahrens gemäß § 485 Abs. 1 / § 485 Abs. 2 ZPO erhalten Sie zur Kenntnisnahme sowie zur eventuellen Stellungnahme binnen … Wochen.
> Innerhalb dieser Frist soll auch zur Frage Stellung genommen werden, ob das Verfahren der Vermeidung eines Rechtsstreits dienen kann (§ 485 Abs. 2 Satz 2).
> *[Am Landgericht: Hinweis auf Anwaltszwang für eigene Beweisanträge]*
>
> 2. WV.:
>
> *[Unterschrift Richter(in) am AG/LG]*

---

55 BL/*Hartmann* § 487 Rn. 12.
56 *OLG Karlsruhe* MDR 1982, 1026; *LG München II* ZMR 1995, 417.
57 *Palandt/Heinrichs* § 204 Rn. 22.
58 *BGH* NJW-RR 1998, 1475, 1476.
59 Mus/*Huber* § 490 Rn. 1.

8. Kapitel: Selbständiges Beweisverfahren

2. Stellungnahme des Gegners

954 Innerhalb des vorgegebenen Themenkomplexes – also bei sachlichem Zusammenhang – kann der Antragsteller eigene Beweisfragen formulieren (**Gegenantrag**).[60] Dies wird selten ein Gegenbeweis im technischen Sinne sein, am ehesten bei Zeugenvernehmungen nach § 485 Abs. 1. Bei § 485 Abs. 2 muss sich der Gegenantrag auf Fragen beziehen, die der gleiche Sachverständige begutachten kann. Er darf sich im Übrigen nicht gegen Dritte richten bzw. nicht ausschließlich für Ansprüche des Antragsgegners gegen Dritte von Bedeutung sein[61]. Zulässige Fragen sind – auf Kosten des Antragsgegners – im gleichen Verfahren abzuarbeiten.[62]

3. Gerichtlicher Beschluss

955 a) **Beweisbeschluss**. Über den Antrag entscheidet das Gericht durch **Beschluss** (§ 490 Abs. 1). Eine mündliche Verhandlung findet in aller Regel nicht statt (§ 128 Abs. 4). Wenn und soweit dem **Antrag stattgegeben** wird, handelt es sich um einen Beweisbeschluss, der keiner Begründung bedarf. Das Gericht darf die Formulierung der Beweisfragen sachgerecht modifizieren, jedoch über das Beantragte nicht hinausgehen (§ 308 Abs. 1 analog).[63]

> Praxistipp:
> Der Antragsgegner kann seine Einwendungen dennoch formlos geltend machen und anregen, das Gericht möge den Beschluss abändern.

956 Für den Inhalt des Beschlusses gelten § 490 Abs. 2 Satz 1, 359. Zur Vereinfachung kann auf die Antragsschrift verwiesen werden, insbesondere wenn dort einzelne Mängel detailliert beschrieben worden ist. In den praktisch wichtigsten Fällen des Sachverständigengutachtens gebietet sich ferner die Festsetzung eines Auslagenvorschusses (§§ 492 Abs. 1, 379, 402). Ohne Auslagenvorschuss muss das Gericht das Verfahren schon wegen § 204 Abs. 2 Satz 2 BGB nicht von Amts wegen zu Ende führen.[64]

957 Der Beschluss ergeht „In dem selbständigen Beweisverfahren ..." und ist unanfechtbar (§ 490 Abs. 2 Satz 2). Auch wenn kein Beweistermin vor Gericht stattfindet (§ 491 Abs. 1) empfiehlt es sich, den Beschluss beiden Parteien zuzustellen.[65]

958 b) **Zurückweisung des Antrags**. Der zurückweisende Beschluss ist zu begründen. Er enthält ausnahmsweise eine Kostenentscheidung nach § 91.[66] Der Antrag kann – ohne dass dies im Tenor auszusprechen ist – nur als unzulässig zurückgewiesen werden. Gegen einen solchen Beschluss ist sofortige Beschwerde statthaft (§ 567 Abs. 1 Nr. 2). Das Gericht muss ihn also zustellen lassen (§ 329 Abs. 2 Satz 2).

> **Beschluss**
> In dem selbständigen Beweisverfahren ...
> 1. Der Antrag des Antragstellers vom ... auf Durchführung eines selbständigen Beweisverfahrens wird zurückgewiesen.
> 2. Die Kosten des Verfahrens hat der Antragsteller zu tragen.[67]

---

60 *OLG Frankfurt* OLGR 2000, 18; *LG Konstanz* NJW-RR 2003, 1379; einschränkend *OLG München* MDR 1993, 380.
61 *OLG Hamm* MDR 2009, 166.
62 *OLG Köln* VersR 1994, 1328.
63 *OLG Frankfurt* NJW-RR 1990, 1023, 1024 (dann soll sofortige Beschwerde statthaft sein).
64 *OLG Frankfurt* NJOZ 2005, 243, 244; a.A. *OLG Köln* NJW-RR 2001, 1650, 1651.
65 Hk-ZPO/*Pukall* § 490 Rn. 8.
66 *OLG Bremen* OLGR 2003, 491; *OLG Braunschweig* BauR 1993, 122.
67 § 91.

V. Durchführung der Beweisaufnahme

> 3. Der Streitwert wird auf ... € festgesetzt.[68]
> Gründe:
> *[Kurzer Sachverhalt und Grund der Unzulässigkeit]*
> *[Unterschrift Richter(in) am AG/LG]*

V. Durchführung der Beweisaufnahme

1. Anwendung allgemeiner Vorschriften

Die Beweisaufnahme folgt gem. § 492 Abs. 1 ganz den allgemeinen und speziellen Vorschriften der §§ 355 ff. **Zeugen** können daher auch schriftlich vernommen werden (§ 377 Abs. 3). Eine Beeidigung von Zeugen ist zwar theoretisch zulässig, wird aber nur ganz ausnahmsweise in Betracht kommen.[69] **959**

Bei dem in aller Regel zu erhebenden **Sachverständigenbeweis** gelten insbesondere auch die Vorschriften über die Ablehnung des Sachverständigen (§ 406)[70] und seine mündliche Anhörung (§ 411 Abs. 3).[71] **960**

§ 142 ist insoweit anwendbar, als die Urkunde Gegenstand eines Augenscheins oder einer Begutachtung sein soll.[72] Hingegen kommt § 144 wegen des Antragserfordernisses nicht zum tragen.[73] **961**

2. Mündliche Erörterung

Nach Eingang des Gutachtens hat das Gericht die Parteien nicht nur unter Fristsetzung aufzufordern, Einwendungen zu erheben und Ergänzungsfragen geltend zu machen (§ 411 Abs. 4). Es sollte auch nach einer Stellungnahme verlangen, ob die Parteien einen Termin zur **mündlichen Erörterung** wünschen (§ 492 Abs. 3). Für einen solchen Termin gilt vor dem Landgericht Anwaltszwang (§ 78 Abs. 1). Im Folgenden ein Formulierungsbeispiel für eine entsprechende Verfügung: **962**

> **Vfg.:**
> *[...]*
> 3. Die Parteien sollten innerhalb der genannten Frist außerdem mitteilen, ob sie einen Termin zur mündlichen Erörterung wünschen (§ 492 Abs. 3 ZPO). Es wird darauf hingewiesen, dass ein solcher Termin nur sinnvoll erscheint, wenn die Möglichkeit einer Einigung der Parteien besteht. [ggf. Hinweis auf Anwaltszwang]
> *[...]*

Den Antrag auf mündliche Erläuterung des Gutachtens können beide Parteien stellen. Ihm ist stets nachzukommen. Gegen die Ablehnung findet die sofortige Beschwerde statt.[74] Bei Anhörung oder schriftlicher Ergänzung auf Antrag des Gegners ist dieser vorschusspflichtig.[75] **963**

3. Ende des Verfahrens

Soweit der Antrag nicht zurückgenommen oder zurückgewiesen wurde, **endet das selbständige Beweisverfahren** mit der Mitteilung des Beweisergebnisses. **964**

---

68 Vgl. zum Streitwert unten Rn. 986.
69 Zö/*Herget* § 492 Rn. 3.
70 *BGH* NJW-RR 2006, 1312; a.A. *LG Berlin* NJW 1971, 251; BL/*Hartmann* § 487 Rn. 8.
71 *BGH* MDR 2006, 287.
72 *Schlosser*, FS-Sonnenberger (2004), 135, 150 f.
73 A.A. offenbar Mus/*Stadler* § 144 Rn. 2; BL/*Hartmann* § 144 Rn. 4.
74 *OLG Stuttgart* OLGR 2002, 418.
75 *OLG München* NJOZ 2005, 1305, 1306.

8. Kapitel: Selbständiges Beweisverfahren

Das meint beim Zeugen den Abschluss der Protokollierung seiner Aussage (§ 162), beim Sachverständigengutachten den fruchtlosen Ablauf der Einwendungsfrist (§ 411 Abs. 4 Satz 2) bzw. den Abschluss der mündlichen Erläuterung (§ 411 Abs. 3).[76] Wenn keine Frist gesetzt worden ist, endet das Verfahren mit Ablauf eines angemessenen Zeitraumes von nicht mehr als zwei Monaten nach Übersendung des Gutachtens.[77]

> **Praxistipp:**
> Die Parteien sind selbstverständlich nicht gehindert, unter dem Eindruck des Gutachtens außergerichtlich über einen Vergleich zu verhandeln und ggf. nach § 278 Abs. 6 zu verfahren.

VI. Frist zur Klageerhebung

1. Antrag

965 Nach Beendigung des selbständigen Beweisverfahrens und sofern noch keine Hauptsache anhängig ist, kann der Antragsgegner die **Anordnung einer Frist** zu Klageerhebung beantragen. Dies ist ein **Druckmittel** des Antragsgegners, dient aber in erster Linie der Herbeiführung eines Kostentitels. Für einen Antrag nach § 494a Abs. 1 besteht allerdings kein Rechtsschutzbedürfnis mehr, wenn die festgestellten Mängel unstreitig beseitigt worden sind.[78]

966 Nach zutreffender Ansicht besteht für den Antrag vor dem Landgericht entsprechend §§ 486 Abs. 4, 78 Abs. 5 **kein Anwaltszwang**.[79] Man wird keine strengeren Anforderungen stellen können als an das übrige Vorbringen der Parteien im selbständigen Beweisverfahren. Bei dem vergleichbaren § 926 Abs. 1 gilt übrigens § 13 RPflG.

967 Der ausformulierte Antrag lautet wie folgt. Er muss nicht näher begründet werden:

> An das
> Amts-/Landgericht ...
>
> In Sachen ...
> Az.: ...
>
> beantrage ich,
> 1. dem Antragsteller gem. § 494a Abs. 1 ZPO eine angemessene Frist zur Erhebung der Klage in der Hauptsache zu setzen;
> 2. nach fruchtlosen Ablauf der Frist dem Antragsteller die Kosten des Antragsgegners im selbständigen Beweisverfahren aufzuerlegen (§ 494a Abs. 2 ZPO).
>
> *[Unterschrift Rechtsanwalt]*

2. Anordnender Beschluss

968 Das Gericht hat dem Antragsteller (des selbständigen Beweisverfahrens) **rechtliches Gehör** zu gewähren und ihm eine Frist zur Stellungnahme einzuräumen.[80]

969 Sofern der Antrag zulässig ist, muss das Gericht eine Anordnung treffen. Es besteht **kein Ermessen**. Die Entscheidung ergeht durch **Beschluss**. Mündliche Verhandlung ist ausgeschlossen. Die Frist hat sich daran zu orientieren, welchen

---

76 BGH NJW 2002, 1640, 1641.
77 OLG Bamberg BauR 2006, 560.
78 BGH NJW-RR 2003, 454; OLG Rostock OLGR 2005, 53.
79 OLG Braunschweig OLGR 1997, 71; OLG Düsseldorf NJW-RR 1999, 509; a. A. OLG Zweibrücken NJW-RR 1996, 573; TP/Reichold § 494a Rn. 1 (sehr str.).
80 BL/Hartmann § 494a Rn. 7.

VI. Frist zur Klageerhebung

Aufwand die Vorbereitung einer Klageschrift mit sich bringt. Sie sollte nicht kürzer als ein Monat bemessen sein.[81]

Eine Belehrung über die Folgen der Fristversäumung ist ratsam, aber nicht zwingend vorgeschrieben (§ 231 Abs. 1 1. Hs.).[82] Ebenso wenig muss das Gericht erklären, welches das Gericht der Hauptsache ist. Der Beschluss ist dem Antragsteller (des selbständigen Beweisverfahrens) zuzustellen (§ 329 Abs. 2 Satz 2). Dieser kann bei dem anordnenden Gericht Fristverlängerung nach § 224 Abs. 2 beantragen. 970

> **Beschluss**
>
> Dem Antragsteller wird aufgegeben, binnen einer Frist von 6 Wochen ab Zustellung dieses Beschlusses wegen des Sachverhalts, der Gegenstand des selbständigen Beweisverfahrens war, bei dem Gericht der Hauptsache Klage zu erheben.

3. Fristwahrung

Zur Fristwahrung ist eine Klage erforderlich, deren **Streitgegenstand** zumindest teilweise dem Gegenstand der Beweiserhebung entspricht.[83] § 494a Abs. 1 spricht zwar eindeutig von einer Klage des Antragstellers (des selbständigen Beweisverfahrens). Bei einer mit umgekehrtem Rubrum anhängigen Klage und teilweise identischem Gegenstand (v. a. wegen einer Aufrechnung) fehlt dem Antragsgegner jedoch das Rechtsschutzbedürfnis.[84] Klage i. S. v. § 494a kann auch eine Feststellungsklage sein, die nicht nur auf die Kostenfrage gerichtet ist.[85] Denn die Norm bezweckt nicht die Schaffung eines im Hauptsachetenor vollstreckbaren Titels.[86] Natürlich genügt auch eine Widerklage.[87] Im Übrigen ist unter den Voraussetzungen des § 167 die rechtzeitige Einreichung der Klageschrift ausreichend, desgleichen ein Prozesskostenhilfeantrag mit Klageentwurf und ein hinreichend bestimmter Mahnantrag. 971

4. Fehlende Klageerhebung

Nach fruchtlosem Fristablauf sind dem Antragsteller (des selbständigen Beweisverfahrens) auf Antrag die außergerichtlichen Kosten des Antragsgegners aufzuerlegen (§ 494a Abs. 2). Wiederum besteht kein Ermessen des Gerichts.[88] Das umfasst auch die Kosten eines Streithelfers des Antragsgegners. Der Antrag ist zweckmäßigerweise mit dem nach § 494a Abs. 1 zu verbinden.[89] Dann muss nicht ein zweites Mal rechtliches Gehör gewährt werden. Mündliche Verhandlung ist im Übrigen freigestellt (§ 128 Abs. 4). Eine Begründung ist entbehrlich, wenn sich – wie regelmäßig – die wesentlichen Punkte aus dem Gesetz ergeben. Der Beschluss – im Folgende ein Formulierungsbeispiel – ist beiden Parteien zuzustellen (§ 329 Abs. 3). 972

> **Beschluss**
>
> Der Antragsteller des selbständigen Beweisverfahrens hat die Kosten des Antragsgegners zu tragen.

---

81 Enger *Zimmermann* § 494a Rn. 3 (2–4 Wochen); weiter gehend *OLG Schleswig* OLGR 2001, 400 (mehr als sechs Wochen).
82 StJ/*Leipold* § 494a Rn. 16; a. A. *OLG Köln* OLGR 1997, 116.
83 *OLG Zweibrücken* MDR 2002, 476; *OLG Köln* NJW-RR 2000, 361.
84 *BGH* NJW-RR 2005, 1688; *OLG Braunschweig* BauR 2001, 990; *OLG Hamm* OLGR 1997, 299; a. A. *OLG Köln* NJW-RR 1997, 1295; *OLG Zweibrücken* BauR 2004, 1490.
85 *BGH* NJW-RR 2004, 1580; weiter gehend *OLG Frankfurt* OLGR 2002, 120.
86 A.A. BL/*Hartmann* § 494a Rn. 6.
87 *BGH* NJW-RR 2003, 1240, 1241.
88 *OLG Karlsruhe* NJW-RR 2008, 1196.
89 A.A. Hk-ZPO/*Pukall* § 494a Rn. 9.

8. Kapitel: Selbständiges Beweisverfahren

973 Der Kostenbeschluss **darf nicht mehr erlassen werden**, wenn zwar verspätet, aber letztlich doch noch Klage erhoben worden ist.[90] Denn § 494a Abs. 2 setzt voraus, dass der Antragsteller der Aufforderung überhaupt nicht nachgekommen ist.

> **Praxistipp:**
> Das Gericht darf sich aber mit dem Ablauf der Frist zufrieden geben und muss vor Erlass des Kostenbeschlusses nicht noch weitere Ermittlungen anstellen.[91] Der Nachweis obliegt also dem Antragsteller (des selbständigen Beweisverfahrens).

VII. Verwertung im Hauptsacheverfahren

1. Voraussetzungen der Verwertung

974 a) **Durchbrechung des Unmittelbarkeitsgrundsatzes.** In Ausnahme zu § 355 Abs. 1 Satz 1 stellt § 493 Abs. 1 die selbständige Beweiserhebung einer Beweisaufnahme vor dem Prozessgericht gleich. Darin liegt ja der Hauptsinn des selbständigen Beweisverfahrens.[92] Ob die Voraussetzungen der §§ 485–487 erfüllt waren, ist an dieser Stelle unerheblich.[93]

975 Im **Urkundenprozess** stellt das Gutachten aus dem selbständigen Beweisverfahren dagegen kein zulässiges Beweismittel dar, wenn auf diese Weise der Sachverständigenbeweis ersetzt werden soll.[94]

976 b) **Ladung und Geltendmachung.** Die Verwertung ist bei einem Beweistermin vor Gericht und säumigem Gegner nur im Falle **ordnungsgemäßer Ladung** gestattet (§§ 493 Abs. 2, 491 Abs. 1). Einen solchen Termin stellt auch der Ortstermin des Sachverständigen dar.[95] Nur so kann § 357 Abs. 1 Rechnung getragen werden. Etwaige Mängel müssen allerdings gerügt werden, sonst gilt § 295 Abs. 1.[96]

977 Ferner ist Voraussetzung, dass sich eine Partei – Antragsteller oder Antragsgegner – auf Tatsachen aus dem selbständigen Beweisverfahren **beruft**. Ein förmlicher Beweisantrag ist nicht erforderlich, erfolgt aber meist durch die begünstigte Partei. Auch eines besonderen Verwertungsbeschlusses des Hauptsachegerichts bedarf es nicht.[97] Das Gericht kann die Akten ohne weiteres beiziehen. Indessen muss das Beweisergebnis gem. § 285 Abs. 1 **in die Verhandlung eingeführt** und darüber verhandelt werden. Von der **Beweiswürdigung** sagt § 493 nichts. Es gilt § 286.

2. Urteil im Hauptsacheverfahren

978 Im Urteil wird das selbständige Beweisverfahren zunächst im unstreitigen Teil des Tatbestandes erwähnt und im Übrigen auf Sitzungsprotokolle und Gutachten Bezug genommen. In den Entscheidungsgründen erfolgt die Würdigung der Beweiserhebung so, als hätte das Gericht selbst Beweis erhoben.

---

90 *BGH* MDR 2007, 1089; *OLG Düsseldorf* NJW-RR 2002, 427; a.A. *OLG Frankfurt* NJW-RR 2001, 862.
91 *OLG München* MDR 2001, 833.
92 Bl/*Hartmann* § 493 Rn. 2.
93 Hk-ZPO/*Pukall* § 493 Rn. 2.
94 *BGH* MDR 2008, 160.
95 *OLG Hamm* BauR 2003, 930; *OLG Frankfurt* OLGR 1994, 69; a.A. Bl/*Hartmann* § 493 Rn. 2; einschränkend auch *OLG Celle* NZM 1998, 158, 160.
96 Mus/*Huber* § 293 Rn. 3.
97 Bl/*Hartmann* § 493 Rn. 5.

VIII. Streitwert und Gebühren

Die **Kostenentscheidung** hat keinen Ausspruch über die Kosten des selbständigen Beweisverfahrens zu beinhalten.[98] Sofern sein Ergebnis zumindest teilweise verwertet wurde, also eine sachliche Entscheidung zum Gegenstand des Beweisverfahrens ergeht, und die Parteien identisch sind, kann es sich um erstattungsfähige Kosten des Rechtsstreits i. S. v. § 91 Abs. 1 Satz 1 handeln.[99] Dabei gehören die im selbständigen Beweisverfahren entrichteten Gerichtsgebühren und Gutachterkosten zu den Gerichtskosten des Hauptsacheverfahrens.[100] Diese Prüfung ist aber nicht Gegenstand der Kostengrundentscheidung, sondern des Kostenfestsetzungsverfahrens (§ 104). 979

Ist allerdings zuvor bereits wegen Fristversäumung eine **Kostenentscheidung nach § 494a Abs. 2** erfolgt, bleibt es bei dieser.[101] Es gilt dann ähnlich § 344 eine Ausnahme vom Grundsatz der einheitlichen Kostenentscheidung. Hier lautet der Kostentenor des Urteils: 980

> Die Kosten des Rechtsstreits hat der Beklagte zu tragen. Wegen der außergerichtlichen Kosten des Beklagten im selbständigen Beweisverfahren (Az. ...) bleibt es jedoch bei dem Beschluss des ... vom ...

3. Weitere Konstellationen

Eine weitere Ausnahme kommt in Betracht, wenn der Antragsteller des selbständigen Beweisverfahrens dessen Gegenstand im Klageverfahren nicht weiterverfolgt. In diesem Falle können ihm **analog § 96** die Kosten des Beweisverfahrens auch dann auferlegt werden, wenn er in der Hauptsache obsiegt.[102] 981

Wird die **Hauptsacheklage zurückgenommen,** so umfasst die nach § 269 Abs. 3 Satz 2 zu treffende Kostenentscheidung auch die Kosten eines abgeschlossenen selbständigen Beweisverfahrens.[103] Es besteht kein Bedarf für eine analoge Anwendung des § 494a Abs. 2. 982

Wenn die Parteien des selbständigen Beweisverfahrens und die des Hauptsacheprozesses nicht identisch sind und auch keine Interventionswirkung (§ 68) eingreift, kommt eine Verwertung des Sachverständigengutachtens nach § 411a in Betracht. Dann kann allerdings keine prozessuale Kostenerstattung erfolgen.[104] 983

VIII. Streitwert und Gebühren

1. Streitwert

a) **Grundsatz.** Als Gebührenstreitwert ist der **volle Wert der Hauptsache** festzusetzen (§ 3), soweit sich die Beweiserhebung nicht nur auf einen abgrenzbaren Teil beschränkt.[105] Er kann i. d. R. erst nach Beweiserhebung zuverlässig beurteilt werden, muss sich aber auf den Zeitpunkt der Verfahrenseinleitung beziehen. Der Streitwert ist auch außerhalb des § 494a immer von Amts wegen festzusetzen. 984

---

98 *BGH* NJW 1996, 1749, 1750 f.
99 *OLG Stuttgart* MDR 2005, 358; *OLG München* NJW-RR 1999, 655.
100 *BGH* NJW 2003, 1322; *OLG Düsseldorf* BauR 1994, 406; a. A. *OLG Nürnberg* BauR 1995, 275.
101 StJ/*Leipold* § 494a Rn. 36; BL/*Hartmann* § 494a Rn. 19; a. A. *LG Kleve* NJW-RR 1997, 1356, 1357 ff.
102 *BGH* NJW 2004, 3121; *BGH* NJW 2005, 294.
103 *BGH* NJW 2007, 1279; *OLG Stuttgart* Rpfleger 1988, 117; a. A. *OLG Düsseldorf* NJW-RR 2006, 1028.
104 *OLG Koblenz* NJW-RR 1994, 574.
105 *BGH* NJW 2004, 3488, 3489; *OLG Köln* NJW-RR 1994, 761 f.

8. Kapitel: Selbständiges Beweisverfahren

985 b) **Erkenntnisquellen.** In Fällen des § 485 Abs. 2 ist bei Sachschäden grundsätzlich auf die Beseitigungskosten abzustellen.[106] Wenn der Antragsteller wegen festzustellender Mängel der Kaufsache ein Rücktrittsrecht behauptet, wird man hingegen auf den Wert der Kausache abstellen können.[107]

986 Bestätigen sich die behaupteten Schäden/Mängel gar nicht oder nur teilweise, muss das Gericht die hypothetischen Beseitigungskosten schätzen.[108] Hierzu bieten die Angaben in der Antragsschrift zur Höhe des vermeintlichen Anspruchs einen Anhaltspunkt. Eine ergänzende gutachterliche Stellungnahme nur zum Zwecke der Streitwertfestsetzung ist jedoch nicht einzuholen.[109] Unter mehreren in Betracht kommenden Kostenansätzen kann der Mittelwert gebildet werden.[110]

> **Praxistipp:**
> Die **besonderen Wertvorschriften** dürfen nicht aus dem Auge verloren werden. Wenn das selbständige Beweisverfahren Mängel eines Mietobjekts zum Gegenstand hat, ist der Jahresbetrag der Mietminderung zugrunde zu legen (§ 41 Abs. 5 Satz 1 GKG).

987 Bei der Feststellung von Personenschäden ist auch ein zu schätzendes Schmerzensgeld einzubeziehen.

988 Bei § 485 Abs. 1 werden die Angaben des Antragstellers vielfach die einzige Erkenntnisquelle darstellen.

2. Gebühren

989 Nach Nr. 1610 KV GKG fällt eine volle **Gerichtsgebühr** an, für die kein Vorschuss zu leisten ist. Eine Anrechnung auf die Gebühren eines möglichen Hauptprozesses findet nicht statt. Für den **Rechtsanwalt** fällt die Verfahrensgebühr nach Nr. 3100 VV RVG an,[111] ggf. auch eine Terminsgebühr nach Nr. 3104 VV RVG. Hier wird die Verfahrensgebühr jedoch im Falle eines Hauptprozesses angerechnet (Vorbem. 3 Abs. 5 VV RVG). Bei einem **Vergleichsabschluss** kommt eine Einigungsgebühr hinzu (Nr. 1000 VV RVG) sowie im Falle eines überschießenden Vergleichswertes die Gerichtsgebühr nach Nr. 1900 KV GKG.

---

106 *KG* BauR 2003, 1765; *OLG Stuttgart* NZBau 2009, 39.
107 *OLG Köln* OLGR 1998, 148.
108 *OLG Jena* OLGR 2001, 132.
109 *OLG Frankfurt* BauR 2007, 921; *OLG Stuttgart* BauR 2006, 1033.
110 *OLG Frankfurt* NJW-RR 2003, 647.
111 Zur Anrechnung der Geschäftsgebühr vgl. *BGH* NJW-RR 2008, 1528.

Stichwortverzeichnis

Die Ziffern beziehen sich auf Randnummern, Hauptfundstellen sind fettgedruckt

Ablehnung des Sachverständigen 573
Abtretung 135, 400, 457
Allgemeine Geschäftsbedingungen 153, 764, 914
Allgemeinkundige Tatsachen 404
Amtliche Auskunft **688**
Amtsermittlung 15, 97
Anhörung 85, 320, 384, 665
Anscheinsbeweis 166, 424, 750, 849, 910
Anwaltshaftung 886
Arzthaftungsprozess 27, 72, 746, 768, 890, 923
Arzthaftungssachen 555
Augenschein 67, 321, **435**
Ausforschung 42, **268**
Auslagenvorschuss 71, **235**
Aussageverweigerungsrecht 491

Beauftragter Richter 350
Beeidigung 504, 592, 681
Befangenheit 576, 622
Behauptungslast 19
Behörde 643, 693
Beibringungsgrundsatz **12**, 17, 375, 689, 868
Belehrung des Zeugen 482
Berufungsverfahren 853
Bestreiten 30
Beweis des Gegenteils 653, 657
Beweisantizipation 90
Beweisantritt 206, 440, 629
Beweisbasis 714
Beweisbeschluss 224, 246, 356, 368, 462, 562, 612, 678, 955
Beweiskraft 645
Beweislast 721, 817, **868**
Beweismaß 127, 731, 813, 835, 858
Beweisnot 82
Beweistermin 294
Beweisthema 419, 714, 934, 945
Beweisvereinbarungen 149, 911
Beweisvereitelung 115
Beweiswürdigung 174, 700, 755

Darlegungslast **28**, 268, 396, 874

Eidesstattliche Versicherung 831, 836
E-Mails 371, 626, 772, 792
Entscheidungsgründe 289, 821, 837, **839**
Erfahrungssätze 175, 757
Ergänzungsfragen 600
Erklärung mit Nichtwissen 397

Ermessen 43, 52, 264, 471, 504, 595, 677, 811
Erörterung 333, 962
Ersuchter Richter 354

Falschaussage 502, 852
Feststellungslast 870
Fiktionen 422
Fotokopien 625, 631
Fotos 436
Freibeweis 178, 181, 195, **365**, 827
Fremdes Recht 179
Frist 53, 212, 237, 280, 467, 475, 583, 598, 965

Gebühren 989
Gebührenvereinbarung 585
Gefahrbereiche 883
Gegenantrag 954
Gegenbeweis 199, 754, 761
Gerichtskundige Tatsachen 407
Geständnis 381, 669
Geständnisfiktion 390
Gewissheit 734
Glaubhaftigkeit 529
Glaubhaftmachung 822, 946
gleichwertiges Vorbringen 377
Gutachten 595, 604, 608

Hauptbeweis 198, 671
Hinweispflicht 39, 70, 211, 218, 267, 271, 286, 414, 610, 759, 805

Indizien 21, 164, 744
Interventionswirkung 427

Kausalität 797, 800
Kfz-Diebstahl 739

Ladung 464, 479, 599, 828, 976
Lauschzeuge 106
Lügekriterien 540

Mietrecht 774, 809

Negative Feststellungsklage 145, 908
non liquet 429, 718, 848, 870
Normentheorie 878

Obergutachter 606
Offenkundigkeit 402
Öffentliche Urkunden 650
Öffentlichkeitsgrundsatz 296
Ordnungsmittel 515

Stichwortverzeichnis

Ortstermin 443

Parteiöffentlichkeit 300, 590
Parteivernehmung 76, **661**
PKH-Prüfungsverfahren 88
Privatgutachten 96, 141, 556, 605
Privaturkunden 656
Produzentenhaftung 901
Protokollierung 313, 385
Prozessfähigkeit 194
Prozessförderungspflicht 254
Prozessstandschaft 136
Prozessvoraussetzungen 191

Rechtliches Interesse 939
Richterwechsel 343

Sachverständigenbeweis 67, 276, 302, 341, **553**, 865, 960
Schadensschätzung 38, 73, 685, **794**
Schiedsgutachtenabrede 925
Schmerzensgeld 802, 819
Schriftliche Zeugenbefragung 469
Sekundäre Darlegungslast **36**, 421, 875
Selbständiges Beweisverfahren 917
Streitverkündung 427, 949
Streitwert 984
Strengbeweis **365**
Subsidiarität 79, 672

Tatsachen 158, 208, 587, 616, 824
tatsächliche Vermutungen 424, 658

Telefax 625
Telefonrechnungen 779

Überzeugung 719
Unlauteres Parteiverhalten 103
Unmittelbarkeitsgrundsatz 339, 917, 974
untaugliches Beweismittel 273
Untersuchungsgrundsatz 15
Urkunde 47, 625
Urkundenbeweis **625**

Verkehrsunfälle 24, 784
Vermutung 204
Versäumnisurteil 412
Verspäteter Beweisantritt 252
Verwertungsverbot 114
Verzögerung 257
Vorlegungsanordnung 632

Waffengleichheit 83, 140
Wahrheitskriterien 540
Wahrscheinlichkeit 80
Wahrunterstellung 281
Willenserklärungen 790

Zeugenbeweis 209, **446**, 723
Zeugenfähigkeit 450
Zeugnisverweigerungsrecht 59, 486
Zurückverweisung 866
Zwangsvollstreckung 7, 877

4. Auflage 2007
XXV, 316 Seiten. Kart. € 32,-
ISBN 978-3-17-019885-2
Studienbücher

Pantle/Kreissl
Die Praxis des Zivilprozesses

In der „Praxis des Zivilprozesses" ist der gesamte Ablauf eines Zivilverfahrens anschaulich dargestellt. Materielles Recht und Zwangsvollstreckungsrecht sind an den entscheidenden „Nahtstellen" zum Verfahrensrecht erläutert und in den Gesamtablauf eingebunden. Der Rechtsprechung entnommene Beispielsfälle, Übersichten und Zusammenfassungen vervollständigen die Ausführungen und tragen zum Erwerb eines umfassenden Verständnisses bei.

Die richtige Technik der Fallbearbeitung ist für die Umsetzung des Erlernten in Examen und Praxis unerlässlich. In einem eigenen Kapitel zeigen die Autoren gekonnt die Unterschiede zwischen Richter- und Anwaltsklausuren auf und gehen auf spezielle Prüfungsprobleme einprägsam ein. Muster für Tenorierungen und Nebenentscheidungen runden das Werk ab und machen es nicht nur für die Examensvorbereitung, sondern auch für junge Praktiker zu einem unentbehrlichen Hilfsmittel.

Die Änderungen durch das Gesetz zur Reform des Zivilprozesses sowie das erste und zweite Gesetz zur Modernisierung der Justiz sind in der grundlegend überarbeiteten 4. Auflage berücksichtigt.

Die Autoren: Dr. Norbert Pantle ist Rechtsanwalt in Freiburg und seit langem in der Referendarausbildung tätig. **Prof. Dr. Stephan Kreissl** lehrt Wirtschaftsrecht an der Hochschule Niederrhein.

W. Kohlhammer GmbH · 70549 Stuttgart
Tel. 0711/7863 - 7280 · Fax 0711/7863 - 8430 · www.kohlhammer.de

2009. 176 Seiten
inkl. CD-ROM. Kart. € 36,-
ISBN 978-3-17-020446-1

Wendler/Hoffmann

Technik und Taktik der Befragung im Gerichtsverfahren
Urteile begründen, Urteile prüfen.
Lüge und Irrtum aufdecken

„Wer fragt, erhält Antworten, wer richtig fragt, die richtigen." Was die richtigen Antworten sind, kann völlig unterschiedlich sein. Der Kläger-Anwalt will etwas erfahren, was die Anwältin des Beklagten auf gar keinen Fall hören will. Staatsanwalt und Nebenklagevertreter fragen nach ganz anderen Dingen als der Verteidiger. Das Buch hilft den einzelnen Beteiligten, in der jeweiligen unterschiedlichen Situation zu erkennen, was die „richtige" Antwort ist und wie man zielorientiert danach fragt. Es vermittelt anhand der neuen Rechtsprechung zur Überzeugungsbildung die Methode der Aussageninhaltsanalyse, wie Lügen und Irrtümer aufgedeckt werden.

Es dient Richtern, Staatsanwälten und Anwälten gleichermaßen. Richtern, was diese bei der Urteilsfindung sowie bei der Beweiswürdigung und den Regeln der Glaubwürdigkeitslehre beachten müssen, Anwälten und Fachanwälten, um richtige Beweisanträge im Prozess stellen zu können. Das Handbuch stellt straff strukturiert dar, was es an aktueller Rechtsprechung zu den jeweiligen Merkmalen gibt. Durch die Verlinkung mit den Urteilen – eine Rechtsprechungsübersicht – stellt die Beigabe der CD-ROM ein Nachschlagewerk mit Volltext-Wiedergabe der BGH-Urteile dar. Diese Kombination hebt das Werk durch seine kompakte Aufbereitung und der unmittelbaren Praxisnähe von einem Kommentar ab.

W. Kohlhammer GmbH · 70549 Stuttgart
Tel. 0711/7863 - 7280 · Fax 0711/7863 - 8430 · www.kohlhammer.de